21世纪应用型本科会计系列规划教材

首批国家级一流本科专业建设点教材
安徽省“十一五”规划教材
2018年安徽省质量工程项目（一流教材建设）立项建设教材

（第四版）

财务会计学

特殊业务

顾远 刘英 林钟高 主编
马自俊 陈昌龙 副主编

东北财经大学出版社
Dongbei University of Finance & Economics Press
大连

图书在版编目（CIP）数据

财务会计学：特殊业务 / 顾远，刘英，林钟高主编．—4版．—大连：东北财经大学出版社，2021.3

（21世纪应用型本科会计系列规划教材）

ISBN 978-7-5654-4068-7

Ⅰ．财… Ⅱ．①顾… ②刘… ③林… Ⅲ．财务会计-高等学校-教材 Ⅳ．F234.4

中国版本图书馆CIP数据核字（2020）第258465号

东北财经大学出版社出版

（大连市黑石礁尖山街217号 邮政编码 116025）

网 址：http：//www.dufep.cn

读者信箱：dufep@dufe.edu.cn

大连日升彩色印刷有限公司印刷 东北财经大学出版社发行

幅面尺寸：185mm×260mm 字数：605千字 印张：25.25

2021年3月第4版 2021年3月第1次印刷

责任编辑：孙 平 吴 焕 责任校对：行 者

封面设计：冀贵收 版式设计：钟福建

定价：56.00元

教学支持 售后服务 联系电话：（0411）84710309

如有印装质量问题，请联系营销部：（0411）84710711

第四版前言

《财务会计学》作为安徽工业大学重点建设的会计系列教材之一，自2008年首次出版发行以来，历经三版、多次印刷，得到全国多所高等院校的老师、同学以及其他读者的认可，产生了良好的社会影响。本教材获得安徽省教学成果奖，并获安徽省“十一五”规划教材和2018年安徽省质量工程项目（一流教材建设）立项建设。为了更好地服务于广大读者，充分反映近几年来会计实务和我国企业会计准则发生的最新变化，我们决定在前三版教材的基础上修订再版。

此次修订再版，我们在坚持前版教材的编写指导思想、保留原有特色和定位的基础上，对教材的结构和内容做了较大幅度的修订和调整。

一、修订再版考虑的几方面因素

1.教材编写把握了以下重要理念：①高等会计教育的目标不是训练学生毕业时成为一个专业人员，而在于培养他们未来成为一名专业人员应有的素质，即造就能适应经济社会发展需要的“会计人”。②会计是有重要经济影响的学科，具有经济性和安全性特征；教材以会计的经济后果和管理功能研究为优势，将管理、经济、法律和会计等方面的知识有机融合。③注重会计的职业判断特征，对核心会计问题以判断流程图的形式引导学生思考。④注重业、财融合并体现数字化教学资源的运用。基于以上认识，我们在本教材的编写中坚持了以下一些原则：一是理论与实践相结合；二是教学与科研相结合；三是中国特色与国际化相结合；四是继承与创新相结合；五是“通”与“专”相结合。

2.在教材的体系和表现形式上采用更加多样化的形式来呈现，充分考虑教学需要和学生能力培养。本次修订再版，考虑到教学需要和企业业务的实际，我们将原教材的一册分为了两册：一般业务分册和特殊业务分册，按照财务会计学的基本理论、一般业务和特殊业务会计处理等内容来构建整体框架。我们没有沿袭现有国内大多数同类教材将财务会计学的内容分为中级财务会计和高级财务会计两部分的做法。我们认为，就企业所发生的业务而言，没有高低之分，只有经常发生的业务和不经常发生的业务，即特殊业务。因此，作为对业务反映的会计也不应有高级和中级之分，只是业务性质上的不同导致了会计处理的差异。我们在本版教材内容的架构中系统介绍了财务会计的基本理论、基本方法及最新实务，内容逻辑严密、一脉相承；重点体现经济事项的会计影响，注重会计信息的分析、利用及对学生思维、创新能力的培养。此外，每章除了主体内容外，还包括学习目标、章首案例、观念应用、小资料、小提示、判断流程图、本章小结、基本训练等模块，便于学生课前预习、课后复习和理解，从而使本教材形式多样、内容充实、体系完整，具有较为显著的特色。

3.反映企业会计准则发生的重大变化。2014年，财政部对企业会计准则作出了较大幅度的修订和完善，制定了《企业会计准则第39号——公允价值计量》《企业会计准则第40号——合营安排》《企业会计准则第41号——在其他主体中权益的披露》3项新准则，修订了《企业会计准则第2号——长期股权投资》等多项准则。2017年以来，财政部又陆续发布了修订后的《企业会计准则第22号——金融工具确认和计量》《企业会计准则第23号——金融资产转移》《企业会计准则第24号——套期会计》《企业会计准则第37号——金融工具列报》《企业会计准则第16号——政府补助》《企业会计准则第14号——收入》等若干项具体准则；此外，2017年4月，财政部还发布了新制定的《企业会计准则第42号——持有待售的非流动资产、处置组和终止经营》；2018年12月，发布了修订后的《企业会计准则第21号——租赁》；2019年5月，又发布了修订后的《企业会计准则第7号——非货币性资产交换》和《企业会计准则第12号——债务重组》两项准则。企业会计准则的一系列变化对会计类教材产生了重大影响，本书必须予以体现。

4.反映财务报表格式的最新修订。为解决执行企业会计准则的企业在财务报告编制中的实际问题，规范企业财务报表列报，提高会计信息质量，针对2017年施行的《企业会计准则第42号——持有待售的非流动资产、处置组和终止经营》和《企业会计准则第16号——政府补助》的相关规定，财政部对一般企业财务报表格式进行了修订，并于2017年12月25日印发了《关于修订印发一般企业财务报表格式的通知》。2018年6月，财政部再次修订了一般企业财务报表格式，并规范了执行新金融准则和新收入准则的企业财务报表格式及未执行新金融准则和新收入准则的企业财务报表格式。2019年4月，财政部针对2019年1月1日起分阶段实施的修订后的《企业会计准则第21号——租赁》，对一般企业财务报表格式又一次进行了修订。因此，本书需要反映财务报表格式的最新变化。

5.反映我国增值税会计处理及税率发生的新调整。2016年3月24日，财政部、国家税务总局向社会公布了《营业税改征增值税试点实施办法》。自2016年5月1日起在全国范围内全面推开营改增试点，将建筑业、房地产业、金融业、生活服务业等全部营业税纳税人纳入试点范围，由缴纳营业税改为缴纳增值税。为进一步规范增值税会计处理，根据《中华人民共和国增值税暂行条例》和《关于全面推开营业税改征增值税试点的通知》（财税〔2016〕36号）等有关规定，财政部于2016年12月发布了《增值税会计处理规定》，从会计科目与专栏设置、账务处理和财务报表相关项目列示等方面对增值税有关会计处理做了规定。2018年4月，财政部、国家税务总局发布了《关于调整增值税税率的通知》，规定从2018年5月1日起，增值税的两档税率下调，将制造业等行业的增值税税率从17%降至16%，将交通运输、建筑、基础电信服务等行业及农产品等货物的增值税税率从11%降至10%。随后，2019年3月21日，财政部、国家税务总局、海关总署联合发布《关于深化增值税改革有关政策的公告》，从2019年4月1日起，增值税一般纳税人发生增值税应税销售行为或者进口货物，原适用16%税率的，税率调整为13%；原适用10%税率的，税率调整为9%等。增值税会计处理规定和税率的变化亦需要在教材中加以调整。

此外，2018年3月，国际会计准则理事会（IASB）发布了修订后的《财务报告概念框架》，对财务报告的目标、财务报表信息质量特征、资产和负债的定义、要素的确认标准与计量基础等内容都做了较大修订。在本书的修订中也应有所反映，以体现教材内容的国际化和前瞻性。

二、修订的具体内容

第一，本次再版，我们将前版教材分成了一般业务和特殊业务两个分册，整套教材按照财务会计学基本理论、一般业务会计处理和特殊业务会计处理的逻辑来构建内容框架。一般业务分册共分为15章，内容包括财务会计基本理论，货币资金与应收款项，交易性金融资产，存货，固定资产，无形资产，投资性房地产，长期股权投资与合营安排，流动负债，非流动负债，所有者权益，收益的确定，财务报告，会计政策、会计估计及其变更与前期差错更正，资产负债表日后事项等；特殊业务分册共分为13章，内容包括股份支付会计、或有事项、金融工具会计、政府补助、非货币性资产交换、债务重组、所得税会计、外币业务会计、租赁会计、持有待售的非流动资产（处置组）与终止经营、企业合并会计、合并财务报表、企业清算会计等。因此，在前三版的基础上，本套教材在整体内容结构上有了较大幅度的调整与变动。

第二，新增了股份支付会计、金融工具会计、政府补助、非货币性资产交换、持有待售的非流动资产（处置组）和终止经营、企业清算会计以及合营安排等内容，这些主要安排在特殊业务分册中；删除了前版教材中的第二十二章“特殊行业会计”的内容，本套教材不再反映。

第三，按照2017年修订的金融工具系列会计准则，删除了前版教材的第四章“金融资产”和第十九章“衍生金融工具会计”，重新安排了金融工具会计的有关内容：将交易性金融资产单独作为一章、将交易性金融负债单独作为非流动负债中的一节，来分别进行阐述，并安排在一般业务分册中；将金融工具会计的其他内容单独作为一章安排到特殊业务分册中。

第四，删除了前版教材的第二十一章“养老金会计”和第十六章“关联方关系及交易”，将其内容分别融入到流动负债的应付职工薪酬中和财务报告的财务报表附注中加以介绍。

第五，按照修订后的《企业会计准则第14号——收入》和《企业会计准则第21号——租赁》，全面改写了收入确认、计量的有关内容以及租赁会计的内容；按照2019年5月财政部修订发布的《企业会计准则第7号——非货币性资产交换》和《企业会计准则第12号——债务重组》全面修订了非货币性资产交换和债务重组的内容，并将债务重组的内容单独作为一章放到特殊业务分册中来阐述。

第六，将前版教材的第十三章“会计调整”分为“会计政策、会计估计及其变更与前期差错更正”和“资产负债表日后事项”两章，安排在一般业务分册中。

第七，根据2014年以来新制定或修订的准则的有关规定，对长期股权投资、增值税、职工薪酬、所有者权益等内容进行了修订完善。

第八，根据新的规定，将固定资产、无形资产出售净损益计入资产处置损益；按照2019年4月1日起执行的增值税税率修改了全书的相关例题数据，并对原有内容进行了补充和完善。

第九，按照2019年4月财政部发布的《关于修订印发2019年度一般企业财务报表格式的通知》中有关“一般企业财务报表格式（适用于已执行新金融准则、新收入准则和新租赁准则的企业）”的内容，修订了“财务报告”的相关内容。

此外，本次修订再版，我们还根据2018年3月国际会计准则理事会（IASB）发布的修订后的《财务报告概念框架》的有关内容，对教材（一般业务分册）的第一章“财务会计基本理论”和其他相关章节中涉及的有关财务报告的目标、财务报表信息质量特征、资产和负债的定义、要素的确认标准与计量基础等内容的最新变化做了必要的分析介绍，以体现教材的前瞻性。

三、修订的编写任务分工

本次修订由安徽工业大学顾远副教授和林钟高教授担任总主编，负责全套两册教材的内容框架构建、写作大纲拟定和编写的组织工作，并对全套教材进行了总纂。其中：《财务会计学》（一般业务）由顾远副教授、向崇学副教授、林钟高教授担任主编，黄智华副教授、戴新民教授担任副主编；《财务会计学》（特殊业务）由顾远副教授、刘英副教授、林钟高教授担任主编，马自俊、陈昌龙担任副主编。具体编写分工如下：（1）《财务会计学》（一般业务）：林钟高教授编写第一章；黄智华副教授编写第二、四、十四章；刘英副教授编写第三、七章和第八章的第一至四节；向崇学副教授编写第五、六、十章；洪昌文副教授编写第十一章；顾远副教授编写第八章的第五节以及第十二、十五章；戴新民教授和陈昌龙讲师合作编写第十三章；马自俊讲师编写第九章。（2）《财务会计学》（特殊业务）：刘英副教授编写第一、三、十章；顾远副教授编写第二、九章；向崇学副教授编写第五、六章；洪昌文副教授编写第八章；陈昌龙讲师编写第四、七章；马自俊讲师编写第十一、十二章；李海香讲师编写第十三章。

鉴于以上诸多因素，本次修订再版内容多、难度大，编者对新会计准则的理解也存在不少挑战，加之时间仓促、水平有限，书中疏漏之处在所难免，欢迎广大读者和同行批评指正，也期盼兄弟高校和广大读者一如既往地关注我们的教材建设，多赐宝贵意见，多予鼓励、支持。

本书修订过程中得到了东北财经大学出版社的大力支持，在此一并表示衷心感谢！

编　者

2020年12月

目 录

第一章

股份支付

学习目标

通过本章的学习，应该达到以下目标：在知识方面，了解股份支付的主要环节及主要类型；在技能方面，熟悉股份支付的确认和计量；在能力方面，把握各种类型股份支付的会计处理。

案　例

宋城演艺发展股份有限公司，简称宋城演艺（300144），2017年年度报告有关股份支付披露如下：

一、股权激励主要实施过程

为建立健全激励与约束相结合的中长期激励机制，充分调动、提高公司高级管理人员及技术（业务）骨干人员的积极性和创造性，将股东利益、公司利益和员工个人利益有效地结合在一起，促进公司业绩持续增长，并使员工分享公司发展成果，实现公司与员工的共同发展，公司于2013年1月启动了限制性股票激励计划。

1.公司于2013年1月21日召开了第四届董事会第二十八次会议及第四届监事会第二十六次会议，审议并通过了《杭州宋城旅游发展股份有限公司限制性股票激励计划（草案）及摘要》，并向中国证监会上报了申请备案材料。公司独立董事对此股权激励计划（草案）发表了独立意见。

2.根据中国证监会的反馈意见，公司修订了限制性股票激励计划，并于2013年3月22日召开公司第四届董事会第三十次会议和第四届监事会第二十九次会议，审议并通过了《杭州宋城旅游发展股份有限公司限制性股票激励计划（草案修订稿）及其摘要修订稿》（以下简称《限制性股票激励计划》），修订后的《限制性股票激励计划》已经中国证监会审核无异议。公司独立董事对此股权激励计划发表了独立意见。

3.2013年4月10日，公司召开2013年第一次临时股东大会审议并通过了《限制性股票激励计划》以及《关于提请股东大会授权董事会办理公司限制性股票激励计划相关事项的议案》，董事会被授权确定限制性股票授予日、在激励对象符合条件时向激励对象授予限制性股票并办理授予限制性股票所必需的全部事宜。

4.2013年5月2日召开第四届董事会第三十二次会议和第四届监事会第三十次会议，审议并通过了《关于对公司限制性股票激励计划进行调整的议案》及《关于向激励对象授予限制性股票的议案》，确定2013年5月2日为股份授予日，授予价格为6.13元/股，数量为381.6万股，授予对象共144人。授予完成后，公司股份总数变更为55 821.6万股。监事会对调整后的激励对象人员资格进行了审核。独立董事关于公司股权激励计划授予相关事项发表了独立意见。

5.2013年11月14日公司召开第五届董事会第三次会议和第五届监事会第三次会议，审议通过了《关于回购注销已离职股权激励对象所持已获授但尚未解锁的限制性股票的议案》，公司限制性股票激励计划原激励对象7人因个人原因离职，已不符合激励条件，公司董事会一致同意对上述已获授但尚未解锁的40.1万股限制性股票进行回购注销，回购价格为授予价格6.13元/股，公司总股本从55 821.6万股变更为55 781.5万股。

6.2014年4月10日公司召开第五届董事会第八次会议和第五届监事会第七次会议，审议通过了《关于回购注销已离职股权激励对象所持已获授但尚未解锁的限制性股票的议案》《关于取消授予预留限制性股票的议案》《关于限制性股票激励计划第一个解锁期可解锁的议案》，公司限制性股票激励计划原激励对象3人因个人原因离职，已不符合激励条件，公司董事会一致同意对上述已获授但尚未解锁的4.0万股限制性股票进行回购注销，公司总股本将从55 781.5万股变更为55 777.5万股，回购价格为授予价格6.13元/股；本激励计划所涉及的标的股票为450.5万股，其中首次授予405.5万股，预留45万股，预留限制性股票应在限制性股票首次授予后12个月内进行后期授予，由于公司近期没有向潜在激励对象授予预留限制性股票的计划，因此公司决定取消授予预留的45万股限制性股票；2013年5月实施的《限制性股票激励计划（草案修改稿）》第一个解锁期20%的限制性股票已达成设定的业绩指标，根据《限制性股票激励计划（草案修改稿）》的规定对上述20%的限制性股票予以解锁，独立董事对该事项发表了独立意见。

7.2015年2月26日公司召开第五届董事会第十七次会议和第五届监事会第十四次会议，审议通过了《关于回购注销已离职股权激励对象所持已获授但尚未解锁的限制性股票的议案》，公司限制性股票激励计划原激励对象6人因个人原因离职，已不符合激励条件，公司董事会一致同意对上述已获授但尚未解锁的8.48万股限制性股票进行回购注销，回购价格为授予价格6.13元/股，公司总股本从55 777.5万股变更为55 769.02万股。

8.2015年4月21日公司召开第五届董事会第二十次会议和第五届监事会第十六次会议，审议通过了《关于限制性股票激励计划第二个解锁期可解锁的议案》，公司2013年5月实施的《限制性股票激励计划（草案修改稿）》第二个解锁期20%的限制性股票已达成设定的业绩指标，根据《限制性股票激励计划（草案修改稿）》的规定对上述20%的限制性股票予以解锁，本次解锁的限制性股票解锁日即上市流通日为2015年5月4日。

9.2016年2月26日公司召开第五届董事会第三十一次会议和第五届监事会第二十五次会议，审议通过了《关于回购注销已离职股权激励对象已获授但尚未解锁的限制性股票的议案》，公司限制性股票激励计划原激励对象4人因个人原因离职，已不符合激励条件，公司董事会一致同意对上述已获授但尚未解锁的6.69万股限制性股票进行回购注销，回购价格为授予价格扣除分红，即2.44元/股，公司总股本从145 268.05万股变更为145 261.36万股。

10.2016年4月20日公司召开第五届董事会第三十二次会议和第五届监事会第二十六次会议，审议通过了《关于限制性股票激励计划第三个解锁期可解锁的议案》，公司2013年5月实施的《限制性股票激励计划（草案修改稿）》第三个解锁期30%的限制性股票已达成设定的业绩指标，根据《限制性股票激励计划（草案修改稿）》的规定对上述30%的限制性股票予以解锁，本次解锁的限制性股票解锁日即上市流通日为2016年5月3日。

11.2017年2月27日公司召开第六届董事会第八次会议和第六届监事会第五次会议，审议通过了《关于回购注销已离职股权激励对象已获授但尚未解锁的限制性股票的议案》，公司限制性股票激励计划原激励对象1人因个人原因离职，已不符合激励条件，公司董事会一致同意对上述已获授但尚未解锁的5 777股限制性股票进行回购注销，回购价格为授予价格扣除分红，即2.37元/股，公司总股本从145 261.36万股变更为145 260.78万股。

12.2017年4月19日公司召开第六届董事会第十一次会议和第六届监事会第七次会议，审议通过了《关于限制性股票激励计划第四个解锁期可解锁的议案》，公司2013年5月实施的《限制性股票激励计划（草案修改稿）》第四个解锁期30%的限制性股票已达成设定的业绩指标，根据《限制性股票激励计划（草案修改稿）》的规定对上述30%的限制性股票予以解锁，本次解锁的限制性股票解锁日即上市流通日为2017年5月2日。

二、本次限制性股票激励计划对公司报告期及以后各年度财务状况和经营成果的影响

根据《企业会计准则第11号——股份支付》和《股权激励有关事项备忘录3号》的规定，公司本次限制性股票激励计划激励股份的授予对公司相关年度的财务状况和经营成果将产生一定的影响。董事会已确定激励计划的授予日为2013年5月2日，公司向激励对象授予限制性股票381.6万股（不包括预留部分），按照相关估值工具确定授予日限制性股票的公允价值，确认授予日公司向激励对象授予的权益工具公允价值总额为1 010.47万元。2013年11月14日，公司限制性股票激励计划原激励对象7人因个人原因离职，已不符合激励条件，对上述已获授但尚未解锁的40.1万股限制性股票进行回购注销；2014年4月10日，公司限制性股票激励计划原激励对象3人因个人原因离职，已不符合激励条件，对上述已获授但尚未解锁的4.0万股限制性股票进行回购注销；2015年2月26日，公司限制性股票激励计划原激励对象6人因个人原因离职，已不符合激励条件，对上述已获授但尚未解锁的8.48万股限制性股票进行回购注销；2016年2月26日，公司限制性股票激励计划原激励对象4人因个人原因离职，已不符合激励条件，对上述已获授但尚未解锁的6.69万股限制性股票进行回购注销；2017年2月27日，公司限制性股票激励计划原激励对象1人因个人原因离职，已不符合激励条件，对上述已获授但尚未解锁的5 777股限制性股票进行回购注销，最终确认公司向激励对象授予的权益工具公允价值总额为867.68万元。

该公允价值总额作为公司本次股权激励计划的总成本将在股权激励计划的实施过程中按照解锁比例进行分期确认。据测算，2013—2017年限制性股票成本摊销情况见表1-1。

表1-1 2013—2017年限制性股票成本摊销情况 单位：万元

年份	2013年	2014年	2015年	2016年	2017年	费用总额
合计	332.56	312.27	143.05	65.35	14.45	867.68

本计划限制性股票的成本将在经常性损益中列支。

思考：

（1）股份支付有何意义？股份支付有哪些类型？

（2）股份支付对企业财务状况和经营成果有何影响？

第一节 股份支付概述

一、股份支付的概念与特征

（一）股份支付的概念

股份支付，是“以股份为基础的支付”的简称，是指企业为获取职工和其他方提供服务而授予权益工具或者承担以权益工具为基础确定的负债的交易。

（二）股份支付的特征

（1）股份支付是企业与职工或其他方之间发生的交易。以股份为基础的支付可能发生在企业与股东之间、合并交易中的合并方与被合并方之间或者企业与其职工之间，只有发生在企业与其职工或向企业提供服务的其他方之间的交易，才可能符合股份支付的定义。

（2）股份支付是以获取职工或其他方服务为目的的交易。企业在股份支付交易中旨在获取其职工或其他方提供的服务（费用）或取得这些服务的权利（资产）。企业获取这些服务或权利的目的是用于其正常生产经营，不是转手获利等。

（3）股份支付交易的对价或其定价与企业自身权益工具未来的价值密切相关。股份支付交易与企业与其职工间其他类型交易的最大不同，是交易对价或其定价与企业自身权益工具未来的价值密切相关。在股份支付中，企业要么向职工支付其自身权益工具，要么向职工支付一笔现金，而其金额高低取决于结算时企业自身权益工具的公允价值。对价的特殊性可以说是股份支付定义中最突出的特征。企业自身权益工具包括会计主体本身、母公司和同一集团内的其他会计主体的权益工具。

二、股份支付的四个主要环节

以薪酬性股票期权为例，典型的股份支付通常涉及四个主要环节：授予、可行权、行权和出售。

授予日是指股份支付协议获得批准的日期。其中，“获得批准”是指企业与职工或其他方就股份支付的协议条款和条件已达成一致，该协议获得股东大会或类似机构的批准。这里的“达成一致”是指，在双方对该计划或协议内容充分形成一致理解的基础上，均接受其条款和条件。如果按照相关法规的规定，在提交股东大会或类似机构之前存在必要程序或要求，则应履行该程序或满足该要求。

可行权日是指可行权条件得到满足、职工或其他方具有从企业取得权益工具或现金权利的日期。有的股份支付协议是一次性可行权，有的则是分批可行权。只有已经可行权的股票期权，才是职工真正拥有的“财产”，才能去择机行权。从授予日至可行权日的时段，是可行权条件得到满足的期间，因此称为“等待期”，又称“行权限制期”。

行权日是指职工和其他方行使权利、获取现金或权益工具的日期。例如，持有股票期权的职工行使了以特定价格购买一定数量本公司股票的权利，该日期即为行权日。行权是按期权的约定价格实际购买股票，一般是在可行权日之后至期权到期日之前的可选择时段内行权。

出售日是指股票的持有人将行使期权所取得的期权股票出售的日期。按照我国法规规定，用于期权激励的股份支付协议，应在行权日与出售日之间设立禁售期，其中国有控股上市公司的禁售期不得低于两年。

三、股份支付工具的主要类型

按照股份支付的方式和工具类型，主要可划分为两大类、四小类：

（一）以权益结算的股份支付

以权益结算的股份支付，是指企业为获取服务而以股份或其他权益工具作为对价进行结算的交易。以权益结算的股份支付最常用的工具有两类：限制性股票和股票期权。

限制性股票是指职工或其他方按照股份支付协议规定的条款和条件，从企业获得一定数量的本企业股票。企业授予职工一定数量的股票，在一个确定的等待期内或在满足特定业绩指标之前，职工出售股票要受到持续服务期限条款或业绩条件的限制。

股票期权是指企业授予职工或其他方在未来一定期限内以预先确定的价格和条件购买本企业一定数量股票的权利。

（二）以现金结算的股份支付

以现金结算的股份支付，是指企业为获取服务而承担的以股份或其他权益工具为基础计算的交付现金或其他资产的义务的交易。以现金结算的股份支付最常用的工具有两类：模拟股票和现金股票增值权。

现金股票增值权和模拟股票，是用现金支付模拟的股权激励机制，即与股票挂钩，但用现金支付。除不需实际行权和持有股票之外，现金股票增值权的运作原理与股票期权是一样的，都是一种增值权形式的与股票价值挂钩的薪酬工具。除不需实际授予股票和持有股票之外，模拟股票的运作原理与限制性股票是一样的。

第二节　股份支付的确认和计量

一、股份支付的确认和计量原则

（一）权益结算的股份支付的确认和计量原则

1.换取职工服务的股份支付的确认和计量原则

对于换取职工服务的股份支付，企业应当以股份支付所授予的权益工具的公允价值计量。企业应在等待期内的每个资产负债表日，以对可行权权益工具数量的最佳估计为基础，按照权益工具在授予日的公允价值，将当期取得的服务计入相关资产成本或当期费用，同时计入资本公积中的其他资本公积。

对于授予后立即可行权的换取职工提供服务的权益结算的股份支付（例如授予限制性股票的股份支付），应在授予日按照权益工具的公允价值，将取得的服务计入相关资产成本或当期费用，同时计入资本公积中的股本溢价。

2.换取其他方服务的股份支付的确认和计量原则

对于换取其他方服务的股份支付，企业应当以股份支付所换取的服务的公允价值计量。企业应当按照其他方服务在取得日的公允价值，将取得的服务计入相关资产成本或费用。如果其他方服务的公允价值不能可靠计量，但权益工具的公允价值能够可靠计量时，企业应当按照权益工具在服务取得日的公允价值，将取得的服务计入相关资产成本或费用。

3.权益工具公允价值无法可靠确定时的处理

在极少数情况下，授予权益工具的公允价值无法可靠计量，企业应在获取服务的时点、后续的每个资产负债表日和结算日，以内在价值计量该权益工具，内在价值的变动应计入当期损益。同时，企业应以最终可行权或实际行权的权益工具数量为基础，确认取得服务的金额。内在价值是指交易对方有权认购或取得的股份的公允价值，与其按照股份支付协议应当支付的价格间的差额。

企业对上述以内在价值计量的已授予权益工具进行结算，应当遵循以下要求：

（1）结算发生在等待期内的，企业应当将结算作为加速可行权处理，即立即确认本应于剩余等待期内确认的服务金额；

（2）结算时支付的款项应当作为回购该权益工具处理，即减少所有者权益。结算支付的款项高于该权益工具在回购日内在价值的部分，计入当期损益。

（二）现金结算的股份支付的确认和计量原则

企业应当在等待期内的每个资产负债表日，以对可行权情况的最佳估计为基础，按照企业承担负债的公允价值，将当期取得的服务计入相关资产成本或当期费用，同时计入负债，并在结算前的每个资产负债表日和结算日对负债的公允价值重新计量，将其变动计入损益。对于授予后立即可行权的现金结算的股份支付（例如授予虚拟股票或业绩股票的股份支付），企业应当在授予日按照企业承担负债的公允价值计入相关资产成本或费用，同时计入负债，并在结算前的每个资产负债表日和结算日对负债的公允价值重新计量，将其变动计入损益。

二、可行权条件的种类、处理和修改

股份支付中通常涉及可行权条件。可行权条件是指能够确定企业是否得到职工或其他方提供的服务，且该服务使职工或其他方具有获取股份支付协议规定的权益工具或现金等权利的条件。反之，为非可行权条件。可行权条件包括服务期限条件和业绩条件。在满足这些条件之前，职工或其他方无法获得股份。

（一）市场条件和非市场条件及其处理

业绩条件是指职工或其他方完成规定服务期限且企业已达到特定业绩目标才可行权的条件，具体包括市场条件和非市场条件。市场条件是指行权价格、可行权条件以及行权可能性与权益工具的市场价格相关的业绩条件，如股份支付协议中关于股价上升至何种水平职工或其他方可相应取得多少股份的规定。企业在确定权益工具在授予日的公允价值时，应考虑股份支付协议中规定的市场条件和非可行权条件的影响；市场条件和非可行权条件是否得到满足，不影响企业对预计可行权情况的估计。

非市场条件是指除市场条件之外的其他业绩条件，如股份支付协议中关于达到最低盈利目标或销售目标才可行权的规定。对于可行权条件为业绩条件的股份支付，在确定权益工具的公允价值时，应考虑市场条件的影响，只要职工满足了其他所有非市场条件，企业就应当确认已取得的服务。

【例1-1】2×20年1月，为奖励并激励高管，A上市公司与其管理层成员签署股份支付协议，规定如果管理层成员在其后3年中都在公司中任职服务，并且公司股价每年均提高10%以上，管理层成员即可以低于市价的价格购买一定数量的本公司股票。同时作为协议的补充，公司把全体管理层成员的年薪提高了50 000元，但公司将这部分年薪按月存入公司专门建立的内部基金，3年后，管理层成员可用属于其个人的部分抵减未来行权时支付的购买股票款项。如果管理层成员决定退出这项基金，可随时全额提取。A公司以期权定价模型估计授予的此项期权在授予日的公允价值为6 000 000元。在授予日，A公司估计3年内管理层离职的比例为每年10%；第二年年末，A公司调整其估计离职率为5%；到第三年年末，公司实际离职率为6%。

在第一年中，公司股价提高了10.5%，第二年提高了11%，第三年提高了6%。公司在第一年、第二年年末均预计下年能实现当年股价增长10%以上的目标。

A公司应如何处理？

分析：如果不同时满足服务3年和公司股价年增长10%以上的要求，管理层成员就无权行使其股票期权，因此两者都属于可行权条件，其中服务满3年是一项服务期限条件，10%的股价增长要求是一项市场条件。虽然公司要求管理层成员将部分薪金存入统一账户保管，但不影响其可行权，因此统一账户条款是非可行权条件。

按照《企业会计准则第11号——股份支付》的规定，第一年年末确认的服务费用为：

6 000 000×1/3×90%=1 800 000（元）

第二年年末累计确认的服务费用为：

6 000 000×2/3×95%=3 800 000（元）

第三年年末累计应确认的服务费用为：

6 000 000×94%=5 640 000（元）

由此，第二年应确认的费用为：

3 800 000−1 800 000=2 000 000（元）

第三年应确认的费用为：

5 640 000−3 800 000=1 840 000（元）

最后，94%的管理层成员满足了市场条件之外的全部可行权条件。尽管股价年增长10%以上的市场条件未得到满足，A公司在3年的年末也均确认了收到的管理层提供的服务，并相应确认了费用。

（二）可行权条件的修改

通常情况下，股份支付协议生效后，不应对其条款和条件随意修改。但在某些情况下，可能需要修改授予权益工具的股份支付协议中的条款和条件。例如，股票除权、除息或其他原因需要调整行权价格或股票期权数量。此外，为取得更佳的激励效果，有关法规也允许企业依据股份支付协议的规定，调整行权价格或股票期权数量，但应当由董事会作出决议并经股东大会审议批准，或者由股东大会授权董事会决定。《上市公司股权激励管理办法》对此作出了严格的限定，必须按照批准股份支付计划的原则和方式进行调整。

在会计核算上，无论已授予的权益工具的条款和条件如何修改，甚至取消权益工具的授予或结算该权益工具，企业都应至少确认按照所授予的权益工具在授予日的公允价值来计量获取的相应服务，除非因不能满足权益工具的可行权条件（除市场条件外）而无法可行权。

1.条款和条件的有利修改

企业应当分别以下情况，确认导致股份支付公允价值总额升高以及其他对职工有利的修改的影响：

（1）如果修改增加了所授予的权益工具的公允价值，企业应按照权益工具公允价值的增加相应地确认取得服务的增加。权益工具公允价值的增加，是指修改前后的权益工具在修改日的公允价值之间的差额。

（2）如果修改增加了所授予的权益工具的数量，企业应将增加的权益工具的公允价值相应地确认为取得服务的增加。

（3）如果企业按照有利于职工的方式修改可行权条件，如缩短等待期、变更或取消业绩条件（非市场条件），企业在处理可行权条件时，应当考虑修改后的可行权条件。

2.条款和条件的不利修改

如果企业以减少股份支付公允价值总额的方式或其他不利于职工的方式修改条款和条件，企业仍应继续对取得的服务进行会计处理，如同该变更从未发生，除非企业取消了部分或全部已授予的权益工具。具体包括如下几种情况：

（1）如果修改减少了授予的权益工具的公允价值，企业应当继续以权益工具在授予日的公允价值为基础，确认取得服务的金额，而不应考虑权益工具公允价值的减少。

（2）如果修改减少了授予的权益工具的数量，企业应当将减少部分作为已授予的权益工具的取消来进行处理。

（3）如果企业以不利于职工的方式修改了可行权条件，如延长等待期、增加或变更业绩条件（非市场条件），企业在处理可行权条件时，不应考虑修改后的可行权条件。

3.取消或结算

如果企业在等待期内取消了所授予的权益工具或结算了所授予的权益工具（因未满足可行权条件而被取消的除外），企业应当：

（1）将取消或结算作为加速可行权处理，立即确认原本应在剩余等待期内确认的金额。

（2）在取消或结算时支付给职工的所有款项均应作为权益的回购处理，回购支付的金额高于该权益工具在回购日公允价值的部分，计入当期费用。

（3）如果向职工授予新的权益工具，并在新权益工具授予日认定所授予的新权益工具是用于替代被取消的权益工具的，企业应以与处理原权益工具条款和条件修改相同的方式，对所授予的替代权益工具进行处理。权益工具公允价值的增加，是指在替代权益工具的授予日，替代权益工具公允价值与被取消的权益工具净公允价值之间的差额。被取消的权益工具的净公允价值，是指其在取消前立即计量的公允价值减去因取消原权益工具而作为权益回购支付给职工的款项。如果企业未将新授予的权益工具认定为替代权益工具，则应将其作为一项新授予的股份支付进行处理。

企业如果回购其职工已可行权的权益工具，应当借记所有者权益，回购支付的金额高于该权益工具在回购日公允价值的部分，计入当期费用。

三、权益工具公允价值的确定

股份支付中权益工具的公允价值的确定，应当以市场价格为基础。一些股份和股票期权并没有一个活跃的交易市场，在这种情况下，应当考虑估值技术。通常情况下，企业应当按照《企业会计准则第22号——金融工具确认和计量》的有关规定确定权益工具的公允价值，并根据股份支付协议的条款的条件进行调整。

（一）股份

对于授予职工的股份，企业应按照其股份的市场价格计量。如果其股份未公开交易，则应考虑其条款和条件估计其市场价格。例如，如果股份支付协议规定了期权股票的禁售期，则会对可行权日后市场参与者愿意为该股票支付的价格产生影响，并进而影响该股票期权的公允价值。

（二）股票期权

对于授予职工的股票期权，因其通常受到一些不同于交易期权的条款和条件的限制，因而在许多情况下难以获得其市场价格。如果不存在条款和条件相似的交易期权，就应通过期权定价模型来估计所授予的期权的公允价值。

在选择适用的期权定价模型时，企业应考虑熟悉情况和自愿的市场参与者将会考虑的因素。所有适用于估计授予职工期权的定价模型至少应考虑以下因素：（1）期权的行权价格；（2）期权期限；（3）基础股份的现行价格；（4）股价的预计波动率；（5）股份的预计股利；（6）期权期限内的无风险利率。

此外，企业选择的期权定价模型还应考虑熟悉情况和自愿的市场参与者在确定期权价格时会考虑的其他因素，但不包括那些在确定期权公允价值时不考虑的可行权条件和再授予特征因素。确定授予职工的股票期权的公允价值，还需要考虑提早行权的可能性。

1.期权定价模型的输入变量的估计

在估计基础股份的预计波动率和股利时，目标是尽可能接近当前市场或协议交换价格所反映的价格预期。在通常情况下，对于未来波动率、股利和行权行为的预期存在一个合理的区间。这时应将区间内的每项可能数额乘以其发生概率，加权计算上述输入变量的期望值。

2.预计提早行权

出于各种原因，职工经常在期权失效日之前提早行使股票期权。考虑预计提早行权对期权公允价值的影响的具体方法，取决于所采用的期权定价模型的类型。但无论采用何种方法，估计提早行权时都要考虑以下因素：（1）等待期的长度；（2）以往发行在外的类似期权的平均存续时间；（3）基础股份的价格（有时根据历史经验，职工在股份超过行权价格达到特定水平时倾向于行使期权）；（4）职工在企业中所处的层级（有时根据历史经验，高层职工倾向于较晚行权）；（5）基础股份的预计波动率（一般而言，职工倾向于更早地行使高波动率的股份的期权）。

3.预计波动率

预计波动率是对预期股份价格在一个期间内可能发生的波动金额的度量。期权定价模型中所用的波动率的量度，是一段时间内股份的连续复利回报率的年度标准差。波动率通常以年度表示，而不管计算时使用的是何种时间跨度基础上的价格，如每日、每周或每月的价格。一个期间股份的回报率（可能是正值也可能是负值）衡量了股东从股份的股利和价格涨跌中受益的多少。股份的预计年波动率是指一个范围（置信区间），连续复利年回报率预期处在这个范围内的概率大约为2/3（置信水平）。估计预计波动率要考虑以下因素：

（1）如果企业有股票期权或其他包含期权特征的交易工具（如可转换公司债券）的买卖，则应考虑这些交易工具所内含的企业股价波动率。

（2）在与期权的预计期限（考虑期权剩余期限和预计提早行权的影响）大体相当的最近一个期间内企业股价的历史波动率。

（3）企业股份公开交易的时间。与上市时间更久的类似企业相比，新上市企业的历史波动率可能更大。

（4）波动率向其均值（即其长期平均水平）回归的趋势，以及表明预计未来波动率可能不同于以往波动率的其他因素。有时，企业股价在某一特定期间因为特定原因剧烈波动，如收购要约或重大重组失败，则在计算历史平均年度波动率时，可剔除这个特殊期间。

（5）获取价格要有恰当且规则的间隔。价格的获取在各期应保持一贯性。例如，企业可用每周收盘价或每周最高价，但不应在某些周用收盘价、某些周用最高价。再如，获取价格时应使用与行权价格相同的货币来表示。

除了上述考虑因素，如果企业因新近上市而没有关于历史波动率的充分信息，应按可获得交易活动数据的最长期间计算其历史波动率，也可考虑类似企业在类似阶段可比期间的历史波动率。如果企业是非上市企业，在估计预计波动率时没有历史信息可循的，可考虑以下替代因素：

（1）在某些情况下，定期向其职工（或其他方）发行期权或股份的非上市企业，可能已为其股份设立了一个内部“市场”。估计预计波动率时可以考虑这些“股价”的波动率。

（2）如果上述方法不适用，而企业以类似上市企业股价为基础估计其自身股份的价值，企业可考虑类似上市企业股价的历史或内含波动率。

（3）如果企业未以类似上市企业股价为基础估计其自身股份价值，而是采用了其他估价方法对自身股份进行估价，则企业可推导出一个与该估价方法基础一致的预计波动率估计数。

4.预计股利

计量所授予的股份或期权的公允价值时是否应当考虑预计股利，取决于被授予方是否有权取得股利或股利等价物。

如果职工被授予期权，并有权在授予日和行权日之间取得基础股份的股利或股利等价物（可现金支付，也可抵减行权价格），所授予的期权应当像不支付基础股份的股利那样进行估价，即预计股利的输入变量应为零。相反，如果职工对等待期内或行权前的股利或股利等价物没有要求权，对股份或期权在授予日公允价值的估计就应考虑预计股利因素。一般来说，预计股利应以公开可获得的信息为基础。不支付股利且没有支付股利计划的企业应假设预计股利收益率为零。如果无股利支付历史的新企业被预期在其职工股票期权期限内开始支付股利，可使用其历史股利收益率（零）与大致可比的同类企业的股利收益率均值的平均数。

5.无风险利率

无风险利率一般是指期权行权价格以该货币表示的、剩余期限等于被估价期权的预计期限（基于期权的剩余合同期限，并考虑预计提早行权的影响）的零息国债当前可获得的内含收益率。如果没有此类国债，或环境表明零息国债的内含收益率不能代表无风险利率，应使用适当的替代利率。

6.资本结构的影响

通常情况下，交易期权是由第三方而不是企业签出的。当这些股票期权行权时，签出人将股份交付给期权持有者。这些股份是从现有股东手中取得的。因此，交易期权的行权不会有稀释效应。

如果股票期权是从企业签出的，在行权时需要增加已发行在外的股份数量（要么正式增发，要么使用先前回购的库存股）。假定股份将按行权价格而不是行权日的市场价格发行，这种现实或潜在的稀释效应可能会降低股价，因此期权持有者行权时，无法获得像行使其他方面类似但不稀释股价的交易期权一样多的利益。这一问题能否对企业授予股票期权的价值产生显著影响，取决于各种因素，包括行权时增加的股份数量（相对于已发行在外股份数量）。如果市场已预期企业将会授予期权，则可能已将潜在稀释效应体现在了授予日的股价中。企业应考虑所授予的股票期权未来行权的潜在稀释效应，是否可能对股票期权在授予日的公允价值构成影响。企业可修改期权定价模型，以将潜在稀释效应纳入考虑范围。

四、股份支付的处理

股份支付的会计处理必须以完整、有效的股份支付协议为基础。

（一）授予日

除了立即可行权的股份支付外，无论权益结算的股份支付还是现金结算的股份支付，企业在授予日均不做会计处理。

（二）等待期内每个资产负债表日

股份支付在授予后通常不可立即行权，一般需要在职工或其他方履行一定期限的服务或在企业达到一定业绩条件之后才可行权。

业绩条件分为市场条件和非市场条件。市场条件是指行权价格、可行权条件以及行权可能性与权益工具的市场价格相关的业绩条件，如股份支付协议中关于股价至少上升至何种水平才可行权的规定。非市场条件是指除市场条件之外的其他业绩条件，如股份支付协议中关于达到最低盈利目标或销售目标才可行权的规定。

等待期长度确定后，业绩条件为非市场条件的，如果后续信息表明需要调整等待期长度，应对前期确定的等待期长度进行修改；业绩条件为市场条件的，不应因此改变等待期长度。对于可行权条件为业绩条件的股份支付，在确定权益工具的公允价值时，应考虑市场条件的影响，只要职工满足了其他所有非市场条件，企业就应当确认已取得的服务。

（1）等待期内每个资产负债表日，企业应将取得的职工提供的服务计入成本费用，计入成本费用的金额应当按照权益工具的公允价值计量。

对于权益结算的涉及职工的股份支付，应当按照授予日权益工具的公允价值计入成本费用和资本公积（其他资本公积），不确认其后续公允价值变动；对于现金结算的涉及职工的股份支付，应当按照每个资产负债表日权益工具的公允价值重新计量，确定成本费用和应付职工薪酬。

（2）等待期内每个资产负债表日，企业应当根据最新取得的可行权职工人数变动等后续信息作出最佳估计，修正预计可行权的权益工具数量。在可行权日，最终预计可行权权益工具的数量应当与实际可行权数量一致。

根据上述权益工具的公允价值和预计可行权的权益工具数量，计算截至当期累计应确认的成本费用金额，再减去前期累计已确认金额，作为当期应确认的成本费用金额。

（三）可行权日之后

（1）权益结算的股份支付，在可行权日之后不再对已确认的成本费用和所有者权益总额进行调整。企业应在行权日根据行权情况，确认股本和股本溢价，同时结转等待期内确认的资本公积（其他资本公积）。

（2）对于现金结算的股份支付，企业在可行权日之后不再确认成本费用，负债（应付职工薪酬）公允价值的变动应当计入当期损益（公允价值变动损益）。

（四）回购股份进行职工期权激励

企业以回购股份形式奖励本企业职工的，属于权益结算的股份支付。企业回购股份时，应按回购股份的全部支出作为库存股处理，同时进行备查登记。按照《企业会计准则第11号——股份支付》对职工权益结算股份支付的规定，企业应当在等待期内每个资产负债表日按照权益工具在授予日的公允价值，将取得的职工服务计入成本费用，同时增加资本公积（其他资本公积）。在职工行权购买本企业股份时，企业应转销交付职工的库存股成本和等待期内资本公积（其他资本公积）累计金额，同时，按照其差额调整资本公积（股本溢价）。

实务中，上市公司实施限制性股票的股权激励安排中，常见做法是上市公司以非公开发行的方式向激励对象授予一定数量的公司股票，并规定锁定期和解锁期，在锁定期和解锁期内，不得上市流通及转让。达到解锁条件，可以解锁；如果全部或部分股票未被解锁而失效或作废，通常由上市公司按照事先约定的价格立即进行回购。

对于此类授予限制性股票的股权激励计划，向职工发行的限制性股票按有关规定履行了注册登记等增资手续的，上市公司应当根据收到职工缴纳的认股款确认股本和资本公积（股本溢价），按照职工缴纳的认股款，借记“银行存款”等科目，按照股本金额，贷记“股本”科目，按照其差额，贷记“资本公积——股本溢价”科目；同时，就回购义务确认负债（作收购库存股处理），按照发行限制性股票的数量以及相应的回购价格计算确定的金额，借记“库存股”科目，贷记“其他应付款——限制性股票回购义务”（包括未满足条件而须立即回购的部分）等科目。

上市公司应当综合考虑限制性股票锁定期和解锁期等相关条款，按照《企业会计准则第11号——股份支付》的相关规定判断等待期，进行与股份支付相关的会计处理。对于因回购产生的义务确认的负债，应当按照《企业会计准则第22号——金融工具确认和计量》的相关规定进行会计处理。上市公司未达到限制性股票解锁条件而需回购的股票，按照应支付的金额，借记"其他应付款——限制性股票回购义务"等科目，贷记"银行存款"等科目；同时，按照注销的限制性股票数量相对应的股本金额，借记"股本"科目，按照注销的限制性股票数量相对应的库存股的账面价值，贷记"库存股"科目，按其差额，借记"资本公积——股本溢价"科目。上市公司达到限制性股票解锁条件而无须回购的股票，按照解锁股票相对应的负债的账面价值，借记"其他应付款——限制性股票回购义务"等科目，按照解锁股票相对应的库存股的账面价值，贷记"库存股"科目，如有差额，则借记或贷记"资本公积——股本溢价"科目。

上市公司在等待期内发放现金股利的会计处理，应视其发放的现金股利是否可撤销采取不同的方法：

（1）现金股利可撤销，即一旦未达到解锁条件，被回购限制性股票的持有者将无法获得（或需要退回）其在等待期内应收（或已收）的现金股利。

等待期内，上市公司在核算应分配给限制性股票持有者的现金股利时，应合理估计未来解锁条件的满足情况，该估计与进行股份支付会计处理时在等待期内每个资产负债表日对可行权权益工具数量进行的估计应当保持一致。对于预计未来可解锁限制性股票持有者，上市公司应分配给限制性股票持有者的现金股利应当作为利润分配进行会计处理，借记"利润分配——应付现金股利或利润"科目，贷记"应付股利——限制性股票股利"科目；同时，按分配的现金股利金额，借记"其他应付款——限制性股票回购义务"等科目，贷记"库存股"科目；实际支付时，借记"应付股利——限制性股票股利"科目，贷记"银行存款"等科目。对于预计未来不可解锁限制性股票持有者，上市公司应分配给限制性股票持有者的现金股利应当冲减相关的负债，借记"其他应付款——限制性股票回购义务"等科目，贷记"应付股利——限制性股票股利"科目；实际支付时，借记"应付股利——限制性股票股利"科目，贷记"银行存款"等科目。后续信息表明不可解锁限制性股票的数量与以前估计不同的，应当作为会计估计变更处理，直到解锁日预计不可解锁限制性股票的数量与实际未解锁限制性股票的数量一致。

（2）现金股利不可撤销，即不论是否达到解锁条件，限制性股票持有者仍有权获得（或不得被要求退回）其在等待期内应收（或已收）的现金股利。

等待期内，上市公司在核算应分配给限制性股票持有者的现金股利时，应合理估计未来解锁条件的满足情况，该估计与进行股份支付会计处理时在等待期内每个资产负债表日对可行权权益工具数量进行的估计应当保持一致。对于预计未来可解锁限制性股票持有者，上市公司应分配给限制性股票持有者的现金股利应当作为利润分配进行会计处理，借记"利润分配——应付现金股利或利润"科目，贷记"应付股利——限制性股票股利"科目；实际支付时，借记"应付股利——限制性股票股利"科目，贷记"银行存款"等科目。对于预计未来不可解锁限制性股票持有者，上市公司应分配给限制性股票持有者的现金股利应当计入当期成本费用，借记"管理费用"等科目，贷记"应付股利——应付限制性股票股利”科目；实际支付时，借记“应付股利——限制性股票股利”科目，贷记“银行存款”等科目。后续信息表明不可解锁限制性股票的数量与以前估计不同的，应当作为会计估计变更处理，直到解锁日预计不可解锁限制性股票的数量与实际未解锁限制性股票的数量一致。

五、集团股份支付的处理

企业集团（由母公司和其全部子公司构成）内发生的股份支付交易，应当按照以下规定进行会计处理：

（1）结算企业以其本身权益工具结算的，应当将该股份支付交易作为权益结算的股份支付处理；除此之外，应当作为现金结算的股份支付处理。

结算企业是接受服务企业的投资者的，应当按照授予日权益工具的公允价值或应承担负债的公允价值确认为对接受服务企业的长期股权投资，同时确认资本公积（其他资本公积）或负债。

（2）接受服务企业没有结算义务或授予本企业职工的是其本身权益工具的，应当将该股份支付交易作为权益结算的股份支付处理；接受服务企业具有结算义务且授予本企业职工的是企业集团内其他企业权益工具的，应当将该股份支付交易作为现金结算的股份支付处理。

六、股份支付的账务处理

（一）等待期内的每个资产负债表日

根据推算的股份支付额作如下账务处理：

借：管理费用

　贷：资本公积——其他资本公积（附服务年限条件或附非市场业绩条件的权益结算股份支付）

　　应付职工薪酬——股份支付（现金结算的股份支付）

（二）可行权日之后

1.如果是附服务年限条件或附非市场业绩条件的权益结算股份支付

借：银行存款（职工按承诺的价位交付的款项）

　资本公积——其他资本公积（等待期内累计的资本公积）

　贷：股本（面值）

　　资本公积——股本溢价（所授股权的公允价值-股本）

2.如果是现金结算的股份支付

（1）未兑付前的公允价值变动时：

①增值时：

借：公允价值变动损益

　贷：应付职工薪酬——股份支付

②贬值时：

借：应付职工薪酬——股份支付

　贷：公允价值变动损益

（2）兑付时：

借：应付职工薪酬——股份支付

　贷：银行存款

（三）回购股份进行职工期权激励

（1）回购股份时：

借：库存股

　贷：银行存款

（2）等待期内每个资产负债表日按照权益工具在授予日的公允价值，将取得的职工服务计入成本费用，同时增加资本公积（其他资本公积）。

借：管理费用

　贷：资本公积——其他资本公积

（3）职工行权时：

借：银行存款（职工按承诺的价位交付的款项）

　　资本公积——其他资本公积（等待期内累计的资本公积）

　贷：库存股

　　资本公积——股本溢价（倒挤差额）

（四）企业集团内涉及不同企业的股份支付交易的会计处理

1.接受服务企业与结算企业不是同一企业

结算企业以其本身权益工具结算的，应当将该股份支付交易作为权益结算的股份支付进行会计处理。

（1）结算企业的会计处理：

借：长期股权投资

　贷：资本公积

（2）接受服务企业的会计处理：

借：管理费用

　贷：资本公积

结算企业不是以其本身权益工具而是以集团内其他企业的权益工具结算的，应当将该股份支付交易作为现金结算的股份支付进行会计处理。

（1）结算企业的会计处理：

借：长期股权投资

　贷：应付职工薪酬

（2）接受服务企业的会计处理：

借：管理费用

　贷：资本公积

2.结算企业与接受服务企业是同一企业

结算企业直接按照现金结算的股份支付处理：

借：管理费用

　贷：应付职工薪酬

第三节 股份支付的会计处理举例

一、附服务年限条件的权益结算股份支付

【例1-2】A公司为一上市公司。2×18年1月1日，公司向其200名管理人员每人授予100股股票期权，这些管理人员从2×18年1月1日起在该公司连续服务3年，即可以5元每股购买100股A公司股票，从而获益。公司估计该期权在授予日的公允价值为18元。第一年有20名管理人员离开A公司，A公司估计三年中离开的管理人员的比例将达到20%；第二年又有10名管理人员离开公司，A公司将估计的管理人员离开比例修正为15%；第三年又有15名管理人员离开。

1.费用和资本公积计算

计算过程如表1-2所示。

表1-2 费用和资本公积计算过程 单位：元

年份	计算	当期费用	累计费用
2×18	200×100×（1-20%）×18×1/3	96 000	96 000
2×19	200×100×（1-15%）×18×2/3-96 000	108 00	204 000
2×20	155×100×18-204 000	75 000	279 000

2.账务处理

（1）2×18年1月1日：

授予日不作账务处理。

（2）2×18年12月31日：

借：管理费用 96 000

  贷：资本公积——其他资本公积 96 000

（3）2×19年12月31日：

借：管理费用 108 000

  贷：资本公积——其他资本公积 108 000

（4）2×20年12月31日：

借：管理费用 75 000

  贷：资本公积——其他资本公积 75 000

（5）假设全部155名管理人员都在2×20年12月31日行权，A公司股票面值为1元：

借：银行存款 77 500

  资本公积——其他资本公积 279 000

  贷：股本 15 500

    资本公积——股本溢价 341 000

二、附非市场业绩条件的权益结算股份支付

【例1-3】2×17年1月1日，A公司为其100名管理人员每人授予100份股票期权：第

一年年末的可行权条件为公司净利润增长率达到20%；第二年年末的可行权条件为公司净利润两年平均增长15%；第三年年末的可行权条件为公司净利润三年平均增长10%。每份期权在20×17年1月1日的公允价值为24元。

2×17年12月31日，A公司净利润增长了18%，同时有8名管理人员离开，公司预计2×18年将以同样速度增长，因此预计将于20×8年12月31日可行权。另外，公司预计2×18年I2月31日又将有8名管理人员离开。

2×18年12月31日，A公司净利润仅增长了10%，因此无法达到可行权状态。另外，实际有10名管理人员离开，预计第三年将有12名管理人员离开。

2×19年12月31日，A公司净利润增长了8%，三年平均增长率为12%，因此达到可行权状态。当年有8名管理人员离开。

分析：按照《企业会计准则第11号——股份支付》，本例中的可行权条件是一项非市场业绩条件。

第一年年末，虽然没能实现净利润增长20%的要求，但公司预计下年将以同样速度增长，因此能实现两年平均年增长15%的要求。所以，公司将其预计等待期调整为2年。由于有8名管理人员离开，公司同时调整了期满（两年）后预计可行权期权的数量（100-8-8）。

第二年年末，虽然两年实现平均增长15%的目标再次落空，但公司仍然估计能够在第三年取得较理想的业绩，从而实现3年平均增长10%的目标。所以，公司将其预计等待期调整为3年。由于第二年有10名管理人员离开，高于预计数字，因此公司相应调增了第三年预计离开的人数（100-8-10-12）。

第三年年末，目标实现，实际离开人数为8人。公司根据实际情况确定累计费用，并据此确认了第三年费用。

费用和资本公积计算过程如表1-3所示。

表1-3　**费用和资本公积计算过程**　单位：元

年份	计算	当期费用	累计费用
2×17	（100-8-8）×100×24×1/2	100 800	100 800
2×18	（100-8-10-12）×100×24×2/3-100 800	11 200	112 000
2×19	（100-8-10-8）×100×24-112 000	65 600	177 600

（账务处理同【例1-2】，略）

三、现金结算的股份支付

【例1-4】2×16年年初，公司为其200名中层以上职员每人授予100份现金股票增值权，这些职员从2×16年1月1日起在该公司连续服务3年，即可按照当时股价的增长幅度获得现金，该增值权应在2×20年12月31日之前行使。A公司估计，该增值权在负债结算之前的每一资产负债表日以及结算日的公允价值和可行权后的每份增值权现金支出额如表1-4所示。

表1-4 增值权在负债结算之前的每一资产负债表日以及结算日的公允价值和可行权后的每份增值权现金支出额

单位：元

年份	公允价值	支付现金
2×16	14	
2×17	15	
2×18	18	16
2×19	21	20
2×20		25

第一年有20名职员离开A公司，A公司估计3年中还将有15名职员离开；第二年又有10名职员离开公司，公司估计还将有10名职员离开；第三年又有15名职员离开。第三年年末，有70人行使股份增值权取得了现金。第四年年末，有50人行使了股份增值权。第五年年末，剩余35人也行使了股份增值权。

1.费用和资本公积计算

计算过程如表1-5所示。

表1-5 费用和资本公积计算过程

单位：元

年份	负债计算（1）	支付现金计算（2）	负债（3）	支付现金（4）	当期费用（5）
2×16	（200-35）×100×14×1/3		77 000		77 000
2×17	（200-40）×100×15×2/3		160 000		83 000
2×18	（200-45-70）×100×18	70×100×16	153 000	112 000	105 000
2×19	（200-45-70-50）×100×18	50×100×20	73 500	100 000	20 500
2×20	0	35×100×25	0	87 500	14 000
总额				299 500	299 500

其中：（1）计算得（3），（2）计算得（4）；

当期（3）-前一期（3）+当期（4）=当期（5）。

2.账务处理

（1）2×16年12月31日：

借：管理费用　　77 000

　贷：应付职工薪酬——股份支付　　77 000

（2）2×17年12月31日：

借：管理费用　　83 000

　贷：应付职工薪酬——股份支付　　83 000

（3）2×18年12月31日：

借：管理费用　　105 000

　贷：应付职工薪酬——股份支付　　105 000

借：应付职工薪酬——股份支付　　112 000

贷：银行存款 112 000

（4）2×19年12月31日：

借：公允价值变动损益 20 500

贷：应付职工薪酬——股份支付 20 500

借：应付职工薪酬——股份支付 100 000

贷：银行存款 100 000

（5）2×20年12月31日：

借：公允价值变动损益 14 000

贷：应付职工薪酬——股份支付 14 000

借：应付职工薪酬——股份支付 87 500

贷：银行存款 87 500

本章小结

股份支付，是“以股份为基础的支付”的简称，是指企业为获取职工和其他方提供服务而授予权益工具或者承担以权益工具为基础确定的负债的交易。股份支付分为以权益结算的股份支付和以现金结算的股份支付。对于可行权日在首次执行日或之后的股份支付，应当根据《企业会计准则第11号——股份支付》的规定，按照权益工具、其他方服务或承担的以权益工具为基础计算确定的负债的公允价值，将应计入首次执行日之前等待期的成本费用金额调整留存收益，相应增加所有者权益或负债。本章阐述了股份支付的概念、特征及类型，分别介绍了各种类型股份支付的确认、计量，并举例说明了各种类型股份支付的账务处理。

主要概念和观念

股份支付　限制性股票　股票期权　模拟股票　现金股票增值权

基本训练

知识题

1.简述股份支付的概念及特征。

2.简述股份支付的类型。

3.股份支付有哪几个环节？

技能题

A公司是一家上市公司，假设2020年1月1日，A公司与员工签订了股份支付协议。按照协议，①企业每位职工（总数500人）可以获得该公司发行的10股股票；②针对企业的车间核心技术人员（10人），如果未来在企业工作三年，三年末将获得A公司360股的股票；③对于高级管理人员，如果该企业主营业务收入增长6%，将获得A公司1 000股的股票；④A公司与B咨询公司签订了咨询服务协议，B公司对A公司进行咨询服务，服务内容为分析一个项目的可行性，费用为100股A公司的股权，B公司于1月底完成该项服务。股份支付协议获得批准的日期为2020年1月1日，该日的A公司股票公允价值为每股10元。1月31日A公司股票公允价值为每股11元。2月15日，有10名职工行使权利，A

公司股票每股面值1元。据A公司估计，实施该激励后，车间核心技术人员将有80%会选择在企业工作三年，预计2020年度实现销售收入增长6%以上的可能性大于95%。

1.分析说明针对所有职工、车间核心技术人员、高级管理人员以及B公司的服务分别属于哪种类型的股份支付。

2.分别编制相关会计分录。

能力题

甲公司为上市公司，2017年1月1日股东大会批准一项股权激励计划，甲公司向其100名管理人员每人授予200份股票期权，根据股份支付协议的规定，这些人员从2017年1月1日起必须在该公司连续服务3年，服务期满时才能以每股5元的价格购买200股甲公司股票，从而获益。甲公司每股股票面值为1元。甲公司估计该期权在授予日的公允价值为每份12元。2017年有10名管理人员离开甲公司，甲公司估计3年中离开的管理人员比例将达到20%；2018年又有5名管理人员离开公司，公司预计未来1年不会有管理人员离开，于是将管理人员离开比例修正为15%；2019年实际又有4名管理人员离开。2019年12月31日未离开公司的管理人员全部行权。

要求：

（1）分别计算2017年至2019年每年计入当期费用的金额。

（2）编制2017年至2019年与股份支付有关的会计分录。

（答案中的金额单位用元表示）

第二章

或有事项

学习目标

通过本章的学习，应达到以下目标：在知识方面，熟悉或有事项的概念、特征及种类，明确或有负债、或有资产的特征，掌握或有负债的确认标准以及预计负债的计量方法，了解或有事项披露的基本内容；在技能方面，掌握各种或有事项的会计处理方法；在能力方面，能正确运用有关或有事项的确认和计量原则，联系企业实际发生的各种或有事项进行分析和处理，揭示或有事项对企业财务的影响。

案　例

2019年6月10日，格力电器在官方微博上发布了一封《关于奥克斯空调股份有限公司生产销售不合格空调产品的举报信》，该举报信呈递的对象是国家市场监督管理总局。格力电器称，奥克斯空调股份有限公司生产销售不合格空调产品的行为，严重违反了国家《房间空气调节器能效限定值及能效等级》（GB12021.3—2010）的强制性标准，违反了《中华人民共和国产品质量法》第二十六条第二款第（三）项、第三十二条的规定，违反了《中华人民共和国标准化法》第二十五条的规定，涉嫌构成生产销售不合格产品且销售金额巨大。目前，上述产品仍通过主流电商平台及实体卖场销售。据奥维云网公布的中国空调电商市场零售额TOP20机型排行榜数据统计，仅KFR-25GW/NEW+3、KFR-35GW/NEW+3两款机型产品2018年线上零售额就高达16.71亿元，销售量近百万台套。

针对格力电器的举报，奥克斯直言格力电器“诋毁”该公司，并已经向公安机关报案。奥克斯表示：“对于格力的不实举报，我司向公安机关报案，并将向司法机关提起诉讼，依法保护我司合法权益，维护市场正常秩序。”

格力电器与奥克斯纠葛已久。2015年8月，格力电器以奥克斯公司生产的某系列空调产品侵犯其3件专利权为由将其诉至法院，虽然对此奥克斯表示不服判决提起上诉，但广东省高级人民法院终审判决认定奥克斯公司侵权成立，应立即停止销售侵权空调产品并赔偿格力电器经济损失230万元。此后在2017年6月，格力电器也曾因奥克斯当年发布的雅典娜系列空调侵犯了格力的专利权而进行起诉。

更加备受市场关注的是，2017年11月，格力电器因奥克斯和广州晶东贸易有限公司在未经许可的情况下肆意生产、销售、使用格力电器专利技术的8个型号空调产品，侵犯了格力电器的专利权。由此格力电器请求法院判令奥克斯和晶东贸易有限公司立即停止侵权并要求奥克斯赔偿格力电器经济损失及合理使用费用4 000万元。对此奥克斯表示，格力电器专利权已被专利复审委员会宣布部分无效，该专利权处于不稳定状态，公司生产的被诉产品所使用的技术没有落入原告专利权保护范围，所以不构成侵权。不过在该案中，广州知识产权法院查明，包括奥克斯黄金侠、极速侠、极客等在内的10余款空调产品，侵犯了格力电器接水盘一体化、双风道空调器、空调室内机等3件专利权，判决奥克斯共赔偿格力电器4 600万元经济损失。这一判决金额也刷新了空调行业专利诉讼案赔偿金额的最高纪录。

在市场经济条件下，企业经常面临诉讼、重组、对外提供债务担保和产品质量保证等具有较大不确定性的经济事项，在会计上称为或有事项。或有事项会对企业的财务状况和经营成果产生较大的影响。本章主要就或有事项的内涵、特征及相关概念，或有负债、或有资产的确认、计量、披露以及各种具体或有事项的会计处理等问题进行阐述。本章讨论的或有事项主要包括未决诉讼、未决仲裁、产品质量保证、商业承兑汇票背书转让或贴现、债务担保、亏损合同、重组义务（包括终止营业）等。

第一节 或有事项的内涵和特征

企业在经营活动中经常会面临一些具有较大不确定性的经济事项，如企业有时会面临诉讼、仲裁、重组，还有的企业为其他企业提供债务担保，对消费者提供产品质量保证等。这些不确定事项对企业的财务状况和经营成果可能产生较大的影响，但其最终结果需由某些未来事项的发生或不发生来决定。比如，企业售出一批商品并对商品提供售后担保，承诺在商品发生质量问题时由企业无偿提供修理服务。销售商品并提供售后担保是企业过去发生的交易，由此形成的未来修理服务构成一种不确定事项，修理服务的费用是否发生以及发生金额是多少，将取决于未来是否发生修理请求以及修理工作量、费用等的大小。按照权责发生制原则，企业不能等到客户提出修理请求时才确认因提供担保而发生的义务，而应当在资产负债表日对这一不确定事项作出判断，以决定是否在当期确认承担的修理义务。这种不确定事项在会计上被称为或有事项。或有事项对企业潜在的财务影响有多大，企业因此而承担的风险又有多少，这些都有必要在会计报表中予以反映，以使报表使用者获得充分详细的信息。

一、或有事项的内涵

企业在生产经营活动中会受到许多不确定因素的影响，从而产生了或有事项。我国《企业会计准则第13号——或有事项》将“或有事项”定义为过去的交易或者事项形成的，其结果需由某些未来事项的发生或不发生才能决定的不确定事项。这与国际会计准则（IAS37）的定义基本一致。常见的或有事项主要包括未决诉讼、未决仲裁、产品质量保证（含产品安全保证）、商业承兑汇票背书转让或贴现、债务担保、建造合同、所得税、保险合同、租赁、亏损合同、重组义务（包括终止营业）、环境污染整治、承诺等。

或有事项最大的特点是或有事项及其结果具有不确定性，当企业面临这些不确定情形时，会计人员要对结果的可能性作出分析和判断，这种“结果的可能性”在实际判断时通常有其大致对应的概率区间，如表2-1所示。

表2-1 或有事项“结果的可能性”的界定

结果的可能性	对应的概率区间
基本确定	大于95%但小于100%
很可能	大于50%但小于或等于95%
可能	大于5%但小于或等于50%
极小可能	大于0但小于或等于5%

或有事项是否确认以及如何确认和披露是企业会计处理过程中的关键问题。

二、或有事项的特征

（一）或有事项是由过去的交易或事项形成的一种状况

或有事项作为一种不确定事项，是由企业过去的交易或事项引起的。因过去的交易或者事项形成，是指或有事项的现存状况是过去交易或者事项引起的客观存在。例如，产品质量保证是企业对已售出商品或已提供劳务的质量提供的保证，不是为尚未出售商品或尚未提供劳务的质量提供的保证；再如，未决诉讼虽是正在进行当中的诉讼，但它是企业因过去的经济行为起诉其他单位或被其他单位起诉引起的，不是将要存在的某种状况。或有事项是现存的状况，说明或有事项是资产负债表日的一种客观存在。

或有事项是由过去的交易或事项形成的这一特征，使得未来可能发生的自然灾害、未来可能发生的交通事故、未来可能发生的经营亏损等事项都不属于或有事项。

（二）或有事项的结果具有不确定性

首先，或有事项的结果是否发生具有不确定性。比如，为其他单位提供债务担保，如果被担保方到期无力还款，那么担保方将负连带责任。对于担保方而言，担保事项构成其或有事项，但最后它是否应履行连带责任，在担保协议达成时是不能确定的。其次，或有事项的结果即使会发生，但具体发生的时间或发生的金额也具有不确定性。比如，某企业因生产排污治理不力并对周围环境造成污染而被起诉，如无特殊情况，该企业很可能败诉。但是，在诉讼成立时，该企业因败诉将支出多少金额，或支出发生在何时，都是难以确知的。

（三）或有事项的结果只能由未来发生的事项确定

由未来发生的事项确定，是指或有事项的结果在发生时难以证实，这种不确定性需要由未来不确定事项的发生或不发生来证实。或有事项对企业会产生有利影响还是不利影响，或虽已知是有利影响或不利影响，但影响有多大，在或有事项发生时是难以确定的。这种不确定性的消失，只能由未来不确定事项的发生或不发生证实。比如未决诉讼，其最终结果只能随案件的发展，由判决结果来确定。又如，企业为其他单位提供债务担保，该担保事项最终是否会要求企业履行偿还债务的连带责任，一般只能看被担保方的未来经营情况和偿债能力。如果被担保方的经营情况和财务状况良好且有较好的信用，能按期还款，那么企业将不需要履行该连带责任。只有在被担保方到期无力还款时，担保方才承担偿还债务的连带责任。

或有事项的结果只能由未来发生的事项证实的特征，说明或有事项具有时效性。也就是说，随着影响或有事项结果的因素发生变化，或有事项最终会转化为确定事项。

（四）影响或有事项结果的不确定因素不能由企业控制

或有事项本身具有不确定性，这说明影响或有事项结果的不确定因素不能由企业控制。例如，为其他企业提供债务担保，担保企业将来是否会因提供担保而履行连带责任，不是企业能控制得了的；未决诉讼的最终结果如何，也不是企业能控制的。这种不能由企业控制的因素给企业带来了风险。

上述四个方面的特征充分说明了或有事项是与不确定性密切联系在一起的，但在会计处理过程中存在不确定性的事项并不都是或有事项，企业应当按照或有事项的定义和特征进行判断，并要注意区别或有事项与其他不确定事项。例如，要区分或有事项与承诺事项、或有事项与估计事项等。承诺事项是指根据具有法律效力的合同或协议的要求而形成的义务，只要特定条件具备即发生现金流出、其他资产减少或负债增加；而或有事项除引起资产减少或负债增加外，也可能引起资产增加或负债减少。承诺是由未来经济业务引起的，而或有事项是由过去或现在的经济业务所引起的；承诺的特定条件是确定的，而影响或有事项最终结果的未来事项是不确定的。例如，企业的应收票据贴现是一项或有负债，而签订的购买固定资产的合同则属于承诺。估计事项是指企业对其结果不确定的交易或事项以最近可利用的信息为基础所作出的判断。例如，对固定资产计提折旧虽然也涉及对固定资产预计净残值和使用寿命进行分析和判断，带有一定的不确定性，但是，固定资产折旧是已经发生的损耗，固定资产的原值是确定的，其价值最终会转移到成本或费用中也是确定的，该事项的结果是确定的，因此，对固定资产计提折旧不属于或有事项。类似地，无形资产的摊销、资产减值准备的计提等均不属于或有事项。

第二节　与或有事项有关的重要概念

一、或有事项的分类

或有事项按照性质不同，分为损失性或有事项和收益性或有事项。结果可能发生负债或减少资产的或有事项为损失性或有事项，由于损失性或有事项可能给企业带来损失，这种不确定的损失称为或有损失，相应形成的负债称为或有负债。或有损失并不就是指或有负债，或有负债在会计上有其特定的含义、特征。结果可能减少负债或获得资产的或有事项称为收益性或有事项，由于收益性或有事项可能给企业带来收益，这种不确定的收益就称为或有利得，相应形成的企业资产则称为或有资产①。由此可见，或有事项的结果可能产生或有损失、或有利得、或有负债、或有资产或者负债、资产。根据或有事项的特征和处理原则，可以把或有事项分为三种，即预计负债、或有负债和或有资产。

---

① 在或有事项会计处理规范上，或有事项准则侧重于或有负债和或有资产的确认和披露。国际会计准则侧重于或有损失和或有收益的处理。由此可以看出，我国会计准则对或有事项的会计处理主要以资产负债表中心理论为基础，重视对资产、负债的确认和计量，揭示或有事项对财务状况的影响。而国际会计准则对或有事项的会计处理主要以利润表中心理论为基础，重视对损益的确认和计量，揭示或有事项对经营成果的影响。

二、或有负债

或有负债，是指过去的交易或事项形成的潜在义务，其存在须通过未来不确定事项的发生或不发生予以证实；或过去的交易或事项形成的现时义务，履行该义务不是很可能导致经济利益流出企业或该义务的金额不能可靠计量。或有负债具有以下特征：

（一）或有负债是过去的交易或事项形成的

比如，2×19年10月25日，甲企业状告乙企业侵犯了其专利权。至2×19年10月31日，法院还没有对诉讼案进行公开审理，乙企业是否败诉尚难判断。对于乙企业而言，一项或有负债已经形成，它是由过去事项（乙企业“可能侵犯”甲企业的专利权并受到起诉）形成的。

（二）或有负债的结果具有不确定性

或有负债涉及两类义务：一类是潜在义务；另一类是特殊的现时义务。其中，潜在义务是指结果取决于不确定未来事项的可能义务。也就是说，潜在义务最终是否转变为现时义务，由某些未来不确定事项的发生或不发生才能决定。现时义务是指企业在现行条件下已承担的义务，该现时义务的履行不是很可能导致经济利益流出企业，或者该现时义务的金额不能可靠地计量。其中，“不是很可能导致经济利益流出企业”指的是，该现时义务导致经济利益流出企业的可能性不超过50%（含50%）。例如，2×19年12月20日，甲企业与乙企业签订担保合同，承诺为乙企业的3年期项目贷款提供担保。由于担保合同的签订，甲企业承担了一项现时义务，但是承担现时义务并不意味着经济利益很可能因此而流出甲企业。如果2×19年乙企业的财务状况良好，则说明甲企业履行连带责任的可能性不大。也就是说，从2×19年资产负债表来看，甲企业不是很可能被要求流出经济利益以履行该义务。因此，甲企业应将该项现时义务作为或有负债。“金额不能可靠地计量”指的是，该现时义务导致经济利益流出企业的“金额”难以预计。这一特殊性表明，作为现时义务的或有负债，其结果是不确定的。例如，甲公司涉及一桩诉讼案，根据以往的审判案例推断，甲公司很可能败诉。但法院尚未判决，甲公司无法根据经验判断未来将承担多少赔偿金额，因此该现时义务的金额不能可靠地计量，该诉讼案件即形成一项甲公司的或有负债。

三、或有资产

或有资产，是指过去的交易或事项形成的潜在资产，其存在需通过未来不确定事项的发生或不发生予以证实。或有资产具有以下特征：

（一）或有资产由过去的交易或事项产生

或有资产是过去的交易或事项形成的。比如，2×19年12月25日，A企业状告B企业侵犯了其专利权。至2×19年12月31日，法院还没有对诉讼案进行公开审理，A企业是否胜诉尚难判断。对于A企业而言，将来可能胜诉而获得的资产属于一项潜在资产，它是由过去事项（B企业“可能侵犯”A企业的专利权并受到起诉）形成的。

（二）或有资产的结果具有不确定性

或有资产是一种潜在资产，随着经济情况的变化，其是否会形成企业真正的资产，需通过不完全由企业控制的未来不确定事项的发生或不发生才能证实。沿用以上例子，A企业的或有资产是否真的会转化成其真正的资产，要由诉讼案件的调解或判决结果确定。如果终审判决结果是A企业胜诉，那么或有资产便转化为一项基本可以肯定收到的资产。如果终审判决结果是A企业败诉，那么或有资产便“消失”了；同时，还应承担一项支付诉讼费的义务。

第三节 或有事项的确认与计量

或有负债和或有资产不符合负债和资产的定义和确认条件，企业不应当确认或有负债和或有资产，而应当进行相应的披露。但是，影响或有负债和或有资产的各种因素处在不断变化之中，企业应持续地对这些因素进行评价。随着时间的推移和事态的发展，或有负债对应的潜在义务可能已转化成现时义务，原本不是很可能导致经济利益流出企业的现时义务也可能被证实将很可能导致经济利益流出企业，且该义务的金额能够可靠地计量，则企业应将该义务确认为一项负债。同样，企业应持续地对与或有资产有关的因素进行评价，以判断或有资产给企业带来经济利益的可能性是否发生变化，并相应地作出处理。

或有事项的确认和计量通常是指预计负债的确认和计量。或有事项形成的或有资产只有在企业基本确定能够收到的情况下，才转变为真正的资产，从而应当予以确认。

一、预计负债的确认

与或有事项相关的义务同时满足下列条件的，应当确认为预计负债：该义务是企业承担的现时义务；履行该义务很可能导致经济利益流出企业；该义务的金额能够可靠计量。

（一）该义务是企业承担的现时义务

该义务是企业承担的现时义务，是指与或有事项有关的义务为企业承担的现时义务而非潜在义务，企业没有其他现实的选择，只能履行该义务。例如，甲公司与乙公司发生经济纠纷，调解无效。甲公司遂于2×19年10月20日向法院提起诉讼。至2×19年12月31日，法院尚未判决，但法庭调查表明，乙公司的行为违反了国家的有关经济法规。这种情况表明，对乙公司而言，一项现时义务已经产生。此外，这里所指的义务包括法定义务和推定义务。

法定义务，是指因合同、法规或其他司法解释等产生的义务，通常指企业在经济管理和经济协调中，依照经济法律、法规的规定必须履行的责任。比如，企业与其他企业签订购货合同产生的义务就属于法定义务。

推定义务，是指因企业的特定行为而产生的义务。企业的“特定行为”，泛指企业以往的习惯做法、已公开的承诺或已公开宣布的经营政策；并且由于企业以往的习惯做法，或通过这些承诺或公开声明，企业向外界表明了它将承担特定的责任，从而使受影响的各方形成了其将履行哪些责任的合理预期。例如，甲公司是一家化工企业，因扩大经营规模，到A国创办了一家分公司。假定A国尚未针对甲公司这类企业的生产经营可能产生的环境污染制定相关法律，因而甲公司的分公司对在A国生产经营可能产生的环境污染不承担法定义务。但是，甲公司为在A国树立良好的形象，自行向社会公告，宣称将对生产经营可能产生的环境污染进行治理。甲公司的分公司为此承担的义务就属于推定义务。

（二）履行该义务很可能导致经济利益流出企业

履行该义务很可能导致经济利益流出企业，是指履行因或有事项产生的现时义务时，导致经济利益流出企业的可能性超过50%但小于或等于95%，尚未达到基本确定的程度。

企业因或有事项承担了现时义务，并不说明该现时义务很可能导致经济利益流出企业。例如，2×19年3月31日，C公司与D公司签订协议，承诺为D公司的2年期银行借款提供全额担保。对于C公司而言，由于担保事项而承担了一项现时义务。这项义务的履行是否很可能导致经济利益流出企业，需依据D公司的经营情况和财务状况等因素来定。假定2×19年年末，D公司财务状况良好。此时，如果没有其他特殊情况，一般可以认定D公司不会违约，从而C公司履行承担的现时义务不是很可能导致经济利益流出。假定2×19年年末，D公司的财务状况恶化，且没有迹象表明可能发生好转。此种情况出现，表明D公司很可能违约，从而C公司履行承担的现时义务很可能导致经济利益流出企业。

（三）该义务的金额能够可靠计量

该义务的金额能够可靠计量，是指因或有事项产生的现时义务的金额能够合理地估计。由于或有事项具有不确定性，因此，因或有事项产生的现时义务的金额也具有不确定性，需要估计。例如，甲公司（被告）涉及一桩诉讼案，根据以往的审判案例推断，甲公司很可能败诉，相关的赔偿金额也可以估算出一个范围。在这种情况下，可以认为甲公司因未决诉讼承担的现时义务的金额能够可靠地估计，从而应对未决诉讼确认一项预计负债。

要对或有事项确认一项负债，其相关现时义务的金额应能够可靠估计。估计或有事项相关现时义务的金额，应当考虑下列因素：

（1）充分考虑与或有事项有关的风险和不确定性，在此基础上按照最佳估计数确定预计负债的金额。

（2）预计负债的金额通常等于未来应支付的金额，但未来应支付金额与其现值相差较大的，如油井或核电站的弃置费用等，应当按照未来应支付金额的现值确定。

（3）有确凿证据表明相关未来事项将会发生的，如未来技术进步、相关法规出台等，确定预计负债金额时应考虑相关未来事项的影响。

（4）确定预计负债的金额不应考虑预期处置相关资产形成的利得。

比如，某公司（被告）涉及一桩诉讼案，根据以往的审判案例推断，该公司很可能败诉，相关的赔偿金额也可以估算出一个范围。在这种情况下，可认为该公司因未决诉讼承担的现时义务的金额能够可靠地估计，从而应对未决诉讼确认一项预计负债。

观念应用2-1

华星公司是一家管理软件开发商，所开发产品正处在试销阶段。据预测，产品的市场前景很好。远程公司是一家财务软件开发商，从市场上购得华星公司试销的产品。经分析测试，远程公司认为华星公司产品中的主要技术部分含有其研究并申请成功的专利技术，但此前华星公司并未征得其同意。为此，2×19年10月5日，远程公司向法院提起诉讼，状告华星公司侵犯了其专利权，要求华星公司立即停止产品的试销并向其一次性支付使用费2 000万元。华星公司认为其开发的新产品并未侵犯远程公司的专利权，并于2×19年11月2日向法院反诉远程公司侵犯了其名誉权，要求远程公司公开道歉，并赔偿损失2 200万元。直到2×19年12月31日，两起诉讼均未判决，尚在审理当中。

本例中，华星公司是否承担了一项现时义务？远程公司提起的诉讼是否会胜诉？双方如何进行会计处理？判断华星公司是否承担了一项现时义务，要看其产品是否确实侵犯了远程公司的专利权。至于远程公司提起的诉讼是否会胜诉，依赖于华星公司的产品是否确实侵犯了其专利权，结果将由法院的裁决确定。两个企业的会计处理要根据裁决的不同结果进行或有事项的确认或披露。

二、预计负债的计量

预计负债的计量包括初始计量和后续计量两个方面。

（一）预计负债的初始计量

预计负债的计量主要涉及两个问题：一是最佳估计数的确定；二是预期可获得的补偿的处理。

1.最佳估计数的确定

预计负债应当按照履行相关现时义务所需支出的最佳估计数进行初始计量。最佳估计数的确定可以分以下两种情况考虑：

（1）如所需支出存在一个连续范围，且该范围内各种结果发生的可能性相同，最佳估计数应当按照该范围内的上下限金额的平均数确定。

【例2-1】2×19年12月20日，甲企业因合同违约而涉及一桩诉讼案。企业的法律顾问判断，最终的判决很可能对甲企业不利。2×19年12月31日，甲企业尚未接到法院的判决，因诉讼须承担的赔偿金额也无法准确地确定。不过，据专业人士估计，赔偿金额可能是100万元至120万元之间的某一金额，而且这个区间内每个金额的可能性都大致相同。

此例中，甲企业应在2×19年12月31日的资产负债表中确认一项预计负债，金额为110万元（（100+120）÷2）。

（2）如所需支出不存在一个连续范围，或者虽然存在一个连续范围，但该范围内各种结果发生的可能性不相同。这种情况下，最佳估计数应按如下方法确定：

①如果或有事项涉及单个项目，最佳估计数按照最可能发生的金额确定。“涉及单个项目”指或有事项涉及的项目只有一个，比如一项未决诉讼、一项未决仲裁或一项债务担保等。例如，M公司涉及一项诉讼，根据类似案件的经验以及公司所聘律师的意见判断，M公司在该诉讼中胜诉的可能性有40%，败诉的可能性有60%。如果败诉，将赔偿50万元。在这种情况下，M公司应确认的预计负债余额应为最可能发生的金额50万元。

②或有事项涉及多个项目时，最佳估计数按各种可能发生额及其发生概率计算确定。“涉及多个项目”指或有事项涉及的项目不止一个，比如产品质量保证。在产品质量保证中，提出产品保修要求的可能有许多客户，相应地，企业对这些客户负有保修义务。例如，2×19年，G公司销售某种产品2 000万元。G公司的产品质量保证条款规定，产品售出后一年内，如发生正常质量问题，G公司将免费负责修理。根据以往的经验，如果出现较小的质量问题，则发生的修理费为销售额的1%；而如果出现较大的质量问题，则发生的修理费为销售额的2%。据预测，本年度已售产品中，有80%不会发生质量问题，有15%将发生较小质量问题，有5%将发生较大质量问题。据此，2×19年年末，G公司应确认的预计负债金额为5万元（（2 000×1%）×15%+（2 000×2%）×5%）。

2.预期可获得的补偿的处理

企业清偿因或有事项而确认的预计负债所需支出全部或部分预期由第三方或其他方补

偿，则补偿金额只能在基本确定能收到时，作为资产单独确认，且确认的补偿金额不应超过所确认预计负债的账面价值。可能获得补偿的情况通常有：发生交通事故等情况时，企业通常可以从保险公司获得合理的赔偿；在某些索赔诉讼中，企业可以通过反诉的方式对索赔人或第三方另行提出赔偿要求；在债务担保业务中，企业在履行担保义务的同时，通常可以向被担保企业提出额外追偿要求等。

企业预期从第三方获得的补偿是一种潜在资产，其最终是否真的会转化为企业真正的资产（即企业是否能够收到这项补偿）具有较大的不确定性，企业只有在基本确定能够收到补偿时才能对其进行确认。此外，根据资产和负债不能随意抵销的原则，预期可获得的补偿在基本确定能够收到时应当确认为一项资产，而不能作为预计负债金额的扣减。

补偿金额的确认，涉及两个问题：一是确认时间；二是确认金额。补偿金额只有在"基本确定"能收到时予以确认，"基本确定"能收到是指预期从保险公司、索赔人、被担保企业等获得补偿的可能性大于95%但小于100%的情形；确认的金额是基本确定能收到的金额，且不能超过相关预计负债的金额。例如，M公司因或有事项确认了一项负债50万元；同时，因该或有事项，M公司还可从N公司获得15万元的赔偿，且这项金额基本确定能收到。在这种情况下，M公司应分别确认一项负债50万元和一项资产15万元，而不能只确认一项金额为35万元的负债。此外，确认的补偿金额不应超过所确认的负债的账面价值。沿用以上例子，M公司所确认的补偿金额不能超过所确认的负债的账面价值50万元。

3.预计负债计量需考虑的其他因素

企业在确定最佳估计数时，应当综合考虑与或有事项有关的风险、不确定性、货币时间价值和未来事项等因素。

（1）风险和不确定性。风险是对交易或事项结果的变化可能性的一种描述。企业在不确定的情况下进行判断需要谨慎，使得收入或资产不会被高估，费用或负债不会被低估。但是，不确定性并不说明应当确认过多的预计负债和故意夸大支出或费用。企业应当充分考虑与或有事项有关的风险和不确定性，在此基础上按照最佳估计数确定预计负债的金额。

（2）货币时间价值。预计负债的金额通常应当等于未来应支付的金额，但是，因货币时间价值的影响，资产负债表日后不久发生的现金流出，要比一段时间之后发生的同样金额的现金流出负有更大的义务。所以，如果预计负债的确认时点距离实际清偿有较长的时间跨度，货币时间价值的影响重大（通常时间为3年以上且金额较大），那么在确定预计负债的确认金额时，应考虑采用现值计量，即通过对相关未来现金流出进行折现后确认最佳估计数。

将未来现金流出折算为现值时，需要注意以下三点：一是用来计算现值的折现率，应当是反映货币时间价值的当前市场估计和相关负债特有风险的税前利率；二是风险和不确定性既可以在计量未来现金流出时作为调整因素，也可以在确定折现率时予以考虑，但不能重复反映；三是随着时间的推移，即使在未来现金流出和折现率均不改变的情况下，预计负债的现值也将逐渐增长。企业应当在资产负债表日对预计负债的现值进行重新计量。

（3）未来事项。企业应当考虑可能影响履行现时义务所需金额的相关未来事项。也就是说，对于这些未来事项，如果有足够的客观证据表明它们将发生，如未来技术进步、相关法规出台等，则应当在预计负债计量中考虑相关未来事项的影响，但不应考虑预期处置相关资产形成的利得。

预期的未来事项可能对预计负债的计量较为重要。例如，某核电企业预计，在生产结束时清理核废料的费用将因未来技术的发展而显著降低，那么，该企业因此确认的预计负债金额应当反映有关专家对技术发展以及清理费用减少作出的合理预测。但是，这种预计需要取得相当客观的证据予以支持。

（二）预计负债的后续计量

后续计量是指企业应当在资产负债表日对预计负债的账面价值进行复核，如有确凿证据表明该账面价值不能真实反映当前最佳估计数的，应当按照当前最佳估计数对该账面价值进行调整。例如，某化工企业对环境造成了污染，按照当时的法律规定，只需要对污染进行清理。随着国家对环境保护越来越重视，按照现在的法律规定，该企业不但需要对污染进行清理，还很可能要对居民进行赔偿。这种法律要求的变化，会对企业预计负债的计量产生影响。企业应当在资产负债表日对为此确认的预计负债金额进行复核，相关因素发生变化表明预计负债金额不再能反映真实情况时，需要按照当前情况下企业清理和赔偿支出的最佳估计数对预计负债的账面价值进行相应的调整。

小资料 2-1

2005 年 6 月，IASB 针对《国际会计准则第 37 号——准备、或有负债和或有资产》（IAS 37）中存在的概念含义不清等问题，曾经发布过征求意见稿，删除了“最佳估计数”这一术语，建议应当以资产负债表日企业结清负债或将其转移给第三方所应支付的合理金额来计量或有负债，认为在确定合理金额时，应当将所有可能结果考虑在内，而不仅仅是最小、最大或最可能的结果。2010 年 1 月 5 日，IASB 再次发布了《IAS 37 中的负债计量（征求意见稿）》，主要内容包括：在初始计量负债时，企业应当以资产负债表日为解除义务所支付的合理金额来计量。应支付的合理金额是以下三项金额中的最低者：企业为履行义务所付出资源的现值；取消义务应当支付的金额；将义务转移给第三方所应支付的金额。

第四节　或有事项的披露

对或有事项进行充分披露可以提高会计信息的质量，有助于信息使用者作出正确的决策。随着市场经济的充分发展和市场风险的加大，企业面临的或有事项也越来越多，这同时也为一些企业经营者利用或有事项操纵利润、粉饰业绩、隐瞒风险，误导投资者、债权人以及证券主管部门提供了机会。因此，对或有事项的相关信息进行披露，可以在很大程度上避免企业利用或有事项操纵利润、隐瞒风险的行为，提高会计信息的质量，从而向投资者传递对其决策有用的及时、完整的信息，以合理引导投资，避免决策失误。对或有负债、或有资产，因其不符合条件，所以不应予以确认，但相关信息应该予以披露，并要揭示其财务影响。

一、预计负债的披露

预计负债是因或有事项确认而形成的负债，它不仅应当在资产负债表中予以确认，还应在报表附注中予以披露。披露的内容应包括：

（1）预计负债的种类、形成原因以及经济利益流出不确定性的说明；

（2）预计负债的期初、期末余额和本期变动情况；

（3）与预计负债有关的预期补偿金额和本期已确认的预期补偿金额。

因或有事项而确认的负债的披露涉及的问题是，在资产负债表上，确认的负债应如何反映；在利润表上，与所确认的负债有关的损失或费用应如何反映。为使财务报表反映的信息详细而完整，企业应单独披露因或有事项而确认的负债，具体以“预计负债”反映。在利润表上，因或有事项而确认负债所确认的损失或费用，应与其他相关费用（比如“管理费用”）一并反映；如确认了补偿，补偿金额应预先扣除。

二、或有负债的披露

或有负债作为潜在义务，由于不符合负债的定义，因而不能确认；而或有负债作为特定的现时义务，虽然符合负债的定义，但不符合负债的确认条件，因而也不能确认。总之，企业不应确认或有负债。

或有负债虽然不予确认，但作为企业的现时义务或潜在义务，内在的风险和不确定性却是明显的，将来还可能对企业的财务状况或经营成果产生不利影响，因此，从会计信息披露的充分性和完整性考虑，企业一般应在财务报表附注中披露有关或有负债的信息。

（一）企业应披露的或有负债的内容

我国《企业会计准则第13号——或有事项》规定，企业应当在会计报表附注中披露以下或有负债：已贴现商业承兑汇票形成的或有负债，未决诉讼、未决仲裁形成的或有负债，为其他单位提供债务担保形成的或有负债，其他或有负债（不包括极小可能导致经济利益流出企业的或有负债）。应披露的或有负债的内容包括：

（1）或有负债的种类及其形成原因，包括已贴现商业承兑汇票、未决诉讼、未决仲裁、对外提供债务担保等形成的或有负债。

（2）经济利益流出不确定性的说明。

（3）或有负债预计产生的财务影响，以及获得补偿的可能性；无法预计的，应当说明原因。

（二）或有负债披露的基本原则

或有负债披露的基本原则是，极小可能导致经济利益流出企业的或有负债一般不予披露。但某些经常发生的或对企业财务状况和经营成果有较大影响的或有负债，即使极小可能导致经济利益流出企业，也应披露，以使信息使用者获得足够充分和详细的信息。

（三）或有负债披露的例外情况

从谨慎性原则出发，企业应对或有负债做充分披露。但在某些情况下，充分披露未决诉讼、未决仲裁形成的或有负债信息会对企业生产经营造成重大不利影响。例如，在诉讼过程中，如果企业公布本诉讼“很可能败诉”，已确认损失了“多少”，则无疑在客观上促成了诉讼的失败。因此，在涉及未决诉讼、未决仲裁的情况下，如按要求披露全部或部分信息预期会对企业造成重大不利影响，则企业无须披露这些信息。这并不表明企业可以不披露任何相关信息，企业应至少披露该未决诉讼、未决仲裁的形成原因，这是国际通行的做法。

三、或有资产的披露

或有资产是一种潜在资产，不符合资产确认的条件，所以不应在财务报表中予以确认，因为确认或有资产可能导致那些永远不会实现的收益得到确认。出于稳健的考虑，一般情况下也不对或有资产进行披露，除非或有资产很可能导致未来经济利益流入企业。在这种情况下，企业应在会计报表附注中披露或有资产形成的原因、预计产生的财务影响等。在进行或有资产披露时，企业应特别谨慎，不能让会计信息使用者误以为所披露的或有资产肯定会实现，从而影响报表使用者的合理决策。

综合以上分析，对或有事项的确认、计量和披露可以用以下判断流程图加以描述，如图2-1所示。

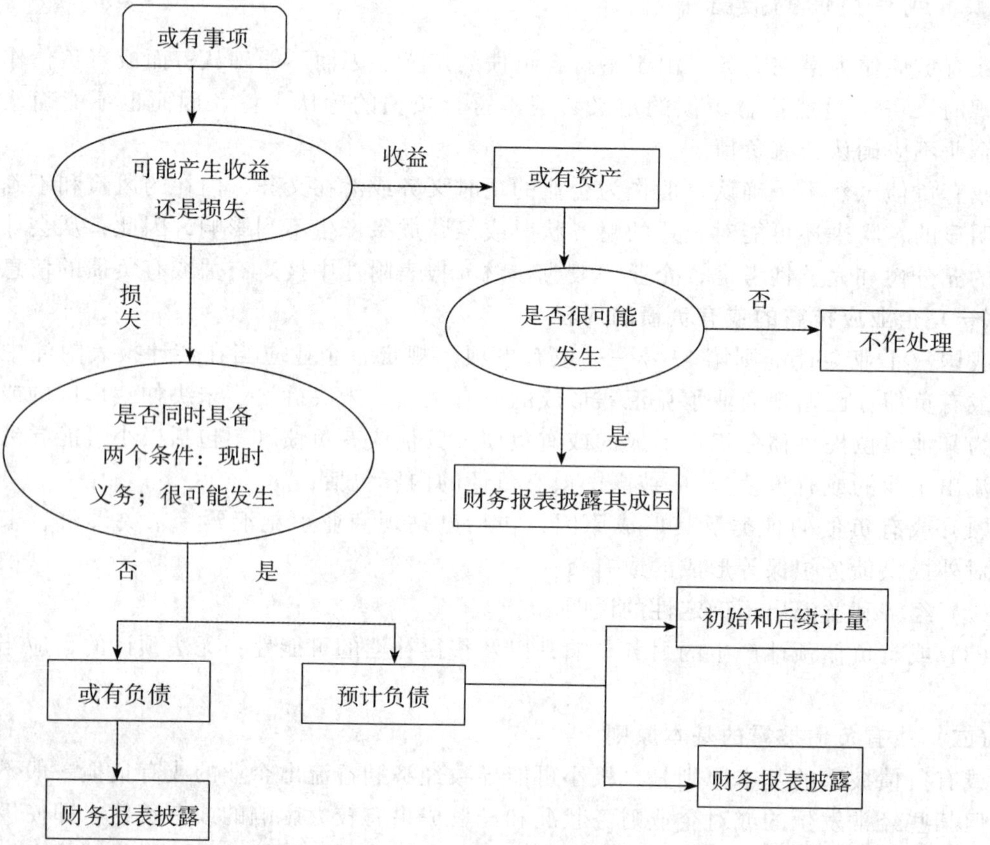

图2-1　或有事项的确认、计量和披露判断流程图

第五节　或有事项的具体会计处理

或有事项最大的特点是或有事项及其结果具有不确定性，或有事项是否确认以及如何确认和披露是其会计处理过程的关键问题。

由于或有事项的不确定性，或有事项的确认是会计处理的难题之一。在会计理论中，对或有事项一般采用两种处理方法：一是在表内予以确认；二是在报表附注中披露。我国或有事项会计准则对或有事项的确认分别不同情况进行处理：一是对于由于或有事项引起的负债或资产，如果符合负债和资产的确认条件，则在表内确认为一项负债或资产，并在报表附注中予以披露；二是对于或有事项引起的或有负债和或有资产，因其不符合负债和资产确认的条件，在表内不予确认，对或有负债在报表附注中予以披露，对或有资产视不同情况决定披露与否。

一、或有事项的会计处理原则

（一）谨慎性原则

在或有事项的会计处理上应遵循谨慎性原则，即可以适度预计可能发生的或有负债和或有损失，而不预计可能发生的或有资产和或有收益。对于与或有事项相关的义务同时符合规定的条件的，应将其确认为负债，并在利润表中相应地确认为一项费用或损失；而对于或有资产或可能的收益，则不能予以进行表内确认。在报表附注中披露时，或有资产一般也不应在报表附注中披露，除非或有资产很可能给企业带来经济利益。

（二）重要性原则

企业对或有事项的会计处理应按其重要程度区别对待。或有事项的重要性可由其相对金额的大小和其发生概率来判定，具体可以划分成基本确定、很可能、可能、极小可能四个层次（参见本章第一节）。当或有事项很可能发生、足以影响会计信息使用者作出判断时，或有事项就应予以表内确认或披露；而当或有事项极小可能发生、不足以影响决策信息时，可以不予披露。

（三）实质重于形式原则

实质重于形式原则是指当某一事项或交易的经济实质与法律形式不一致时，会计应当根据事项或交易的经济实质而非法律形式进行确认、计量和披露。对或有事项的会计处理应充分体现该原则的要求。

（四）充分披露原则

充分披露原则要求企业真实、公允、全面地披露对信息决策有重大影响的不确定信息。

（五）持续评价原则

持续评价原则就是企业应持续地对与或有负债和或有资产有关的因素进行评价。影响或有负债的因素是多方面的，而且这些因素处在不断变化当中。企业应持续地对这些因素进行评价，以判断潜在义务是否已转化成现时义务。如果或有负债对应的潜在义务已转化成现时义务，则应进一步判断履行该义务是否很可能导致经济利益流出企业、该义务的金额是否能够可靠地计量。如果履行该义务很可能导致经济利益流出企业，且该义务的金额能够可靠地计量，则企业应将该义务确认为一项负债；否则，应按规定作相关披露或不披露。同样，企业应持续地对与或有资产有关的因素进行评价，以判断或有资产给企业带来经济利益的可能性是否发生变化，并相应地作出处理。

二、未决诉讼、未决仲裁的会计处理

诉讼，是指当事人不能通过协商解决争议，因而在人民法院起诉、应诉，请求人民法院通过审判程序解决纠纷的活动。诉讼尚未裁决之前，对于被告来说，可能形成一项或有负债或者预计负债；对于原告来说，则可能形成一项或有资产。仲裁，是指各方当事人依照事先约定或事后达成的书面仲裁协议，共同选定仲裁机构并由其对争议依法作出具有约束力裁决的一种活动。作为当事人一方，仲裁的结果在仲裁决定公布以前是不确定的，会构成一项潜在义务或现时义务，或者潜在资产。

【例2-2】甲公司欠乙公司货款200万元。按合同规定，甲公司应于2×19年10月10日前付清货款，但甲公司未按期付款。为此，乙公司向法院提起诉讼。2×19年12月10日，一审判决甲公司应向乙公司全额支付货款，并按每日5‰的利率支付货款延付期间的利息6万元；此外，还应承担诉讼费2万元，三项合计208万元。甲公司不服，认为乙公司所提供的货物不符合双方原来约定条款的要求，并因此向乙公司提出索赔要求，金额为40万元。截至2×19年12月31日，该诉讼尚在审理当中。

（1）甲公司的处理。在本例中，虽然一审已经判决，但甲公司不服，因此不能认为诉讼事件已结束。一审判决结果表明，甲公司因诉讼承担了一项现时义务，该现时义务的履行很可能导致经济利益流出企业，并且该义务的金额能够可靠地计量。甲公司应在一审判决日确认一项负债。

2×19年12月10日，甲公司应作如下分录：

借：管理费用——诉讼费	20 000	
营业外支出——罚息支出	60 000	
贷：预计负债——未决诉讼		80 000

①甲公司反诉乙公司能否胜诉，只有等判决后才能确定。如果根据以往的经验和当时的情况，甲公司有充分的理由说明很可能胜诉，那么，甲公司应在2×19年12月31日的资产负债表附注中作如下披露：

预计负债和或有资产：

本公司欠乙公司货款200万元，因本公司认为乙公司所提供的货物不符合双方原来约定条款的要求，故到期未付。为此，乙公司向××法院起诉本公司。2×19年12月10日，××法院一审判决本公司应向乙公司全额支付所欠货款，按每日5‰的利率支付货款延付期间的利息6万元，以及诉讼费2万元，三项合计208万元。本公司不服，反诉乙公司，要求乙公司赔偿损失40万元。目前，案件正在审理当中。

②如果甲公司缺乏充分的理由说明其很可能胜诉，则不应对相关的或有资产作出披露。

（2）乙公司的处理。一审判决甲公司败诉，为此，乙公司获得了收取罚息和诉讼费的权利。从谨慎性原则出发，除非甲公司服从判决结果，不再提起诉讼或反诉，否则不应确认一项资产，只能作相关披露。事实是，甲公司不服判决结果并提起反诉，因此，对胜诉可能获得的资产8万元，乙公司只能在2×19年12月31日的资产负债表附注中作出披露。对于甲公司提起反诉是否导致乙公司承担现时义务，乙公司应作仔细判断。如果认为甲公司很可能胜诉，由此造成乙公司发生的损失也能够可靠地计量，则乙公司应确认一项相关负债；否则，只需作出相关披露即可。假定乙公司判断甲公司可能胜诉，则应作如下披露：

或有资产和或有负债：

甲公司欠本公司货款200万元，因认为本公司所提供的货物不符合双方原来约定条款的要求，故到期未还。为此，本公司向××法院起诉甲公司。2×19年12月10日，××法院一审判决本公司胜诉，要求甲公司全额偿还本公司货款200万元，同时按每日5‰的利率支付货款延付期间的利息6万元，以及诉讼费2万元。甲公司不服，反诉本公司，要求本公司赔偿损失40万元。目前，案件正在审理当中。

应当注意的是，对于未决诉讼，企业当期实际发生的诉讼损失金额与已计提的相关预计负债之间的差额，应分别情况处理：

第一，企业在前期资产负债表日，依据当时实际情况和所掌握的证据合理预计了预计负债，应当将当期实际发生的诉讼损失金额与已计提的相关预计负债之间的差额，直接计入或冲减当期营业外支出。

第二，企业在前期资产负债表日，依据当时实际情况和所掌握的证据，原本应当能够合理估计诉讼损失，但企业所作的估计与当时的事实严重不符（如未合理预计损失或不恰当地多计或少计损失），应当按照重大会计差错更正的方法进行处理。

第三，企业在前期资产负债表日，依据当时实际情况和所掌握的证据，确实无法合理预计诉讼损失，因而未确认预计负债，则在该项损失实际发生的当期，直接计入当期营业外支出。

第四，资产负债表日后至财务报告批准报出日之间发生的需要调整或说明的未决诉讼，按照资产负债表日后事项的有关规定进行会计处理。

【例2-3】2×19年4月12日，A企业与某外商签订了一项商品销售协议，价值2 000万美元。2×19年9月29日，A企业将商品发往约定的港口。但是，外商认为A企业所提供的商品在质量、规格方面不符合协议要求。双方协商不成，A企业遂于2×19年12月26日向中国国际经济贸易仲裁委员会申请行政仲裁，要求外商无条件按协议支付货款2 000万美元，并支付相关费用60万美元，两项合计2 060万美元。目前，相关仲裁正在审理之中。

在本例中，A企业是否可以收回货款及相关费用，依赖于仲裁结果。如果A企业有充分的理由说明很可能在仲裁中获胜，则应在2×19年12月31日的资产负债表附注中披露一项或有资产，即：

或有资产：

本企业于2×19年9月29日按协议向××公司（外商）发出一批商品，价值2 000万美元。但××公司认为本企业所提供商品不符合协议要求，拒不付款。为此，本企业于2×19年12月26日向中国国际经济贸易仲裁委员会申请行政仲裁，要求××公司无条件按协议支付货款2 000万美元，并支付相关费用60万美元，两项合计2 060万美元，折合人民币1.70508亿元。目前，相关仲裁正在审理之中。

如果A企业缺乏充分的理由说明很可能在仲裁中获胜，则不应在会计报表附注中作如上披露。

三、为其他单位提供债务担保的会计处理

债务担保在企业中是较为普遍的现象。作为提供担保的一方，在被担保方无法履行合同的情况下，常常承担连带责任。从保护投资者、债权人的利益出发，客观、充分地反映企业因担保义务而承担的潜在风险是十分必要的。

【例2-4】2×17年10月，B公司从银行贷款人民币2 000万元，期限2年，由A公司全额担保；2×18年4月，C公司从银行贷款100万美元，期限1年，由A公司担保50%；2×18年6月，D公司通过银行从G公司贷款人民币1 000万元，期限2年，由A公司全额担保。

截至2×19年12月31日，情况如下：B公司贷款逾期未还，银行已起诉B公司和A公司；C公司由于受政策影响和内部管理不善等原因，经营效益不如以往，可能不能偿还到期美元债务；D公司经营情况良好，预期不存在还款困难。

就B公司而言，A公司很可能需履行连带责任，造成损失，但损失金额是多少目前还难以预计；就C公司而言，A公司可能需履行连带责任；就D公司而言，要求A公司履行连带责任的可能性极小。A公司应在2×19年12月31日的会计报表附注中作如下披露，见表2-2。

表2-2 会计报表附注中的披露

被担保单位	担保金额	财务影响
B公司	担保金额人民币2 000万元，2×19年10月到期	B公司的银行借款已逾期。出借行××银行已起诉B公司和本公司。由于对B公司债务进行全额担保，预期诉讼结果将对本公司的财务造成重大不利影响
C公司	担保金额50万美元，2×19年4月到期	被担保公司C公司因受政策影响以及内部管理不善等原因，本年度效益不如以往，可能不能偿还到期债务。因此，本公司可能因承担相应的连带责任而发生损失
D公司	担保金额人民币1 000万元，2×20年6月到期	D公司目前经营情况良好，预期不存在还款困难。因此，对D公司的担保极小可能对本公司造成不利影响

四、产品质量保证的会计处理

产品质量保证，通常是指销售商或制造商在销售产品或提供劳务后，对客户提供服务的一种承诺。在约定期内（或终身保修），若产品或劳务在正常使用过程中出现质量或与之相关的其他属于正常范围的问题，企业负有更换产品、免费或只收成本价进行修理等责任。为此，企业应当在符合确认条件的情况下，于销售成立时确认预计负债。

【例2-5】G公司2×19年第一季度、第二季度、第三季度、第四季度分别销售产品200件、300件、400件和350件，每件售价为5万元。对购买其产品的消费者，G公司作出如下承诺：产品售出后3年内如出现非意外事件造成的故障和质量问题，G公司免费保修（含零部件更换）。根据以往的经验，发生的保修费一般为销售额的1%至1.5%。假定G公司2×19年四个季度实际发生的维修费分别为2万元、20万元、18万元和35万元，同时，假定2×18年“预计负债——产品质量保证”科目年末余额为12万元。

此例中，G公司因销售产品而承担了现时义务，该义务的履行很可能导致经济利益流出G公司，且该义务的金额能够可靠地计量。G公司应在每季度末确认一项负债。

(1) 第一季度。发生产品质量保证费用（维修费）：

借：预计负债——产品质量保证　　20 000

　贷：银行存款或原材料等　　20 000

第一季度末应确认的产品质量保证负债金额为：

200×5×（0.01+0.015）÷2=12.5（万元）

借：销售费用——产品质量保证　　125 000

　贷：预计负债——产品质量保证　　125 000

第一季度末，“预计负债——产品质量保证”科目余额为225 000元。

(2) 第二季度。发生产品质量保证费用（维修费）：

借：预计负债——产品质量保证　　200 000

　贷：银行存款或原材料等　　200 000

第二季度末应确认的产品质量保证负债余额为：

300×5×（0.01+0.015）÷2=18.75（万元）

借：销售费用——产品质量保证　　187 500

　贷：预计负债——产品质量保证　　187 500

第二季度末，“预计负债——产品质量保证”科目余额为212 500元。

(3) 第三季度。发生产品质量保证费用（维修费）：

借：预计负债——产品质量保证　　180 000

　贷：银行存款或原材料等　　180 000

第三季度末应确认的产品质量保证负债余额为：

400×5×（0.01+0.015）÷2=25（万元）

借：销售费用——产品质量保证　　250 000

　贷：预计负债——产品质量保证　　250 000

第三季度末，“预计负债——产品质量保证”科目余额为282 500元。

(4) 第四季度。发生产品质量保证费用（维修费）：

借：预计负债——产品质量保证　　350 000

　贷：银行存款或原材料等　　350 000

第四季度末应确认的产品质量保证负债余额为：

350×5×（0.01+0.015）÷2=21.875（万元）

借：销售费用——产品质量保证　　218 750

　贷：预计负债——产品质量保证　　218 750

第四季度末，“预计负债——产品质量保证”科目余额为151 250元。

为此，G公司应在2×19年12月31日将“预计负债——产品质量保证”科目余额151 250元列入资产负债表内“预计负债”项目，并在会计报表附注中作相关披露。

在对产品质量保证确认预计负债时，需要注意的是：

第一，如果发现保证费用的实际发生额与预计数相差较大，应及时对预计比例进行调整；

第二，如果企业针对特定批次产品确认预计负债，则在保修期结束时，应将“预计负债——产品质量保证”余额冲销，不留余额；

第三，已对其确认预计负债的产品，如企业不再生产了，那么应在相应的产品质量保证期满后，将“预计负债——产品质量保证”余额冲销，不留余额。

五、票据背书转让、贴现的会计处理

【例2-6】2×19年度，甲公司背书转让了3张应收票据，金额合计1 800万元。它们分别是：被背书人A公司，票据金额为500万元，到期日为2×20年2月6日；被背书人B公司，票据金额为700万元，到期日为2×20年4月5日；被背书人C公司，票据金额为600万元，到期日为2×20年5月15日。

本例中，甲公司因背书转让应收票据而承担了现时义务。为此，2×19年12月31日，企业应将由此形成的或有负债予以披露，具体如下：

或有负债：

截至2×19年12月31日，本公司背书转让应收票据金额合计1 800万元，具体见表2-3。

表2-3　**本公司背书转让应收票据金额**

出票单位	出票日	到期日	被背书金额（万元）	被背书人
×××	×××	2×20年2月6日	500	A公司
×××	×××	2×20年4月5日	700	B公司
×××	×××	2×20年5月15日	600	C公司

【例2-7】M公司因销售商品取得一张金额为400万元、到期日为2×20年4月3日的商业承兑汇票。2×19年11月3日，因急需资金，M公司将所持未到期票据向开户银行申请贴现。经审核，贴现银行同意了M公司的申请，并办理了有关手续。

在本例中，当贴现银行到时不能获得付款时，M公司负有全额偿付的责任，从而M公司因应收票据贴现而承担了一项现时义务，但经济利益是否很可能流出企业尚难确定。M公司应作如下披露：

或有负债：

2×19年11月3日，本公司将一张未到期商业承兑汇票向开户银行进行贴现。贴现票据金额为400万元，到期日为2×20年4月3日。开户银行到时不能获得付款时，本公司负有代为付款的义务。

六、企业重组的会计处理

重组，是指企业制定和控制的，将显著改变企业组织形式、经营范围或经营方式的计划实施行为。属于重组的事项主要包括：（1）出售或终止企业的部分业务；（2）对企业的组织结构进行较大调整；（3）关闭企业的部分营业场所，或将营业活动由一个国家或地区迁移到其他国家或地区。

企业应当将重组与企业合并、债务重组区别开。重组通常是企业内部资源的调整和组合，谋求现有资产效能的最大化；企业合并是在不同企业之间的资本重组和规模扩张；而债务重组是债权人对债务人作出让步，债务人减轻债务负担，债权人尽可能减少损失。

（一）重组义务的确认

企业因重组而承担了重组义务，并且同时满足预计负债确认条件时，才能确认预计负债。

首先，同时存在下列情况的，表明企业承担了重组义务：

（1）有详细、正式的重组计划，包括重组涉及的业务、主要地点、需要补偿的职工人数、预计重组支出、计划实施时间等；

（2）该重组计划已对外公告。

其次，需要判断重组义务是否同时满足预计负债的三个确认条件，即判断其承担的重组义务是否是现时义务、履行重组义务是否很可能导致经济利益流出企业、重组义务的金额是否能够可靠计量。只有同时满足这三个确认条件，才能将重组义务确认为预计负债。

例如，某公司董事会决定关闭一个事业部。如果有关决定尚未传达到受影响的各方，也未采取任何措施实施该项决定，该公司就没有开始承担重组义务，不应确认预计负债；如果有关决定已经传达到受影响的各方，并使各方对企业将关闭事业部形成合理预期，通常表明企业开始承担重组义务，同时满足该义务很可能导致经济利益流出企业和金额能够可靠地计量的，应当确认预计负债。

（二）重组义务的计量

企业应当按照与重组有关的直接支出确定预计负债金额。其中，直接支出是企业重组必须承担的直接支出，不包括留用职工岗前培训、市场推广、新系统和营销网络投入等支出。

由于企业在计量预计负债时不应当考虑预期处置相关资产的利得，在计量与重组义务相关的预计负债时，也不考虑处置相关资产（厂房、店面，有时是一个事业部整体）可能形成的利得或损失，即使资产的出售构成重组的一部分也是如此。

【例2-8】2×19年12月10日，A公司董事会决定关闭其甲产品事业部，停止生产甲产品，会上讨论并通过了详细的重组计划，最可能发生的重组支出为100万元。

（1）若在资产负债表日（2×19年12月31日）之前，该项决定没有传达给受其影响的任何方，没有进行正式公布，也没有采取任何步骤来实施该项决定，则不符合企业重组确认预计负债的条件，因此不确认预计负债。

（2）如果2×19年12月20日，关闭甲产品事业部的计划公布，相关信函已发给客户，提醒他们寻求可替代的供货渠道，同时详细通知已发给该事业部的职员，则表明企业已承担了该项重组义务，很可能导致经济利益流出企业，于是按照2×19年12月31日关闭事业部的支出的最佳估计数确认一项预计负债100万元。A公司应作如下披露：

预计负债：

2×19年12月10日，本公司董事会讨论并通过了关闭甲产品事业部的计划，相关可能发生的重组支出金额为100万元。2×19年12月20日，本公司通过各种方式公布了该项决议，并以信函的形式通知了相关客户，至此，本公司将很可能履行该项重组义务。

七、亏损合同的会计处理

亏损合同，是指履行合同义务不可避免发生的成本超过预期经济利益的合同。这里所称“履行合同义务不可避免发生的成本”反映了退出该合同的最低净成本，即履行该合同的成本与未能履行该合同而发生的补偿或处罚两者之中的较低者。

待执行合同变为亏损合同，同时该亏损合同产生的义务满足预计负债的确认条件的，应当确认为预计负债。其中，待执行合同，是指合同各方未履行任何合同义务，或部分履行了同等义务的合同。企业与其他企业签订的商品销售合同、劳务提供合同、租赁合同等，均属于待执行合同，待执行合同不属于或有事项。但是，待执行合同变为亏损合同的，应当作为或有事项。

企业对亏损合同进行会计处理，需遵循以下原则：

（1）如果与亏损合同相关的义务不需支付任何补偿即可撤销，企业通常就不存在现时义务，不应确认预计负债；如果与亏损合同相关的义务不可撤销，企业就存在现时义务，同时满足该义务很可能导致经济利益流出企业且金额能够可靠地计量的，应当确认预计负债。

（2）待执行合同变为亏损合同时，合同存在标的资产的，应当对标的资产进行减值测试并按规定确认减值损失，如果预计亏损超过该减值损失，应将超过部分确认为预计负债；合同不存在标的资产的，亏损合同相关义务满足预计负债确认条件时，应当确认为预计负债。

【例2-9】甲公司2×18年1月1日采用经营租赁方式租入一条生产线生产C产品，租赁期4年。甲公司利用该生产线生产的C产品每年可获利20万元。2×19年12月31日，甲公司因市政规划调整不得不迁址，且因宏观政策调整决定停产C产品，但经营租赁合同不可撤销，还要持续2年，且生产线无法转租给其他单位。

在本例中，甲公司与其他公司签订了不可撤销的经营租赁合同，负有法定义务，必须继续履行租赁合同（交纳租金）。因此，甲公司执行原经营租赁合同不可避免要发生的费用很可能超过预期获得的经济利益，该经营租赁合同变成亏损合同，应当在2×19年12月31日根据未来应支付的租金的最佳估计数确认预计负债。

【例2-10】乙企业2×19年1月1日与某外贸公司签订了一项产品销售合同，约定在2×19年2月15日以每件产品100元的价格向外贸公司提供1万件A产品，若不能按期交货，将对乙企业处以总价款30%的违约金。由于这批产品为定制产品，签订合同时产品尚未开始生产，但企业开始筹备原材料以生产这批产品时，原材料价格突然上升，预计生产每件产品需要花费成本125元。

假设乙企业产品成本为每件125元，而销售价格为每件100元，每销售1件亏25元，共计损失25万元；如果撤销合同，则需要交纳30万元的违约金；这项销售合同变成一项亏损合同。有关账务处理如下：

①乙企业应当按照履行合同所需成本与违约金中的较低者（25万元）确认一项预计负债。

借：营业外支出	250 000	
贷：预计负债		250 000

②待相关产品生产完成后，将已确认的预计负债（25万元）冲减产品成本。

借：预计负债　250 000

　贷：库存商品　250 000

本章小结

会计上的或有事项通常具有以下特征：或有事项是由过去的交易或事项形成的一种状况；或有事项的结果具有不确定性；或有事项的结果只能由未来发生的事项确定等。

根据或有事项的特征和处理原则，可以把或有事项分为三种，即预计负债、或有负债和或有资产。或有事项的确认和计量通常是指预计负债的确认和计量。预计负债的计量包括初始计量和后续计量两个方面。或有事项的初始计量主要涉及两个问题：一是最佳估计数的确定；二是预期可获得的补偿的处理。

我国或有事项会计准则对或有事项的确认分别不同情况进行处理：一是对于由于或有事项引起的负债或资产，如果符合负债和资产的确认条件，则在表内确认为一项负债或资产，并在报表附注中予以披露；二是对于或有事项引起的或有负债和或有资产，因其不符合负债和资产确认的条件，在表内不予确认，对或有负债在报表附注中予以披露，对或有资产视不同情况决定披露与否。

主要概念和观念

或有事项　或有资产　或有负债　预计负债　法定义务　推定义务

基本训练

知识题

1.什么是或有事项？它有哪些基本特征？

2.什么是或有资产、或有负债？它们有何特点？

3.预计负债确认的条件有哪些？

4.什么是法定义务和推定义务？

5.对预计负债如何进行计量？在确定最佳估计数时要考虑哪些因素？

6.对预计负债、或有负债和或有资产应如何进行披露？

7.对或有事项进行会计处理应遵循的基本原则有哪些？

技能题

1.2×18年11月10日，A银行批准B公司的信用贷款（无担保、无抵押）申请，同意向其贷款2 000万元，期限1年，年利率6%。2×19年11月10日，B公司的借款（本金和利息）到期。B公司具有还款能力，但因与A银行之间存在其他经济纠纷，而未按时归还A银行的贷款。A银行遂与B公司协商，但没有达成协议。2×19年11月20日，A银行向法院提出诉讼。截至2×19年12月31日，法院尚未对A银行提出的诉讼进行审理。根据专家意见，A银行很可能在诉讼中获胜，将来最可能获得包括罚息在内的收入为40万元。根据专家的意见，B公司很可能败诉，预计将要支付的罚息、诉讼费等费用估计为36万元至38万元（含诉讼费2万元）。

要求：(1) 对A银行的或有事项是否要确认？如果要确认，请编制有关会计分录，并说明相关科目如何在利润表和资产负债表中列示。

（2）对B公司的或有事项是否要确认？如果确认，请编制有关会计分录。

2.A公司为机床生产和销售企业，2×19年度生产和销售甲、乙两种机床。对甲机床，A公司作出承诺：机床售出后3年内如出现非意外事件造成的机床故障和质量问题，A公司免费负责保修（含零部件更换）；对乙机床，A公司作出承诺：机床售出后半年内如出现非意外事件造成的机床故障和质量问题，A公司免费负责保修（含零部件更换）。A公司2×19年第一季度、第二季度、第三季度、第四季度分别销售甲机床400台、600台、800台和700台，每台售价为5万元。对购买其产品的客户，根据以往的经验，甲机床发生的保修费一般为销售额的1%~1.5%。A公司2×19年四个季度甲机床实际发生的维修费用分别为4万元、40万元、36万元和70万元（假定用银行存款支付50%，另50%为耗用的原材料）。A公司于2×19年第一季度销售乙机床5台，第二季度销售乙机床2台，乙机床每台售价为40万元，乙机床于第二季度末停止生产和销售。根据以往的经验，乙机床发生的保修费一般为销售额的2%~4%。A公司2×19年四个季度乙机床实际发生的维修费用分别为2万元、4万元、2万元和1万元（假定用银行存款支付50%，另50%为耗用的原材料）。假定2×18年12月31日“预计负债——产品质量保证（甲机床）”科目年末余额为24万元，“预计负债——产品质量保证（乙机床）”科目年末余额为5万元。

要求：（1）对甲机床，分别每个季度完成：①编制发生产品质量保证费用的会计分录；②确定应确认的产品质量保证负债金额并编制相关会计分录；③计算每个季度末“预计负债——产品质量保证”科目的余额。

（2）对乙机床，分别每个季度完成：①编制发生产品质量保证费用的会计分录；②确定应确认的产品质量保证负债金额并编制相关会计分录；③计算每个季度末“预计负债——产品质量保证”科目的余额。

3.2×17年8月，乙公司从A银行贷款人民币40 000 000元，期限2年，由甲公司全额担保；2×19年5月，丙公司从银行贷款人民币5 000 000元，期限1年，由甲公司担保50%；2×19年8月，丁公司通过银行从戊公司贷款500 000美元，期限2年，由甲公司全额担保。

截至2×19年12月31日，情况如下：乙公司贷款逾期未还，银行已起诉乙公司和甲公司；丙公司由于受政策影响和内部管理不善等原因，经营效益不如以往，可能不能偿还到期债务；丁公司经营情况良好，预期不存在还款困难。

请问：甲公司在2×19年12月31日的财务报表附注中应如何披露？

能力题

1.根据我国《企业会计准则第13号——或有事项》对或有事项会计处理的相关规定，分析这些处理对企业财务状况和经营业绩的影响。

2.分析未决诉讼、未决仲裁、产品质量保证（含产品安全保证）、商业承兑汇票背书转让或贴现、债务担保、亏损合同、重组义务等几种常见的或有事项在会计处理上的差异。

3.比较我国《企业会计准则第13号——或有事项》与《国际会计准则第37号——准备、或有负债与或有资产》中有关或有事项会计处理的差异。

4.通过互联网查找上市公司中因或有事项所产生的财务纠纷案例，分析相关企业的会计处理。

第三章

金融工具会计

学习目标

通过本章的学习，应达到以下目标：在知识方面，了解有关企业会计准则的相关规定，掌握金融工具的概念、分类；在技能方面，掌握各类金融工具确认与计量原则；在能力方面，能运用金融工具的确认与计量原则，对具体经济业务进行核算。

案　例

浙江三花智能控制股份有限公司，简称三花智控（002050），2016年年报披露有关公司金融工具情况如下：

一、以公允价值计量且其变动计入当期损益的金融资产投资情况（见表3-1）

表3-1　　以公允价值计量且其变动计入当期损益的金融资产投资情况　　单位：元

项　目	期末余额	期初余额
交易性金融资产	1 546 050.00	233 224.79
衍生金融资产	1 546 050.00	233 224.79
合　计	1 546 050.00	233 224.79

其他说明：为规避金属原料价格风险，公司开展了衍生工具业务（期货合约交易），因不能同时满足《企业会计准则第24号——套期保值》规定的第五项条件，公司未采用套期保值会计方法进行核算。

二、衍生金融资产投资情况（见表3-2）

表3-2　　衍生金融资产投资情况　　单位：元

项　目	期末余额	期初余额
外汇远期合约	2 782 465.00	1 503 028.15
合　计	2 782 465.00	1 503 028.15

其他说明：为规避金属原料价格风险，公司开展了衍生工具业务（外汇远期合约），

因不能同时满足《企业会计准则第24号——套期保值》规定的第五项条件，公司未采用套期保值会计方法进行核算。

思考：按现行企业会计准则，三花智控的衍生工具业务列报存在哪些问题？

第一节 金融工具概述

近年来，我国的金融工具交易，尤其是衍生工具交易有了较快发展。《企业会计准则第22号——金融工具确认和计量》（以下简称"金融工具确认和计量准则"）规范了包括金融企业在内的各类企业金融工具交易的会计处理，要求企业将几乎所有金融工具尤其是衍生工具纳入表内核算。这有助于全面反映企业的金融工具交易，便于投资者更好地了解企业的财务状况和经营成果。

金融工具是指形成一个企业的金融资产，并形成其他单位的金融负债或权益工具的合同。金融工具包括金融资产、金融负债和权益工具。其中，合同的形式多种多样，可以是书面的，也可以不采用书面形式。实务中的金融工具合同通常采用书面形式。非合同的资产和负债不属于金融工具。例如，应交所得税是企业按照税收法规规定承担的义务，不是以合同为基础的义务，因此不符合金融工具定义。

金融工具可以分为基础金融工具和衍生工具。

一、基础金融工具

基础金融工具包括企业持有的现金、存放于金融机构的款项、普通股，以及代表在未来期间收取或支付金融资产的合同权利或义务等，如应收账款、应付账款、其他应收款、其他应付款、存出保证金、存入保证金、客户贷款、客户存款、债券投资、应付债券等。

二、衍生工具

衍生工具是指金融工具确认和计量准则涉及的、具有下列特征的金融工具或其他合同：

（1）其价值随着特定利率、金融工具价格、商品价格、汇率、价格指数、费率指数、信用等级、信用指数或其他类似变量的变动而变动；变量为非金融变量的（比如特定区域的地震损失指数、特定城市的气温指数等），该变量与合同的任一方不存在特定关系。

衍生工具的价值变动取决于标的变量的变化。比如，甲国内金融企业与乙境外金融企业签订了一份1年期利率互换合约，每半年甲企业向乙企业支付美元固定利息，并从乙企业收取以6个月美元LIBOR（浮动利率）计算确定的浮动利息，合约名义金额为1亿美元。合约签订时，其公允价值为零。假定合约签订半年后，浮动利率（6个月美元LIBOR）与合约签订时不同，甲企业将根据未来可收取的浮动利息现值扣除将支付的固定利息现值确定该合约的公允价值。显然，合约的公允价值因浮动利率的变化而改变。

（2）不要求初始净投资，或与对市场情况变动有类似反应的其他类型合同相比，要求很少的初始净投资。

企业从事衍生工具交易不要求初始净投资，通常指签订某项衍生工具合同时不需要支付现金。例如，某企业与其他企业签订一项将来买入债券的远期合同，就不需要在签订合同时支付将来购买债券所需的现金。但是，不要求初始净投资，并不排除企业按照约定的交易惯例或规则缴纳一笔保证金，比如企业进行期货交易时要求缴纳一定的保证金。缴纳保证金不构成一项企业解除负债的现时支付，因为保证金仅具有“保证”性质。

在某些情况下，企业在从事衍生工具交易时也会遇到要求进行现金支付的情况，但该现金支付只是相对来说很少的初始净投资。例如，从市场上购入备兑认股权证，就需要先支付一笔款项，但相对于行权时购入相应股份所需支付的款项来说，此项支付往往是很小的。又如，企业在进行货币互换时，通常需要在合同签订时支付用某种货币表示的一笔款项，但同时也会收到以另一种货币表示的“等值”的一笔款项，无论是从该企业的角度还是从其对手（合同的另一方）的角度看，初始净投资均为零。

（3）在未来某一日期结算。衍生工具在未来某一日期结算，表明衍生工具结算需要经历一段特定期间。衍生工具通常在未来某一特定日期结算，也可能在未来多个日期结算。例如，利率互换可能涉及合同到期前多个结算日期。另外，有些期权可能由于是价外期权而到期不行权，也是在未来日期结算的一种方式。

远期合同是常见的衍生工具。例如，某项6个月后结算的远期合同。根据该合同，合同一方（买方）承诺支付100万元现金，以换取面值为100万元的固定利率政府债券；合同的另一方（卖方）承诺交付面值100万元的固定利率政府债券，以换取100万元现金。在这6个月期间，双方均有交换金融工具的合同权利或义务。如果债券的市价超过100万元，情况对买方有利，而对卖方不利；如果市价低于100万元，结果正好相反。可见，买方既有类似所持有看涨期权下的权利的合同权利（金融资产），也有类似所签出看跌期权下的义务的合同义务（金融负债）；卖方既有类似所持有看跌期权下的权利的合同权利（金融资产），也有类似所签出看涨期权下的义务的合同义务（金融负债）。与期权相同，这些合同权利和合同义务构成的金融资产和金融负债与合同中的基础金融工具（被交换的债券和现金）有明显的区别，这一点与期权合同相同。远期合同的双方都有义务在约定时间执行合同，而期权合同仅在期权持有方选择行使权利的情况下才会被执行。

需要指出的是，金融工具确认和计量准则不涉及按预定的购买、销售或使用要求所签订并到期履约买入或卖出非金融项目的合同，但是，能够以现金或其他金融工具净额结算，或通过交换金融工具结算的买入或卖出非金融项目的合同，应按金融工具确认和计量准则处理。具体应结合以下方面来理解：

（1）买卖非金融项目的合同不符合金融工具的定义，因为合同的某一方收取非金融资产或服务的合同权利和另一方的相应义务并不形成任何一方收取、交付或交换金融资产的现时权利或义务。许多商品合同都属于这种类型。

有些合同在形式上是标准化的，并在有组织的市场上按照与某些衍生工具大致相同的交易方式进行交易，如商品期货合同可以比较容易地用现金买进或卖出，因为它在交易所挂牌交易，并可多次易手。但是，买卖商品合同的双方实际上是在交易标的商品。商品合同可以用现金方便地进行买卖，且能够通过协商采用现金结算来履行收取或交付商品的义务，并不改变商品合同的基本特征，不会产生金融工具。但是，如果某些非金融项目的买卖合同可以进行净额结算或与金融工具交换，或者合同中的非金融项目可以方便地转换为现金，这些合同应视同金融工具，根据金融工具确认和计量准则进行处理。

（2）涉及实物资产的收取或交付的合同并不形成一方的金融资产和另一方的金融负

债，除非相关的支付推迟到实物转移日之后。赊购或赊销货物就属于这种情况。

（3）有些合同与商品挂钩，但并不通过商品实物的收取或交付进行结算。合同规定用现金结算，支付金额根据合同中约定的计算方法确定，不支付固定金额。例如，某一债券的本金数额可能通过将债券到期日原油的市价乘以固定数量的原油确定，其中，本金与某种商品的价格挂钩，但只以现金支付。这种合同构成金融工具。

（4）金融工具的定义也涵括了在产生一项金融资产或金融负债之外，同时还产生一项非金融资产或非金融负债的合同。这种金融工具通常给予一方以金融资产换取非金融资产的期权。例如，与石油挂钩的债券给予持有方定期收取一系列固定利息支付和在到期日收取固定金额的现金的权利，同时给予持有方以债券本金换取固定数量石油的期权。行使这种期权的愿望将随着债券规定的现金对石油的交换比率（交换价格）相对于石油的公允价值的变化而变化。债券持有方行使期权的意图对于资产各个组成部分的实质并无影响。持有方的金融资产和发行方的金融负债使该债券成为金融工具，而不论是否同时产生了其他类型的资产和负债。

第二节　金融资产和金融负债的分类和重分类

金融资产和金融负债的分类是确认和计量的基础。企业应当根据其管理金融资产的业务模式和金融资产的合同现金流量特征，对金融资产进行合理的分类，如图3-1所示。

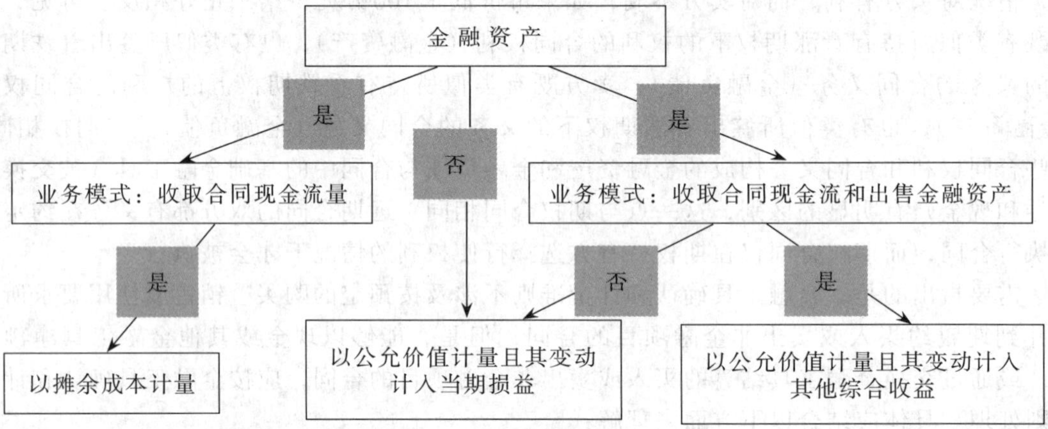

图3-1　金融资产的分类

一、金融资产的分类

（一）关于企业管理金融资产的业务模式

1.业务模式评估

企业管理金融资产的业务模式，是指企业如何管理其金融资产以产生现金流量。业务模式决定企业所管理金融资产现金流量的来源是收取合同现金流量、出售金融资产还是两者兼有。

一个企业可能会采用多个业务模式管理其金融资产。例如，企业持有一组以收取合同现金流量为目标的投资组合，同时还持有另一组既以收取合同现金流量为目标又以出售该金融资产为目标的投资组合。

企业确定其管理金融资产的业务模式时，应当注意以下方面：

（1）企业应当在金融资产组合的层次上确定管理金融资产的业务模式，而不必按照单个金融资产逐项确定业务模式。金融资产组合的层次应当反映企业管理该金融资产的层次。有些情况下，企业可能将金融资产组合分拆为更小的组合，以合理反映企业管理该金融资产的层次。例如，企业购买一个抵押贷款组合，以收取合同现金流量为目标管理该组合中的一部分贷款，以出售为目标管理该组合中的其他贷款，则属于这种情况。

（2）企业应当以企业关键管理人员决定的对金融资产进行管理的特定业务目标为基础，确定管理金融资产的业务模式。企业的业务模式并非企业自愿指定，而是一种客观事实，通常可以从企业为实现其设定目标而开展的特定活动中得以反映。企业应当考虑在业务模式评估日可获得的所有相关证据，包括企业评价和向关键管理人员报告金融资产业绩的方式、影响金融资产业绩的风险及其管理方式以及相关业务管理人员获得报酬的方式（例如，报酬是基于所管理资产的公允价值还是所收取的合同现金流量）。

（3）企业应当以客观事实为依据，确定管理金融资产的业务模式，不得以按照合理预期不会发生的情形为基础确定。例如，对于某金融资产组合，如果企业预期仅会在压力情形下将其出售，且企业合理预期该压力情形不会发生，则该压力情形不得影响企业对该类金融资产的业务模式的评估。此外，如果金融资产实际现金流量的实现方式不同于评估业务模式时的预期（如企业出售的金融资产数量超出或少于在对资产作出分类时的预期），只要企业在评估业务模式时已经考虑了当时所有可获得的相关信息，这一差异不构成企业财务报表的前期差错，也不改变企业在该业务模式下持有的剩余金融资产的分类。但是，企业在评估新的金融资产的业务模式时，应当考虑这些信息。

2.以收取合同现金流量为目标的业务模式

在此业务模式下，企业管理金融资产旨在通过在金融资产存续期内收取合同付款来实现现金流量，而不是通过持有并出售金融资产产生整体回报。

【例 3-1】甲企业购买了一个贷款组合，且该组合中包含已发生信用减值的贷款。如果贷款不能按时偿付，甲企业将通过各类方式尽可能实现合同现金流量，例如，通过邮件、电话或其他方法与借款人联系催收。同时，甲企业签订了一项利率互换合同，将贷款组合的利率由浮动利率转换为固定利率。

本例中，甲企业管理该贷款组合的业务模式是以收取合同现金流量为目标。即使甲企业预期无法收取全部合同现金流量（部分贷款已发生信用减值），但并不影响其业务模式。此外，该公司签订利率互换合同也不影响贷款组合的业务模式。

3.以收取合同现金流量和出售金融资产为目标的业务模式

在此业务模式下，企业的关键管理人员认为收取合同现金流量和出售金融资产对于实现其管理目标而言都是不可或缺的。例如，企业的目标是管理日常流动性需求同时维持特定的收益率，或将金融资产的存续期与相关负债的存续期进行匹配。

与以收取合同现金流量为目标的业务模式相比，此业务模式涉及的出售通常频率更高、价值更大。因为出售金融资产是此业务模式的目标之一，在该业务模式下不存在出售金融资产的频率或者价值的明确界限。

【例 3-2】甲银行持有金融资产组合以满足其每日流动性需求。甲银行为了降低其管理流动性需求的成本，高度关注该金融资产组合的回报。组合回报包括收取的合同付款和出售金融资产的利得或损失。

本例中，甲银行管理该金融资产组合的业务模式以收取合同现金流量和出售金融资产为目标。

4.其他业务模式

如果企业管理金融资产的业务模式，不是以收取合同现金流量为目标，也不是既以收取合同现金流量又出售金融资产来实现其目标，该金融资产应当分类为以公允价值计量且其变动计入当期损益的金融资产。例如，企业持有金融资产的目的是交易性的或者基于金融资产的公允价值作出决策并对其进行管理。在这种情况下，企业管理金融资产的目标是通过出售金融资产以实现现金流量。即使企业在持有金融资产的过程中会收取合同现金流量，企业管理金融资产的业务模式不是既以收取合同现金流量又出售金融资产来实现其目标，因为收取合同现金流量对实现该业务模式目标来说只是附带性质的活动。

（二）关于金融资产的合同现金流量特征

金融资产的合同现金流量特征，是指金融工具合同约定的、反映相关金融资产经济特征的现金流量属性。企业分类为以摊余成本计量的金融资产和以公允价值计量且其变动计入其他综合收益的金融资产，其合同现金流量特征应当与基本借贷安排相一致，即相关金融资产在特定日期产生的合同现金流量仅为对本金和以未偿付本金金额为基础的利息的支付。

本金是指金融资产在初始确认时的公允价值，本金金额可能因提前还款等原因在金融资产的存续期内发生变动；利息包括对货币时间价值、与特定时期未偿付本金金额相关的信用风险，以及其他基本借贷风险、成本和利润的对价。其中，货币时间价值是利息要素中仅因为时间流逝而提供对价的部分，不包括为所持有金融资产的其他风险或成本提供的对价，但货币时间价值要素有时可能存在修正。在货币时间价值要素存在修正的情况下，企业应当对相关修正进行评估，以确定其是否满足上述合同现金流量特征的要求。此外，金融资产包含可能导致其合同现金流量的时间分布或金额发生变更的合同条款（如包含提前还款特征）的，企业应当对相关条款进行评估（如评估提前还款特征的公允价值是否非常小），以确定其是否满足上述合同现金流量特征的要求。

（三）金融资产的具体分类

（1）金融资产同时符合下列条件的，应当分类为以摊余成本计量的金融资产（缩写AC）：

①企业管理该金融资产的业务模式是以收取合同现金流量为目标。

②该金融资产的合同条款规定，在特定日期产生的现金流量，仅为对本金和以未偿付本金金额为基础的利息的支付。例如，银行向企业客户发放的固定利率的贷款，在没有其他特殊安排的情况下，贷款的合同现金流量一般情况下可能符合仅为对本金和以未偿付本金金额为基础的利息支付的要求。如果银行管理该贷款的业务模式是以收取合同现金流量为目标，则该贷款应当分类为以摊余成本计量的金融资产。

企业一般应当设置“银行存款”“贷款”“应收账款”“债权投资”等科目核算分类为以摊余成本计量的金融资产。

（2）金融资产同时符合下列条件的，应当分类为以公允价值计量且其变动计入其他综合收益的金融资产（缩写FVOCI）：

①企业管理该金融资产的业务模式既以收取合同现金流量为目标又以出售该金融资产

为目标。

②该金融资产的合同条款规定，在特定日期产生的现金流量，仅为对本金和以未偿付本金金额为基础的利息的支付。例如，企业持有的普通债券的合同现金流量是到期收回本金及按约定利率在合同期间按时收取固定或浮动利息的权利。在没有其他特殊安排的情况下，普通债券的合同现金流量一般情况下可能符合仅为对本金和以未偿付本金金额为基础的利息支付的要求。如果企业管理该债券的业务模式既以收取合同现金流量为目标又以出售该债券为目标，则该债券应当分类为以公允价值计量且其变动计入其他综合收益的金融资产。

企业应当设置“其他债权投资”科目核算分类为以公允价值计量且其变动计入其他综合收益的金融资产。

(3) 按照上述（1）和（2）分类为以摊余成本计量的金融资产和以公允价值计量且其变动计入其他综合收益的金融资产之外的金融资产，企业应当将其分类为以公允价值计量且其变动计入当期损益的金融资产（缩写FVTPL）。

例如，企业持有的普通股股票的合同现金流量是收取被投资企业未来股利分配以及其清算时获得剩余收益的权利。由于股利及获得剩余收益的权利均不符合本金和利息的定义，因此企业持有的普通股股票应当分类为以公允价值计量且其变动计入当期损益的金融资产。

企业应当设置“交易性金融资产”科目核算以公允价值计量且其变动计入当期损益的金融资产。企业持有的直接指定为以公允价值计量且其变动计入当期损益的金融资产，也在本科目核算。

(四) 金融资产分类的特殊规定

权益工具投资的合同现金流量评估一般不符合基本借贷安排，因此只能分类为以公允价值计量且其变动计入当期损益的金融资产。然而在初始确认时，企业可以将非交易性权益工具投资指定为以公允价值计量且其变动计入其他综合收益的金融资产，并按规定确认股利收入。该指定一经作出，不得撤销。企业投资其他上市公司股票或者非上市公司股权的，都可能属于这种情形。

初始确认时，企业可基于单项非交易性权益工具投资，将其指定为以公允价值计量且其变动计入其他综合收益的金融资产，其公允价值的后续变动计入其他综合收益，不需计提减值准备。除了获得的股利（明确代表投资成本部分收回的股利除外）计入当期损益外，其他相关的利得和损失（包括汇兑损益）均应当计入其他综合收益，且后续不得转入当期损益。当金融资产终止确认时，之前计入其他综合收益的累计利得或损失应当从其他综合收益中转出，计入留存收益。

小提示3-1

企业在非同一控制下的企业合并中确认的或有对价构成金融资产的，该金融资产应当分类为以公允价值计量且其变动计入当期损益的金融资产，不得指定为以公允价值计量且其变动计入其他综合收益的金融资产。

二、金融负债的分类

(一) 除下列各项外，企业应当将金融负债分类为以摊余成本计量的金融负债

(1) 以公允价值计量且其变动计入当期损益的金融负债，包括交易性金融负债（含属于金融负债的衍生工具）和指定为以公允价值计量且其变动计入当期损益的金融负债。在非同一控制下的企业合并中，企业作为购买方确认的或有对价形成金融负债的，该金融负债应当按照以公允价值计量且其变动计入当期损益的金融负债进行会计处理。

金融资产或金融负债满足下列条件之一的，表明企业持有该金融资产或承担该金融负债的目的是交易性的：

①取得相关金融资产或承担相关金融负债的目的，主要是近期出售或回购。例如，企业以赚取差价为目的从二级市场购入的股票、债券和基金等或者发行人根据债务工具的公允价值变动计划在近期回购的有公开市场报价的债务工具。

②相关金融资产或金融负债在初始确认时属于集中管理的可辨认金融工具组合的一部分，且有客观证据表明近期实际存在短期获利模式。在这种情况下，即使组合中有某个组成项目持有的期限稍长也不受影响。其中，“金融工具组合”指金融资产组合或金融负债组合。

③相关金融资产或金融负债属于衍生工具。但符合财务担保合同定义的衍生工具以及被指定为有效套期工具的衍生工具除外。例如，未作为套期工具且公允价值为负的利率互换，或者未作为套期工具的签出外汇期权。

(2) 金融资产转移不符合终止确认条件或继续涉入被转移金融资产所形成的金融负债。对此类金融负债，企业应当按照本章第五节相关规定进行计量。

(3) 部分财务担保合同，以及不属于以公允价值计量且其变动计入当期损益的金融负债的以低于市场利率贷款的贷款承诺。企业作为此类金融负债发行方的，应当在初始确认后按照损失准备金额以及初始确认金额扣除依据《企业会计准则第14号——收入》相关规定所确定的累计摊销额后的余额孰高进行计量。

(二) 公允价值选择权

在初始确认时，为了提供更相关的会计信息，企业可以将一项金融资产、一项金融负债或者一组金融工具（金融资产、金融负债或者金融资产及负债）指定为以公允价值计量且其变动计入当期损益的金融资产或金融负债，但该指定应当满足下列条件之一：

(1) 金融资产或金融负债能够消除或显著减少会计错配。例如，有些金融资产被分类为以公允价值计量且其变动计入当期损益的金融资产，但与之直接相关的金融负债却划分为以摊余成本进行后续计量的金融负债，从而导致会计错配。如果将以上金融负债直接指定为以公允价值计量且其变动计入当期损益类，那么这种会计错配就能够消除。企业拥有某金融资产且承担某金融负债，该金融资产和金融负债承担某种相同的风险（例如利率风险），且各自的公允价值变动方向相反，趋于相互抵销。但是，其中只有部分金融资产或金融负债以公允价值计量且其变动计入当期损益。套期会计有效性难以达到套期会计要求时，也会出现类似问题。在这些情况下，如果将所有这些资产和负债均进行公允价值指定，也可以消除会计错配现象。

企业拥有某金融资产且承担某金融负债，该金融资产和金融负债承担某种相同的风险，且各自的公允价值变动方向相反，趋于相互抵销。但是，因为这些金融资产或金融负债中没有一项是以公允价值计量且其变动计入当期损益的，不满足套期工具的条件，从而使企业不具备运用套期会计方法的条件。由于不能运用套期会计方法，从而出现在相关利得或损失的确认方面存在重大不一致。在这种情况下，如果将该金融资产和金融负债进行公允价值指定，则可以消除会计错配。

需要指出的是，对于上述情况，实务中企业可能难以做到将所涉及的金融资产和金融负债在同一时间进行公允价值指定。如果企业能够做到将每项相关交易在初始确认时予以公允价值指定，且能预期剩下的交易将会发生，那么合理的延迟是可以的。此外，公允价值选择权只能应用于一项金融工具的整体，不能是某一组成部分。

（2）根据正式书面文件载明的企业风险管理或投资策略，以公允价值为基础对金融负债组合或金融资产和金融负债组合进行管理和业绩评价，并在企业内部以此为基础向关键管理人员报告。以公允价值为基础进行管理的金融资产组合，由于其按照规定已经被分类为以公允价值计量且其变动计入损益的金融资产，因此，不需要将此条件的公允价值选择权应用于金融资产。此项条件着重企业日常管理和评价业绩的方式，而不是关注金融工具组合中各组成部分的性质。

企业将一项金融资产、一项金融负债或者一组金融工具（金融资产、金融负债或者金融资产及负债）指定为以公允价值计量且其变动计入当期损益的，一经作出不得撤销。

三、金融工具的重分类

（一）金融工具重分类的原则

企业改变其管理金融资产的业务模式时，应当按照规定对所有受影响的相关金融资产进行重分类。企业对所有金融负债均不得进行重分类。所以，金融资产（即非衍生债权资产）可以在以摊余成本计量、以公允价值计量且其变动计入其他综合收益和以公允价值计量且其变动计入当期损益之间进行重分类。企业管理金融资产业务模式的变更是一种极其少见的情形。

企业对金融资产进行重分类，应当自重分类日起采用未来适用法进行相关会计处理，不得对以前已经确认的利得、损失（包括减值损失或利得）或利息进行追溯调整。重分类日，是指导致企业对金融资产进行重分类的业务模式发生变更后的首个报告期间的第一天。例如，甲上市公司决定于2×20年3月22日改变某金融资产的业务模式，则重分类日为2×20年4月1日（即下一个季度会计期间的期初）；乙上市公司决定于2×19年10月15日改变某金融资产的业务模式，则重分类日为2×20年1月1日。

【例3-3】甲公司持有拟在短期内出售的某商业贷款组合。甲公司收购了一家资产管理公司（乙公司），乙公司的业务模式是为收取合同现金流量而持有贷款。甲公司决定，对该商业贷款组合不再是为出售而持有，而是将该组合与资产管理公司持有的其他商业贷款一起管理，都是为收取合同现金流量而持有，则甲公司管理该商业贷款组合的业务模式发生了变更。

需要注意的是，企业业务模式的变更必须在重分类日之前生效。例如，某银行决定2×19年10月15日终止其零售抵押贷款业务，并在2×20年1月1日对所有受影响的金融资产进行重分类。在2×19年10月15日之后，该金融机构不应开展新的零售抵押贷款业务，或另外从事与之前零售抵押贷款业务模式相同的活动。需要注意的是，如果企业管理金融资产的业务模式没有发生变更，而金融资产的条款发生变更但未导致终止确认时，不允许重分类。如果金融资产条款发生变更导致金融资产终止确认的，不属于重分类，企业应当终止确认原金融资产，同时按照变更后的条款确认一项新金融资产。

（二）金融资产重分类的计量

1.以摊余成本计量的金融资产的重分类

（1）企业将一项以摊余成本计量的金融资产重分类为以公允价值计量且其变动计入当期损益的金融资产的，应当按照该资产在重分类日的公允价值进行计量。原账面价值与公允价值之间的差额计入当期损益。

（2）企业将一项以摊余成本计量的金融资产重分类为以公允价值计量且其变动计入其他综合收益的金融资产的，应当按照该金融资产在重分类日的公允价值进行计量。原账面价值与公允价值之间的差额计入其他综合收益。该金融资产重分类不影响其实际利率和预期信用损失的计量。

2.以公允价值计量且其变动计入其他综合收益的金融资产的重分类

（1）企业将一项以公允价值计量且其变动计入其他综合收益的金融资产重分类为以摊余成本计量的金融资产的，应当将之前计入其他综合收益的累计利得或损失转出，调整该金融资产在重分类日的公允价值，并以调整后的金额作为新的账面价值，即视同该金融资产一直以摊余成本计量。该金融资产重分类不影响其实际利率和预期信用损失的计量。

（2）企业将一项以公允价值计量且其变动计入其他综合收益的金融资产重分类为以公允价值计量且其变动计入当期损益的金融资产的，应当继续以公允价值计量该金融资产。同时，企业应当将之前计入其他综合收益的累计利得或损失从其他综合收益转入当期损益。

3.以公允价值计量且其变动计入当期损益的金融资产的重分类

（1）企业将一项以公允价值计量且其变动计入当期损益的金融资产重分类为以摊余成本计量的金融资产的，应当以其在重分类日的公允价值作为新的账面余额。

（2）企业将一项以公允价值计量且其变动计入当期损益的金融资产重分类为以公允价值计量且其变动计入其他综合收益的金融资产的，应当继续以公允价值计量该金融资产。对以公允价值计量且其变动计入当期损益的金融资产进行重分类的，企业应当根据该金融资产在重分类日的公允价值确定其实际利率。同时，企业应当自重分类日起对该金融资产适用金融资产减值的相关规定，并将重分类日视为初始确认日。

第三节 金融负债和权益工具的区分

一、金融负债和权益工具的区分原则和内容

（一）金融负债和权益工具区分的总体要求

按照《企业会计准则第37号——金融工具列报》的要求，企业发行金融工具，应当按照该金融工具的合同条款及其所反映的经济实质而非法律形式，结合金融资产、金融负债和权益工具的定义，在初始确认时将该金融工具或其组成部分分类为金融资产、金融负债或权益工具。

1.金融负债和权益工具的定义

金融负债，是指企业符合下列条件之一的负债：（1）向其他方交付现金或其他金融资产的合同义务。（2）在潜在不利条件下，与其他方交换金融资产或金融负债的合同义务。

(3) 将来须用或可用企业自身权益工具进行结算的非衍生工具合同，且企业根据该合同将交付可变数量的自身权益工具。(4) 将来须用或可用企业自身权益工具进行结算的衍生工具合同，但以固定数量的自身权益工具交换固定金额的现金或其他金融资产的衍生工具合同除外。企业对全部现有同类别非衍生自身权益工具的持有方同比例发行配股权、期权或认股权证，使之有权按比例以固定金额的任何货币换取固定数量的该企业自身权益工具的，该类配股权、期权或认股权证应当分类为权益工具。其中，企业自身权益工具不包括应按照特殊金融工具（指符合金融负债定义，但同时具有一定特征的可回售工具，以及符合金融负债定义，但同时具有一定特征的发行方仅在清算时才有义务向另一方按比例交付其净资产的金融工具。下同）分类为权益工具的金融工具，也不包括本身就要求在未来收取或交付企业自身权益工具的合同。

权益工具，是指能证明拥有某个企业在扣除所有负债后的资产中的剩余权益的合同。在同时满足下列条件的情况下，企业应当将发行的金融工具分类为权益工具：

(1) 该金融工具应当不包括交付现金或其他金融资产给其他方，或在潜在不利条件下与其他方交换金融资产或金融负债的合同义务。

(2) 将来须用或可用企业自身权益工具结算该金融工具。如为非衍生工具，该金融工具应当不包括交付可变数量的自身权益工具进行结算的合同义务；如为衍生工具，企业只能通过以固定数量的自身权益工具交换固定金额的现金或其他金融资产结算该金融工具。其中，企业自身权益工具不包括应按照特殊金融工具分类为权益工具的金融工具，也不包括本身就要求在未来收取或交付企业自身权益工具的合同。

2.区分金融负债和权益工具需考虑的因素

(1) 合同所反映的经济实质。在判断一项金融工具是否应划分为金融负债或权益工具时，应当以相关合同条款及其所反映的经济实质而非仅以法律形式为依据。对金融工具合同所反映经济实质的评估应基于合同的具体条款，合同条款以外的因素一般不予考虑。

(2) 工具的特征。有些金融工具可能既有权益工具的特征，又有金融负债的特征。例如，企业发行的某些优先股。因此，企业应当全面细致地分析此类金融工具各组成部分的合同条款，以确定其显示的是金融负债还是权益工具的特征，并进行整体评估，以判定整个工具应划分为金融负债、权益工具，还是既包括金融负债成分又包括权益工具成分的复合金融工具。

（二）金融负债和权益工具区分的基本原则

1.是否存在无条件地避免交付现金或其他金融资产的合同义务

(1) 如果企业不能无条件地避免以交付现金或其他金融资产来履行一项合同义务，则该合同义务符合金融负债的定义。实务中，常见的该类合同义务情形包括：

①不能无条件地避免的赎回，即金融工具发行方不能无条件地避免赎回此金融工具。如果一项合同（除分类为权益工具的特殊金融工具外）使发行方承担了以现金或其他金融资产回购自身权益工具的义务，即使发行方的回购义务取决于合同对手方是否行使回售权，发行方应当在初始确认时将该义务确认为一项金融负债，其金额等于回购所需支付金额的现值（如远期回购价格的现值、期权行权价格的现值或其他回售金额的现值）。如果发行方最终无须以现金或其他金融资产回购自身权益工具，应当在合同对手方回售权到期

时将该项金融负债按照账面价值重分类为权益工具。

②强制付息，即金融工具发行方被要求强制支付利息。例如，一项以面值人民币1亿元发行的优先股要求每年按6%的股息率支付优先股股息，则发行方承担了支付未来每年6%股息的合同义务，应当就该强制付息的合同义务确认金融负债。又如，企业发行的一项永续债，无固定还款期限且不可赎回，每年按8%的利率强制付息。尽管该项工具的期限永续且不可赎回，但由于企业承担了以利息形式永续支付现金的合同义务，因此符合金融负债的定义。

小提示3-2

对企业履行交付现金或其他金融资产的合同义务能力的限制（如无法获得外币、需要得到有关监管部门的批准才能支付或其他法律法规的限制等），并不能解除企业就该金融工具所承担的合同义务，也不能表明该企业无须承担该金融工具的合同义务。

（2）如果企业能够无条件地避免交付现金或其他金融资产，例如能够根据相应的议事机制自主决定是否支付股息（即无支付股息的义务），同时所发行的金融工具没有到期日且持有方没有回售权，或虽有固定期限但发行方有权无限期递延（即无支付本金的义务），则此类交付现金或其他金融资产的结算条款不构成金融负债。如果发放股利由发行方根据相应的议事机制自主决定，则股利是累积股利还是非累积股利本身均不会影响该金融工具被分类为权益工具。

实务中，优先股等金融工具发行时还可能会附有与普通股股利支付相联结的合同条款。这类工具常见的联结条款包括"股利制动机制""股利推动机制"等。"股利制动机制"的合同条款要求企业如果不宣派或支付（视具体合同条款而定，下同）优先股等金融工具的股利，则其也不能宣派或支付普通股股利。"股利推动机制"的合同条款要求企业如果宣派或支付普通股股利，则其也需宣派或支付优先股等金融工具的股利。如果优先股等金融工具所联结的是诸如普通股的股利，发行方根据相应的议事机制能够自主决定普通股股利的支付，则"股利制动机制"及"股利推动机制"本身均不会导致相关金融工具被分类为一项金融负债。

【例3-4】甲公司发行了一项年利率为8%、无固定还款期限、可自主决定是否支付利息的不可累积永续债，其他合同条款如下（假定没有其他条款导致该工具分类为金融负债）：

①该永续债嵌入了一项看涨期权，允许甲公司在发行第5年及之后以面值回购该永续债。

②如果甲公司在第5年年末没有回购该永续债，则之后的票息率增加至12%（通常称为"票息递增"特征）。

③该永续债票息在甲公司向其普通股股东支付股利时必须支付（即"股利推动机制"）。

假设：甲公司根据相应的议事机制能够自主决定普通股股利的支付；该公司发行该永续债之前多年来均支付普通股股利。

本例中，尽管甲公司多年来均支付普通股股利，但由于甲公司能够根据相应的议事机制自主决定普通股股利的支付，并进而影响永续债利息的支付，对甲公司而言，该永续债并未形成支付现金或其他金融资产的合同义务；尽管甲公司有可能在第5年年末行使其回购权，但是甲公司并没有回购的合同义务，因此该永续债应整体被分类为权益工具。

（3）有些金融工具虽然没有明确地包含交付现金或其他金融资产义务的条款和条件，但有可能通过其他条款和条件间接地形成合同义务。

（4）判断一项金融工具是划分为权益工具还是金融负债，不受下列因素的影响：

①以前实施分配的情况；

②未来实施分配的意向；

③相关金融工具如果没有发放股利对发行方普通股的价格可能产生的负面影响；

④发行方各种储备（即未分配利润等可供分配的权益）的金额；

⑤发行方对一段期间内的损益的预期；

⑥发行方是否有能力影响其当期损益。

2.是否通过交付固定数量的自身权益工具结算

如果一项金融工具须用或可用企业自身权益工具进行结算，企业需要考虑用于结算该工具的自身权益工具，是作为现金或其他金融资产的替代品，还是为了使该工具持有方享有在发行方扣除所有负债后的资产中的剩余权益。如果是前者，该工具是发行方的金融负债；如果是后者，该工具是发行方的权益工具。因此，对于以企业自身权益工具结算的金融工具，其分类需要考虑所交付的自身权益工具的数量是可变的还是固定的。

对于将来须用或可用企业自身权益工具结算的金融工具的分类，应当区分衍生工具还是非衍生工具。例如，甲公司发行了一项无固定期限、能够自主决定支付本息的可转换优先股。按相关合同规定，甲公司将在第5年年末将发行的该工具强制转换为可变数量的普通股。该可转换优先股是一项非衍生工具。又如，甲公司发行一项5年期分期付息到期还本，同时到期可转换为甲公司普通股的可转换债券。该可转换债券中嵌入的转换权是一项衍生工具。

（1）基于自身权益工具的非衍生工具。

对于非衍生工具，如果发行方未来有义务交付可变数量的自身权益工具进行结算，则该非衍生工具是金融负债；否则，该非衍生工具是权益工具。

某项合同并不仅仅因为其可能导致企业交付自身权益工具而成为一项权益工具。企业可能承担交付一定数量的自身股票或其他权益工具的合同义务，如果将交付的企业自身权益工具数量是变化的，使得将交付的企业自身权益工具的数量乘以其结算时的公允价值恰好等于合同义务的金额，则无论该合同义务的金额是固定的，还是完全或部分地基于除企业自身权益工具的市场价格以外变量（例如利率、某种商品的价格或某项金融工具的价格）的变动而变化，该合同应当分类为金融负债。

【例3-5】甲公司与乙公司签订的合同约定，甲公司以100万元等值的自身权益工具偿还所欠乙公司债务。

本例中，甲公司需偿还的债务金额100万元是固定的，但甲公司需交付的自身权益工具的数量随着其权益工具市场价格的变动而变动。在这种情况下，甲公司发行的该金融工具应当划分为金融负债。

【例3-6】甲公司与乙公司签订的合同约定，甲公司以100盎司黄金等值的自身权益工具偿还所欠乙公司债务。

本例中，甲公司需偿还的负债金额随黄金价格变动而变动，同时，甲公司需交付的自身权益工具的数量随着其权益工具市场价格的变动而变动。在这种情况下，该金融工具应当划分为金融负债。

【例3-7】甲公司发行了名义金额人民币100元的优先股，合同条款规定甲公司在3年后将优先股强制转换为普通股，转股价格为转股日前一工作日的该普通股市价。

本例中，转股价格是变动的，未来须交付的普通股数量是可变的，实质可视作甲公司将在3年后使用自身普通股并按其市价履行支付优先股每股人民币100元的义务。在这种情况下，该强制可转换优先股整体是一项金融负债。

在上述3个例子中，虽然企业通过交付自身权益工具来结算合同义务，该合同仍属于一项金融负债，而并非企业的权益工具，因为企业以可变数量的自身权益工具作为合同结算方式，该合同不能证明持有方享有发行方在扣除所有负债后的资产中的剩余权益。

（2）基于自身权益工具的衍生工具。

对于衍生工具，如果发行方只能通过以固定数量的自身权益工具交换固定金额的现金或其他金融资产进行结算（即"固定换固定"），则该衍生工具是权益工具；如果发行方以固定数量自身权益工具交换可变金额现金或其他金融资产，或以可变数量自身权益工具交换固定金额现金或其他金融资产，或以可变数量自身权益工具交换可变金额现金或其他金融资产，则该衍生工具应当确认为衍生金融负债或衍生金融资产。因此，除非满足"固定换固定"条件，否则将来须用或可用企业自身权益工具结算的衍生工具应分类为衍生金融负债或衍生金融资产。例如，发行在外的股票期权赋予了工具持有方以固定价格购买固定数量的企业股票的权利。该合同的公允价值可能会随着股票价格以及市场利率的波动而变动。但是，只要该合同的公允价值变动不影响结算时发行方可收取的现金或其他金融资产的金额，也不影响需交付的权益工具的数量，则发行方应将该股票期权作为一项权益工具处理。

运用上述"固定换固定"原则来判断会计分类的金融工具常见于可转换债券，具备转股条款的永续债、优先股等。实务中，转股条款呈现的形式可能纷繁复杂，发行方应审慎确定其合同条款及所反映的经济实质是否能够满足"固定换固定"原则。

小提示3-3

在实务中，对于附有可转换为普通股条款的可转换债券等金融工具，在其转换权存续期内，发行方可能发生新的融资或者与资本结构调整有关的经济活动，例如股份拆分或合并、配股、转增股本、增发新股、发放现金股利等。通常情况下，即使转股价初始固定，但为了确保此类金融工具持有方在发行方权益中的潜在利益不会被稀释，合同条款会规定在此类事项发生时，转股价将相应进行调整。此类对转股价格以及相应转股数量的调整通常称为"反稀释"调整。原则上，如果按照转股价格调整公式进行调整，可使得稀释事件发生之前和之后，每一份此类金融工具持有方所代表的发行方剩余利益与每一份现有普通股股东所代表的剩余利益的比例保持不变，即此类金融工具持有方相对于现有普通股股东所享有的在发行方权益中的潜在相对利益保持不变，则这一调整被认为并不违背"固定换固定"原则。

实务中也存在某些实质上并不是"反稀释"调整的情况。例如，发行方在发行可转换债券之后，如果再以低于该可转换债券的转股价格增发新股时（即新股发行价格低于转股价格），转股价格要根据新股发行价格调整，以达到增加可转股数量的目的。此类对转股价格的调整条款是单方面补偿工具持有方的利益，也就打破了这些工具持有方与普通股股东之间的相对经济利益的平衡。因此，这样的调整条款违背了“固定换固定”原则。

【例3-8】甲公司于2×17年2月1日向乙公司发行以自身普通股为标的的看涨期权。根据该期权合同，如果乙公司行权（行权价为102元），乙公司有权以每股102元的价格从甲公司购入普通股1 000股。其他有关资料如下：

（1）合同签订日	2×17年2月1日
（2）行权日（欧式期权）	2×18年1月31日
（3）2×17年2月1日每股市价	100元
（4）2×17年12月31日每股市价	104元
（5）2×18年1月31日每股市价	104元
（6）2×18年1月31日应支付的固定行权价格	102元
（7）期权合同中的普通股数量	1 000股
（8）2×17年2月1日期权的公允价值	5 000元
（9）2×17年12月31日期权的公允价值	3 000元
（10）2×18年1月31日期权的公允价值	2 000元

情形1：期权将以现金净额结算

甲公司：2×18年1月31日，假设以现金总额方式结算，应向乙公司支付相当于本公司普通股1 000股市值的金额。

乙公司：同日，假设以现金总额方式结算，应向甲公司支付102 000元（1 000×102）。

甲公司的会计处理如下：

①2×17年2月1日，确认发行的看涨期权：

借：银行存款　　5 000

　贷：衍生工具——看涨期权　　5 000

②2×17年12月31日，确认期权公允价值减少：

借：衍生工具——看涨期权　　2 000

　贷：公允价值变动损益　　2 000

③2×18年1月31日，确认期权公允价值减少：

借：衍生工具——看涨期权　　1 000

　贷：公允价值变动损益　　1 000

在同一天，乙公司行使了该看涨期权，合同以现金净额方式进行结算。甲公司有义务向乙公司交付104 000元（104×1 000），并从乙公司收取102 000元（102×1000），甲公司实际支付净额为2 000元。反映看涨期权结算的账务处理如下：

借：衍生工具——看涨期权　　2 000

　贷：银行存款　　2 000

情形2：期权将以普通股净额结算

除期权以普通股净额结算外，其他资料与情形1相同。甲公司实际向乙公司交付普通股数量约为19.2股（2 000 / 104），因交付的普通股数量须为整数，实际交付19股，余下的金额（24元）将以现金方式支付。因此，甲公司除以下账务处理外，其他账务处理与情形1相同。2×18年1月31日：

借：衍生工具——看涨期权　2 000

　贷：股本　19

　　资本公积——股本溢价　1 957

　　银行存款　24

情形3：期权将以普通股总额结算

除甲公司以约定的固定数量的自身普通股交换固定金额现金外，其他资料与情形1相同。因此，乙公司有权于2×18年1月31日以102 000元（102×1 000）购买甲公司1 000股普通股。

甲公司的会计处理如下：

①2×17年2月1日，确认发行的看涨期权：

借：银行存款　5 000

　贷：其他权益工具　5 000

由于甲公司将以固定数量的自身股票换取固定金额现金，应将该衍生工具确认为权益工具。

②2×17年12月31日：

由于该期权合同确认为权益工具，无须进行后续的重新计量。甲公司无须就该期权的公允价值变动作出会计处理，因此无须在2×17年12月31日编制会计分录。

③2×18年1月31日，乙公司行权：

借：现金　102 000

　　其他权益工具　5 000

　贷：股本　1 000

　　资本公积——股本溢价　106 000

由于该看涨期权是价内期权（行权价格每股102元小于市场价格每股104元），乙公司在行权日行使了该期权，向甲公司支付了102 000元以获取1 000股甲公司股票。

金融负债和权益工具区分的基本原则总结见表3-3。

表3-3　**金融负债和权益工具区分的基本原则**

<table>
<tr><td colspan="2">金融工具具有交付现金或其他金融资产给其他单位的合同义务，在潜在不利条件下与其他单位交换金融资产或金融负债的合同义务</td><td>金融负债</td></tr>
<tr><td colspan="2">金融工具没有包括交付现金或其他金融资产给其他单位的合同义务，也没有包括在潜在不利条件下与其他单位交换金融资产或金融负债的合同义务</td><td rowspan="3">权益工具</td></tr>
<tr><td rowspan="2">须用或可用发行方自身权益工具进行结算</td><td>非衍生工具：不包括交付非固定数量的发行方自身权益工具进行结算的合同义务</td></tr>
<tr><td>衍生工具：只能通过交付固定数量的发行方自身权益工具换取固定的现金或其他金融资产进行结算</td></tr>
</table>

（三）以外币计价的配股权、期权或认股权证

如果企业的某项合同是通过固定金额的外币（即企业记账本位币以外的其他货币）交换固定数量的自身权益工具进行结算，由于固定金额的外币代表的是以企业记账本位币计

价的可变金额，因此不符合“固定换固定”原则。但是，对以外币计价的配股权、期权或认股权证提供了一个例外情况：企业对全部现有同类别非衍生自身权益工具的持有方同比例发行配股权、期权或认股权证，使之有权按比例以固定金额的任何货币交换固定数量的该企业自身权益工具的，该类配股权、期权或认股权证应当分类为权益工具。这是一个范围很窄的例外情况，不能以类推方式适用于其他工具（例如，以外币计价的可转换债券和并非按比例发行的配股权、期权或认股权证）。

【例3-9】一家在多地上市的企业，向其所有的现有普通股股东提供每持有2股股份可购买其1股普通股的权利（配股比例为2股配1股），配股价格为配股当日股价的70%。由于该企业在多地上市，受到各地区当地的法规限制，配股权行权价的币种须与当地货币一致。

本例中，由于企业是按比例向其所有同类普通股股东提供配股权，该配股权应当分类为权益工具。

（四）或有结算条款

附有或有结算条款的金融工具，指是否通过交付现金或其他金融资产进行结算，或者是否以其他导致该金融工具成为金融负债的方式进行结算，需要由发行方和持有方均不能控制的未来不确定事项（如股价指数、消费价格指数变动，利率或税法变动，发行方未来收入、净收益或债务权益比率等）的发生或不发生（或发行方和持有方均不能控制的未来不确定事项的结果）来确定的金融工具。对于附有或有结算条款的金融工具，发行方不能无条件地避免交付现金、其他金融资产或以其他导致该工具成为金融负债的方式进行结算的，应当分类为金融负债。但是，满足下列条件之一的，发行方应当将其分类为权益工具：(1) 要求以现金、其他金融资产或以其他导致该工具成为金融负债的方式进行结算的或有结算条款几乎不具有可能性，即相关情形极端罕见、显著异常或几乎不可能发生。(2) 只有在发行方清算时，才需以现金、其他金融资产或以其他导致该工具成为金融负债的方式进行结算。(3) 特殊金融工具中分类为权益工具的可回售工具。

实务中，出于对自身商业利益的保障和公平原则考虑，合同双方会对一些不能由各自控制的情况下是否要求支付现金（包括股票）作出约定，这些“或有结算条款”可以包括与外部市场有关的、与发行方自身情况有关的事项等。出于防止低估负债和防止通过或有条款的设置来避免对复合工具中负债成分进行确认的目的，除非能够证明或有事件是极端罕见、显著异常或几乎不可能发生的情况或者仅限于清算事件，准则规定，发行方需要针对这些条款确认金融负债。例如，甲公司发行了一项永续债，每年按照合同条款支付利息，但同时约定其利息只在发行方有可供分配利润时才需支付，如果发行方可供分配利润不足则可能无法履行该项支付义务。虽然利息的支付取决于是否有可供分配利润使得利息支付义务成为或有情况下的义务，但是甲公司并不能无条件地避免支付现金的合同义务，因此该公司应当将该永续债划分为一项金融负债。

小提示3-4

如果合同的或有结算条款要求只有在发生了极端罕见、显著异常或几乎不可能发生的事件后才能以现金、其他金融资产或以其他导致该工具成为金融负债的方式进行结算，那么可视为一项不具有可能性的条款。如果一项合同只有在上述不具有可能性的事件发生时才需以现金、其他金融资产或以其他导致该工具成为金融负债的方式进行结算，对金融工具进行分类时，不需要考虑这些或有结算条款，应将该合同确认为一项权益工具。类似地，合同可能规定在企业无法控制的情况发生时，以可变数量的企业自身权益工具进行结算。只有无法控制的情况的发生不具有可能性时，企业才能不考虑这些情况，而将该合同划分为权益工具。

【例3-10】甲公司发行1亿元优先股。按合同条款约定，甲公司可根据相应的议事机制自行决定是否派发股利，如果甲公司的控股股东发生变更（假设该事项不受甲公司控制），甲公司必须按面值赎回该优先股。

本例中，该或有事项（控股股东变更）不受甲公司控制属于或有结算事项。同时，该事项的发生或不发生也并非不具有可能性。由于甲公司不能无条件地避免赎回股份的义务，因此，该工具应当划分为一项金融负债。

（五）结算选择权

对于存在结算选择权的衍生工具（例如，合同规定发行方或持有方能选择以现金净额或以发行股份交换现金等方式进行结算的衍生工具），发行方应当将其确认为金融资产或金融负债，但所有可供选择的结算方式均表明该衍生工具应当确认为权益工具的除外。

常见的结算选择权，例如，为防止附有转股权的金融工具的持有方行使转股权时导致发行方的普通股股东的股权被稀释，发行方会在衍生工具合同中要求加入一项现金结算选择权：发行方有权以等值于所应交付的股票数量乘以股票市价的现金金额支付给工具持有方，而不再发行新股。

如果转股权这样的衍生工具给予合同任何一方选择结算方式的权利，除非所有可供选择的结算方式均表明该衍生工具应当确认为权益工具，否则发行方应当将这样的转股权确认为衍生金融负债或衍生金融资产。

（六）合并财务报表中金融负债和权益工具的区分

在合并财务报表中对金融工具（或其组成部分）进行分类时，企业应考虑集团成员和金融工具的持有方之间达成的所有条款和条件，以确定集团作为一个整体是否由于该工具而承担了交付现金或其他金融资产的义务，或者承担了以其他导致该工具分类为金融负债的方式进行结算的义务。例如，某集团子公司发行一项金融工具，同时其母公司或集团其他成员与该工具的持有方达成了其他附加协议，母公司或集团其他成员可能对股份相关的支付金额（如股利）作出担保；或者另一集团成员可能承诺在该子公司不能支付预期款项时购买这些股份。在这种情形下，尽管集团子公司（发行方）在没有考虑这些附加协议的情况下，可能在其个别财务报表中对这项工具进行适当的分类，但是在合并财务报表中，集团成员与该工具的持有方之间的附加协议的影响意味着集团作为一个整体无法避免经济利益的转移。因此，合并财务报表应当考虑这些附加协议，以确保从集团整体的角度反映所签订的所有合同和相关交易。只要集团作为一个整体由于该工具承担了交付现金、其他金融资产或以其他导致该工具成为金融负债的方式进行结算的义务，则该工具（或其中与上述义务相关的部分）在合并财务报表中就应当归类为金融负债。

【例3-11】甲公司为乙公司的母公司，其向乙公司的少数股东签出一份在未来6个月后以乙公司普通股为基础的看跌期权，如果6个月后乙公司股票价格下跌，乙公司少数股东有权要求甲公司无条件地以固定价格购入乙公司少数股东所持有的乙公司股份。

本例中，在甲公司个别财务报表中，由于该看跌期权的价值随着乙公司股票价格的变动而变动，并将于未来约定日期进行结算，因此该看跌期权符合衍生工具的定义而确认为一项衍生金融负债。而在集团合并财务报表中，少数股东所持有的乙公司股份也是集团自身权益工具，由于看跌期权使集团整体承担了不能无条件地避免以现金或其他金融资产回购自身权益工具的合同义务，合并财务报表中应当将该义务确认为一项金融负债（尽管现金的支付取决于持有方是否行使期权），其金额等于回购所需支付金额的现值。

（七）特殊金融工具的区分

1.可回售工具

可回售工具，是指根据合同约定，持有方有权将该工具回售给发行方以获取现金或其他金融资产的权利，或者在未来某一不确定事项发生或者持有方死亡或退休时，自动回售给发行方的金融工具。

符合金融负债定义，但同时具有下列特征的可回售工具，应当分类为权益工具：

（1）赋予持有方在企业清算时按比例份额获得该企业净资产的权利。企业净资产，是指扣除所有优先于该工具对企业资产要求权之后的剩余资产。按比例份额是指清算时将企业的净资产分拆为金额相等的单位，并且将单位金额乘以持有方所持有的单位数量。

（2）该工具所属的类别次于其他所有工具类别，即该工具在归属于该类别前无须转换为另一种工具，且在清算时对企业资产没有优先于其他工具的要求权。

（3）该类别的所有工具具有相同的特征（例如，它们必须都具有可回售特征，并且用于计算回购或赎回价格的公式或其他方法都相同）。

（4）除了发行方应当以现金或其他金融资产回购或赎回该工具的合同义务外，该工具不满足金融负债定义中的任何其他特征。

（5）该工具在存续期内的预计现金流量总额，应当实质上基于该工具存续期内企业的损益、已确认净资产的变动、已确认和未确认净资产的公允价值变动（不包括该工具的任何影响）。

对于分类为权益工具的可回售工具的特征要求，需要说明以下几点：

（1）在企业清算时具有优先要求权的工具不是有权按比例份额获得企业净资产的工具。例如，如果一项工具使持有方有权在企业清算时享有除企业净资产份额之外的固定股利，而类别次于该工具的其他工具在企业清算时仅仅享有企业净资产份额，则该工具所属类别中所有工具均不属于在企业清算时有权按比例份额获得企业净资产的工具。

（2）在确定一项工具是否属于最次级类别时，应当评估若企业在评估日发生清算时该工具对企业净资产的要求权。同时，应当在相关情况发生变化时重新评估对该工具的分类。例如，如果企业发行或赎回了另一项金融工具，可能会影响对该工具是否属于最次级类别的评估结果。如果企业只发行一类金融工具，则可视为该工具属于最次级类别。

【例3-12】甲公司设立时发行了100单位A类股份，而后发行了10 000单位B类股份给其他投资人，B类股份为可回售股份。假定甲公司只发行了A、B两种金融工具，A类股份为甲公司最次级权益工具。

本例中，在甲公司的整个资本结构中，A类股份并不重大，且甲公司的主要资本来自B类股份，但由于B类股份并非甲公司发行的最次级的工具，因此不应当将B类股份归类为权益工具。

（3）除了发行方应当以现金或金融资产回购或赎回该工具的合同义务外，该工具不包括其他符合金融负债定义的合同义务。将特征限于该唯一义务可以确保有限范围的例外不能适用于具有除回售权以外其他合同义务的可回售工具。将具有除回售权以外的其他合同义务的可回售工具纳入有限范围的例外，会将可能不代表主体剩余权益的工具包括在内，因为持有方可能会对一些净资产拥有优先于其他工具持有方的要求权。

例如，企业发行的工具是可回售的，除了这一回售特征外，还在合同中约定每年必须向工具持有方按照净利润的一定比例进行分配，这一约定构成了一项交付现金的附加义务，因此，企业发行的这项可回售工具不应分类为权益工具。

【例3-13】甲企业为一合伙企业。相关入股合同约定：新合伙人加入时按确定的金额和持股比例入股，合伙人退休或退出时以其持股的公允价值予以退还；合伙企业营运资金均来自合伙人入股，合伙人持股期间可按持股比例分得合伙企业的利润（但利润分配由合伙企业自主决定）；当合伙企业清算时，合伙人可按持股比例获得合伙企业的净资产。

本例中，由于合伙企业在合伙人退休或退出时有向合伙人交付金融资产的义务，因而该可回售工具（合伙人入股合同）满足金融负债的定义，同时，其作为可回售工具具备以下特征：（1）合伙企业清算时合伙人可按持股比例获得合伙企业的净资产；（2）该入股款属于合伙企业中最次级类别的工具；（3）所有的入股款具有相同的特征；（4）合伙企业仅有以金融资产回购该工具的合同义务；（5）合伙人持股期间可获得的现金流量总额，实质上基于该工具存续期内企业的损益、已确认净资产的变动、已确认和未确认净资产的公允价值变动。因而，该金融工具应当确认为权益工具。

2.发行方仅在清算时才有义务向另一方按比例交付其净资产的金融工具

符合金融负债定义，但同时具有下列特征的发行方仅在清算时才有义务向另一方按比例交付其净资产的金融工具，应当分类为权益工具：（1）赋予持有方在企业清算时按比例份额获得该企业净资产的权利；（2）该工具所属的类别次于其他所有工具类别；（3）在次于其他所有类别的工具类别中，发行方对该类别中所有工具都应当在清算时承担按比例份额交付其净资产的同等合同义务。产生上述合同义务的清算确定将会发生并且不受发行方的控制（如发行方本身是有限寿命主体），或者发生与否取决于该工具的持有方。

对于分类为权益工具的发行方仅在清算时才有义务向另一方按比例交付其净资产的金融工具的有关特征要求，需要说明的是：该部分特征要求与针对可回售工具的其中几条特征要求是类似的，但特征要求相对较少，原因在于清算是触发该合同支付义务的唯一条件，可以不必考虑清算事件以外的合同支付义务，包括：不要求考虑除清算以外的其他的合同支付义务（如股利分配）；不要求考虑存续期间预期现金流量的确定方法（如根据净利润或净资产）；不要求该类别工具的所有特征均相同，仅要求清算时按比例支付净资产份额的特征相同。

【例3-14】甲企业为一中外合作经营企业，成立于2×14年1月1日，经营期限为20年。按照相关合同约定，甲企业的营运资金及主要固定资产均来自双方股东投入，经营期间甲企业按照合作经营合同进行运营；经营到期时，该企业的净资产根据合同约定按出资比例向合作双方偿还。

由于该合作企业依照合同，于经营期限届满时需将企业的净资产交付给双方股东，上述合作方的入股款符合金融负债的定义，但合作企业仅在清算时才有义务向合作双方交付其净资产且其同时具备下列特征：（1）合作双方在合作企业发生清算时可按合同规定比例份额获得企业净资产；(2) 该入股款属于合作企业中最次级类别的工具。因而该金融工具应当确认为权益工具。

3.特殊金融工具分类为权益工具的其他条件

分类为权益工具的可回售工具，或发行方仅在清算时才有义务向另一方按比例交付其净资产的金融工具，除应当具有的特征外，其发行方应当没有同时具备下列特征的其他金融工具或合同：

(1) 现金流量总额实质上基于企业的损益、已确认净资产的变动、已确认和未确认净资产的公允价值变动（不包括该工具或合同的任何影响）。

(2) 实质上限制或固定了工具持有方所获得的剩余回报。在运用上述条件时，对于发行方与工具持有方签订的非金融合同，如果其条款和条件与发行方和其他方之间可能订立的同等合同类似，不应考虑该非金融合同的影响。但如果不能作出此判断，则不得将该工具分类为权益工具。

下列按照涉及非关联方的正常商业条款订立的工具，不大可能会导致满足上述特征要求的可回售工具或发行方仅在清算时才有义务向另一方按比例交付其净资产的金融工具无法被分类为权益工具：

(1) 现金流量总额实质上基于企业的特定资产；

(2) 现金流量总额基于企业收入的一定比例；

(3) 就员工为企业提供的服务给予报酬的合同；

(4) 要求企业为其所提供的产品或服务支付一定报酬（占利润的比例非常小）的合同。

4.特殊金融工具在母公司合并财务报表中的处理

由于将某些可回售工具以及仅在清算时才有义务向另一方按比例交付其净资产的金融工具列报为权益工具而不是金融负债是金融工具列报准则原则的一个例外，即不允许将该例外扩大到发行方母公司合并财务报表中少数股东权益的分类。因此，子公司在个别财务报表中作为权益工具列报的特殊金融工具，在其母公司合并财务报表中对应的少数股东权益部分，应当分类为金融负债。

【例3-15】甲公司控制乙公司，因此甲公司的合并财务报表包括乙公司。乙公司资本结构的一部分由可回售工具（其中一部分由甲公司持有，其余部分由其他外部投资者持有）组成，这些可回售工具在乙公司个别财务报表中符合权益工具分类的要求。甲公司在可回售工具中的权益在合并时抵销。对于其他外部投资者持有的乙公司发行的可回售工具，其在甲公司合并财务报表中不应作为少数股东权益列示，而应作为金融负债列示。

(八) 发行的金融工具的重分类

由于发行的金融工具原合同条款约定的条件或事项随着时间的推移或经济环境的改变而发生变化，可能会导致已发行金融工具（含特铢金融工具）的重分类。例如，企业拥有可回售工具和其他工具，本来可回售工具并非最次级类别，并不符合分类为权益工具的条件。如果企业赎回其已发行的全部其他工具后，发行在外的可回售工具符合了分类为权益工具的全部特征和全部条件，那么企业应从其赎回全部其他工具之日起将可回售工具重分类为权益工具。

发行方原分类为权益工具的金融工具，自不再被分类为权益工具之日起，发行方应当将其重分类为金融负债，以重分类日该工具的公允价值计量，重分类日权益工具的账面价值和金融负债的公允价值之间的差额确认为权益。

发行方原分类为金融负债的金融工具，自不再被分类为金融负债之日起，发行方应当将其重分类为权益工具，以重分类日金融负债的账面价值计量。

（九）收益和库存股

1.利息、股利、利得或损失的处理

将金融工具或其组成部分划分为金融负债还是权益工具，决定了与该工具或其组成部分相关的利息、股利（或股息，下同）、利得或损失的会计处理方法。金融工具或其组成部分属于金融负债的，相关利息、股利、利得或损失，以及赎回或再融资产生的利得或损失等，应当计入当期损益。金融工具或其组成部分属于权益工具的，其发行（含再融资）、回购、出售或注销时，发行方应当作为权益的变动处理；发行方不应当确认权益工具的公允价值变动；发行方对权益工具持有方的分配应作利润分配处理，发放的股票股利不影响所有者权益总额。

与权益性交易相关的交易费用应当从权益中扣减。交易费用是指可直接归属于购买、发行或处置金融工具的增量费用。只有那些可直接归属于发行新的权益工具或者购买此前已经发行在外的权益工具的增量费用才是与权益交易相关的费用。例如，在企业首次公开募股的过程中，除了会新发行一部分可流通的股份之外，也往往会将已发行的股份进行上市流通，在这种情况下，企业需运用专业判断以确定哪些交易费用与权益交易（发行新股）相关，应计入权益核算；哪些交易费用与其他活动（将已发行的股份上市流通）相关，尽管也是在发行权益工具的同时发生的，但是不得计入权益。与多项交易相关的共同交易费用，应当在合理的基础上，采用与其他类似交易一致的方法，在各项交易间进行分摊。

利息、股利、利得或损失的会计处理原则同样也适用于复合金融工具，任何与负债成分相关的利息、股利、利得或损失应计入损益，任何与权益成分相关的利息、股利、利得或损失应计入权益。发行复合金融工具发生的交易费用，也应当在负债成分和权益成分之间按照各自占总发行价款的比例进行分摊。例如，企业发行一项5年后以现金强制赎回的非累积优先股。在优先股存续期间内，企业可以自行决定是否支付股利。这一非累积可赎回优先股是一项复合金融工具，其中的负债成分为赎回金额的折现值。负债成分采用实际利率法确认的利息支出应计入损益，而与权益成分相关的股利支付应确认为利润分配。如果该优先股的赎回不是强制性的而是取决于持有方是否要求企业进行赎回，或者该优先股需转换为可变数量的普通股，同样的会计处理仍然适用。但是，如果该优先股赎回时所支付的金额还包括未支付的股利，则整个工具是一项金融负债，那么在这种情况下，支付的所有股利都应计入损益。

2.库存股

回购自身权益工具（库存股）支付的对价和交易费用，应当减少所有者权益，不得确认金融资产。库存股可由企业自身购回和持有，也可由集团合并范围内的其他成员购回和持有。其他成员包括子公司，但是不包括集团的联营和合营企业。此外，如果企业是替他人持有自身的权益工具，例如，金融机构作为代理人代其客户持有该金融机构自身的股票，那么所持有的这些股票不是金融机构自身的资产，也不属于库存股。

如果企业持有库存股之后又将其重新出售，反映的是不同所有者之间的转让，而非企业本身的利得或损失，因此，无论这些库存股的公允价值如何波动，企业应直接将支付或收取的任何对价在权益中确认，而不产生任何损益影响。

二、复合金融工具

企业应对发行的非衍生工具进行评估，以确定所发行的工具是否为复合金融工具。企业所发行的非衍生工具可能同时包含金融负债成分和权益工具成分。对于复合金融工具，发行方应于初始确认时将各组成部分分别分类为金融负债、金融资产或权益工具。企业发行的一项非衍生工具同时包含金融负债成分和权益工具成分的，应于初始计量时先确定金融负债成分的公允价值（包括其中可能包含的非权益性嵌入衍生工具的公允价值），再从复合金融工具公允价值中扣除负债成分的公允价值，作为权益工具成分的价值。

可转换债券等可转换工具可能被分类为复合金融工具。发行方对该类可转换工具进行会计处理时，应当注意以下方面：

（1）在可转换工具转换时，应终止确认负债成分，并将其确认为权益。原来的权益成分仍旧保留为权益（从权益的一个项目结转到另一个项目，如从“其他权益工具”转入“资本公积——资本或股本溢价”）。可转换工具转换时不产生损益。

（2）企业通过在到期日前赎回或回购而终止一项仍具有转换权的可转换工具时，应在交易日将赎回或回购所支付的价款以及发生的交易费用分配至该工具的权益成分和负债成分。分配价款和交易费用的方法应与该工具发行时采用的分配方法一致。价款和交易费用分配后，所产生的利得或损失应分别根据权益成分和负债成分所适用的会计原则进行处理，分配至权益成分的款项计入权益，与债务成分相关的利得或损失计入损益。

【例3-16】甲公司2×17年1月1日按每份面值1 000元发行了2 000份可转换债券，取得总收入2 000 000元。该债券期限为3年，票面年利率为6%，利息按年支付；每份债券均可在债券发行1年后的任何时间转换为250股普通股。甲公司发行该债券时，二级市场上与之类似但没有转股权的债券的市场利率为9 %。假定不考虑其他相关因素，甲公司将发行的债券划分为以摊余成本计量的金融负债。

（1）先对负债成分进行计量，债券发行收入与负债成分的公允价值之间的差额则分配到权益成分，如表3-4所示。负债成分的现值按9%的折现率计算。

表3-4　**负债成分的现值折现率计算表**　单位：元

本金的现值：第3年年末应付本金2 000 000元（复利现值系数为0. 7721835）	1 544 367
利息的现值：3年期内每年应付利息120 000元（年金现值系数为2. 5312917）	303 755
负债成分总额	1 848 122
权益成分总额	151 878
债券发行总收入	2 000 000

（2）甲公司的账务处理：

①2×17年1月1日，发行可转换债券：

借：银行存款　　2 000 000

　　应付债券——利息调整　　151 878

贷：应付债券——面值 2 000 000

其他权益工具 151 878

②2×17年12月31日，计提和实际支付利息：

计提债券利息时：

借：财务费用 166 331

贷：应付利息 120 000

应付债券——利息调整 46 331

实际支付利息时：

借：应付利息 120 000

贷：银行存款 120 000

③ 2×18年12月31日，债券转换前，计提债券利息时：

借：财务费用 170 501

贷：应付利息 120 000

应付债券——利息调整 50 501

实际支付利息时：

借：应付利息 120 000

贷：银行存款 120 000

至此，转换前应付债券的摊余成本为1 944 954元（1 848 122+46 331+50 501）。

假定至2×18年12月31日，甲公司股票上涨幅度较大，可转换债券持有方均将于当日持有的可转换债券转为甲公司股份。由于甲公司对应付债券采用摊余成本后续计量，因此，在转换日，转换前应付债券的摊余成本应为1 944 954元，而权益成分的账面价值仍为151 878元。同样是在转换日，甲公司发行股票数量为500 0 0 0股。对此，甲公司的账务处理如下：

借：应付债券——面值 2 000 000

贷：应付债券——利息调整 55 046

股本 500 000

资本公积——股本溢价 1 444 954

借：其他权益工具 151 878

贷：资本公积——股本溢价 151 878

（3）企业可能修订可转换工具的条款以促成持有方提前转换，例如，提供更有利的转换比率或在特定日期前转换则支付额外的对价。在条款修订日，对于持有方根据修订后的条款进行转换所能获得的对价的公允价值与根据原有条款进行转换所能获得的对价的公允价值之间的差额，企业应将其确认为一项损失。

（4）企业发行认股权和债权分离交易的可转换公司债券，所发行的认股权符合有关权益工具定义的，应当确认为一项权益工具（其他权益工具），并以发行价格减去不附认股权且其他条件相同的公司债券公允价值后的净额进行计量。如果认股权持有方到期没有行权，应当在到期时将原计入其他权益工具的部分转入资本公积（股本溢价）。

小提示3-5

对于归类为权益工具的金融工具，无论其名称中是否包含“债”，其利息支出或股利分配都应当作为发行企业的利润分配，其回购、注销等作为权益的变动处理；对于归类为金融负债的金融工具，无论其名称中是否包含“股”，其利息支出或股利分配原则上按照借款费用进行处理，其回购或赎回产生的利得或损失等计入当期损益。企业（发行方）发行金融工具，其发生的手续费、佣金等交易费用，如分类为债务工具且以摊余成本计量的，应当计入所发行工具的初始计量金额；如分类为权益工具的，应当从权益（其他权益工具）中扣除。

第四节 金融工具的计量

一、金融资产和金融负债的初始计量

企业初始确认金融资产或金融负债，应当按照公允价值计量。对于以公允价值计量且其变动计入当期损益的金融资产和金融负债，相关交易费用应当直接计入当期损益；对于其他类别的金融资产或金融负债，相关交易费用应当计入初始确认金额。但是，企业初始确认的应收账款未包含《企业会计准则第14号——收入》所定义的重大融资成分或根据该准则规定不考虑不超过一年的合同中的融资成分的，应当按照该准则定义的交易价格进行初始计量。

交易费用，是指可直接归属于购买、发行或处置金融工具的增量费用。增量费用是指企业没有发生购买、发行或处置相关金融工具的情形就不会发生的费用，包括支付给代理机构、咨询公司、券商、证券交易所、政府有关部门等的手续费、佣金、相关税费以及其他必要支出，不包括债券溢价、折价、融资费用、内部管理成本和持有成本等与交易不直接相关的费用。

企业应当根据《企业会计准则第39号——公允价值计量》的规定，确定金融资产和金融负债在初始确认时的公允价值。公允价值通常为相关金融资产或金融负债的交易价格。金融资产或金融负债公允价值与交易价格存在差异的，企业应当区别下列情况进行处理：

（1）在初始确认时，金融资产或金融负债的公允价值依据相同资产或负债在活跃市场上的报价或者以仅使用可观察市场数据的估值技术确定的，企业应当将该公允价值与交易价格之间的差额确认为一项利得或损失。

（2）在初始确认时，金融资产或金融负债的公允价值以其他方式确定的，企业应当将该公允价值与交易价格之间的差额递延。初始确认后，企业应当根据某一因素在相应会计期间的变动程度将该递延差额确认为相应会计期间的利得或损失。该因素应当仅限于市场参与者对该金融工具定价时将予考虑的因素，包括时间等。

企业取得金融资产所支付的价款中包含的已宣告但尚未发放的债券利息或现金股利，应当单独确认为应收项目进行处理。

二、金融资产的后续计量

（一）金融资产后续计量的原则

金融资产的后续计量与金融资产的分类密切相关。企业应当对不同类别的金融资产，

分别以摊余成本、以公允价值计量且其变动计入其他综合收益或以公允价值计量且其变动计入当期损益进行后续计量。

企业在对金融资产进行后续计量时，需要注意的是：如果一项金融工具以前被确认为一项金融资产并以公允价值计量，而现在它的公允价值低于零，企业应将其确认为一项负债。

（二）以摊余成本计量的金融资产的会计处理

1.实际利率

实际利率法，是指计算金融资产或金融负债的摊余成本以及将利息收入或利息费用分摊计入各会计期间的方法。实际利率，是指将金融资产或金融负债在预计存续期的估计未来现金流量，折现为该金融资产账面余额或该金融负债摊余成本所使用的利率。在确定实际利率时，应当在考虑金融资产或金融负债所有合同条款（如提前还款、展期、看涨期权或其他类似期权等）的基础上估计预期现金流量，但不应当考虑预期信用损失。经信用调整的实际利率，是指将购入或源生的已发生信用减值的金融资产在预计存续期的估计未来现金流量，折现为该金融资产摊余成本的利率。在确定经信用调整的实际利率时，应当在考虑金融资产的所有合同条款（如提前还款、展期、看涨期权或其他类似期权等）以及初始预期信用损失的基础上估计预期现金流量。

企业通常能够可靠地估计金融工具（或一组类似金融工具）的现金流量和预计存续期。在极少数情况下，金融工具（或一组金融工具）的估计未来现金流量或预计存续期无法可靠估计的，企业在计算确定其实际利率（或经信用调整的实际利率）时，应当基于该金融工具在整个合同期内的合同现金流量。

合同各方之间支付或收取的、属于实际利率或经信用调整的实际利率组成部分的各项费用、交易费用及溢价或折价等，应当在确定实际利率或经信用调整的实际利率时予以考虑。

2.摊余成本

金融资产或金融负债的摊余成本，应当以该金融资产或金融负债的初始确认金额经下列调整后的结果确定：

（1）扣除已偿还的本金。

（2）加上或减去采用实际利率法将该初始确认金额与到期日金额之间的差额进行摊销形成的累计摊销额。

（3）扣除累计计提的损失准备（仅适用于金融资产）。

3.利息收入

企业应当按照实际利率法确认利息收入。利息收入应当根据金融资产账面余额乘以实际利率计算确定，但下列情况除外：

（1）对于购入或源生的已发生信用减值的金融资产，企业应当自初始确认起，按照该金融资产的摊余成本和经信用调整的实际利率计算确定其利息收入。

（2）对于购入或源生的未发生信用减值，但在后续期间成为已发生信用减值的金融资产，企业应当在后续期间，按照该金融资产的摊余成本和实际利率计算确定其利息收入。企业按照上述规定对金融资产的摊余成本运用实际利率法计算利息收入的，若该金融工具在后续期间因其信用风险有所改善而不再存在信用减值，并且这一改善在客观上可与应用上述规定之后发生的某一事件相联系（如债务人的信用评级被上调），企业应当转按实际利率乘以该金融资产账面余额来计算确定利息收入。

4.已发生信用减值的金融资产

当对金融资产预期未来现金流量具有不利影响的一项或多项事件发生时，该金融资产成为已发生信用减值的金融资产。金融资产已发生信用减值的证据包括下列可观察信息：（1）发行方或债务人发生重大财务困难；（2）债务人违反合同，如偿付利息或本金违约或逾期等；（3）债权人出于与债务人财务困难有关的经济或合同考虑，给予债务人在任何其他情况下都不会作出的让步；（4）债务人很可能破产或进行其他财务重组；（5）发行方或债务人财务困难导致该金融资产的活跃市场消失；（6）以大幅折扣购买或源生一项金融资产，该折扣反映了发生信用损失的事实。金融资产发生信用减值，有可能是多个事件的共同作用所致，未必是可单独识别的事件所致。

【例3-17】2×13年1月1日，甲公司支付价款1 000万元（含交易费用）从上海证券交易所购入A公司同日发行的5年期公司债券12 500份，债券票面价值总额为1 250万元，票面年利率为4.72%，于年末支付本年度债券利息（即每年利息为59万元），本金在债券到期时一次性偿还。合同约定，该债券的发行方在遇到特定情况时可以将债券赎回，且不需要为提前赎回支付额外款项。甲公司在购买该债券时，预计发行方不会提前赎回。甲公司根据其管理该债券的业务模式和该债券的合同现金流量特征，将该债券分类为以摊余成本计量的金融资产。

假定不考虑所得税、减值损失等因素，计算该债券的实际利率r：

$$59\times(1+r)^{-1}+59\times(1+r)^{-2}+59\times(1+r)^{-3}+59\times(1+r)^{-4}+(59+1\ 250)\times(1+r)^{-5}=1\ 000$$

采用插值法，计算得出r=10%。

投资收益及利息调整贷差摊销表见表3-5。

表3-5 **投资收益及利息调整贷差摊销表（分期付息）** 单位：万元

年份	期初摊余成本（A）	投资收益（B=A×10%）	实收利息（C）	利息调整贷差摊销额（D=B−C）	期末摊余成本（E=A+D）
2×13年	1 000	100	59	41	1 041
2×14年	1 041	104	59	45	1 086
2×15年	1 086	109	59	50	1 136
2×16年	1 136	114	59	55	1 191
2×17年	1 191	118*	59	59	1 250

注：* 尾数调整 1 250+59−1 191=118

甲公司的有关账务处理如下（金额单位：元）：

（1）2×13年1月1日，购入A公司债券：

借：债权投资——成本　　12 500 000

　贷：银行存款　　10 000 000

　　债权投资——利息调整　　2 500 000

（2）2×13年12月31日，确认A公司债券实际利息收入、收到债券利息：

借：应收利息　　590 000

　债权投资——利息调整　　410 000

　贷：投资收益　　1 000 000

借：银行存款　590 000
　贷：应收利息　590 000

（3）2×14年12月31日，确认A公司债券实际利息收入、收到债券利息：

借：应收利息　590 000
　债权投资——利息调整　450 000
　贷：投资收益　1 040 000

借：银行存款　590 000
　贷：应收利息　590 000

（4）2×15年12月31日，确认A公司债券实际利息收入、收到债券利息：

借：应收利息　590 000
　债权投资——利息调整　500 000
　贷：投资收益　1090 000

借：银行存款　590 000
　贷：应收利息　590 000

（5）2×16年12月31日，确认A公司债券实际利息收入、收到债券利息：

借：应收利息　590 000
　债权投资——利息调整　550 000
　贷：投资收益　1 140 000

借：银行存款　590 000
　贷：应收利息　590 000

（6）2×17年12月31日，确认A公司债券实际利息收入、收到债券利息和本金：

借：应收利息　590 000
　债权投资——利息调整　590 000
　贷：投资收益　1 180 000

借：银行存款　590 000
　贷：应收利息　590 000

借：银行存款　12 500 000
　贷：债权投资——成本　12 500 000

假定在2×15年1月1日，甲公司预计本金的一半（即625万元）将会在该年末收回，而其余的一半本金将于2×17年年末付清。遇到这种情况时，甲公司应当调整2×15年年初的摊余成本，计入当期损益；调整时采用最初确定的实际利率。据此，调整相关数据后见表3-6。

根据上述调整，甲公司的账务处理如下（金额单位：元）：

（1）2×15年1月1日，调整期初账面余额：

借：债权投资——利息调整　530 000
　贷：投资收益　530 000

（2）2×15年12月31日，确认实际利息、收回本金等：

借：应收利息　590 000
　债权投资——利息调整　550 000
　贷：投资收益　1 140 000

表3-6　　**投资收益及利息调整贷差摊销表（分期付息）**　　单位：万元

年份	期初摊余成本（A）	投资收益（B=A×10%）	实收利息（C）	利息调整贷差摊销额（D=B-C）	期末摊余成本（E=A+D）
2×13年	1 000	100	59	41	1 041
2×14年	1 041	104	59	45	1 086
2×15年	1 139*	114	59	55	569（1 139*+55-625）
2×16年	569	57	30**	27	596
2×17年	596	59***	30	29	625

其中：

*（625+59）×（1+10%）$^{-1}$+30×（1+10%）$^{-2}$+（625+30）×（1+10%）$^{-3}$=1 139（四舍五入）

**625×4.72%=30（四舍五入）

***625+30-596=59（尾数调整）

借：银行存款　　590 000

　贷：应收利息　　590 000

借：银行存款　　6 250 000

　贷：债权投资——成本　　6 250 000

（3）2×16年12月31日，确认实际利息等：

借：应收利息　　300 000

　　债权投资——利息调整　　270 000

　贷：投资收益　　570 000

借：银行存款　　300 000

　贷：应收利息　　300 000

（4）2×17年12月31日，确认实际利息、收回本金等：

借：应收利息　　300 000

　　债权投资——利息调整　　290 000

　贷：投资收益　　590 000

借：银行存款　　300 000

　贷：应收利息　　300 000

借：银行存款　　6 250 000

　贷：债权投资——成本　　6 250 000

假定甲公司购买的A公司债券不是分次付息，而是到期一次还本付息，且利息不是以复利计算。此时，甲公司所购买的A公司债券的实际利率r计算如下：

（59+59+59+59+59+1 250）×（1+r）$^{-5}$=1 000

由此计算得出r=9.05%。据此，调整相关数据后见表3-7。

甲公司的有关账务处理如下（金额单位：元）：

（1）2×13年1月1日，购入A公司债券：

借：债权投资——成本　　12 500 000

表 3-7　**投资收益及利息调整贷差摊销表（到期一次付息）**　单位：万元

年份	期初摊余成本（A）	投资收益（B=A×9.05%）	应计利息（C）	利息调整贷差摊销额（D=B−C）	期末摊余成本（E=A+B）
2×13 年	1 000	90.5	59	31.5	1 090.5
2×14 年	1 090.5	98.69	59	39.69	1 189.19
2×15 年	I 189.19	107.62	59	48.62	1 296.81
2×16 年	1 296.81	117.36	59	58.36	1 414.17
2×17 年	1 414.17	130.83	59	71.83	1 545

注：*尾数调整 1 250+295−1 414.17=130.83

贷：银行存款　10 000 000
　　债权投资——利息调整　2 500 000

（2）2×13 年 12 月 31 日，确认 A 公司债券实际利息收入：

借：债权投资——应计利息　590 000
　　　　　　——利息调整　315 000
　贷：投资收益　905 000

（3）2×14 年 12 月 31 日，确认 A 公司债券实际利息收入：

借：债权投资——应计利息　590 000
　　　　　　——利息调整　396 900
　贷：投资收益　986 900

（4）2×15 年 12 月 31 日，确认 A 公司债券实际利息收入：

借：债权投资——应计利息　590 000
　　　　　　——利息调整　486 200
　贷：投资收益　1 076 200

（5）2×16 年 12 月 31 日，确认 A 公司债券实际利息收入：

借：债权投资——应计利息　590 000
　　　　　　——利息调整　583 600
　贷：投资收益　1 173 600

（6）2×17 年 12 月 31 日，确认 A 公司债券实际利息收入、收回债券本金和票面利息：

借：债权投资——应计利息　590 000
　　　　　　——利息调整　718 300
　贷：投资收益——A 公司债券　1 308 300

借：银行存款　15 450 000
　贷：债权投资——成本　12 500 000
　　　　　　　——应计利息　2 950 000

（三）以公允价值进行后续计量的金融资产的会计处理

（1）对于按照公允价值进行后续计量的金融资产，其公允价值变动形成的利得或损失，除与套期会计有关外，应当按照下列规定处理：①以公允价值计量且其变动计入当期损益的金融资产的利得或损失，应当计入当期损益。②分类为以公允价值计量且其变动计入其他综合收益的金融资产所产生的所有利得或损失，除减值损失或利得和汇兑损益之外，均应当计入其他综合收益，直至该金融资产终止确认或被重分类。但是，采用实际利率法计算的该金融资产的利息应当计入当期损益。该金融资产计入各期损益的金额应当与视同其一直按摊余成本计量而计入各期损益的金额相等。该金融资产终止确认时，之前计入其他综合收益的累计利得或损失应当从其他综合收益中转出，计入当期损益。③指定为以公允价值计量且其变动计入其他综合收益的非交易性权益工具投资，除了获得的股利（明确代表投资成本部分收回的股利除外）计入当期损益外，其他相关的利得和损失（包括汇兑损益）均应当计入其他综合收益，且后续不得转入当期损益。当其终止确认时，之前计入其他综合收益的累计利得或损失应当从其他综合收益中转出，计入留存收益。

（2）企业只有在同时符合下列条件时，才能确认股利收入并计入当期损益：①企业收取股利的权利已经确立；②与股利相关的经济利益很可能流入企业；③股利的金额能够可靠计量。

（3）以摊余成本计量且不属于任何套期关系的一部分的金融资产所产生的利得或损失，应当在终止确认、重分类、按照实际利率法摊销或确认减值时，计入当期损益。

【例3-18】2×13年1月1日，甲公司支付价款1 000万元（含交易费用）从上海证券交易所购入A公司同日发行的5年期公司债券12 500份，债券票面价值总额为1 250万元，票面年利率为4.72%，于年末支付本年度债券利息（即每年利息为59万元），本金在债券到期时一次性偿还。合同约定，该债券的发行方在遇到特定情况时可以将债券赎回，且不需要为提前赎回支付额外款项。甲公司在购买该债券时，预计发行方不会提前赎回。甲公司根据其管理该债券的业务模式和该债券的合同现金流量特征，将该债券分类为以公允价值计量且其变动计入其他综合收益的金融资产。

其他资料如下：

（1）2×13年12月31日，A公司债券的公允价值为1 200万元（不含利息）。

（2）2×14年12月31日，A公司债券的公允价值为1 300万元（不含利息）。

（3）2×15年12月31日，A公司债券的公允价值为1 250万元（不含利息）。

（4）2×16年12月31日，A公司债券的公允价值为1 200万元（不含利息）。

（5）2×17年1月20日，通过上海证券交易所出售了A公司债券12 500份，取得价款1 260万元。

假定不考虑所得税、减值损失等因素，计算该债券的实际利率r：

$$59\times(1+r)^{-1}+59\times(1+r)^{-2}+59\times(1+r)^{-3}+59\times(1+r)^{-4}+(59+1\,250)\times(1+r)^{-5}=1\,000$$

采用插值法，计算得出r=10%。

投资收益及利息调整贷差摊销及公允价值变动计算表见表3-8。

甲公司的有关账务处理如下（金额单位：元）：

（1）2×13年1月1日，购入A公司债券：

借：其他债权投资——成本　　12 500 000

　贷：银行存款　　10 000 000

　　其他债权投资——利息调整　　2 500 000

（2）2×13年12月31日，确认A公司债券实际利息收入、公允价值变动，收到债券利息：

表3-8　**投资收益及利息调整贷差摊销及公允价值变动计算表**　单位：万元

日期	票面利息 (A)	投资收益 (B=期初D×10%)	利息调整贷差摊销额 (C=B-A)	摊余成本余额 (D=期初D+C)	公允价值 (E)	公允价值变动额 (F=E-D-期初G)	公允价值变动累计金额 (G=期初G+F)
2×13年1月1日				1 000	1 000	0	0
2×13年12月31日	59	100	41	1 041	1 200	159	159
2×14年12月31日	59	104	45	1 086	1 300	55	214
2×15年12月31日	59	109	50	1 136	1 250	-100	114
2×16年12月31日	59	113	54	1 190	1 200	-104	10
2×17年1月20日	0	70*	70	1 260	1 260	-10	0
合计	236	496	260	1 260	—		

注：*尾数调整1 260+0-1 190=70

借：应收利息　590 000
　　其他债权投资——利息调整　410 000
　贷：投资收益　1 000 000
借：银行存款　590 000
　贷：应收利息　590 000
借：其他债权投资——公允价值变动　1 590 000
　贷：其他综合收益——其他债权投资公允价值变动　1 590 000

（3）2×14年12月31日，确认A公司债券实际利息收入、公允价值变动，收到债券利息：

借：应收利息　590 000
　　其他债权投资——利息调整　450 000
　贷：投资收益　1 040 000
借：银行存款　590 000
　贷：应收利息　590 000
借：其他债权投资——公允价值变动　550 000
　贷：其他综合收益——其他债权投资公允价值变动　550 000

（4）2×15年12月31日，确认A公司债券实际利息收入、公允价值变动，收到债券利息：

借：应收利息　590 000
　　其他债权投资——利息调整　500 000
　贷：投资收益　1 090 000
借：银行存款　590 000
　贷：应收利息　590 000
借：其他综合收益——其他债权投资公允价值变动　1 000 000
　贷：其他债权投资——公允价值变动　1 000 000

（5）2×16年12月31日，确认A公司债券实际利息收入、公允价值变动，收到债券利息：

借：应收利息　590 000
　　其他债权投资——利息调整　540 000
　贷：投资收益　1 130 000
借：银行存款　590 000
　贷：应收利息　590 000
借：其他综合收益——其他债权投资公允价值变动　1 040 000
　贷：其他债权投资——公允价值变动　1 040 000

（6）2×17年1月20日，确认出售A公司债券实现的损益：

借：其他债权投资——利息调整　700 000
　贷：投资收益　700 000
借：银行存款　12 600 000
　　投资收益　100 000
　贷：其他债权投资——成本　12 500 000
　　　　　　　　——公允价值变动　100 000
　　　　　　　　——利息调整　100 000

A公司债券的成本=1 250万元

A公司债券的利息调整余额=-250+41+45+50+54+70=10（万元）

A公司债券公允价值变动余额=159+55-100-104=10（万元）

同时，应从其他综合收益中转出的公允价值累计金额为10万元。

借：其他综合收益——其他债权投资公允价值变动　100 000
　贷：投资收益　100 000

【例3-19】2×16年5月6日，甲公司支付价款1 016万元（含交易费1万元和已宣告发放现金股利15万元），购入乙公司发行的股票200万股，占乙公司有表决权股份的0.5％。甲公司将其指定为以公允价值计量且其变动计入其他综合收益的非交易性权益工具投资。2×16年5月10日，甲公司收到乙公司发放的现金股利15万元。2×16年6月30日，该股票市价为每股5.2元。2×16年12月31日，甲公司仍持有该股票；当日，该股票市价为每股5元。2×17年5月9日，乙公司宣告发放股利4 000万元。2×17年5月13日，甲公司收到乙公司发放的现金股利。2×17年5月20日，甲公司由于某特殊原因，以每股4.9元的价格将股票全部转让。假定不考虑其他因素，甲公司的账务处理如下（金额单位：元）

（1）2×16年5月6日，购入股票：

借：应收股利　150 000
　　其他权益工具投资——成本　10 010 000
　贷：银行存款　10 160 000

（2）2×16年5月10日，收到现金股利：

借：银行存款　150 000
　贷：应收股利　150 000

（3）2×16年6月30日，确认股票价格变动：

借：其他权益工具投资——公允价值变动 390 000

贷：其他综合收益——其他权益工具投资公允价值变动 390 000

（4）2×16年12月31日，确认股票价格变动：

借：其他综合收益——其他权益工具投资公允价值变动 400 000

贷：其他权益工具投资——公允价值变动 400 000

（5）2×17年5月9日，确认应收现金股利：

借：应收股利 200 000

贷：投资收益 200 000

（6）2×17年5月13日，收到现金股利：

借：银行存款 200 000

贷：应收股利 200 000

（7）2×17年5月20日，出售股票：

借：银行存款 9 800 000

其他权益工具投资——公允价值变动 10 000

盈余公积——法定盈余公积 21 000

利润分配——未分配利润 189 000

贷：其他权益工具投资——成本 10 010 000

其他综合收益——其他权益工具投资公允价值变动 10 000

如果甲公司根据其管理乙公司股票的业务模式和乙公司股票的合同现金流量特征，将乙公司股票分类为以公允价值计量且其变动计入当期损益的金融资产，且2×16年12月31日乙公司股票市价为每股4.8元，其他资料不变，则甲公司应作如下账务处理（金额单位：元）：

（1）2×16年5月6日，购入股票：

借：应收股利 150 000

交易性金融资产——成本 10 000 000

投资收益 10 000

贷：银行存款 10 160 000

（2）2×16年5月10日，收到现金股利：

借：银行存款 150 000

贷：应收股利 150 000

（3）2×16年6月30日，确认股票价格变动：

借：交易性金融资产——公允价值变动 400 000

贷：公允价值变动损益 400 000

（4）2×16年12月31日，确认股票价格变动：

借：公允价值变动损益 800 000

贷：交易性金融资产——公允价值变动 800 000

注：公允价值变动=200×（4.8−5.2）=−80（万元）

（5）2×17年5月9日，确认应收现金股利：

借：应收股利 200 000

贷：投资收益 200 000

（6）2×17年5月13日，收到现金股利：

借：银行存款 200 000

贷：应收股利 200 000

（7）2×17年5月20日，出售股票：

借：银行存款 9 800 000

投资收益 200 000

交易性金融资产——公允价值变动 400 000

贷：交易性金融资产——成本 10 000 000

公允价值变动损益 400 000

三、金融负债的后续计量

（一）金融负债后续计量原则

企业应当按照以下原则对金融负债后续计量：

（1）以公允价值计量且其变动计入当期损益的金融负债，应当按照公允价值后续计量，相关利得或损失应当计入当期损益。

（2）金融资产转移不符合终止确认条件或继续涉入被转移金融资产所形成的金融负债。对此类金融负债，企业应当按照《企业会计准则第23号——金融资产转移》的相关规定进行计量。

（3）不属于指定为以公允价值计量且其变动计入当期损益的金融负债的财务担保合同或没有指定为以公允价值计量且其变动计入当期损益并将以低于市场利率贷款的贷款承诺，企业作为此类金融负债发行方的，应当在初始确认后按照损失准备金额以及初始确认金额扣除依据《企业会计准则第14号——收入》的相关规定所确定的累计摊销额后的余额孰高进行计量。

（4）上述金融负债以外的金融负债，应当按摊余成本后续计量。

（二）金融负债后续计量的会计处理

（1）对于按照公允价值进行后续计量的金融负债，其公允价值变动形成利得或损失，除与套期会计有关外，应当计入当期损益。

【例3-20】2×16年7月1日，甲公司经批准在全国银行间债券市场公开发行10亿元人民币短期融资券，期限为1年，票面年利率为5.58%，每张面值为100元，到期一次还本付息。所募集资金主要用于公司购买生产经营所需的原材料及配套件等。公司将该短期融资券指定为以公允价值计量且其变动计入当期损益的金融负债。假定不考虑发行短期融资券相关的交易费用。

2×16年12月31日，该短期融资券市场价格每张120元（不含利息）；2×17年3月31日，该短期融资券市场价格每张110元（不含利息）；2×17年6月30日，该短期融资券到期兑付完成。

据此，甲公司账务处理如下（金额单位：元）：

（1）2×16年7月1日，发行短期融资券：

借：银行存款 100 000

贷：交易性金融负债——成本　　100 000

（2）2×16年12月31日，年末确认公允价值变动和利息费用：

借：公允价值变动损益　　20 000

贷：交易性金融负债——公允价值变动　　20 000

借：投资收益　　2 790

贷：应付利息　　2 790

（3）2×17年3月31日，季末确认公允价值变动和利息费用：

借：交易性金融负债——公允价值变动　　10 000

贷：公允价值变动损益　　10 000

借：投资收益　　1 395

贷：应付利息　　1 395

（4）2×17年6月30日，短期融资券到期：

借：投资收益　　1 395

贷：应付利息　　1 395

借：交易性金融负债——成本　　100 000

——公允价值变动　　10 000

应付利息　　5 580

贷：银行存款　　105 580

投资收益　　10 000

（2）以摊余成本计量且不属于任何套期关系的一部分的金融负债所产生的利得或损失，应当在终止确认时计入当期损益或在按照实际利率法摊销时计入相关期间损益。

【例3-21】甲公司发行公司债券为建造专用生产线筹集资金。有关资料如下：

（1）2×13年12月31日，委托证券公司以7 755万元的价格发行3年期分期付息公司债券。该债券面值为8 000万元，票面年利率为4.5%，实际年利率为5.64%，每年付息一次，到期后按面值偿还。支付的发行费用与发行期间冻结资金产生的利息收入相等。

（2）生产线建造工程采用出包方式，于2×14年1月1日开始动工，发行债券所得款项当日全部支付给建造承包商，2×15年12月31日所建造生产线达到预定可使用状态。

（3）假定各年度利息的实际支付日期均为下年度的1月10日；2×17年1月10日支付2×16年度利息，一并偿付面值。

（4）所有款项均以银行存款支付。

据此，甲公司计算得出该债券在各年末的摊余成本、应付利息金额、当年应予资本化或费用化的利息金额、利息调整的本年摊销额和年末余额。有关结果见表3-9。

相关账务处理如下（金额单位：元）：

（1）2×13年12月31日，发行债券：

借：银行存款　　77 550 000

应计债券——利息调整　　2 450 000

贷：应付债券——面值　　80 000 000

（2）2×14年12月31日，确认和结转利息：

借：在建工程　　4 373 800

表 3-9　　有关计算结果　　单位：万元

时间		2×13年12月31日	2×14年12月31日	2×15年12月31日	2×16年12月31日
年末摊余成本	面值	8 000	8 000	8 000	8 000
	利息调整	−245	−167.62	−85.87	0
	合计	7 755	7 832.38	9 714.13	8 000
当年应予资本化或费用化的利息金额			437.38	441.75	445.87
年末应付利息金额			360	360	360
“利息调整”本年摊销额			77.38	81.75	85.87

贷：应付利息　　3 600 000
　　应付债券——利息调整　　773 800
借：应付利息　　3 600 000
　贷：银行存款　　3 600 000

(3) 2×15年12月31日，确认利息：
借：在建工程　　4 417 500
　贷：应付利息　　3 600 000
　　应付债券——利息调整　　817 500
借：应付利息　　3 600 000
　贷：银行存款　　3 600 000
借：固定资产　　8 791 300
　贷：在建工程　　8 791 300

(4) 2×16年12月31日，确认债券利息：
借：财务费用　　4 458 700
　贷：应付利息　　3 600 000
　　应付债券——利息调整　　858 700
借：应付利息　　3 600 000
　贷：银行存款——利息调整　　3 600 000

(5) 2×17年1月10日，债券到期兑付：
借：应付利息　　3 600 000
　　应付债券——面值　　80 000 000
　贷：银行存款　　83 600 000

四、金融工具的减值

(一) 金融工具减值概述

企业应当以预期信用损失为基础，对下列项目进行减值会计处理并确认损失准备：

(1) 分类为以摊余成本计量的金融资产和以公允价值计量且其变动计入其他综合收益的金融资产。

（2）租赁应收款。

（3）合同资产。合同资产是指《企业会计准则第14号——收入》定义的合同资产。

（4）部分贷款承诺和财务担保合同。

损失准备，是指针对按照以摊余成本计量的金融资产、租赁应收款和合同资产的预期信用损失计提的准备，按照以公允价值计量且其变动计入当期损益的金融资产的累计减值金额以及针对贷款承诺和财务担保合同的预期信用损失计提的准备。预期信用损失，是指以发生违约的风险为权重的金融工具信用损失的加权平均值。信用损失，是指企业按照原实际利率折现的、根据合同应收的所有合同现金流量与预期收取的所有现金流量之间的差额，即全部现金短缺的现值。其中，对于企业购买或源生的已发生信用减值的金融资产，应按照该金融资产经信用调整的实际利率折现。由于预期信用损失考虑付款的金额和时间分布，因此即使企业预计可以全额收款但收款时间晚于合同规定的到期期限，也会产生信用损失。在估计现金流量时，企业应当考虑金融工具在整个预计存续期的所有合同条款（如提前还款、展期、看涨期权或其他类似期权等）。企业所考虑的现金流量应当包括出售所持担保品获得的现金流量，以及属于合同条款组成部分的其他信用增级所产生的现金流量。

企业通常能够可靠估计金融工具的预计存续期。在极少数情况下，金融工具预计存续期无法可靠估计的，企业在计算确定预期信用损失时，应当基于该金融工具的剩余合同期间。

（二）一般减值模型

一般情况下，企业应当在每个资产负债表日评估相关金融工具的信用风险自初始确认后是否已显著增加，并按照下列情形分别计量其损失准备、确认预期信用损失及其变动：

（1）如果该金融工具的信用风险自初始确认后已显著增加，企业应当按照相当于该金融工具整个存续期内预期信用损失的金额计量其损失准备。无论企业评估信用损失的基础是单项金融工具还是金融工具组合，由此形成的损失准备的增加或转回金额，应当作为减值损失或利得计入当期损益。

（2）如果该金融工具的信用风险自初始确认后并未显著增加，企业应当按照相当于该金融工具未来12个月内预期信用损失的金额计量其损失准备，无论企业评估信用损失的基础是单项金融工具还是金融工具组合，由此形成的损失准备的增加或转回金额，应当作为减值损失或利得计入当期损益。

未来12个月内预期信用损失，是指因资产负债表日后12个月内（若金融工具的预计存续期少于12个月，则为预计存续期）可能发生的金融工具违约事件而导致的预期信用损失，是整个存续期预期信用损失的一部分。

小提示3-6

企业在进行相关评估时，应当考虑所有合理且有依据的信息，包括前瞻性信息。为确保自金融工具初始确认后信用风险显著增加即确认整个存续期预期信用损失，企业在一些情况下应当以组合为基础考虑评估信用风险是否显著增加。整个存续期预期信用损失，是指因金融工具整个预计存续期内所有可能发生的违约事件而导致的预期信用损失。

企业与交易对手方修改或重新议定合同，未导致金融资产终止确认，但导致合同现金流量发生变化的，企业在评估相关金融工具的信用风险是否已经显著增加时，应当将基于变更后的合同条款在资产负债表日发生违约的风险与基于原合同条款在初始确认时发生违约的风险进行比较。

（三）对风险显著增加的判断

企业在评估金融工具的信用风险自初始确认后是否已显著增加时，应当考虑金融工具预计存续期内发生违约风险的变化，而不是预期信用损失金额的变化。企业应当通过比较金融工具在资产负债表日发生违约的风险与在初始确认日发生违约的风险，以确定金融工具预计存续期内发生违约风险的变化情况。在为确定是否发生违约风险而对违约进行界定时，企业所采用的界定标准，应当与其内部针对相关金融工具的信用风险管理目标保持一致，并考虑财务限制条款等其他定性指标。

企业通常应当在金融工具逾期前确认该工具整个存续期预期信用损失。企业在确定信用风险自初始确认后是否显著增加时，企业无须付出不必要的额外成本或努力即可获得合理且有依据的前瞻性信息的，不得仅依赖逾期信息来确定信用风险自初始确认后是否显著增加；企业必须付出不必要的额外成本或努力才可获得合理且有依据的逾期信息以外的单独或汇总的前瞻性信息的，可以采用逾期信息来确定信用风险自初始确认后是否显著增加。

无论企业采用何种方式评估信用风险是否显著增加，通常情况下，如果逾期超过30日，则表明金融工具的信用风险已经显著增加。除非企业在无须付出不必要的额外成本或努力的情况下即可获得合理且有依据的信息，证明即使逾期超过30日，信用风险自初始确认后仍未显著增加。如果企业在合同付款逾期超过30日前已确定信用风险显著增加，则应当按照整个存续期的预期信用损失确认损失准备。如果交易对手方未按合同规定时间支付约定的款项，则表明该金融资产发生逾期。

企业在评估金融工具的信用风险自初始确认后是否已显著增加时，应当考虑违约风险的相对变化，而非违约风险变动的绝对值。在同一后续资产负债表日，对于违约风险变动的绝对值相同的两项金融资产，初始确认时违约风险较低的金融工具比初始确认时违约风险较高的金融工具的信用风险变化更为显著。

企业确定金融工具在资产负债表日只具有较低的信用风险的，可以假设该金融工具的信用风险自初始确认后并未显著增加。如果金融工具的违约风险较低，借款人在短期内履行其合同现金流量义务的能力很强，并且即便较长时期内经济形势和经营环境存在不利变化但未必一定降低借款人履行其合同现金流量义务的能力，该金融工具被视为具有较低的信用风险。

（四）预期信用损失的计量

企业计量金融工具预期信用损失的方法应当反映下列各项要素：

（1）通过评价一系列可能的结果而确定的无偏概率加权平均金额。

（2）货币时间价值。

（3）在资产负债表日无须付出不必要的额外成本或努力即可获得的有关过去事项、当前状况以及未来经济状况预测的合理且有依据的信息。

企业应当按照下列方法确定有关金融工具的信用损失：

（1）对于金融资产，信用损失应为企业应收取的合同现金流量与预期收取的现金流量之间差额的现值。

（2）对于租赁应收款项，信用损失应为企业应收取的合同现金流量与预期收取的现金流量之间差额的现值。其中，用于确定预期信用损失的现金流量，应与按照《企业会计准则第21号——租赁》用于计量租赁应收款项的现金流量保持一致。

（3）对于未提用的贷款承诺，信用损失应为在贷款承诺持有人提用相应贷款的情况下，企业应收取的合同现金流量与预期收取的现金流量之间差额的现值。企业对贷款承诺预期信用损失的估计，应当与其对该贷款承诺提用情况的预期保持一致。

（4）对于财务担保合同，信用损失应为企业就该合同持有人发生的信用损失向其作出赔付的预计付款额，减去企业预期向该合同持有人、债务人或任何其他方收取的金额之间差额的现值。

（5）对于资产负债表日已发生信用减值但并非购买或源生已发生信用减值的金融资产，信用损失应为该金融资产账面余额与按原实际利率折现的估计未来现金流量的现值之间的差额。

企业应当以概率加权平均为基础对预期信用损失进行计量。企业对预期信用损失的计量应当反映发生信用损失的各种可能性，但不必识别所有可能的情形。在计量预期信用损失时，企业需考虑的最长期限为企业面临信用风险的最长合同期限（包括考虑续约选择权），而不是更长期间，即使该期间与业务实践相一致。

如果金融工具同时包含贷款和未提用的承诺，且企业根据合同规定要求还款或取消未提用承诺的能力并未将企业面临信用损失的期间限定在合同通知期内的，企业对于此类金融工具（仅限于此类金融工具）确认预期信用损失的期间，应当为其面临信用风险且无法用信用风险管理措施予以缓释的期间，即使该期间超过了最长合同期限。

（五）金融工具减值的简化处理

对于下列各项目，企业应当始终按照相当于整个存续期内预期信用损失的金额计量其损失准备：

（1）由《企业会计准则第14号——收入》规范的交易形成的应收款项或合同资产，且符合下列条件之一：

①该项目未包含《企业会计准则第14号——收入》所定义的重大融资成分，或企业根据《企业会计准则第14号——收入》的规定不考虑不超过一年的合同中的融资成分。

②该项目包含《企业会计准则第14号——收入》所定义的重大融资成分，同时企业作出会计政策选择，按照相当于整个存续期内预期信用损失的金额计量损失准备。企业应当将该会计政策选择适用于所有此类应收款项和合同资产，但可对应收款项类和合同资产类分别作出会计政策选择。

（2）由《企业会计准则第21号——租赁》规范的交易形成的租赁应收款，同时企业作出会计政策选择，按照相当于整个存续期内预期信用损失的金额计量损失准备。企业应当将该会计政策选择适用于所有租赁应收款，但可对应收融资租赁款和应收经营租赁款分别作出会计政策选择。

企业可对应收款项、合同资产和租赁应收款分别选择减值会计政策。

（六）金融工具减值的账务处理

（1）对于购买或源生的已发生信用减值的金融资产，企业应当在资产负债表日仅将自初始确认后整个存续期内预期信用损失的累计变动确认为损失准备。在每个资产负债表日，企业应当将整个存续期内预期信用损失的变动金额作为减值损失或利得计入当期损益。即使该资产负债表日确定的整个存续期内预期信用损失小于初始确认时估计现金流量所反映的预期信用损失的金额，企业也应当将预期信用损失的有利变动确认为减值利得。

（2）企业在前一会计期间已经按照相当于金融工具整个存续期内预期信用损失的金额计量了损失准备，但在当期资产负债表日，该金融工具已不再属于自初始确认后信用风险显著增加的情形的，企业应当在当期资产负债表日按照相当于未来12个月内预期信用损失的金额计量该金融工具的损失准备，由此形成的损失准备的转回金额应当作为减值利得计入当期损益。

（3）对于分类为以公允价值计量且其变动计入其他综合收益的金融资产，企业应当在其他综合收益中确认其损失准备，并将减值损失或利得计入当期损益，且不应减少该金融资产在资产负债表中列示的账面价值。

第五节 金融资产转移

一、金融资产转移概述

（一）金融资产转移的概念

金融资产转移，是指企业（转出方）将金融资产（或其现金流量）让与或交付给该金融资产发行方以外的另一方（转入方）。这里所指的金融资产，既包括单项金融资产，也包括一组类似的金融资产；既包括单项金融资产（或一组类似金融资产）的一部分，也包括单项金融资产（或一组类似金融资产）整体。金融资产转移的确认和计量应按照《企业会计准则第23号——金融资产转移》（以下简称“金融资产转移准则”）规范要求执行。

金融资产转移包括金融资产整体转移和部分转移。金融资产的一部分满足下列条件之一的，企业应当将终止确认的规定适用于该金融资产部分，除此之外，企业应当将终止确认的规定适用于该金融资产整体：（1）该金融资产部分仅包括金融资产所产生的特定可辨认现金流量。如企业就某债务工具与转入方签订一项利息剥离合同，合同规定转入方有权获得该债务工具利息现金流量，但无权获得该债务工具本金现金流量，终止确认的规定适用于该债务工具的利息现金流量（2）该金融资产部分仅包括与该金融资产所产生的全部现金流量完全成比例的现金流量部分。如企业就某债务工具与转入方签订转让合同，合同规定转入方拥有获得该债务工具全部现金流量一定比例的权利，终止确认的规定适用于该债务工具全部现金流量一定比例的部分。（3）该金融资产部分仅包括与该金融资产所产生的特定可辨认现金流量完全成比例的现金流量部分。如企业就某债务工具与转入方签订转让合同，合同规定转入方拥有获得该债务工具利息现金流量一定比例的权利，终止确认的规定适用于该债务工具利息现金流量一定比例的部分。企业发生满足（2）或（3）条件的金融资产转移，且存在一个以上转入方的，只要企业转移的份额与金融资产全部现金流量或特定可辨认现金流量完全成比例即可，不要求每个转入方均持有成比例的份额。

企业（转出方）对金融资产转入方具有控制权的，除在该企业个别财务报表上应用金融资产转移准则进行会计处理外，还应按照《企业会计准则第33号——合并财务报表》的规定，将转入方纳入合并财务报表的范围。比如，在资产证券化实务中，企业通常设立特殊目的主体作为结构化融资的载体。从法律角度看，企业已把金融资产转移到特殊目的主体，两者之间实现了风险隔离，但是，在会计处理时，如果企业能够控制该特殊目的主体，这些特殊目的主体则视同为子公司（含结构化主体）而应纳入企业合并财务报表的范围，并在合并财务报表层面应用金融资产转移准则。

（二）金融资产转移的形式

根据金融资产转移准则的规定，企业金融资产转移包括下列两种情形：

1.将收取金融资产现金流量的合同权利转移给另一方

企业将收取金融资产现金流量的合同权利转移给另一方，表明该项金融资产发生了全部或部分转移。这通常表现为金融资产的合法出售或者金融资产现金流量权利的合法转移。例如，我国实务中常见的票据背书转让、商业票据贴现等，均属于这种金融资产转移的情形。在这种情形中，转入方拥有了获取被转移金融资产所有未来现金流量的权利，转出方可视金融资产风险和报酬转移情况确定是否终止确认被转移金融资产。

2.将金融资产转移给另一方，但保留收取金融资产现金流量的合同权利，并承担将收取的现金流量支付给最终收款方的义务

这种金融资产转移的情形通常被称作“过手协议”，因为金融资产未来现金流量的最终收款方通常是独立于转入方和转出方的第三方，转出方扮演了现金流量最终收款人的代理人的角色。这种金融资产转移情形常见于资产证券化业务。例如，当商业银行转移住房抵押贷款的收益权时，银行可能负责收取所转移贷款的本金和利息并最终支付给收益权凭证的持有者，同时收取服务费。因此，它从表现形式上不同于第一种金融资产转移的情形。根据金融资产转移准则，如果“过手协议”作为金融资产转移处理，必须同时符合以下三个条件：

（1）从该金融资产收到对等的现金流量时起，才有义务将其支付给最终收款方。这一条件要求，当金融资产转出方从该金融资产收到对等的现金流量时，有义务向最终收款方支付，表明转入方承担了延期收款的风险。收到对等的现金流量，通常是指被转移资产未来的现金流量是转出方最终支付所需现金流量的唯一来源，其金额应当与最终支付的现金流量相等。转移协议中一般应该对此有合理的安排。有些情况下转出方发生了短期垫付款项，如果有权全额收回该垫付款并按照市场利率计收利息，视同满足这一条件。

（2）根据合同约定，不能出售该金融资产或作为担保物，但可以将其作为对最终收款方支付现金流量义务的保证。企业不能出售该项金融资产，也不能以该项金融资产作为质押品对外进行担保，意味着转出方不再拥有出售或处置被转移金融资产的权利。但是，由于企业负有向最终收款方支付该项金融资产所产生的现金流量的义务，该项金融资产可以作为企业如期支付现金流量义务的保证。

（3）有义务将收取的现金流量及时支付给最终收款方，且无重大延误。企业无权将该现金流量进行再投资，但在收款日和最终收款方要求的划转日之间的短暂结算期内，将所收到的现金流量进行现金或现金等价物投资，并且按照合同约定将此类投资的收益支付给最终收款方的，视同满足本条件。比如，甲商业银行将其信贷资产转移给特定目的信托，之后由特定目的信托以受让的信贷资产为基础发行证券（也称信托受益权凭证），出售给相关投资者；投资者为取得该证券所支付的价款，又通过资金交割最后交付给甲银行。至此，资产证券化的资金完成了其第一次循环。此后，投资者的回报将通过信贷资产形成的

现金流入支付，而这些现金流又通常是由甲银行代为收取的。甲银行作为服务商将得到一定的手续费或佣金，由此，完成资产证券化第二次资金循环。

本节着重讲解金融资产转移的确认和计量，核心是金融资产转移是否满足终止确认的条件。

二、金融资产转移的确认和计量

（一）金融资产转移的确认

金融资产转移的确认，主要解决金融资产转移中的被转移金融资产是否应当终止确认，以及在多大程度上终止确认的问题。

1.符合终止确认条件的转移

终止确认，是指将金融资产或金融负债从企业的账户和资产负债表内予以转销。按照金融资产转移准则，金融资产转移满足下列条件的，企业应当终止确认该金融资产：

（1）企业已将金融资产所有权上几乎所有的风险和报酬转移给转入方。

企业在判断是否已将金融资产所有权上几乎所有的风险和报酬转移给了转入方时，应当比较转移前后该金融资产未来现金流量净现值及时间分布的波动使其面临的风险。企业面临的风险因金融资产转移发生实质性改变，致使该保留的风险与所转移金融资产未来现金流量净现值的总体变化相比明显不重大的，表明该企业已将金融资产所有权上几乎所有的风险和报酬转移给了转入方。

这里的“几乎所有的风险和报酬”，企业应当根据具体情况作出判断。但是，当需要通过计算判断是否已将金融资产所有权上几乎所有的风险和报酬转移给了转入方的，在计算金融资产未来现金流量净现值时，应当考虑所有合理、可能的现金流量波动，并采用适当的现行市场利率作为折现率。

通常情况下，通过分析金融资产转移协议中的条款，可以比较容易地确定企业是否已经将企业金融资产所有权上几乎所有的风险和报酬转移给转入方。以下情形表明企业已将金融资产所有权上几乎所有的风险和报酬转移给了转入方：

①不附任何追索权方式出售金融资产。企业出售金融资产时，如果根据与购买方之间的协议约定，在所出售金融资产的现金流量无法收回时，购买方不能向企业进行追偿，企业也不承担任何未来损失，此时，企业可以认定几乎所有的风险和报酬已经转移，应当终止确认该金融资产。

②附回购协议的金融资产出售，回购价为回购时该金融资产的公允价值。企业通过与购买方之间签订协议，按一定价格向购买方出售一项金融资产，同时约定到期日企业再将该金融资产购回，回购价为到期日该金融资产的公允价值。此时，该项金融资产如果发生减值，其减值损失由购买方承担，因此可以认定企业已经转移了该项金融资产所有权上几乎所有的风险和报酬，因此，应当终止确认该金融资产。同样，企业在金融资产转移后只保留了优先按照公允价值回购该金融资产的权利的（在转入方出售该金融资产的情况下），也应当终止确认所转移的金融资产。

③附重大价外看跌期权（或重大价外看涨期权）的金融资产出售。企业将金融资产出售，同时与购买方之间签订看跌（或看涨）期权合约，但从合约条款判断，由于该期权为重大价外期权，致使到期时或到期前行权的可能性极小，此时可以认定企业已经转移了该

项金融资产所有权上几乎所有的风险和报酬，因此，应当终止确认该金融资产。

（2）企业既没有转移也没有保留金融资产所有权上几乎所有的风险和报酬，但放弃了对该金融资产的控制。

企业既没有转移也没有保留金融资产所有权上几乎所有的风险和报酬，即企业保留了部分但不是几乎所有金融资产所有权上的风险和报酬，按照金融资产转移准则，此时，企业应当判断是否放弃了对该金融资产的控制。如果放弃了对该金融资产控制的，应当终止确认该金融资产，并将转移中产生或保留的权利和义务单独确认为资产或负债。判断是否已放弃对所转移金融资产的控制，应当重点关注转入方出售所转移金融资产的实际能力。如果转入方能够单独将转入的金融资产整体出售给不相关的的第三方，且没有额外条件对此项出售加以限制，表明转入方有出售被转移金融资产的实际能力，从而表明企业未保留对被转移金融资产的控制；在其他情形下，表明企业保留了对被转移金融资产的控制。在判断转入方是否具有出售被转移金融资产的实际能力时，企业考虑的关键应当是转入方实际上能够采取的行动。被转移金融资产不存在市场或转入方不能单方面自由地处置被转移金融资产的，通常表明转入方不具有出售被转移金融资产的实际能力。

转入方不大可能出售被转移金融资产并不意味着企业（转出方）保留了对被转移金融资产的控制。但存在看跌期权或担保而限制转入方出售被转移金融资产的，转出方实际上保留了对被转移金融资产的控制。如存在看跌期权或担保且很有价值，导致转入方实际上不能在不附加类似期权或其他限制条件的情形下将该被转移金融资产出售给第三方，从而限制了转入方出售被转移金融资产的能力，转入方将持有被转移金融资产以获取看跌期权或担保付款的，企业保留了对被转移金融资产的控制。

企业对金融资产进行终止确认时，如果该金融资产转移使企业新获得了某项权利或承担了某项义务，或保留了某项权利，则企业应当将这些权利或义务分别确认为资产或负债。

2.不符合终止确认条件的转移

与终止确认相对应，未终止确认时，企业不得将金融资产或金融负债从企业的账户和资产负债表内予以转销。按照金融资产转移准则，企业保留了金融资产所有权上几乎所有的风险和报酬的，不应当终止确认该金融资产。

与上述终止确认条件相同，企业在判断是否已将金融资产所有权上几乎所有的风险和报酬转移给了转入方时，应当比较转移前后该金融资产未来现金流量净现值及时间分布的波动使其面临的风险。企业面临的风险没有因金融资产转移发生实质性改变的，表明该企业仍保留了金融资产所有权上几乎所有的风险和报酬。

以下情形通常表明企业保留了金融资产所有权上几乎所有的风险和报酬：

（1）企业进行融出证券或证券出借。

（2）将信贷资产或应收款项整体出售，同时保证对金融资产购买方可能发生的信用损失等进行全额补偿。企业将信贷资产或应收款项整体出售，符合金融资产转移的条件，但由于企业出售金融资产时作出承诺，当已转移的金融资产将来发生信用损失时，企业（出售方）进行全额补偿。在这种情况下，企业实质上保留了该金融资产所有权上几乎所有的风险和报酬，因此不应当终止确认所出售的金融资产。这种情形经常出现在资产证券化实务中，例如，银行通过持有次级权益或承诺对特定现金流量担保，实现了对证券化资产的信用增级。如果通过这种信用增级技术，企业保留了被转移资产所有权上几乎所有的风险和报酬，那么企业就不应当终止确认该金融资产。

（3）附回购协议的金融资产出售，回购价固定或是原售价加合理回报。在附回购协议的金融资产出售中，转出方将予回购的资产与售出的金融资产相同或实质上相同、回购价格固定或是原售价加上合理回报的，表明企业保留了该金融资产所有权上几乎所有的风险和报酬，因此不应当终止确认所出售的金融资产。例如，采用买断式回购、质押式回购交易卖出债券等。

（4）附总回报互换的金融资产出售，该互换使市场风险又转回给了金融资产出售方。在附总回报互换的金融资产出售中，企业出售了一项金融资产，并与转入方达成一项总回报互换协议，如将该资产产生的利息现金流量支付给企业以换取固定付款额或变动利率付款额，该项资产公允价值的所有增减变动由企业承担，从而使市场风险等又转回企业。在这种情况下，企业保留了该金融资产所有权上几乎所有的风险和报酬，因此不应当终止确认所出售的金融资产。

（5）附重大价内看跌期权（或重大价内看涨期权）的金融资产出售。企业将金融资产出售，同时与购买方之间签订看跌（或看涨）期权合约，但从合约条款判断，由于该期权为重大价内期权，致使到期时或到期前极可能行权，此时可以认定企业保留了该金融资产所有权上几乎所有的风险和报酬，因此，不应当终止确认该金融资产。

3.继续涉入条件下的金融资产转移

企业既没有转移也没有保留金融资产所有权上几乎所有的风险和报酬，但未放弃对该金融资产控制的，应当按照其继续涉入所转移金融资产的程度确认有关金融资产，并相应确认有关负债。继续涉入所转移金融资产的程度，是指该金融资产价值变动使企业面临的风险水平。在这种情况下，这种转移实际上反映了企业对所转移金融资产风险和报酬的风险敞口，这一风险敞口并不与资产整体有关，而是限制为一定的金额，即企业对被转移资产继续涉入的程度。

继续涉入的方式主要有：享有继续服务权、签订回购协议、签发或持有期权以及提供担保等。有时，企业仅继续涉入所转移金融资产的一部分，如保留一项买入期权，以回购所转移金融资产的某一部分；保留所转移金融资产上的一项剩余权益，该剩余权益使企业仅保留了所转移金融资产所有权上的部分重大风险和报酬。此时，企业应当按照其继续涉入所转移金融资产的部分确认有关金融资产，并相应确认有关负债。

企业应当按照其继续涉入被转移金融资产的程度继续确认被转移金融资产的常见情形有：

（1）企业转移金融资产，并采用保留次级权益或提供信用担保等方式进行信用增级，企业只转移了被转移金融资产所有权上的部分（非几乎所有）风险和报酬，且保留了对被转移金融资产的控制。

（2）企业转移金融资产，并附有既非重大价内也非重大价外的看涨期权或看跌期权，导致企业既没有转移也没有保留所有权上几乎所有风险和报酬，且保留了对被转移金融资产的控制。

图3-2说明了如何判断金融资产是否应当终止确认，以及在多大程度上终止确认。

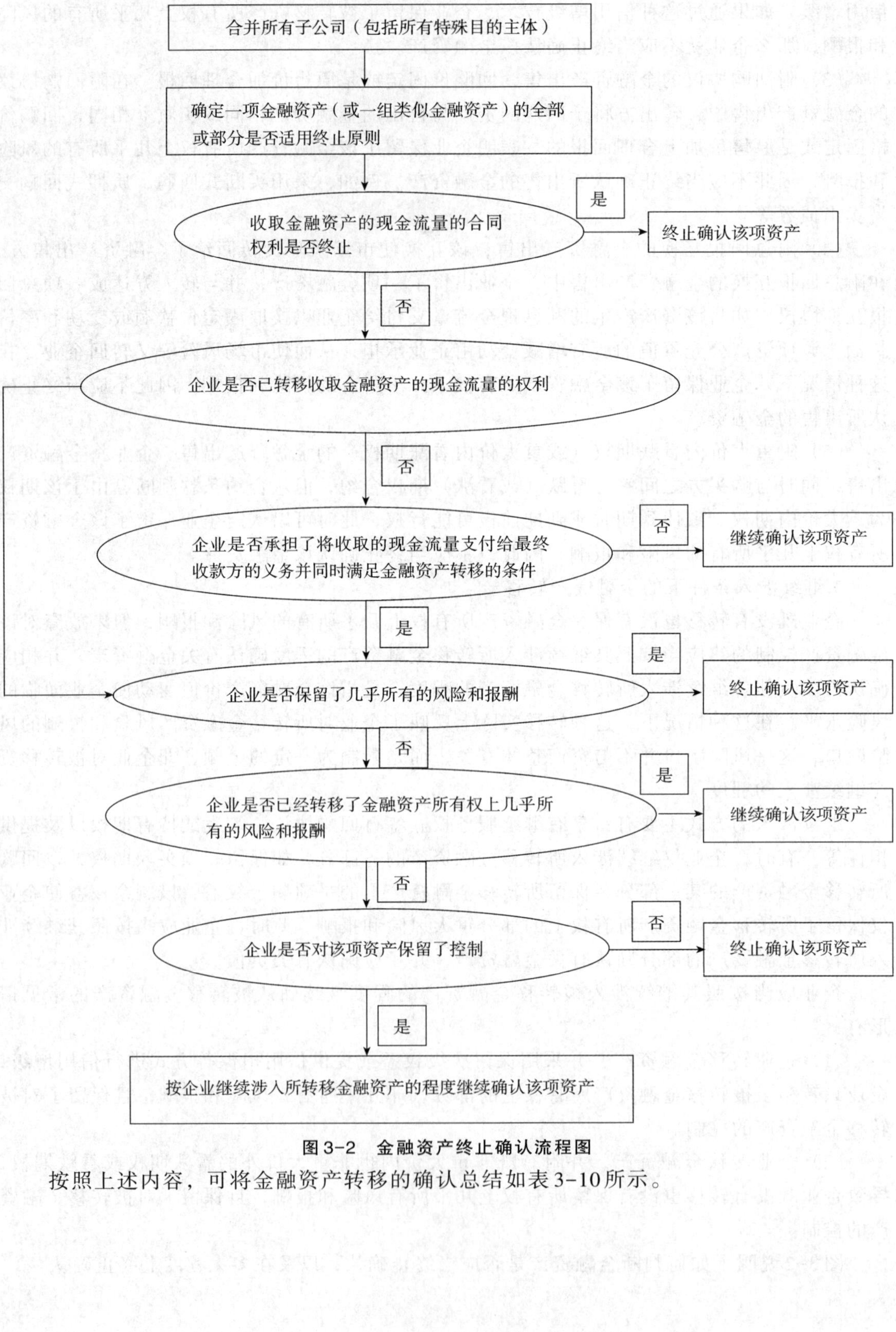

图 3-2　金融资产终止确认流程图

按照上述内容，可将金融资产转移的确认总结如表 3-10所示。

表 3-10　　　　**金融资产转移的确认**

<table>
<tr><th colspan="2">情　形</th><th>确　认　结　果</th></tr>
<tr><td colspan="2">已经转移金融资产所有权上几乎所有的风险和报酬</td><td rowspan="2">终止确认该项金融资产
（确认新资产/负债）</td></tr>
<tr><td rowspan="2">既没有转移也没有保留金融资产所有权上几乎所有的风险和报酬</td><td>放弃对该金融资产控制</td></tr>
<tr><td>未放弃对该金融资产控制</td><td>按照继续涉入所转移金融资产的程度确认有关金融资产</td></tr>
<tr><td colspan="2">保留了金融资产所有权上几乎所有的风险和报酬</td><td>继续确认该金融资产，并将收益确认为负债</td></tr>
</table>

（二）金融资产转移的计量

1.满足终止确认条件的计量。

（1）整体转移满足终止确认条件时的计量。

金融资产整体转移满足终止确认条件的，应当将下列两项金额的差额计入当期损益：①所转移金融资产的账面价值；②因转移而收到的对价，与原直接计入所有者权益的公允价值变动累计额之和。

具体计算公式如下：

金融资产整体转移形成的损益 = 因转移收到的对价 − 所转移金融资产账面价值 +（或−）原直接计入所有者权益的公允价值变动累计利得（或损失）

理解以上公式时，应注意下面两点：

第一，企业因金融资产转移导致整体终止确认金融资产，同时获得了新金融资产或承担了新金融负债或服务负债的，应当在转移日确认该金融资产、金融负债（包括看涨期权、看跌期权、担保负债、远期合同、互换等）或服务负债，并以公允价值进行初始计量。该金融资产扣除金融负债和服务负债后的净额应当作为上述对价的组成部分。

企业与金融资产转入方签订服务合同提供相关服务的（包括收取该金融资产的现金流量，并将所收取的现金流量交付给指定的资金保管机构等），应当就该服务合同确认一项服务资产或服务负债。服务负债应当按照公允价值进行初始计量，并作为上述对价的组成部分。服务资产应当视同未终止确认金融资产的一部分，其金额应根据所转移金融资产整体的账面价值在终止确认和未终止确认部分之间按各自相对公允价值进行分摊而确定。实务中，服务合同所涉及的服务费金额较小的，企业可以在收取服务费当期确认为收入。

因转移收到的对价 = 因转移交易收到的价款 + 新获得金融资产的公允价值 + 因转移获得服务资产的价值 − 新承担金融负债的公允价值 − 因转移承担的服务负债的公允价值

第二，原直接计入其他综合收益的公允价值变动累计利得或损失，是指所转移金融资产（如分类为以公允价值计量且其变动计入其他综合收益的金融资产）转移前公允价值变动直接计入所有者权益的累计额。

（2）部分转移满足终止确认条件时的计量。

金融资产部分转移满足终止确认条件的，应当将所转移金融资产整体的账面价值，在终止确认部分和未终止确认部分（在此种情形下，所保留的服务资产应当视同继续确认金融资产的一部分）之间，按照转移日各自的相对公允价值进行分摊，并将下列两项金额的差额计入当期损益：①终止确认部分在终止确认日的账面价值；②终止确认部分的对价，与原直接计入其他综合收益的公允价值变动累计额中对应终止确认部分的金额（涉及转移的金融资产为分类为以公允价值计量且其变动计入其他综合收益的金融资产的情形）之和。当金融资产部分转移满足终止确认条件时，应当将满足终止确认的部分从企业的账户及资产负债表上予以转销，并确认此项转移损益。为确定应从企业的账户及资产负债表上转销部分的金额，企业应将所转移金融资产整体的账面价值在终止确认部分和未终止确认部分之间按各自相对公允价值进行分摊。同时，原直接计入其他综合收益的公允价值变动累计额中对应终止确认部分的金额，也应当按照金融资产终止确认部分和未终止确认部分的相对公允价值，对该累计额进行分摊后确定。如果企业存在一项因提供服务而确认服务资产的，应将所保留的服务资产视同未终止确认金融资产的一部分。

企业在终止确认部分和未终止确认部分之间分配所转移金融资产整体的账面价值时，需要确定未终止确认部分的公允价值。具体而言，未终止确认部分的公允价值应当按照下列规定确定：①企业出售过与未终止确认部分类似的金融资产，或发生过与未终止确认部分有关的其他市场交易的，应当按照最近实际交易价格确定。②未终止确认部分在活跃市场上没有报价，且最近市场上也没有与其有关的实际交易价格的，应当按照所转移金融资产整体的公允价值扣除终止确认部分的对价后的余额确定。

【例3-22】2×17年3月15日，甲公司销售一批商品给乙公司，开出的增值税专用发票上注明的销售价款为300 000元，增值税销项税额为39 000元，款项尚未收到。双方约定，乙公司应于2×17年10月31日付款。2×17年6月4日，经与中国银行协商后约定：甲公司将应收乙公司的货款出售给中国银行，价款为254 385元；在应收乙公司货款到期无法收回时，中国银行不能向甲公司追偿。甲公司根据以往经验，预计该批商品将发生的销售退回金额为22 600元，其中，增值税销项税额为2 600元，成本为13 000元，实际发生的销售退回由甲公司承担。2×17年8月3日，甲公司收到乙公司退回的商品，价款为22 600元。假定不考虑其他因素。

甲公司与应收债权出售有关的账务处理如下：

（1）2×17年6月4日出售应收债权：

借：银行存款	254 385	
财务费用	62 015	
其他应收款	22 600	
贷：应收账款		339 000

（2）2×17年8月3日收到退回的商品：

借：主营业务收入	20 000	
应交税费——应交增值税（销项税额）	2 600	
贷：其他应收款		22 600
借：库存商品	13 000	
贷：主营业务成本		13 000

本例涉及企业将应收债权不附追索权予以出售（处置应收债权的出售通常分为不附追索权的出售和附追索权的出售）。不附追索权应收债权出售，其含义是：企业将其按照销售商品、提供劳务的销售合同所产生的应收债权出售给银行等金融机构，根据企业、债务

人及银行等金融机构之间的协议，在所售应收债权到期无法收回时，银行等金融机构不能够向出售应收债权的企业进行追偿。在这种情况下，企业应将所售应收债权予以转销，结转计提的相关坏账准备，确认按协议约定预计将发生的销售退回、销售折让、现金折扣等，确认出售损益。

企业在出售应收债权的过程中如附有追索权，即在有关应收债权到期无法从债务人处收回时，银行等金融机构有权向出售应收债权的企业追偿，或按照协议约定，企业有义务按照约定金额自银行等金融机构回购部分应收债权，应收债权的坏账风险由售出应收债权的企业负担，则企业应按照以应收债权为质押取得借款的核算原则进行会计处理。

（3）服务资产和服务负债的计量。

当企业在转让贷款及应收款项等金融资产时，常常会对被转让的金融资产继续提供管理服务。例如，商业银行在将信贷资产转移给特殊目的信托而进行资产证券化业务时，常常与特殊目的信托签订服务合同，担任贷款服务机构，保留收取金融资产现金流量的权利，并承担将收取的现金流量支付给最终收款方的义务。作为贷款服务商，商业银行会收取一定的服务费并发生一定的成本。金融资产转移准则规定，企业转移一项金融资产满足终止确认标准，如果与金融资产转入方签订服务合同提供相关服务的（包括收取该金融资产的现金流量，并将所收取的现金流量交付给指定的资金保管机构等），应当就该服务合同确认一项服务资产或服务负债。服务负债应当按照公允价值进行初始计量，并作为金融资产转移对价的组成部分。服务资产应当视同未终止确认金融资产的一部分，其金额应根据所转移金融资产整体的账面价值在终止确认和未终止确认部分（包括服务资产）之间按各自相对公允价值进行分摊而确定。在实务中，服务合同所涉及的服务费金额较小的，企业（转出方）可以在收取服务费当期确认为中间业务收入。

2.未满足终止确认条件时的计量

企业保留所转移金融资产所有权上几乎所有的风险和报酬的，表明企业所转移的金融资产不满足终止确认的条件，不应当将其从企业的账户及资产负债表上予以转销。此时，企业应当继续确认所转移的金融资产整体，因资产转移而收到的对价视同企业的融资借款，应当在收到时确认为一项金融负债。

在继续确认被转移金融资产的情形下，金融资产转移所涉及的金融资产与所确认的相关金融负债不得相互抵销。在后续会计期间，企业应当继续确认该金融资产产生的收入（或利得）和该金融负债产生的费用（或损失），不得相互抵销。

【例3-23】甲企业销售一批商品给乙企业，货已发出，增值税专用发票上注明的商品价款为200 000元，增值税销项税额为26 000元。当日收到乙企业签发的不带息商业承兑汇票一张，该票据的期限为3个月。相关销售商品收入符合收入确认条件。

甲企业的账务处理如下：

（1）销售实现时：

借：应收票据　　226 000

　贷：主营业务收入　　200 000

　　应交税费——应交增值税（销项税额）　　26 000

（2）3个月后，应收票据到期，甲企业收回款项226 000元，存入银行：

借：银行存款　　226 000

贷：应收票据　226 000

（3）如果甲企业在该票据到期前向银行贴现，且银行拥有追索权，则表明甲企业的应收票据贴现不符合金融资产终止确认条件，应将贴现所得确认为一项金融负债（短期借款）。假定甲企业贴现获得现金净额223 740元，则甲企业有关账务处理如下：

借：银行存款　223 740

短期借款——利息调整　2 260

贷：短期借款——成本　226 000

贴现息2 260元应在票据贴现期间采用实际利率法确认为利息费用。

3.继续涉入条件下金融资产转移的计量

企业既没有转移也没有保留金融资产所有权上几乎所有的风险和报酬，且未放弃对该金融资产控制的，应当根据其继续涉入所转移金融资产的程度确认有关金融资产和金融负债。被转移金融资产和相关负债应当在充分反映企业因金融资产转移所保留的权利和承担的义务的基础上进行计量。企业应当按照下列规定对相关负债进行计量：

（1）被转移金融资产以摊余成本计量的，相关负债的账面价值等于继续涉入被转移金融资产的账面价值减去企业保留的权利（如果企业因金融资产转移保留了相关权利）的摊余成本并加上企业承担的义务（如果企业因金融资产转移承担了相关义务）的摊余成本；相关负债不得指定为以公允价值计量且其变动计入当期损益的金融负债。

（2）被转移金融资产以公允价值计量的，相关负债的账面价值等于继续涉入被转移金融资产的账面价值减去企业保留的权利（如果企业因金融资产转移保留了相关权利）的公允价值并加上企业承担的义务（如果企业因金融资产转移承担了相关义务）的公允价值，该权利和义务的公允价值应为按独立基础计量时的公允价值。

企业通过对被转移金融资产提供担保方式继续涉入的，应当在转移日按照金融资产的账面价值和担保金额两者的较低者，继续确认被转移金融资产，同时按照担保金额和担保合同的公允价值（通常是提供担保收到的对价）之和确认相关负债。担保金额，是指企业所收到的对价中，可被要求偿还的最高金额。

在后续会计期间，担保合同的初始确认金额应当随担保义务的履行进行摊销，计入当期损益。被转移金融资产发生减值的，计提的损失准备应从被转移金融资产的账面价值中抵减。

企业按继续涉入程度继续确认的被转移金融资产以及确认的相关负债不应当相互抵销。企业应当对继续确认的被转移金融资产确认所产生的收入（或利得），对相关负债确认所产生的费用（或损失），两者不得相互抵销。继续确认的被转移金融资产以公允价值计量的，在后续计量时对其公允价值变动应根据《企业会计准则第22号——金融工具确认和计量》进行确认，同时相关负债公允价值变动的确认应当与之保持一致，且两者不得相互抵销。企业仅继续涉入所转移金融资产一部分的，应当将该部分金融资产视作一个整体，并在此基础上运用上述继续涉入会计处理原则。

【例3-24】甲银行持有一组住房抵押贷款，借款方可提前偿付。2×17年1月1日，该组贷款的本金和摊余成本均为100 000 000元，票面年利率和实际年利率均为10%。经批准，甲银行拟将该组贷款转移给某信托机构（以下简称受让方）进行证券化。有关资料如下：

2×17年1月1日，甲银行与受让方签订协议，将该组贷款转移给受让方，并办理有关手续。甲银行收到款项91 150 000元，同时保留以下权利：（1）收取本金10 000 000元以及这部分本金按10%的利率所计算确定利息的权利；（2）收取以90 000 000元为本金、以0.5%为利率所计算确定利息（超额利差）的权利。受让人取得收取该组贷款本金中的90 000 000元以及这部分本金按9.5%的利率收取利息的权利。根据双方签订的协议，如果该组贷款被提前偿付，则偿付金额按1∶9的比例在甲银行和受让人之间进行分配。但是，如该组贷款发生违约，则违约金额从甲银行拥有的10 000 000元贷款本金中扣除，直到扣完为止。

2×17年1月1日，该组贷款的公允价值为101 000 000元，0.5%的超额利差的公允价值为400 000元。

甲银行的分析及会计处理如下：

（1）甲银行转移了该组贷款所有权相关的部分重大风险和报酬（如重大提前偿付风险），但由于设立了次级权益（即内部信用增级），因而也保留了所有权相关的部分重大风险和报酬，并且能够对留存的该部分权益实施控制。根据金融资产转移准则，甲银行应采用继续涉入法对该金融资产转移交易进行会计处理。

（2）甲银行收到的91 150 000元对价由两部分构成：一部分是转移的90%贷款及相关利息的对价，即90 900 000元（101 000 000×90%）；另一部分是因为使保留的权利次级化所取得的对价250 000元。此外，由于超额利差的公允价值为400 000元，从而甲银行的该项金融资产转移交易的信用增级相关的对价为650 000元。假定甲银行无法取得所转移该组贷款的90%和10%部分各自的公允价值，则甲银行所转移该组贷款的90%部分形成的利得或损失计算如表3-11所示。

表3-11 **甲银行所转移该组贷款的90%部分形成的利得或损失计算** 金额单位：元

项目	估计公允价值	百分比（%）	分摊后的账面价值
已转移部分	90 900 000	90	90 000 000
未转移部分	10 100 000	10	10 000 000
合计	101 000 000	100	100 000 000

甲银行该项金融资产转移形成的利得=90 900 000-90 000 000=900 000（元）

（3）甲银行仍保留贷款部分的账面价值为10 000 000元。

（4）甲银行因继续涉入而确认资产的金额，按双方协议约定的、因信用增级使甲银行不能收到的现金流入最大值10 000 000元；另外，超额利差形成的资产400 000元本质上也是继续涉入形成的资产。

因继续涉入而确认负债的金额，按因信用增级使甲银行不能收到的现金流入最大值10 000 000元和信用增级的公允价值总额650 000元，两项合计10 650 000元。

据此，甲银行在金融资产转移日应作如下账务处理：

借：存放同业 91 150 000

　　继续涉入资产——次级权益 10 000 000

　　　　　　　　——超额账户 400 000

贷：贷款　90 000 000
　　继续涉入负债　10 650 000
　　其他业务收入　900 000

（5）金融资产转移后，甲银行应根据收入确认原则，采用实际利率法将信用增级取得的对价650 000元分期予以确认。此外，还应在资产负债表日对已确认资产确认可能发生的减值损失。比如，在2×17年12月31日，已转移贷款发生信用损失3 000 000元，则甲银行应作如下账务处理：

借：资产减值损失　3 000 000
　贷：贷款损失准备——次级权益　3 000 000
借：继续涉入负债　3 000 000
　贷：继续涉入资产——次级权益　3 000 000

第六节　套期会计

一、套期会计概述

（一）套期的概念

企业在经营活动中会面临各类风险，其中涉及外汇风险、利率风险、价格风险、信用风险等。对于此类风险敞口，企业可能会选择通过利用金融工具产生反向的风险敞口（即开展套期业务）来进行风险管理活动。套期会计的目标是在财务报表中反映企业采用金融工具管理因特定风险引起的风险敞口的风险管理活动的影响。

套期，是指企业为管理外汇风险、利率风险、价格风险、信用风险等特定风险引起的风险敞口，指定金融工具为套期工具，以使套期工具的公允价值或现金流量变动，预期抵销被套期项目全部或部分公允价值或现金流量变动的风险管理活动。例如，企业运用商品期货进行套期时，其套期策略通常是，买入（卖出）与现货市场数量相当，但交易方向相反的期货合同，以期在未来某一时间通过期货合同的公允价值变动来补偿现货市场价格变动所带来的价格风险。又如，某银行为规避外汇风险，与某金融机构签订外币期权合同对现存数额较大的美元敞口进行外汇风险套期。

（二）套期的分类

在套期会计中，套期可划分为公允价值套期、现金流量套期和境外经营净投资套期。

1.公允价值套期

公允价值套期，是指对已确认资产或负债、尚未确认的确定承诺，或上述项目组成部分的公允价值变动风险敞口进行的套期。该公允价值变动源于特定风险，且将影响企业的损益或其他综合收益。其中，影响其他综合收益的情形，仅限于企业对指定为以公允价值计量且其变动计入其他综合收益的非交易性权益工具投资的公允价值变动风险敞口进行的套期。

以下是公允价值套期的例子：

（1）某企业签订一项以固定利率换浮动利率的利率互换合约，对其承担的固定利率负债的利率风险引起的公允价值变动风险敞口进行套期。

(2) 某石油公司签订一项6个月后以固定价格购买原油的合同（尚未确认的确定承诺），为规避原油价格风险，该公司签订一项商品（原油）期货合约，对该确定承诺的价格风险引起的公允价值变动风险敞口进行套期。

(3) 某企业购买一项期权合同，对持有的选择以公允价值计量且其变动计入其他综合收益的非交易性权益工具投资的证券价格风险引起的公允价值变动风险敞口进行套期。

2. 现金流量套期

现金流量套期，是指对现金流量变动风险敞口进行的套期。该现金流量变动源于与已确认资产或负债、极可能发生的预期交易，或与上述项目组成部分有关的特定风险，且将影响企业的损益。

以下是现金流量套期的例子：

(1) 某企业签订一项以浮动利率换固定利率的利率互换合约，对其承担的浮动利率债务的利率风险引起的现金流量变动风险敞口进行套期。

(2) 某橡胶制品公司签订一项远期合同，对3个月后预期极可能发生的与购买橡胶相关的价格风险引起的现金流量变动风险敞口进行套期。

(3) 某企业签订一项外汇远期合同，对以固定外币价格买入原材料的极可能发生的预期交易的外汇风险引起的现金流量变动风险敞口进行套期。

3. 境外经营净投资套期

境外经营净投资套期，是指对境外经营净投资外汇风险敞口进行的套期。境外经营净投资，是指企业在境外经营净资产中的权益份额。

企业对确定承诺的外汇风险进行套期的，可以将其作为现金流量套期或公允价值套期处理。例如，某航空公司签订一项3个月后以固定外币金额购买飞机的合同（尚未确认的确定承诺），为规避外汇风险，签订一项外汇远期合同，对该确定承诺的外汇风险引起的公允价值变动或者现金流量变动风险敞口进行套期。

（三）套期会计方法

对于满足一定条件的套期，企业可运用套期会计方法进行处理。套期会计方法，是指企业将套期工具和被套期项目产生的利得或损失在相同会计期间计入当期损益（或其他综合收益）以反映风险管理活动影响的方法。

企业开展套期业务以进行风险管理，但是如果按照常规的会计处理方法，可能会产生损益更大的波动，这是因为企业被套期的风险敞口和对风险敞口进行套期的金融工具的确认和计量基础不一定相同。例如，企业使用衍生工具对某项极可能发生的预期交易的价格风险进行套期，按照常规会计处理方法，该衍生工具应当以公允价值计量且其变动计入当期损益，而预期交易则需到交易发生时才能予以确认，这样，企业利润表反映的损益就会产生较大的波动。再如，企业使用衍生工具对其持有的存货的价格风险进行套期，按照常规会计处理方法，该衍生工具应当以公允价值计量且其变动计入当期损益，而存货则以成本与可变现净值孰低计量，这同样会导致企业利润表反映的损益产生较大的波动。企业使用衍生工具进行风险管理的目的是对冲风险，减少企业损益的波动，而常规会计由于有关会计确认和计量基础不一致，在一定会计期间不仅可能无法如实反映企业的风险管理活动，反而可能会在财务报表上“扩大风险”。因此，尽管从长期角度来看，被套期项目和套期工具实现了风险的对冲，但是在套期存续期所涵盖的各个会计报告期间内，在常规会计处理方法下有可能会产生会计错配和损益波动。而套期会计方法基于企业风险管理活动，有助于处理被套期项目和套期工具在确认和计量方面存在的上述差异，并在企业财务报告中如实反映企业进行风险管理活动的影响。

二、套期工具和被套期项目

（一）套期工具

1.符合条件的套期工具

套期工具，是指企业为进行套期而指定的、其公允价值或现金流量变动预期可抵销被套期项目的公允价值或现金流量变动的金融工具。企业可以作为套期工具的金融工具包括：

（1）以公允价值计量且其变动计入当期损益的衍生工具，但签出期权除外。企业只有在对购入期权（包括嵌入在混合合同中的购入期权）进行套期时，签出期权才可以作为套期工具。嵌入在混合合同中但未分拆的衍生工具不能作为单独的套期工具。

衍生工具通常可以作为套期工具。衍生工具包括远期合同、期货合同、互换和期权，以及具有远期合同、期货合同、互换和期权中一种或一种以上特征的工具等。例如，某企业为规避库存铜价格下跌的风险，可以卖出一定数量铜期货合同。其中，铜期货合同即是套期工具。

但是，衍生工具无法有效地对冲被套期项目风险的，不能作为套期工具。例如，企业的签出期权（除非该签出期权指定用于抵销购入期权）就不能作为套期工具，因为该期权的潜在损失可能大大超过被套期项目的潜在利得，从而不能有效地对冲被套期项目的风险。与此不同的是，购入期权的一方可能承担的损失最多就是期权费，而可能拥有的利得通常等于或大大超过被套期项目的潜在损失，因而购入期权的一方可以将购入的期权作为套期工具。

（2）以公允价值计量且其变动计入当期损益的非衍生金融资产或非衍生金融负债，但指定为以公允价值计量且其变动计入当期损益，且其自身信用风险变动引起的公允价值变动计入其他综合收益的金融负债除外。对于指定为以公允价值计量且其变动计入当期损益，且其自身信用风险变动引起的公允价值变动计入其他综合收益的金融负债，由于没有将整体公允价值变动计入损益，不能作为合格的套期工具。此外，对于以公允价值计量且其变动计入其他综合收益的非交易性权益工具投资，因其公允价值变动不计入损益，也不能作为合格的套期工具。

（3）对于外汇风险套期，企业可以将非衍生金融资产（选择以公允价值计量且其变动计入其他综合收益的非交易性权益工具投资除外）或非衍生金融负债的外汇风险成分指定为套期工具。

在企业集团内各企业的个别财务报表中，只有与该企业之外的对手方签订的合同才能被指定为套期工具。在合并财务报表层面，只有与企业集团之外的对手方签订的合同才能被指定为套期工具。

2.对套期工具的指定

（1）企业在确立套期关系时，应当将前述符合条件的金融工具整体指定为套期工具，因为企业对套期工具进行计量时，通常以该金融工具整体为对象，采用单一的公允价值基础对其进行计量。但是，由于期权的时间价值、远期合同的远期要素和金融工具的外汇基差通常可以单独计量，为便于提高某些套期关系的有效性，允许企业在对套期工具进行指定时，作出以下例外处理：

①对于期权，企业可以将期权的内在价值和时间价值分开，只将期权的内在价值变动指定为套期工具。期权的价值包括内在价值和时间价值，当企业仅指定期权的内在价值变动为套期工具时，与期权的时间价值相关的公允价值变动被排除在套期有效性评估之外，能够提高套期的有效性。

②对于远期合同，企业可以将远期合同的远期要素和即期要素分开，只将即期要素的价值变动指定为套期工具。当企业仅指定远期合同的即期要素的价值变动为套期工具时，能够提高套期的有效性。

③对于金融工具，企业可以将金融工具的外汇基差单独分拆，只将排除外汇基差后的金融工具指定为套期工具。将外汇基差分拆，只将排除外汇基差后的金融工具指定为套期工具，能够提高套期的有效性。

（2）企业可以将套期工具的一定比例指定为套期工具，但不可以将套期工具剩余期限内某一时段的公允价值变动部分指定为套期工具。例如，甲公司有一项支付固定利息、收取浮动利息的互换合同，拟将其用于对该公司所发行的浮动利率债券进行套期。该互换合同的剩余期限为10年，而债券的剩余期限为5年。在这种情况下，甲公司不能将该互换合同剩余期限中某5年的互换合同公允价值变动指定为套期工具。

（3）企业可以将两项或两项以上金融工具（或其一定比例）的组合指定为套期工具（包括组合内的金融工具形成风险头寸相互抵销的情形）。

对于一项由签出期权和购入期权组成的期权（如利率上下限期权），或对于两项或两项以上金融工具（或其一定比例）的组合，其在指定日实质上相当于一项净签出期权的，不能将其指定为套期工具。只有在对购入期权（包括嵌入在混合合同中的购入期权）进行套期时，净签出期权才可以作为套期工具。

3.使用单一套期工具对多种风险进行套期

企业通常将单项套期工具指定为对一种风险进行套期。但是，如果对套期工具与被套期项目的不同风险敞口之间有具体指定关系，则一项套期工具可以被指定为对一种以上的风险进行套期。例如，甲公司的记账本位币是人民币，其承担了一项5年期浮动利率的美元债务。为规避该金融负债的外汇风险和利率风险，甲公司与某金融机构签订一项交叉货币利率互换合同，使该互换合同的条款与该金融负债的条款相匹配，并将该互换合同指定为套期工具。根据该互换合同，甲企业可以定期收取按美元浮动利率计算确定的利息，同时支付按人民币固定利率计算确定的利息。甲公司使用该互换合同对利率风险和外汇风险进行套期。

此外，使用单一套期工具对多种风险进行套期时，被套期项目可以存在于不同的套期关系中。如果企业将单一套期工具指定为对多种风险进行套期，且企业对每一种被套期风险运用不同的套期会计（如分别运用公允价值套期和现金流量套期），则企业应当对与各类套期相关的套期工具公允价值变动进行分拆，并对每一类套期分别进行单独会计处理。

（二）被套期项目

1.符合条件的被套期项目

被套期项目，是指使企业面临公允价值或现金流量变动风险，且被指定为被套期对象的、能够可靠计量的项目。企业可以将下列单个项目、项目组合或其组成部分指定为被套期项目：

（1）已确认资产或负债。

（2）尚未确认的确定承诺。其中，确定承诺，是指在未来某特定日期或期间，以约定价格交换特定数量资源、具有法律约束力的协议；尚未确认，是指尚未在资产负债表中确认。

【例3-25】甲公司为我国境内机器生产企业，采用人民币作为记账本位币。甲公司与境外某公司签订了一项设备购买合同，约定6个月后按固定的外币价格购入设备，即甲公司与境外公司达成了一项确定承诺。同时，甲公司签订了一份外币远期合同，以对该项确定承诺产生的外汇风险进行套期。

在本例中，该确定承诺可以被指定为被套期项目，外币远期合同可以被指定为公允价值套期或现金流量套期中的套期工具。

（3）极可能发生的预期交易。预期交易，是指尚未承诺但预期会发生的交易。企业应当明确区分预期交易与确定承诺。

【例3-26】预期交易：2×20年5月1日，甲公司预期2个月后将购买200吨铜，用于2×20年7月的生产。

确定承诺：2×20年5月1日，甲公司签订了一份法律上具有约束力的采购协议，约定于2×20年6月30日向乙公司以每吨6 000美元的价格购买铜200吨。

也就是说，签订了法律上具有约束力的采购协议为确定承诺，而尚未承诺但预期会发生的交易为预期交易。

（4）境外经营净投资。境外经营净投资包括《企业会计准则第19号——外币交易》及其相关规定所定义的境外经营净投资及实质构成境外经营净投资的外币货币性项目。境外经营可以是企业的子公司、合营安排、联营企业或分支机构。在境内的子公司、合营安排、联营企业或分支机构，采用不同于企业记账本位币的，也视同境外经营。

企业既无计划也无可能在可预见的未来会计期间结算的长期外币货币性应收项目（含贷款），应当视同实质构成境外经营净投资的外币货币性项目。而因销售商品或提供劳务等形成的期限较短的应收账款不构成境外经营净投资。

（5）项目组成部分。企业可以将已确认资产或负债、尚未确认的确定承诺、极可能发生的预期交易以及境外经营净投资等单个项目整体或者项目组合指定为被套期项目，企业也可以将上述单个项目或者项目组合的一部分（项目组成部分）指定为被套期项目。

2.项目组成部分

项目组成部分是指小于项目整体公允价值或现金流量变动的部分，它仅反映其所属项目整体面临的某些风险，或仅反映一定程度的风险（例如对某项目的一定比例进行指定时）。企业只能将下列项目组成部分或其组合指定为被套期项目：

（1）项目整体公允价值或现金流量变动中仅由某一个或多个特定风险引起的公允价值或现金流量变动部分（风险成分）。在风险管理实务中，企业经常不是为了对被套期项目整体公允价值或现金流量变动进行套期，而仅为了对特定风险成分进行套期。允许对风险成分进行指定使企业能够更灵活地界定被套期风险。在将风险成分指定为被套期项目时，该风险成分应当能够单独识别并可靠计量。

在识别可被指定为被套期项目的风险成分时，企业应当基于该等风险及相关套期活动所发生的特定市场环境进行评估，并考虑因风险和市场而异的相关事实和情况。同时，企业应当考虑该风险成分是合同明确的风险成分，还是非合同明确的风险成分。非合同明确的风险成分可能是由于项目本身不构成合同（例如极可能发生的预期交易），或者可能是合同中未明确该成分（例如确定承诺中仅包含一项单一价格，并未列明基于不同基础变量的定价公式）。

【例3-27】甲公司与乙公司订立了一项以合同指定公式进行定价的长期天然气供应合同，该公式主要参考商品价格（例如柴油、燃油等价格）和其他因素（例如运输费等）对长期天然气进行定价。为了管理长期天然气供应合同涉及的长期天然气价格风险，甲公司利用柴油远期合同对该供应合同定价中的柴油组成部分进行套期，柴油组成部分的价格风险敞口属于合同明确的风险成分。

根据长期天然气供应合同定价公式，柴油组成部分的价格风险敞口能够单独识别；由于市场上存在可交易的柴油远期合同，柴油组成部分的价格风险敞口能够可靠计量。因此，甲公司的长期天然气供应合同定价中的柴油组成部分的价格风险敞口（风险成分）可以作为符合条件的被套期项目。

（2）一项或多项选定的合同现金流量。在企业风险管理活动中，企业有时会对一项或多项选定的合同现金流量进行套期。例如，企业有一笔期限为10年、年利率为8%、按年付息的长期银行借款，企业出于风险管理需要，对该笔借款所产生的前5年应支付利息进行套期。按照规定，一项或多项选定的合同现金流量可以指定为被套期项目。

（3）项目名义金额的组成部分。项目名义金额的组成部分，是指项目整体金额或数量的特定部分，其可以是项目整体的一定比例部分，也可以是项目整体的某一层级部分。若某一层级部分包含提前还款权，且该提前还款权的公允价值受被套期风险变化影响的，企业不得将该层级指定为公允价值套期的被套期项目，但企业在计量被套期项目的公允价值时已包含该提前还款权影响的情况除外。

项目名义金额的组成部分包括项目整体的一定比例部分（如银行一项贷款的合同现金流量的50%部分）和项目整体的某一层级部分，其中，项目某一层级部分可以从已设定但开放式的总体中指定一个层级，也可以从已设定的名义金额中指定一个层级，例如，下列各项均属于项目某一层级部分：

①货币性交易量的一部分。例如，甲企业2×20年1月实现首笔20万美元的出口销售之后，下一笔金额为20万美元的出口销售所产生的现金流量，可以作为指定的被套期项目。

②实物数量的一部分。例如，甲企业储藏在XYZ地的500万立方米的底层天然气，可以作为指定的被套期项目。

③实物数量或其他交易量的一部分。例如，甲炼化企业2×20年6月购入的前1 000桶石油，乙发电企业2×20年6月售出的前100兆瓦小时的电力等，均可以作为指定的被套期项目。

④被套期项目的名义金额的某一层。例如，金额为1亿元人民币的确定承诺的最后8 000万元部分；金额为1亿元人民币的固定利率债券的底层2 000万元部分；可按公允价值提前偿付的总金额为1亿元人民币（设定的名义金额为1亿元人民币）的固定利率债务的顶层3 000万元部分。

3.汇总风险敞口

企业可以将符合被套期项目条件的风险敞口与衍生工具组合形成的汇总风险敞口指定为被套期项目。在指定此类被套期项目时，企业应当评估该汇总风险敞口是否是由风险敞口与衍生工具相结合，从而产生了不同于该风险敞口的另一个风险敞口，并将其作为针对某项（或几项）特定风险的一个风险敞口进行管理。在这种情况下，企业可基于该汇总风险敞口指定被套期项目。

【例3-28】甲企业利用合同期限为15个月的咖啡期货合同对在未来15个月后极可能发生的确定数量的咖啡采购进行套期，以防范基于美元的价格风险。出于风险管理目的，该极可能发生的咖啡采购和咖啡期货合同相结合可被视为一项15个月的固定金额的美元外汇风险敞口（即如同在未来15个月后发生的固定金额的美元现金流出）。

4.被套期项目的组合

当企业出于风险管理目的对一组项目进行组合管理，且组合中的每一个项目（包括其组成部分）单独都属于符合条件的被套期项目时，可以将该项目组合指定为被套期项目。一组风险相互抵销的项目形成风险净敞口，一组风险不存在相互抵销的项目形成风险总敞口。只有当企业出于风险管理目的以净额为基础进行套期时，风险净敞口才符合运用套期会计的标准。判断企业是否以净额为基础进行套期应当基于事实，而不仅仅是声明或文件记录。因此，如果仅仅为了达到特定的会计结果却无法反映企业的风险管理策略和风险管理目标，企业不得运用以净额为基础的套期会计。净敞口套期必须是既定风险管理策略的组成部分，通常应当获得企业关键管理人员的批准。

在现金流量套期中，企业对一组项目的风险净敞口（存在风险头寸相互抵销的项目）进行套期时，仅可以将外汇风险净敞口指定为被套期项目，并且应当在套期指定中明确预期交易预计影响损益的报告期间，以及预期交易的性质和数量。

在运用套期会计时，在合并财务报表层面，只有与企业集团之外的对手方之间交易形成的资产、负债、尚未确认的确定承诺或极可能发生的预期交易才能指定为被套期项目；在合并财务报表层面，只有与企业集团之外的对手方签订的合同才能指定为套期工具。对于同一企业集团内的企业之间的交易，在企业个别财务报表层面可以运用套期会计，在企业集团合并财务报表层面不得运用套期会计，但下列情形除外：

（1）在合并财务报表层面，符合《企业会计准则第33号——合并财务报表》规定的投资性主体与其以公允价值计量且其变动计入当期损益的子公司之间的交易，可以运用套期会计。

（2）企业集团内部交易形成的货币性项目的汇兑收益或损失，不能在合并财务报表中全额抵销的，企业可以在合并财务报表层面将该货币性项目的外汇风险指定为被套期项目。

（3）企业集团内部极可能发生的预期交易，按照进行此项交易的主体的记账本位币以外的货币标价，且相关的外汇风险将影响合并损益的，企业可以在合并财务报表层面将该外汇风险指定为被套期项目。

三、套期关系评估

（一）运用套期会计的条件

公允价值套期、现金流量套期或境外经营净投资套期同时满足下列条件的，才能运用套期会计方法进行处理：

（1）套期关系仅由符合条件的套期工具和被套期项目组成。

（2）在套期开始时，企业正式指定了套期工具和被套期项目，并准备了关于套期关系和企业从事套期的风险管理策略与风险管理目标的书面文件。该文件至少载明了套期工具、被套期项目、被套期风险的性质以及套期有效性评估方法（包括套期无效部分产生的原因分析以及套期比率确定方法）等内容。

（3）套期关系符合套期有效性要求。套期有效性，是指套期工具的公允价值或现金流量变动能够抵销被套期风险引起的被套期项目公允价值或现金流量变动的程度。套期工具的公允价值或现金流量变动大于或小于被套期项目的公允价值或现金流量变动的部分为套期无效部分。套期同时满足下列条件的，企业应当认定套期关系符合套期有效性要求：

①被套期项目和套期工具之间存在经济关系。该经济关系使得套期工具和被套期项目的价值因面临相同的被套期风险而发生方向相反的变动。

②被套期项目和套期工具经济关系产生的价值变动中，信用风险的影响不占主导地位。

③套期关系的套期比率，应当等于企业实际套期的被套期项目数量与对其进行套期的套期工具实际数量之比，但不应当反映被套期项目和套期工具相对权重的失衡，这种失衡会导致套期无效，并可能产生与套期会计目标不一致的会计结果。例如，企业确定拟采用的套期比率是为了避免确认现金流量套期的套期无效部分，或是为了创造更多的被套期项目进行公允价值调整以达到增加使用公允价值会计的目的，可能会产生与套期会计目标不一致的会计结果。

企业应当在套期开始日及以后期间持续地对套期关系是否符合套期有效性要求进行评估，尤其应当分析在套期剩余期限内预期将影响套期关系的套期无效部分产生的原因。企业至少应当在资产负债表日及相关情形发生重大变化将影响套期有效性要求时对套期关系进行评估。

（二）套期关系再平衡

套期关系由于套期比率的原因而不再符合套期有效性要求，但指定该套期关系的风险管理目标没有改变的，企业应当进行套期关系再平衡。套期关系再平衡，是指对已经存在的套期关系中被套期项目或套期工具的数量进行调整，以使套期比率重新符合套期有效性要求。基于其他目的对被套期项目或套期工具所指定的数量进行变动，不构成套期关系再平衡。

企业在套期关系再平衡时，应当首先确认套期关系调整前的套期无效部分，并更新在套期剩余期限内预期将影响套期关系的套期无效部分产生原因的分析，同时相应更新套期关系的书面文件。

（三）套期关系的终止

企业发生下列情形之一的，应当终止运用套期会计：

（1）因风险管理目标发生变化，导致套期关系不再满足风险管理目标。

（2）套期工具已到期、被出售、合同终止或已行使。

（3）被套期项目与套期工具之间不再存在经济关系，或者被套期项目和套期工具经济关系产生的价值变动中，信用风险的影响开始占主导地位。

（4）套期关系不再满足运用套期会计方法的其他条件。在适用套期关系再平衡的情况下，企业应当首先考虑套期关系再平衡，然后评估套期关系是否满足运用套期会计方法的条件。

终止套期会计可能会影响套期关系的整体或其中一部分，在仅影响其中一部分时，剩余未受影响的部分仍适用套期会计。套期关系同时满足下列条件的，企业不得撤销套期关系的指定并由此终止套期关系：

（1）套期关系仍然满足风险管理目标。

（2）套期关系仍然满足运用套期会计方法的其他条件。在适用套期关系再平衡的情况下，企业应当首先考虑套期关系再平衡，然后评估套期关系是否满足运用套期会计方法的条件。

企业发生下列情形之一的，不作为套期工具已到期或合同终止处理：

（1）套期工具展期或被另一项套期工具替换，而且该展期或替换是企业书面文件所载明的风险管理目标的组成部分。

（2）由于法律法规或其他相关规定的要求，套期工具的原交易对手方变更为一个或多个清算交易对手方（例如清算机构或其他主体），以最终达成由同一中央交易对手方进行清算的目的。如果存在套期工具其他变更的，该变更应当仅限于达成此类替换交易对手方所必需的变更。

四、确认和计量

（一）公允价值套期

公允价值套期满足运用套期会计方法条件的，应当按照下列规定处理：

（1）套期工具产生的利得或损失应当计入当期损益。如果套期工具是对选择以公允价值计量且其变动计入其他综合收益的非交易性权益工具投资（或其组成部分）进行套期的，套期工具产生的利得或损失应当计入其他综合收益。

（2）被套期项目因被套期风险敞口形成的利得或损失应当计入当期损益，同时调整未以公允价值计量的已确认被套期项目的账面价值。被套期项目为分类为以公允价值计量且其变动计入其他综合收益的金融资产（或其组成部分）的，其因被套期风险敞口形成的利得或损失应当计入当期损益，其账面价值已经按公允价值计量，不需要调整；被套期项目为企业选择以公允价值计量且其变动计入其他综合收益的非交易性权益工具投资（或其组成部分）的，其因被套期风险敞口形成的利得或损失应当计入其他综合收益，其账面价值已经按公允价值计量，不需要调整。

被套期项目为尚未确认的确定承诺（或其组成部分）的，其在套期关系指定后因被套期风险引起的公允价值累计变动额应当确认为一项资产或负债，相关的利得或损失应当计入各相关期间损益。当履行确定承诺而取得资产或承担负债时，应当调整该资产或负债的初始确认金额，包括已确认的被套期项目的公允价值累计变动额。

【例3-29】2×17年1月1日，甲公司为规避所持有铜存货公允价值变动风险，与某金融机构签订了一项铜期货合同，并将其指定为对2×17年前两个月铜存货的商品价格变化引起的公允价值变动风险的套期工具。铜期货合同的标的资产与被套期项目铜存货在数量、质次、价格变动和产地方面相同。本示例中假设套期工具与被套期项目因铜价变化引起的公允价值变动一致，且不考虑期货市场中每日无负债结算制度的影响。

2×17年1月1日，铜期货合同的公允价值为零，被套期项目（铜存货）的账面价值和成本均为1 000 000元，公允价值为1 100 000元。2×17年1月31日，铜期货合同公允价值上涨了25 000元，铜存货的公允价值下降了25 000元。2×17年2月28日，铜期货合同公允价值下降了15 000元，铜存货的公允价值上升了15 000元。当日，甲公司将铜存货以1 090 000元的价格出售，并将铜期货合同结算。

甲公司通过分析发现，铜存货与铜期货合同存在经济关系，且经济关系产生的价值变动中信用风险不占主导地位，套期比率也反映了套期的实际数量，符合套期有效性要求。

假定不考虑商品销售相关的增值税及其他因素，甲公司的账务处理如下（金额单位：元）：

（1）2×17年1月1日：

借：被套期项目——库存商品铜　　1 000 000

　贷：库存商品——铜　　1 000 000

（指定铜存货为被套期项目）

2×17年1月1日，被指定为套期工具的铜期货合同的公允价值为零，因此无账务处理。

（2）2×17年1月31日：

借：套期工具——铜期货合同　　25 000

　贷：套期损益　　25 000

（确认套期工具公允价值变动）

借：套期损益　　25 000

　贷：被套期项目——库存商品铜　　25 000

（确认被套期项目公允价值变动）

（3）2×17年2月28日：

借：套期损益　　15 000

　贷：套期工具——铜期货合同　　15 000

（确认套期工具公允价值变动）

借：被套期项目——库存商品铜　　15 000

　贷：套期损益　　15 000

（确认被套期项目公允价值变动）

借：应收账款或银行存款　　1 090 000

　贷：主营业务收入　　1 090 000

（确认铜存货销售收入）

借：主营业务成本　　990 000
　贷：被套期项目——库存商品铜　　990 000
（结转铜存货销售成本）
借：银行存款　　10 000
　贷：套期工具——铜期货合同　　10 000
（结算铜期货合同）

注：由于甲公司采用套期进行风险管理，规避了铜存货公允价值变动风险，因此其铜存货公允价值下降没有对预期毛利100 000元（1 100 000−1 000 000）产生不利影响。同时，甲公司运用公允价值套期会计将套期工具与被套期项目的公允价值变动计入相同会计期间的损益，消除了因企业风险管理活动可能导致的损益波动。

（二）现金流量套期

（1）现金流量套期满足运用套期会计方法条件的，应当按照下列规定处理：

①套期工具产生的利得或损失中属于套期有效的部分，作为现金流量套期储备，应当计入其他综合收益。现金流量套期储备的金额，应当按照下列两项的绝对额中较低者确定：第一，套期工具自套期开始的累计利得或损失；第二，被套期项目自套期开始的预计未来现金流量现值的累计变动额。每期计入其他综合收益的现金流量套期储备的金额应当为当期现金流量套期储备的变动额。

②套期工具产生的利得或损失中属于套期无效的部分（即扣除计入其他综合收益后的其他利得或损失），应当计入当期损益。

（2）现金流量套期储备的金额，应当按照下列规定处理：

①被套期项目为预期交易，且该预期交易使企业随后确认一项非金融资产或非金融负债的，或者非金融资产或非金融负债的预期交易形成一项适用于公允价值套期会计的确定承诺时，企业应当将原在其他综合收益中确认的现金流量套期储备金额转出，计入该资产或负债的初始确认金额。

②其他现金流量套期，企业应当在被套期的预期现金流量影响损益的相同期间，将原在其他综合收益中确认的现金流量套期储备金额转出，计入当期损益。

③如果在其他综合收益中确认的现金流量套期储备金额是一项损失，且该损失全部或部分预计在未来会计期间不能弥补的，企业应当在预计不能弥补时，将预计不能弥补的部分从其他综合收益中转出，计入当期损益。

（3）当企业对现金流量套期终止运用套期会计时，在其他综合收益中确认的累计现金流量套期储备金额，应当按照下列规定进行处理：

①被套期的预期未来现金流量预期仍然会发生的，累计现金流量套期储备的金额应当予以保留，并按照前述现金流量套期储备的后续处理规定进行会计处理。

②被套期的未来现金流量预期不再发生的，累计现金流量套期储备的金额应当从其他综合收益中转出，计入当期损益。被套期的未来现金流量预期不再极可能发生但可能预期仍然会发生，在预期仍然会发生的情况下，累计现金流量套期储备的金额应当予以保留，并按照前述现金流量套期储备的后续处理规定进行会计处理。

【例3-30】2×17年1月1日，DEF公司预期在2×17年2月28日销售一批商品，数量为100吨，预期售价为1 100 000元。为规避该预期销售中与商品价格有关的现金流量变动风险，DEF公司于2×17年1月1日与某金融机构签订了一项商品期货合同，将于2×17年2月28日以总价1 100 000元的价格销售100吨该商品，且将其指定为对该预期商品销售的套期工具。商品期货合同的标的资产与被套期预期销售商品在数量、质次、价格变动和产地等方面相同，并且商品期货合同的结算日和预期商品销售日均为2×17年2月28日。

2×17年1月1日，商品期货合同的公允价值为零。2×17年1月31日，商品期货合同的公允价值上涨了25 000元，预期销售价格下降了25 000元。2×17年2月28日，商品期货合同的公允价值上涨了10 000元，商品销售价格下降了10 000元。当日，DEF公司将商品出售，并结算了商品期货合同。

DEF公司认为该套期符合套期有效性的条件。假定不考虑商品销售相关的增值税及其他因素，且商品期货合约自套期开始的累计利得或损失与被套期项目自套期开始因商品价格变动引起未来现金流量现值的累计变动额一致。同时，假定不考虑期货市场每日无负债结算制度的影响。

DEF公司的账务处理如下（单位：元）：

（1）2×17年1月1日，DEF公司不作账务处理。

（2）2×17年1月31日：

借：套期工具——商品期货合同　　25 000

　贷：其他综合收益——套期储备　　25 000

（确认现金流量套期储备）

（2）2×17年2月28日：

借：套期工具——商品期货合同　　10 000

　贷：其他综合收益——套期储备　　10 000

（确认现金流量套期储备）

套期工具自套期开始的累计利得或损失与被套期项目自套期开始的预计未来现金流量现值的累计变动额一致，因此将套期工具公允价值变动作为现金流量套期储备计入其他综合收益。

借：应收账款（或银行存款）　　1 065 000

　贷：主营业务收入　　1 065 000

（确认商品的销售收入）

借：银行存款　　35 000

　贷：套期工具——商品期货合同　　35 000

（确认衍生工具的结算）

借：其他综合收益——套期储备　　35 000

　贷：主营业务收入　　35 000

（将现金流量套期储备金额转出，计入当期收入）

（三）境外经营净投资套期

对境外经营净投资的套期，包括对作为净投资的一部分进行会计处理的货币性项目的套期，应当按照类似于现金流量套期会计的规定处理：

（1）套期工具形成的利得或损失中属于有效套期的部分，应当计入其他综合收益。

（2）全部或部分处置境外经营时，上述计入其他综合收益的套期工具利得或损失应当相应转出，计入当期损益。

五、信用风险敞口的公允价值选择权

许多金融机构通过信用衍生工具管理借贷活动产生的信用风险敞口。例如，金融机构运用信用衍生工具对信用风险敞口进行套期以将其贷款或贷款承诺的信用损失风险转移至第三方，但是根据规定，企业的信用衍生工具应当以公允价值计量且其变动计入当期损益，而贷款等则并不一定以公允价值计量且其变动计入当期损益（如按摊余成本计量）。因此，在被套期风险敞口未按与信用衍生工具相同的基础进行计量的情况下，将会产生会计错配。

但是，金融项目的信用风险无法单独识别，不属于满足被套期项目合格标准的风险成分，因此，使用信用衍生工具对信用风险敞口进行套期的企业将无法运用套期会计。为解决这一问题，并允许企业在一定程度上反映其信用风险管理活动，企业可以选择以公允价值计量且其变动计入当期损益的方式计量被套期风险敞口的套期会计替代方法。

（一）将信用风险敞口指定为以公允价值计量且其变动计入当期损益的条件

企业使用以公允价值计量且其变动计入当期损益的信用衍生工具管理金融工具（或其组成部分）的信用风险敞口时，可以在该金融工具（或其组成部分）初始确认时、后续计量中或尚未确认时，将其指定为以公允价值计量且其变动计入当期损益的金融工具，并同时作出书面记录，但应当同时满足下列条件：

（1）金融工具信用风险敞口的主体（如借款人或贷款承诺持有人）与信用衍生工具涉及的主体相一致。

（2）金融工具的偿付级次与根据信用衍生工具条款须交付的工具的偿付级次相一致。

（二）指定为以公允价值计量且其变动计入当期损益的信用风险敞口的相关会计处理

金融工具（或其组成部分）被指定为以公允价值计量且其变动计入当期损益的金融工具的，企业应当在指定时将其账面价值（如有）与其公允价值之间的差额计入当期损益。如该金融工具是分类为以公允价值计量且其变动计入其他综合收益的金融资产的，企业应当将之前计入其他综合收益的累计利得或损失转出，计入当期损益。

在选择运用针对信用风险敞口（全部或部分）的公允价值选择权之后，同时满足下列条件的，企业应当对金融工具（或其一定比例）终止以公允价值计量且其变动计入当期损益：

（1）规定的条件不再适用，例如信用衍生工具或金融工具（或其一定比例）已到期、被出售、合同终止或已行使，或企业的风险管理目标发生变化，不再通过信用衍生工具进行风险管理。

（2）金融工具（或其一定比例）按照本章第二节的规定，仍然不满足以公允价值计量且其变动计入当期损益的金融工具的条件。

当企业对金融工具（或其一定比例）终止以公允价值计量且其变动计入当期损益时，该金融工具（或其一定比例）在终止时的公允价值应当作为其新的账面价值。同时，企业应当采用与该金融工具被指定为以公允价值计量且其变动计入当期损益之前相同的方法进行计量。

第七节 金融工具的披露

一、金融工具一般信息披露要求

企业应当披露编制财务报表时对金融工具所采用的重要会计政策、计量基础和与理解财务报表相关的其他会计政策等信息，主要包括：

（1）对于指定为以公允价值计量且其变动计入当期损益的金融资产，企业应当披露下列信息：

①指定的金融资产的性质。

②企业如何满足运用指定的标准。企业应当披露该指定所针对的确认或计量不一致的描述性说明。

（2）对于指定为以公允价值计量且其变动计入当期损益的金融负债，企业应当披露下列信息：

①指定的金融负债的性质。

②初始确认时对上述金融负债作出指定的标准。

③企业如何满足运用指定的标准。对于以消除或显著减少会计错配为目的的指定，企业应当披露该指定所针对的确认或计量不一致的描述性说明。对于以更好地反映组合的管理实质为目的的指定，企业应当披露该指定符合企业正式书面文件载明的风险管理或投资策略的描述性说明。对于整体指定为以公允价值计量且其变动计入当期损益的混合工具，企业应当披露运用指定标准的描述性说明。

（3）如何确定每类金融工具的利得或损失。

需要指出的是：①风险投资机构、共同基金以及类似主体持有的、在初始确认时按照《企业会计准则第22号——金融工具确认和计量》的规定以公允价值计量且其变动计入当期损益的金融资产，应当按照金融工具列报准则进行列报。②企业如发行了一项既含负债成分又含权益成分的工具，且该工具嵌入了多重衍生特征（相关价值是联动的），比如可赎回的可转换债务工具，则应披露体现在其中的这些特征。

二、资产负债表相关信息的披露

（1）企业应当在资产负债表或相关附注中列报下列金融资产或金融负债的账面价值：

①以摊余成本计量的金融资产。

②以摊余成本计量的金融负债。

③以公允价值计量且其变动计入其他综合收益的金融资产，并分别反映：第一，分类为以公允价值计量且其变动计入其他综合收益的金融资产；第二，指定为以公允价值计量且其变动计入其他综合收益的非交易性权益工具投资。

④以公允价值计量且其变动计入当期损益的金融资产，并分别反映：第一，分类为以公允价值计量且其变动计入当期损益的金融资产；第二，指定为以公允价值计量且其变动计入当期损益的金融资产；第三，根据《企业会计准则第24号——套期会计》使用信用风险敞口的公允价值选择权在初始确认或后续计量时指定为以公允价值计量且其变动计入

当期损益的金融资产。

⑤以公允价值计量且其变动计入当期损益的金融负债，并分别反映：第一，分类为以公允价值计量且其变动计入当期损益的金融负债；第二，在初始确认时指定为以公允价值计量且其变动计入当期损益的金融负债；第三，根据《企业会计准则第24号——套期会计》使用信用风险敞口的公允价值选择权在初始确认和后续计量时指定为以公允价值计量且其变动计入当期损益的金融负债。

（2）企业将本应按摊余成本或以公允价值计量且其变动计入其他综合收益计量的一项或一组金融资产指定为以公允价值计量且其变动计入当期损益的金融资产的，应当披露下列信息：

①该金融资产在资产负债表日使企业面临的最大信用风险敞口。

②企业通过任何相关信用衍生工具或类似工具使得该最大信用风险敞口降低的金额。

③该金融资产因信用风险变动引起的公允价值本期变动额和累计变动额。

④相关信用衍生工具或类似工具自该金融资产被指定以来的公允价值本期变动额和累计变动额。信用风险，是指金融工具的一方不履行义务，造成另一方发生财务损失的风险。金融资产在资产负债表日的最大信用风险敞口，通常是金融工具账面余额减去减值损失准备后的金额（已减去根据规定已抵销的金额）。

（3）企业将一项金融负债指定为以公允价值计量且其变动计入当期损益的金融负债，且企业自身信用风险变动引起的该金融负债公允价值的变动金额计入其他综合收益的，应当披露下列信息：

①该金融负债因自身信用风险变动引起的公允价值本期变动额和累计变动额。

②该金融负债的账面价值与按合同约定到期应支付债权人金额之间的差额。

③该金融负债的累计利得或损失本期从其他综合收益转入留存收益的金额和原因。

（4）企业将一项金融负债指定为以公允价值计量且其变动计入当期损益的金融负债，且该金融负债（包括企业自身信用风险变动的影响）的全部利得或损失计入当期损益的，应当披露下列信息：

①该金融负债因自身信用风险变动引起的公允价值本期变动额和累计变动额。

②该金融负债的账面价值与按合同约定到期应支付债权人金额之间的差额。

（5）企业将非交易性权益工具投资指定为以公允价值计量且其变动计入其他综合收益的，应当披露下列信息：

①企业每一项指定为以公允价值计量且其变动计入其他综合收益的权益工具投资。

②企业作出该指定的原因。

③企业每一项指定为以公允价值计量且其变动计入其他综合收益的权益工具投资的期末公允价值。

④本期确认的股利收入，其中对本期终止确认的权益工具投资相关的股利收入和资产负债表日仍持有的权益工具投资相关的股利收入应当分别单独披露。

⑤该权益工具投资的累计利得和损失本期从其他综合收益转入留存收益的金额及其原因。

（6）企业本期终止确认了指定为以公允价值计量且其变动计入其他综合收益的非交易性权益工具投资的，应当披露下列信息：

①企业处置该权益工具投资的原因。

②该权益工具投资在终止确认时的公允价值。

③该权益工具投资在终止确认时的累计利得或损失。

(7) 企业在当期或以前报告期间将金融资产进行重分类的，对于每一项重分类，应当披露重分类日、对业务模式变更的具体说明及其对财务报表影响的定性描述，以及该金融资产重分类前后的金额。

企业自上一年度报告日起将以公允价值计量且其变动计入其他综合收益的金融资产重分类为以摊余成本计量的金融资产的，或者将以公允价值计量且其变动计入当期损益的金融资产重分类为其他类别的，应当披露下列信息：

①该金融资产在资产负债表日的公允价值。

②如果未被重分类，该金融资产原来应在当期损益或其他综合收益中确认的公允价值利得或损失。

企业将以公允价值计量且其变动计入当期损益的金融资产重分类为其他类别的，自重分类日起到终止确认的每一个报告期间内，都应当披露该金融资产在重分类日确定的实际利率和当期已确认的利息收入。

(8) 对于所有可执行的总互抵协议或类似协议下的已确认金融工具，以及符合抵销条件的已确认金融工具，企业应当在报告期末以表格形式（除非企业有更恰当的披露形式）分别按金融资产和金融负债披露下列定量信息：

①已确认金融资产和金融负债的总额。

②按规定抵销的金额。

③在资产负债表中列示的净额。

④可执行的总互抵协议或类似协议确定的，未包含在②中的金额，包括：第一，不满足抵销条件的已确认金融工具的金额；第二，与财务担保物（包括现金担保）相关的金额，以在资产负债表中列示的净额扣除④中第一项后的余额为限。

⑤资产负债表中列示的净额扣除④后的余额。

企业应当披露上述④所述协议中抵销权的条款及其性质等信息，以及不同计量基础的金融工具适用上述内容时产生的计量差异。

(9) 分类为权益工具的可回售工具，企业应当披露下列信息：

①可回售工具的汇总定量信息。

②对于按持有方要求承担的回购或赎回义务，企业的管理目标、政策和程序及其变化。

③回购或赎回可回售工具的预期现金流出金额以及确定方法。

可回售工具或发行方仅在清算时才有义务向另一方按比例交付其净资产的金融工具，在金融负债和权益工具之间重分类的，应当分别披露重分类前后的公允价值或账面价值，以及重分类的时间和原因。

(10) 企业应当披露作为负债或或有负债担保物的金融资产的账面价值，以及与该项担保有关的条款和条件。其中，对于企业（转出方）向金融资产转入方提供了非现金担保物（如债务工具或权益工具投资等），转入方按照合同或惯例有权出售该担保物或将其再作为担保物的，企业应当将该非现金担保物在财务报表中单独列报。

企业取得担保物（担保物为金融资产或非金融资产），在担保物所有人未违约时可将该担保物出售或再抵押的，应当披露该担保物的公允价值、企业已出售或再抵押担保物的公允价值，以及承担的返还义务和使用担保物的条款和条件。

（11）对于企业发行的包含金融负债成分和权益工具成分的复合金融工具，嵌入了价值相互关联的多项衍生工具（如可赎回的可转换债务工具）的，应当披露相关特征。

（12）对于除基于正常信用条款的短期贸易应付款项之外的金融负债，企业应当披露下列信息：

①本期发生违约的金融负债的本金、利息、偿债基金、赎回条款的详细情况。

②发生违约的金融负债的期末账面价值。

③在财务报告批准对外报出前，就违约事项已采取的补救措施、对债务条款的重新议定等情况。

企业本期发生其他违反合同的情况，且债权人有权在发生违约或其他违反合同情况时要求企业提前偿还的，企业应当按上述要求披露。如果在期末前违约或其他违反合同情况已得到补救或已重新议定债务条款，则无须披露。

三、利润表相关信息的披露

企业应当披露与金融工具有关的下列收入、费用、利得或损失：

（1）以公允价值计量且其变动计入当期损益的金融资产和金融负债所产生的利得或损失。其中，指定为以公允价值计量且其变动计入当期损益的金融资产和金融负债，以及分类为以公允价值计量且其变动计入当期损益的金融资产和分类为以公允价值计量且其变动计入当期损益的金融负债的净利得或净损失，应当分别披露。

（2）对于指定为以公允价值计量且其变动计入当期损益的金融负债，企业应当分别披露本期在其他综合收益中确认的和在当期损益中确认的利得或损失。

（3）分类为以公允价值计量且其变动计入其他综合收益的金融资产，企业应当分别披露当期在其他综合收益中确认的以及当期终止确认时从其他综合收益转入当期损益的利得或损失。

（4）指定为以公允价值计量且其变动计入其他综合收益的非交易性权益工具投资，企业应当分别披露在其他综合收益中确认的利得和损失以及在当期损益中确认的股利收入。

（5）除以公允价值计量且其变动计入当期损益的金融资产或金融负债外，按实际利率法计算的金融资产或金融负债产生的利息收入或利息费用总额，以及在确定实际利率时未予包括并直接计入当期损益的手续费收入或支出。

（6）企业通过信托和其他托管活动代他人持有资产或进行投资而形成的，直接计入当期损益的手续费收入或支出。

四、套期会计相关披露

（1）企业应当披露与套期会计有关的下列信息：

①企业的风险管理策略以及如何应用该策略来管理风险。

②企业的套期活动可能对其未来现金流量金额、时间和不确定性的影响。

③套期会计对企业的资产负债表、利润表及所有者权益变动表的影响。企业在披露套

期会计相关信息时，应当合理确定披露的详细程度、披露的重点、恰当的汇总或分解水平，以及财务报表使用者是否需要额外的说明以评估企业披露的定量信息。

（2）企业应当披露其进行套期和运用套期会计的各类风险的风险敞口的风险管理策略相关信息，从而有助于财务报表使用者评价：每类风险是如何产生的、企业是如何管理各类风险的（包括企业是对某一项目整体的所有风险进行套期还是对某一项目的单个或多个风险成分进行套期及其理由），以及企业管理风险敞口的程度。与风险管理策略相关的信息应当包括：①企业指定的套期工具；②企业如何运用套期工具对被套期项目的特定风险敞口进行套期；③企业如何确定被套期项目与套期工具的经济关系以评估套期有效性；④套期比率的确定方法；⑤套期无效部分的来源。

（3）企业将某一特定的风险成分指定为被套期项目的，还应当披露下列定性或定量信息：①企业如何确定该风险成分，包括风险成分与项目整体之间关系性质的说明；②风险成分与项目整体的关联程度（例如被指定的风险成分以往平均涵盖项目整体公允价值变动的百分比）。

（4）企业应当按照风险类型披露在套期关系存续期内预期将影响套期关系的套期无效部分的来源，如果在套期关系中出现导致套期无效部分的其他来源，也应当按照风险类型披露相关来源及导致套期无效的原因。

（5）企业应当披露已运用套期会计但预计不再发生的预期交易的现金流量套期。

（6）对于公允价值套期，企业应当以表格形式、按风险类型分别披露与被套期项目相关的下列金额：

①在资产负债表中确认的被套期项目的账面价值，其中资产和负债应当分别单独列示。

②资产负债表中已确认的被套期项目的账面价值、针对被套期项目的公允价值套期调整的累计金额，其中资产和负债应当分别单独列示。

③包含被套期项目的资产负债表列示项目。

④本期用作确认套期无效部分基础的被套期项目价值变动。

⑤被套期项目为以摊余成本计量的金融工具的，若已终止针对套期利得和损失进行调整，则应披露在资产负债表中保留的公允价值套期调整的累计金额。

（7）对于现金流量套期和境外经营净投资套期，企业应当以表格形式、按风险类型分别披露与被套期项目相关的下列金额：

①本期用作确认套期无效部分基础的被套期项目价值变动。

②继续按照套期会计处理的现金流量套期储备的余额。

③继续按照套期会计处理的境外经营净投资套期计入其他综合收益的余额。

④套期会计不再适用的套期关系所导致的现金流量套期储备和境外经营净投资套期中计入其他综合收益的利得和损失的余额。

（8）对于每类套期类型，企业应当以表格形式、按风险类型分别披露与套期工具相关的下列金额：

①套期工具的账面价值，其中金融资产和金融负债应当分别单独列示。

②包含套期工具的资产负债表列示项目。

③本期用作确认套期无效部分基础的套期工具的公允价值变动。

④套期工具的名义金额或数量。

（9）对于公允价值套期，企业应当以表格形式、按风险类型分别披露与套期工具相关的下列金额：

①计入当期损益的套期无效部分。

②计入其他综合收益的套期无效部分。

③包含已确认的套期无效部分的利润表列示项目。

（10）对于现金流量套期和境外经营净投资套期，企业应当以表格形式、按风险类型分别披露与套期工具相关的下列金额：

①当期计入其他综合收益的套期利得或损失。

②计入当期损益的套期无效部分。

③包含已确认的套期无效部分的利润表列示项目。

④从现金流量套期储备或境外经营净投资套期计入其他综合收益的利得和损失重分类至当期损益的金额，并应区分之前已运用套期会计但因被套期项目的未来现金流量预计不再发生而转出的金额和因被套期项目影响当期损益而转出的金额。

⑤包含重分类调整的利润表列示项目。

⑥对于风险净敞口套期，计入利润表中单列项目的套期利得或损失。

（11）企业因使用信用衍生工具管理金融工具的信用风险敞口而将金融工具（或其一定比例）指定为以公允价值计量且其变动计入当期损益的，应当披露下列信息：

①对于用于管理被指定为以公允价值计量且其变动计入当期损益的金融工具信用风险敞口的信用衍生工具，每一项名义金额与当期期初和期末公允价值的调节表。

②将金融工具（或其一定比例）指定为以公允价值计量且其变动计入当期损益时，在损益中确认的利得或损失。

③当企业对该金融工具（或其一定比例）终止以公允价值计量且其变动计入当期损益时，作为其新账面价值的该金融工具的公允价值和相关的名义金额或本金金额，企业在后续期间无须继续披露这一信息，除非根据《企业会计准则第30号——财务报表列报》的规定需要提供比较信息。

五、公允价值相关信息的披露

（1）除特别说明外，企业应当披露每一类金融资产和金融负债的公允价值，并与账面价值进行比较。对于在资产负债表中相互抵销的金融资产和金融负债，其公允价值应当以抵销后的金额披露。

（2）金融资产或金融负债初始确认的公允价值与交易价格存在差异时，如果其公允价值并非基于相同资产或负债在活跃市场中的报价确定的，也非基于仅使用可观察市场数据的估值技术确定的，企业在初始确认金融资产或金融负债时不应确认利得或损失。在此情况下，企业应当按金融资产或金融负债的类型披露下列信息：

①企业在损益中确认交易价格与初始确认的公允价值之间差额时所采用的会计政策，以反映市场参与者对资产或负债进行定价时所考虑的因素（包括时间因素）的变动。

②该项差异期初和期末尚未在损益中确认的总额和本期变动额的调节表。

③企业如何认定交易价格并非公允价值的最佳证据，以及确定公允价值的证据。

（3）企业可以不披露下列金融资产或金融负债的公允价值信息：

①账面价值与公允价值差异很小的金融资产或金融负债（如短期应收账款或应付账款）。

②包含相机分红特征且其公允价值无法可靠计量的合同。

③租赁负债。

对于上述②，企业应当披露下列信息：①对金融工具的描述及其账面价值，以及因公允价值无法可靠计量而未披露其公允价值的事实和说明；②金融工具的相关市场信息；③企业是否有意图处置以及如何处置这些金融工具；④之前公允价值无法可靠计量的金融工具终止确认的，应当披露终止确认的事实，终止确认时该金融工具的账面价值和所确认的利得或损失金额。

六、金融工具风险信息披露

（一）定性和定量信息

（1）企业应当披露与各类金融工具风险相关的定性和定量信息，以便财务报表使用者评估报告期末金融工具产生的风险的性质和程度，更好地评价企业所面临的风险敞口。相关风险包括信用风险、流动性风险、市场风险等。

（2）对金融工具产生的各类风险，企业应当披露下列定性信息：

①风险敞口及其形成原因，以及在本期发生的变化。

②风险管理目标、政策和程序以及计量风险的方法及其在本期发生的变化。

（3）对金融工具产生的各类风险，企业应当按类别披露下列定量信息：

①期末风险敞口的汇总数据。该数据应当以向内部关键管理人员提供的相关信息为基础。企业运用多种方法管理风险的，披露的信息应当以最相关和可靠的方法为基础。

②信用风险披露的信息。

③期末风险集中度信息，包括管理层确定风险集中度的说明和参考因素（包括交易对手方、地理区域、货币种类、市场类型等），以及各风险集中度相关的风险敞口金额。上述期末定量信息不能代表企业本期风险敞口情况的，应当进一步提供相关信息。

（二）信用风险披露

（1）为使财务报表使用者了解信用风险对未来现金流量的金额、时间和不确定性的影响，企业应当披露与信用风险有关的下列信息：

①企业信用风险管理实务的相关信息及其与预期信用损失的确认和计量的关系，包括计量金融工具预期信用损失的方法、假设和信息。

②有助于财务报表使用者评价在财务报表中确认的预期信用损失金额的定量和定性信息，包括预期信用损失金额的变动及其原因。

③企业的信用风险敞口，包括重大信用风险集中度。

④其他有助于财务报表使用者了解信用风险对未来现金流量金额、时间和不确定性的影响的信息。

（2）企业应当披露与信用风险管理实务有关的下列信息：

①企业评估信用风险自初始确认后是否已显著增加的方法，并披露下列信息：第一，在资产负债表日只具有较低的信用风险的金融工具及其确定依据（包括适用该情况的金融工具类别）；第二，逾期超过30日，而信用风险自初始确认后未被认定为显著增加的金融

资产及其确定依据。

②企业对违约的界定及其原因。

③以组合为基础评估预期信用风险的金融工具的组合方法。

④确定金融资产已发生信用减值的依据。

⑤企业直接减记金融工具的政策，包括没有合理预期金融资产可以收回的迹象和已经直接减记但仍受执行活动影响的金融资产相关政策的信息。

⑥评估合同现金流量修改后金融资产的信用风险的，企业应当披露其信用风险的评估方法以及下列信息：第一，对于损失准备相当于整个存续期预期信用损失的金融资产，在发生合同现金流量修改时，评估信用风险是否已下降，从而企业可以按照相当于该金融资产未来12个月内预期信用损失的金额确认计量其损失准备；第二，对于符合⑥中第一项所述的金融资产，企业应当披露其如何监控后续该金融资产的信用风险是否显著增加，从而按照相当于整个存续期预期信用损失的金额重新计量损失准备。

（3）企业应当披露金融工具减值所采用的输入值、假设和估值技术等相关信息，具体包括：

①用于确定下列各事项或数据的输入值、假设和估计技术：第一，未来12个月内预期信用损失和整个存续期的预期信用损失的计量；第二，金融工具的信用风险自初始确认后是否已显著增加；第三，金融资产是否已发生信用减值。

②确定预期信用损失时如何考虑前瞻性信息，包括宏观经济信息的使用。

③报告期估计技术或重大假设的变更及其原因。

（4）企业应当以表格形式按金融工具的类别编制损失准备期初余额与期末余额的调节表，分别说明下列项目的变动情况：

①按相当于未来12个月预期信用损失的金额计量的损失准备。

②按相当于整个存续期预期信用损失的金额计量的下列各项的损失准备：第一，自初始确认后信用风险已显著增加但并未发生信用减值的金融工具；第二，对于资产负债表日已发生信用减值但并非购买或源生的已发生信用减值的金融资产；第三，应收账款、合同资产和租赁应收款的减值损失准备。

③购买或源生的已发生信用减值的金融资产的变动。除调节表外，企业还应当披露本期初始确认的该类金融资产在初始确认时未折现的预期信用损失总额。

（5）为有助于财务报表使用者了解未导致终止确认的金融资产合同现金流量修改的性质和影响及其对预期信用损失计量的影响，企业应当披露下列信息：

①企业在本期修改了金融资产合同现金流量，且修改前损失准备是按相当于整个存续期预期信用损失金额计量的，应当披露修改或重新议定合同前的摊余成本及修改合同现金流量的净利得或净损失。

②对于之前按照相当于整个存续期内预期信用损失的金额计量了损失准备的金融资产，而当期按照相当于未来12个月内预期信用损失的金额计量该金融资产的损失准备的，应当披露该金融资产在资产负债表日的账面余额。

（6）为有助于财务报表使用者了解担保物或其他信用增级对源自预期信用损失的金额的影响，企业应当按照金融工具的类别披露下列信息：

①在不考虑可利用的担保物或其他信用增级的情况下，企业在资产负债表日的最大信

用风险敞口。

②作为抵押持有的担保物和其他信用增级的描述，包括：第一，所持有担保物的性质和质量的描述；第二，本期由于信用恶化或企业担保政策变更，导致担保物或信用增级的质量发生显著变化的说明；第三，由于存在担保物而未确认损失准备的金融工具的信息。

③企业在资产负债表日持有的担保物和其他信用增级为已发生信用减值的金融资产作抵押的定量信息（例如对担保物和其他信用增级降低信用风险程度的量化信息）。

（7）为有助于财务报表使用者评估企业的信用风险敞口并了解其重大信用风险集中度，企业应当按照信用风险等级披露相关金融资产的账面余额以及贷款承诺和财务担保合同的信用风险敞口。这些信息应当按照下列各类金融工具分别披露：

①按相当于未来12个月预期信用损失的金额计量损失准备的金融工具。

②按相当于整个存续期预期信用损失的金额计量损失准备的下列金融工具：第一，自初始确认后信用风险已显著增加的金融工具（但并非已发生信用减值的金融资产）；第二，在资产负债表日已发生信用减值但并非所购买或源生的已发生信用减值的金融资产；第三，应收账款、合同资产或者租赁应收款。

③购买或源生的已发生信用减值的金融资产。信用风险等级是指基于金融工具发生违约的风险对信用风险划分的等级。

（8）企业本期通过取得担保物或其他信用增级所确认的金融资产或非金融资产，应当披露下列信息：

①所确认资产的性质和账面价值。

②对于不易变现的资产，应当披露处置或拟将其用于日常经营的政策等。

（三）流动性风险披露

流动性风险，是指企业在履行以交付现金或其他金融资产的方式结算的义务时发生资金短缺的风险。流动性风险应披露的信息包括：

（1）企业应当披露金融负债按剩余到期期限进行的到期期限分析，以及管理这些金融负债流动性风险的方法：

①对于非衍生金融负债（包括财务担保合同），到期期限分析应当基于合同剩余到期期限。对于包含嵌入衍生工具的混合金融工具，应当将其整体视为非衍生金融负债进行披露。

②对于衍生金融负债，如果合同到期期限是理解现金流量时间分布的关键因素，到期期限分析应当基于合同剩余到期期限。

当企业将所持有的金融资产作为流动性风险管理的一部分，且披露金融资产的到期期限分析使财务报表使用者能够恰当地评估企业流动性风险的性质和范围时，企业应当披露金融资产的到期期限分析。

（2）企业在披露到期期限分析时，应当运用职业判断确定适当的时间段。列入各时间段内披露的金额，应当是未经折现的合同现金流量。

企业可以但不限于按下列时间段进行到期期限分析：① 1个月以内（含本数，下同）；② 1个月至3个月以内；③ 3个月至1年以内；④ 1年至5年以内；⑤5年以上。

（3）债权人可以选择收回债权时间的，债务人应当将相应的金融负债列入债权人可以要求收回债权的最早时间段内。

债务人应付债务金额不固定的，应当根据资产负债表日的情况确定到期期限分析所披露的金额。如分期付款的，债务人应当把每期将支付的款项列入相应的最早时间段内。

财务担保合同形成的金融负债，担保人应当将最大担保金额列入相关方可以要求支付的最早时间段内。

（4）企业应当披露流动性风险敞口汇总定量信息的确定方法。此类汇总定量信息中的现金（或另一项金融资产）流出符合以下条件之一的，应当说明相关事实，并提供有助于评价该风险程度的额外定量信息：

①该现金的流出可能显著早于汇总定量信息中所列示的时间。

②该现金的流出可能与汇总定量信息中所列示的金额存在重大差异。

（四）市场风险披露

金融工具的市场风险，是指金融工具的公允价值或未来现金流量因市场价格变动而发生波动的风险，包括汇率风险、利率风险和其他价格风险。汇率风险，是指金融工具的公允价值或未来现金流量因外汇汇率变动而发生波动的风险。汇率风险可源于以记账本位币之外的外币进行计价的金融工具。利率风险，是指金融工具的公允价值或未来现金流量因市场利率变动而发生波动的风险。利率风险可源于已确认的计息金融工具和未确认的金融工具（如某些贷款承诺）。其他价格风险，是指汇率风险和利率风险以外的市场价格变动而发生波动的风险，无论这些变动是由于与单项金融工具或其发行方有关的因素而引起的，还是由于与市场内交易的所有类似金融工具有关的因素而引起的。其他价格风险可源于商品价格或权益工具价格等的变化。对于市场风险，主要披露如下信息：

（1）在对市场风险进行敏感性分析时，应当以整个企业为基础，披露下列信息：

①资产负债表日所面临的各类市场风险的敏感性分析。该项披露应当反映资产负债表日相关风险变量发生合理、可能的变动时，将对企业损益和所有者权益产生的影响。对具有重大汇率风险敞口的每一种货币，应当分币种进行敏感性分析。

②本期敏感性分析所使用的方法和假设，以及本期发生的变化和原因。

（2）企业采用风险价值法或类似方法进行敏感性分析能够反映金融风险变量之间（如利率和汇率之间等）的关联性，且企业已采用该种方法管理金融风险的，可不进行披露，但应当披露下列信息：

①用于该种敏感性分析的方法、选用的主要参数和假设。

②所用方法的目的，以及该方法提供的信息在反映相关资产和负债公允价值方面的局限性。

七、金融资产转移的披露

企业应当就资产负债表日存在的所有未终止确认的已转移金融资产，以及对已转移金融资产的继续涉入按要求单独披露，包括下列两种情形：

（1）将收取金融资产现金流量的合同权利转移给另一方。

（2）将金融资产整体或部分转移给另一方，但保留收取金融资产现金流量的合同权利，并承担将收取的现金流量支付给一个或多个收款方的合同义务。企业对于金融资产转移所披露的信息，应当有助于财务报表使用者了解未整体终止确认的已转移金融资产与相关负债之间的关系，评价企业继续涉入已终止确认金融资产的性质和相关风险。

此处所指的继续涉入，是指企业保留了已转移金融资产中内在的合同权利或义务，或者取得了与已转移金融资产相关的新合同权利或义务。转出方与转入方签订的转让协议或与第三方单独签订的与转让相关的协议，都有可能形成对已转移金融资产的继续涉入。如果企业对已转移金融资产的未来业绩不享有任何利益，也不承担与已转移金融资产相关的任何未来支付义务，则不形成继续涉入。下列情形不形成继续涉入：①与转移的真实性以及合理、诚信和公平交易等原则有关的常规声明和保证，这些声明和保证可能因法律行为导致转移无效。②以公允价值回购已转移金融资产的远期、期权和其他合同。③使企业保留了收取金融资产现金流量的合同权利但承担了将收取的现金流量支付给一个或多个最终收款方的合同义务的安排，且这类安排满足《企业会计准则第23号——金融资产转移》中的三个条件。

金融资产转移应当披露如下信息：

（1）对于已转移但未整体终止确认的金融资产，应当按照类别披露下列信息：

①已转移金融资产的性质；

②仍保留的与所有权有关的风险和报酬的性质；

③已转移金融资产与相关负债之间关系的性质，包括因转移引起的对企业使用已转移金融资产的限制；

④在转移金融资产形成的相关负债的交易对手方仅对已转移金融资产有追索权的情况下，应当以表格形式披露所转移金融资产和相关负债的公允价值以及净头寸，即已转移金融资产和相关负债公允价值之间的差额；

⑤继续确认已转移金融资产整体的，披露已转移金融资产和相关负债的账面价值；

⑥按继续涉入程度确认所转移金融资产的，披露转移前该金融资产整体的账面价值、按继续涉入程度确认的资产和相关负债的账面价值。

（2）对于已整体终止确认但转出方继续涉入已转移金融资产的，应当至少按照类别披露下列信息：

①因继续涉入确认的资产和负债的账面价值和公允价值，以及在资产负债表中对应的项目。

②因继续涉入导致企业发生损失的最大风险敞口及确定方法。

③应当或可能回购已终止确认的金融资产需要支付的未折现现金流量（如期权协议中的行权价格）或其他应向转入方支付的款项，以及对这些现金流量或款项的到期期限分析。如果到期期限为一个区间，应当以企业必须或可能支付的最早日期为依据归入相应的时间段。到期期限分析应当分别反映企业应当支付的现金流量（如远期合同）、企业可能支付的现金流量（如签出看跌期权）以及企业可选择支付的现金流量（如购入看涨期权）。在现金流量不固定的情形下，上述金额应当基于每个资产负债表日的情况披露。

④金融资产转移日确认的利得或损失，以及因继续涉入已终止确认金融资产当期和累计确认的收益或费用（如衍生工具的公允价值变动）。

⑤终止确认产生的收款总额在本期分不均衡的（例如大部分转移金额在临近报告期末发生），应当披露本期最大转移活动发生的时间段、该段期间所确认的金额（如相关利得或损失）和收款总额。对上述定量信息的解释性说明，包括对已转移金融资产、继续涉入的性质和目的，以及企业所面临风险的描述等。其中，对企业所面临风险的描述包括以下

各项：第一，对继续涉入已终止确认金融资产的风险进行管理的方法。第二，企业是否应先于其他方承担有关损失，以及先于本企业承担损失的其他方应承担损失的顺序及金额。第三，向已转移金融资产提供财务支持或回购该金融资产的义务的触发条件。

企业在披露所规定的信息时，应当按照其继续涉入面临的风险敞口类型分类汇总披露。例如，可按金融工具类别（如担保或看涨期权）或转让类型（如应收账款保理、证券化和融券）分类汇总披露。企业对某项终止确认的金融资产存在多种继续涉入方式的，可按其中一类汇总披露。

本章小结

金融工具是指形成一个企业的金融资产，并形成其他单位的金融负债或权益工具的合同。金融工具包括金融资产、金融负债和权益工具。

金融工具可以分为基本金融工具（债券、股票等）和衍生金融工具（期货、期权、互换等）。

企业发行金融工具，应当按照该金融工具的实质，以及金融资产、金融负债和权益工具的定义，在初始确认时将该金融工具或其组成部分确认为金融资产、金融负债或权益工具。

本章讲述了金融工具以及金融资产转移的确认、计量和披露。

主要概念和观念

金融资产　金融负债　权益工具　金融资产转移

基本训练

知识题

1.举例说明金融工具有哪些分类。

2.金融资产的分类依据是什么？如何理解？

3.如何确认金融资产转移与否？

技能题

1.2×19年初，甲公司于某金融市场上购入一项金融资产（乙公司债券），该项金融资产的购买价为101万元，交易费用为1万元，预计剩余年限为5年。该债券由乙公司于2×18年年末发行，面值为100万元，票面利率为4%，实际利率为3.56%，每年年末付息，到期还本，不考虑减值计提。因该金融资产的合同现金流量特征为本金和利息，且甲公司持有该金融资产的业务模式是收取本金和利息，所以甲公司将该金融资产划分为以摊余成本计量的金融资产。该金融资产2×19年年末的公允价值为110万元。2×20年年初，管理层决定将该金融资产以105万的价格出售给丙公司，同时2×19年的利息已收到。

要求：（1）编制上述经济业务的相关会计分录。

（2）计算该金融资产的累计损益。

2.2×16年5月6日，A公司支付价款1 020万元（含交易费1万元和已宣告发放现金股利19万元），购入B公司发行的股票200万股，占B公司有表决权股份的0.5 %。A公司将其指定为以公允价值计量且其变动计入其他综合收益的非交易性权益工具投资。2×16年5

月10日，A公司收到乙公司发放的现金股利19万元。2×16年6月30日，该股票市价为每股5.2元。2×16年12月31日，A公司仍持有该股票；当日，该股票市价为每股5元。2×17年5月9日，B公司宣告发放股利4 000万元。2×17年5月13日，A公司收到B公司发放的现金股利。2×17年5月20日，甲公司由于某特殊原因，以每股4.9元的价格将股票全部转让。

要求：假定不考虑其他因素，编制A公司从2×16年5月6日至2×17年5月20日有关业务的会计分录。

能力题

A商业银行与B商业银行签订一笔贷款转让协议，A银行将该笔贷款90%的收益权转让给B银行，该笔贷款公允价值为1 100 000元，账面价值为1 000 000元。假定不存在其他服务性资产或负债，转移后该部分贷款的相关债权债务关系由B银行继承，当借款人不能偿还该笔贷款时，也不能向A银行追索，同时不考虑其他相关因素。

要求：（1）判断A商业银行应否终止确认。

（2）计算终止确认和未终止确认部分各自的公允价值。

（3）将贷款整体的账面价值在终止确认部分和未终止确认部分进行分摊。

（4）确认此项转移的损益。

（5）编制A商业银行的会计分录。

第四章

政府补助

学习目标

通过本章的学习，应该达到以下目标：在知识方面，了解政府补助的概念、特点、形式和类型；在技能方面，掌握政府补助的确认和计量的规定；在能力方面，能够运用政府补助准则的相关规定，对与资产相关的政府补助、与收益相关的政府补助、财政贴息等进行准确的核算。

案　例

2×19年2月，乙企业与所在城市的开发区人民政府签订了项目合作投资协议，实施“退城进园”技改搬迁。根据协议，乙企业在开发区内投资约10亿元建设电子信息设备生产基地。生产基地占地面积1 000亩，该宗项目用地按开发区工业用地基准地价挂牌出让，乙企业摘牌并按挂牌出让价格缴纳土地款及相关税费1.2亿元。

乙企业自开工之日起须在18个月内完成搬迁工作，从原址搬迁至开发区，同时将乙企业位于城区繁华地段的原址用地（500亩，按照所在地段工业用地基准地价评估为2.5亿元）移交给开发区政府收储，开发区政府将向乙企业支付补偿资金2.5亿元。

要求结合案例分析乙企业收到的2.5亿元搬迁补偿资金是否作为政府补助处理，如何处理。另外，我国一些新能源企业风力发电补贴、处置废弃电子产品补贴等，是否属于准则所规范的政府补助？

本章主要阐述政府补助的定义、特征、形式、类型，以及政府补助的确认与计量等问题。

第一节　政府补助概述

一个国家的政府向企业提供经济支持，以鼓励或支持特定行业/地区或领域的发展，是政府进行宏观调控的重要手段。政府补助会计是国际上比较关注的议题，国际会计准则委员会、英国、中国香港等均制定了专门准则对其进行规范。由于我国政府补助形式较多，对企业影响较大，也是我国会计上亟待解决的问题。早在1993年，财政部就将政府补助准则列入准则项目计划，并于1994年发布了征求意见稿，广泛征求了有关方面的意见。由于当时条件尚不成熟，财政部没有下发政府补助准则，尽管如此，财政部在随后下发的《企业会计制度》《金融企业会计制度》等新制度中，吸收了当时的一些意见，对政府补助会计作出了规定。这些规定还存在一些不足，主要是不够系统，而且也没有提出具体的披露要求。这些不足需要通过专门的准则加以弥补。而且有了专门的准则，更便于企业操作，同时又有利于提高政府补助信息的透明度，更好地应对世贸规则提出的要求。

我国政府补助内容多、项目多，如对生产或储备粮、棉、油等产品的企业给予的定额补助，这些生活必需品涉及千家万户，其价格往往不能随行就市，售价低于成本造成的损失需要由政府来弥补。再如，为了促进环境保护，政府对符合条件的企业实行增值税先征后返政策，返还的税款专项用于环保支出。

在国际会计准则中，关于政府补助的内容有两个准则：一个是第20号准则《政府补助会计和政府援助的披露》（1994年）；另一个是第41号准则《农业》（2003年1月1日生效），在这个准则中有一章政府补助。由于第20号准则发布较早，因此，在开始制定政府补助准则时主要参照第41号准则，把政府补助分为附条件的政府补助和不附条件的政府补助。在与IASB协调时，IASB认为，第41号准则不是很理想，最终又回到第20号准则的思路，将政府补助分为与资产相关的政府补助和与收益相关的政府补助。

2006年实施的政府补助准则及其应用指南至今已有十几年时间，随着经济业务日益复杂，政府补助准则执行中存在的一些问题也逐渐显现，如政府补助和收入的明确区分、会计科目的使用、财政贴息的会计处理等。为了切实解决我国企业相关会计实务问题，进一步规范我国政府补助的确认、计量和披露，提高会计信息质量，财政部结合我国实际，同时保持与国际财务报告准则的持续趋同，于2017年5月印发了修订的《企业会计准则第16号——政府补助》①。为了便于理解，财政部于2018年2月7日发布了《关于政府补助准则有关问题的解读》。这些相关的准则与解读是学习政府补助的法律依据。

一、政府补助的定义和特征

（一）政府补助的定义

根据政府补助准则的规定，政府补助是指企业从政府无偿取得货币性资产或非货币性资产。其主要形式包括政府对企业的无偿拨款、税收返还、财政贴息，以及无偿给予非货币性资产等。通常情况下，直接减征、免征、加计扣除、抵免部分税款等不涉及资产直接转移的经济资源，不适用政府补助准则。但是，部分减免税款需要按照政府补助准则进行会计处理。例如，属于一般纳税人的加工型企业根据税法规定招用自主就业退役士兵，并按定额扣减增值税的，应当将减征的税款计入当期损益，借记“应交税费——应交增值税（减免税款）”科目，贷记“其他收益”科目。需要说明的是，增值税出口退税不属于政府补助。根据税法规定，在对出口货物取得的收入免征增值税的同时，退还出口货物前道环节发生的进项税额，增值税出口退税实际上是政府退回企业事先垫付的进项税额，因此不属于政府补助。

---

① 修订后的《企业会计准则第16号——政府补助》于2017年6月12日起施行。

（二）政府补助的特征

基于对政府补助定义的理解，政府补助具有以下几个基本特征：

1.政府补助是来源于政府的经济资源

政府主要是指行政事业单位及类似机构。对于企业收到的来源于其他方的补助，如果有确凿证据表明政府是补助的实际拨付者，其他方只起到代收代付作用的，则该项补助也属于来源于政府的经济资源。例如，某集团公司母公司收到一笔政府补助款，有确凿证据表明该补助款实际的补助对象为该母公司下属子公司，母公司只是起到代收代付作用，在这种情况下，该补助款属于对子公司的政府补助。

需要说明的是，企业从政府取得的经济资源，如果与企业销售商品或提供服务等活动密切相关，且来源于政府的经济资源是企业商品或服务的对价或者是对价的组成部分，应当按照《企业会计准则第14号——收入》的规定进行会计处理，不适用政府补助准则。另外，所得税减免适用《企业会计准则第18号——所得税》的规定，不适用政府补助准则。

2.政府补助是无偿的、有条件的

企业取得来源于政府的经济资源，不需要向政府交付商品或服务等对价，即政府向企业提供补助，政府并不因此而享有企业的所有权，企业未来也不需要以提供服务、转让资产等方式偿还。无偿性是政府补助的基本特征。换句话说，政府与企业之间双向、互惠的交易不属于政府补助。

政府补助通常附有一定的条件，主要包括两个方面：一是政策条件。企业只有符合政府补助政策的规定，才有资格申请政府补助。符合政策规定不一定都能够取得政府补助；不符合政策规定、不具备申请政府补助资格的，不能取得政府补助。二是使用条件。企业已获批准取得政府补助的，应当按照政府规定的用途使用。

3.政府资本性投入不属于政府补助

政府以投资者身份向企业投入资本，享有企业相应的所有权，企业有义务向投资者分配利润，政府与企业之间是投资者与被投资者的关系，属于互惠交易。政府拨入的投资补助等专项拨款中，国家相关文件要求作为所有者权益处理的，也属于资本性投入的性质。政府的资本性投入无论采用何种形式，均不属于政府补助。属于政府资本性投入，形成长期资产的部分转入资本公积，未形成长期资产的部分予以核销。

【例4-1】甲企业是一家生产和销售高效照明产品的企业。国家为了支持高效照明产品的推广使用，通过统一招标的形式确定中标企业、高效照明产品及其中标协议供货价格。甲企业作为中标企业，需以中标协议供货价格减去财政补贴资金后的价格将高效照明产品销售给终端用户，并按照高效照明产品实际安装数量、中标供货协议价格、补贴标准，申请财政补贴资金。2×19年度，甲企业因销售高效照明产品获得财政资金5 000万元。

本例中，甲企业虽然取得财政补贴资金，但最终受益人是从甲企业购买高效照明产品的大宗用户和城乡居民，相当于政府以中标协议供货价格从甲企业购买了高效照明产品，再以中标协议供货价格减去财政补贴资金后的价格将产品销售给终端用户。实际操作时，政府并没有直接从事高效照明产品的购销，但以补贴资金的形式通过甲企业的销售行为实现了政府推广使用高效照明产品的目标。对甲企业而言，销售高效照明产品是其日常经营活动，甲企业仍按照中标协议供货价格销售了产品，其销售收入由两部分构成：一是终端用户支付的购买价款；二是财政补贴资金，财政补贴资金是甲企业产品对价的组成部分。可见，甲企业收到的补贴资金5 000万元应当按照收入准则的规定进行会计处理。

【例4-2】2×20年2月，乙企业与所在城市的开发区人民政府签订了项目合作投资协议，实施“退城进园”技改搬迁。根据协议，乙企业在开发区内投资约4亿元建设电子信息设备生产基地。生产基地占地面积400亩，该宗项目用地按开发区工业用地基准地价挂牌出让，乙企业摘牌并按挂牌出让价格缴纳土地款及相关税费4 800万元。乙企业自开工之日起须在18个月内完成搬迁工作，从原址搬迁至开发区，同时将乙企业位于城区繁华地段的原址用地（200亩，按照所在地段工业用地基准地价评估为1亿元）移交给开发区人民政府收储，开发区人民政府将向乙企业支付补偿资金1亿元。

本例中，为实施“退城进园”技改搬迁，乙企业将其位于城区繁华地段的原址用地移交给开发区人民政府收储，开发区人民政府为此向乙企业支付补偿资金1亿元。由于开发区人民政府对乙企业的搬迁补偿是基于乙企业原址用地的公允价值确定的，实质是政府按照相应资产的市场价格向企业购买资产，企业从政府取得的经济资源是企业让渡其资产的对价，双方的交易是互惠性交易，不符合政府补助无偿性的特点，所以乙企业收到的1亿元搬迁补偿资金不作为政府补助处理，而应作为处置非流动资产的收入。

【例4-3】丙企业是一家生产和销售重型机械的企业。为推动科技创新，丙企业所在地政府于2×20年2月向丙企业拨付了3 000万元资金，要求丙企业将这笔资金用于技术改造项目研究，研究成果归丙企业所有。

本例中，丙企业的日常经营活动是生产和销售重型机械，其从政府取得了3 000万元资金用于研发支出，且研究成果归丙企业所有。所以这项财政拨款具有无偿性，丙企业收到的3 000万元资金应当按照政府补助准则的规定进行会计处理。

【例4-4】2×19年12月，甲公司收到财政部门拨款2 000万元，系对甲公司2×19年执行国家计划内政策价差的补偿。甲公司A商品售价为5万元/台，成本为2.5万元/台，但在纳入国家计划内政策体系后，甲公司对国家规定范围内的用户销售A商品的售价为3万元/台，国家财政给予2万元/台的补贴。2×19年甲公司共销售政策范围内A商品1 000台。假设不考虑增值税等相关税费的影响，要求分析甲公司自财政部门取得的款项是否属于政府补助，如何进行会计处理？

本例中，甲公司自财政部门取得的款项不属于政府补助，该款项与具有明确商业实质的交易相关，不是公司自国家无偿取得的现金流入，应作为企业正常销售价款的一部分。会计处理如下：

借：应收账款等	50 000 000	
贷：主营业务收入		50 000 000
借：主营业务成本	25 000 000	
贷：库存商品		25 000 000

【例4-5】A公司为上市公司，受政府委托进口医药类特种原料M，再将M销售给国内的生产企业，加工出产品N销售给最终顾客。产品N的销售价格由政府确定。由于国际市场上原料M的价格上涨，而国内产品N的价格保持稳定不变，形成进销倒挂的局面。A公司销售给生产企业的时候以原料M的进口价格为基础定价，国家财政对生产企业进行补

贴；国家补贴款管理为限定A公司对生产企业的销售价格，然后对A公司的进销差价损失由国家财政给予返还，差价返还金额以销售价格减去加权平均采购成本的价差乘以销售给生产企业的数量计算。要求分析A公司收到的差价返还款是否作为政府补助进行处理。

本例中，A公司从政府无偿取得货币资产，从形式上看符合政府补助的定义，按照政府补助准则，收到的政府补助应当确认在“营业外收入”中。但是这样处理会导致A公司的报表呈现主营业务的负毛利和较大金额的营业外收入，这样的结果不能反映企业的真实经营状况。从交易实质看，是A公司代替政府履行从国外采购原料的职能，也就是说，A公司从政府取得的资产并不是无偿的，而是交易对价的一部分。将在同一项交易中针对同一标的资产从指定企业收到的销售款作为收入，而将从政府收到的对价部分确认为营业外收入，这样处理在一定程度上并没有公允地反映交易实质。从公司经营模式看，从国外进口原料M，按照固定价格销售给指定企业，然后从政府获取差价就是A公司的日常经营方式。从收入的定义看，收入是“企业在日常活动中形成的、会导致所有者权益增加的、与所有者投入资本无关的经济利益的总流入”，从政府收取的对价属于企业的日常活动，更符合收入的界定。

综上所述，A公司收到的差价返还款不应作为政府补助进行处理。A公司与政府发生交易所取得的收入，如果该交易具有商业实质，且与企业销售商品或提供劳务等日常经营活动密切相关的，应当按照收入准则的规定进行会计处理。

二、政府补助的主要形式

政府补助表现为政府向企业转移资产，通常为货币性资产，也可能为非货币性资产。政府补助主要有以下四种形式：

（一）财政拨款

财政拨款是政府无偿拨付给企业的资金，通常在拨款时明确规定了资金用途。比如，财政部门拨付给企业用于购建固定资产或进行技术改造的专项资金，鼓励企业安置职工就业而给予的奖励款项，拨付企业的粮食定额补贴，拨付企业开展研发活动的研发经费等，均属于财政拨款。

（二）财政贴息

财政贴息是政府为支持特定领域或区域发展，根据国家宏观经济形势和政策目标，对承贷企业的银行贷款利息给予的补贴。财政贴息主要有两种方式：一是财政将贴息资金直接拨付给受益企业，属于准则规范的政府补助；二是财政将贴息资金拨付给贷款银行，由贷款银行以政策性优惠利率向企业提供贷款，受益企业按照实际发生的利率计算和确认利息费用，这种补助不属于准则规范的政府补助。

（三）税收返还

税收返还是政府按照国家有关规定采取先征后返（退）、即征即退等办法向企业返还的税款，属于以税收优惠形式给予的一种政府补助。

除税收返还外，税收优惠还包括直接减征、免征、加计扣除、抵免部分税额等形式。这类税收优惠并未直接向企业无偿提供资产，不作为本准则规范的政府补助。

此外，增值税出口退税也不属于政府补助。税法对出口货物实行零税率，即对出口环节的增值部分免征增值税，同时退回出口货物前道环节所征的进项税额。由于增值税属于价外税，出口货物前道环节所含的进项税额是抵扣项目，体现为企业垫付资金的性质，因此增值税出口退税实质上是政府归还企业事先垫付的资金，因而不属于准则所称的政府补助。

（四）无偿划拨非货币性资产

无偿划拨非货币性资产，如行政划拨土地使用权、天然起源的天然林等。

三、政府补助的分类

确定了来源于政府的经济利益属于政府补助后，还应当对其进行恰当的分类。根据政府补助给企业带来经济利益或者弥补相关成本或费用的形式不同，可以将政府补助划分为与资产相关的政府补助和与收益相关的政府补助。

（一）与资产相关的政府补助

与资产相关的政府补助（a grant relating to assets），是指企业取得的、用于购建或以其他方式形成长期资产（如固定资产、无形资产等）的政府补助。通常情况下，相关补助文件会要求企业将补助资金用于取得长期资产。长期资产将在较长的期间内给企业带来经济利益，会计上有两种处理方法可供选择：一是将与资产相关的政府补助确认为递延收益，随着资产的使用而逐步结转计入损益；二是将补助冲减资产的账面价值，以反映长期资产的实际取得成本。

（二）与收益相关的政府补助

与收益相关的政府补助（a grant relating to income），是指除与资产相关的政府补助之外的政府补助。此类补助主要是用于补偿企业已发生或即将发生的费用或损失。受益期相对较短，所以通常在满足补助所附条件时计入当期损益或冲减相关成本。

第二节 政府补助的会计处理

一、政府补助会计处理的一般规定

（一）政府补助的确认条件

根据政府补助准则的规定，政府补助同时满足下列条件的，才能予以确认：一是企业能够满足政府补助所附条件；二是企业能够收到政府补助。

（二）政府补助计量的规定

1.货币性资产形式的政府补助

政府补助为货币性资产的，应当按照收到或应收的金额计量。如果企业已经实际收到补助资金，应当按照实际收到的金额计量；如果资产负债表日企业尚未收到补助资金，但企业在符合了相关政策规定后就相应获得了收款权，且与之相关的经济利益很可能流入企业，企业应当在这项补助成为应收款时按照应收的金额计量。

2.非货币性资产形式的政府补助

政府补助为非货币性资产的，应当按照公允价值计量；公允价值不能可靠取得的，按照名义金额计量。

如果该资产附带的有关文件、协议、发票、报关单等凭证注明的价值与公允价值差异不大，则应以有关凭证中注明的价值作为公允价值。

如果没有注明价值或注明价值与公允价值差异较大，但有活跃市场，则应根据有确凿证据表明的同类或类似资产市场价格作为公允价值。

如果没有注明价值，且没有活跃市场、不能可靠取得公允价值，则应按照名义金额计量，名义金额为1元。

二、政府补助的会计处理方法

理论上，政府补助的会计处理方法主要有两种：资本法和收益法。

所谓资本法，是指将政府补助直接计入所有者权益。支持资本法的理由有两点：

（1）由于政府补助是一种财务手段，应该在企业的资产负债表中处理，而不应该通过利润表来抵销其融资的费用项目。由于预计不必归还，政府补助应直接贷记所有者权益（或股东权益）。

（2）在利润表中确认政府补助是不恰当的，因为它们不是赚来的，而是在没有相关费用的情况下由政府给予的一种补助。

所谓收益法，是指将政府补助计入当期收益或递延收益。支持收益法的理由有三点：

（1）由于政府补助是由股东以外的资金来源取得的，所以不应该直接贷记所有者权益（或股东权益），但应该在适当期间内确认为收益。

（2）企业是通过符合补助的条件并履行随之而来的义务而获得这些补助的。因此，它们应该确认为收益，并与打算用补助来弥补的有关费用相配比。

（3）像所得税和其他税费是从收益中开支的一样，政府补助作为财政政策的一种延伸，在利润表中也对政府补助加以处理是合乎逻辑的。

国际会计准则、英国和中国香港会计准则均要求采用收益法，美国虽无专门的会计准则，但在其有关会计准则中要求采用的也是收益法。

政府补助的无偿性决定了其应当最终计入损益而非直接计入所有者权益。按照我国政府补助准则的规定，收益法下的政府补助又具体分为两种方法：总额法和净额法。总额法是在确认政府补助时，将其全额确认为收益，而不是作为相关资产账面价值或者费用的扣减。净额法是将政府补助作为相关资产账面价值或者所补偿费用的扣减。

根据《企业会计准则——基本准则》的要求，同一企业不同时期发生的相同或者相似的交易或者事项，应当采用一致的会计政策，不得随意变更。确需变更的，应当在附注中说明。企业应当根据经济业务的实质，判断某一类政府补助业务应当采用总额法还是净额法。通常情况下，对同类或类似政府补助业务只能选用一种方法，同时，企业对该业务应当一贯地运用该方法，不得随意变更。企业对某些补助只能采用一种方法，例如，对一般纳税人增值税即征即退只能采用总额法进行会计处理。

与企业日常活动相关的政府补助，应当按照经济业务实质，计入其他收益或冲减相关成本费用。与企业日常活动无关的政府补助，应当计入营业外收支。通常情况下，企业应当按照下列条件判断一项政府补助是否与日常活动相关：

①政府补助补偿的成本费用是营业利润之中的项目；

②政府补助与日常销售等经营行为密切相关（如增值税即征即退等）。

企业选择总额法对与日常活动相关的政府补助进行会计处理的，应增设“其他收益”

科目进行核算。“其他收益”科目核算总额法下与日常活动相关的政府补助以及其他与日常活动相关且应直接计入该科目的项目。对于总额法下与日常活动相关的政府补助，企业在实际收到或应收时，或者将先确认为“递延收益”的政府补助分摊计入损益时，借记“银行存款”“其他应收款”“递延收益”等科目，贷记“其他收益”科目。

三、与资产相关的政府补助的会计处理

实务中，企业通常先收到补助资金，再按照政府要求将补助资金用于购建固定资产或无形资产等长期资产。企业在收到补助资金时，有两种会计处理方法可供选择：一是总额法，即按照补助资金的金额借记有关资产科目，贷记“递延收益”科目；然后在相关资产使用寿命内按照合理、系统的方法分期计入损益。如果企业先收到补助资金，再购建长期资产，则应当在开始对相关资产计提折旧或摊销时开始将递延收益分期计入损益；如果企业先开始购建长期资产，再收到补助资金，则应当在相关资产的剩余使用寿命内按照合理、系统的方法将递延收益分期计入损益。企业对于资产相关的政府补助选择总额法后，为避免出现前后方法不一致的情况，结转递延收益时不得冲减相关成本费用，而是将递延收益分期转入其他收益或营业外收入，借记“递延收益”科目，贷记“其他收益”或“营业外收入”科目。相关资产在使用寿命结束时或结束前被处置（出售、转让、报废或发生毁损），应当将尚未分摊的递延收益余额一次性转入资产处置当期的损益，不再予以递延。二是净额法，将补助冲减相关资产账面价值，企业按照扣减了政府补助后的资产价值对相关资产计提折旧或进行摊销。按照名义金额计量的政府补助，直接计入当期损益。

需要注意的是，自长期资产可供使用时起，按照长期资产的预计使用期限，将递延收益分摊转入当期损益。递延收益分配的起点是“相关资产可供使用时”，对于应计提折旧或摊销的长期资产，即为资产开始折旧或摊销的时点。递延收益分配的终点是“资产使用寿命结束或资产被处置时（孰早）”。

实务中存在政府无偿给予企业长期非货币性资产的情况，如无偿给予的土地使用权和天然起源的天然林等。对无偿给予的非货币性资产，企业在收到时，应当按照公允价值借记有关资产科目，贷记“递延收益”科目，在相关资产使用寿命内按合理、系统的方法分期计入损益，借记“递延收益”科目，贷记“其他收益”或“营业外收入”科目。

企业取得的与资产相关的政府补助在总额法与净额法下的会计处理如表4-1所示。

表4-1　**与资产相关的政府补助的会计处理**

	总额法	净额法
先取得与资产相关的政府补助，再确认所购建的长期资产	应当在开始对相关资产计提折旧或进行摊销时按照合理、系统的方法将递延收益分期计入当期收益	应当在相关资产达到预定可使用状态或预定用途时将递延收益冲减资产账面价值
相关长期资产投入使用后，再取得与资产相关的政府补助	应当在相关资产的剩余使用寿命内按照合理、系统的方法将递延收益分期计入当期收益	应当在取得政府补助时冲减相关资产的账面价值，并按照冲减后的账面价值和相关资产的剩余使用寿命计提折旧或进行摊销

【例4-6】按照国家有关政策，企业购置环保设备可以申请补贴以补偿其环保支出。丁企业于2×19年1月向政府有关部门提交了210万元的补助申请，作为对其购置环保设备的补贴。2×19年3月15日，丁企业收到了政府补贴款210万元，与日常活动相关。2×19

年4月20日，丁企业购入不需要安装环保设备，实际成本为480万元，使用寿命为10年，采用直线法计提折旧，不考虑净残值。2×27年4月，丁企业的这台设备发生毁损。本例中不考虑相关税费。丁企业的账务处理如下（分录中的金额以万元为单位）：

方法一：丁企业选择总额法进行会计处理

（1）2×19年3月15日实际收到财政拨款，确认递延收益：

借：银行存款　　210

　贷：递延收益　　210

（2）2×19年4月20日购入设备：

借：固定资产　　480

　贷：银行存款　　480

（3）自2×19年5月起，每个资产负债表日（月末）计提折旧，同时分摊递延收益。

①计提折旧（假设该设备用于污染物排放测试，折旧费用计入制造费用）：

借：制造费用　　4

　贷：累计折旧　　4

②月末分摊递延收益：

借：递延收益　　1.75

　贷：其他收益　　1.75

（4）2×27年4月设备毁损，同时转销递延收益余额。

①设备毁损：

借：固定资产清理　　96

　　累计折旧　　384

　贷：固定资产　　480

借：营业外支出　　96

　贷：固定资产清理　　96

②转销递延收益余额：

借：递延收益　　42

　贷：营业外收入　　42

方法二：丁企业选择净额法进行会计处理

（1）2×19年3月15日实际收到财政拨款：

借：银行存款　　210

　贷：递延收益　　210

（2）2×19年4月20日购入设备：

借：固定资产　　480

　贷：银行存款　　480

同时：

借：递延收益　　210

　贷：固定资产　　210

（3）自2×19年5月起，每个资产负债表日（月末）计提折旧：

借：制造费用　　2.25

贷：累计折旧 2.25

（4）2×27年4月设备毁损：

借：固定资产清理 54

累计折旧 216

贷：固定资产 270

借：营业外支出 54

贷：固定资产清理 54

四、与收益相关的政府补助的会计处理

对于与收益相关的政府补助，企业可以选择采用总额法或净额法进行会计处理。选择总额法的，应当计入其他收益或营业外收入。选择净额法的，应当冲减相关成本费用或营业外支出。

（1）用于补偿企业以后期间的相关成本费用或损失的，在收到时应当先判断企业能否满足政府补助所附条件。根据政府补助准则的规定，只有满足政府补助确认条件的才能予以确认。客观情况通常表明企业能够满足政府补助所附条件，企业应当将补助确认为递延收益，并在确认相关成本费用或损失的期间，计入当期损益或冲减相关成本。

【例4-7】甲企业于2×17年3月15日与企业所在地地方政府签订合作协议，根据协议约定，当地政府向甲企业提供1 000万元奖励基金，用于企业的人才激励和人才引进奖励，甲企业必须按年向当地政府报送详细的资金使用计划，并按规定用途使用资金。协议同时还约定，甲企业自获得奖励起10年内注册地址不迁离本区，否则政府有权追回奖励资金。甲企业于2×17年4月10日收到1 000万元补助资金，分别在2×17年12月、2×18年12月、2×19年12月使用了400万元、300万元、300万元，用于发放给总裁级别高管年度奖金。

本例中，甲企业应当在实际收到补助资金时先判断是否满足递延收益确认条件。如果客观情况表明甲企业在未来10年内离开该地区的可能性很小，比如通过成本效益分析认为甲企业迁离该地区的成本大大高于收益，则甲企业在收到补助资金时应当记入“递延收益”科目，实际按规定用途使用补助资金时，再计入当期损益。

甲企业选择净额法对此类补助进行会计处理，其账务处理如下（分录中的金额以万元为单位）：

（1）2×17年4月10日甲企业实际收到补助资金：

借：银行存款 1 000

贷：递延收益 1 000

（2）2×17年12月、2×18年12月、2×19年12月甲企业将补贴资金发放给高管作为奖金，相应结转递延收益：

①2×17年12月：

借：递延收益 400

贷：管理费用 400

②2×18年12月：

借：递延收益 300

贷：管理费用 300

③2×19年12月：

借：递延收益　　300

　贷：管理费用　　300

如果甲企业在收到补助资金时暂时无法确定能否满足政府补助所附条件（即在未来10年内不得离开该地区），则应当将收到的补助资金先记入“其他应付款”科目，待客观情况表明企业能够满足政府补助所附条件后再转入“递延收益”科目。

（2）用于补偿企业已发生的相关成本费用或损失的，直接计入当期损益或冲减相关成本。这类补助通常与企业已经发生的行为有关，是对企业已发生的成本费用或损失的补偿，或是对企业过去行为的奖励。

【例4-8】丙企业生产一种先进的模具产品，按照国家相关规定，该企业的这种产品适用增值税先征后返政策，即先按规定征收增值税，然后按实际缴纳增值税税额返还70%。2×20年1月，该企业实际缴纳增值税税额120万元。2×20年2月，该企业实际收到返还的增值税税额84万元。会计分录为：

借：银行存款　　840 000

　贷：其他收益　　840 000

【例4-9】乙企业销售其自主开发生产的动漫软件，按照国家有关规定，该企业的这种产品适用增值税即征即退政策，按13%的税率征收增值税后，对其增值税实际税负超过3%的部分，实行即征即退。乙企业2×20年8月在进行纳税申报时，对归属于7月的增值税即征即退提交退税申请，经主管税务机关审核后的退税额为10万元。软件企业即征即退增值税属于与企业的日常销售密切相关，属于与企业日常活动相关的政府补助。乙企业2×20年8月申请退税并确定了增值税退税额，账务处理如下：

借：其他应收款　　100 000

　贷：其他收益　　100 000

【例4-10】丙企业2×19年11月遭受重大自然灾害，并于2×19年12月20日收到了政府补助资金200万元。

2×19年12月20日，丙企业实际收到补助资金并选择按总额法进行会计处理，其账务处理如下：

借：银行存款　　2 000 000

　贷：营业外收入　　2 000 000

【例4-11】丁企业是集芳烃技术研发、生产于一体的高新技术企业。芳烃的原料是石脑油。石脑油按照成品油项目在生产环节征消费税。根据国家有关规定，对使用燃料油、石脑油生产乙烯芳烃的企业购进并用于生产乙烯芳烃类化工产品的石脑油、燃料油，按实际耗用数量退还所含消费税。假设丁企业石脑油单价为5 333元/吨（其中，消费税2 105元/吨）。本期将115吨石脑油投入生产，石脑油转换率为1.15：1（即1.15吨石脑油可生产1吨乙烯芳烃），共生产乙烯芳烃100吨。丁企业根据当期产量及所购原料供应商的消费税证明，申请退还相应的消费税。当期应退消费税为242 075元（100×1.15×2 105），丁企业在期末结转存货成本和主营业务成本之前，账务处理如下：

借：其他应收款　　242 075

　贷：生产成本　　242 075

五、政府补助退回的会计处理

已计入损益的政府补助需要退回的，应当在需要退回的当期分情况按照以下规定进行会计处理：

（1）初始确认时冲减相关资产账面价值的，调整资产账面价值；

（2）存在相关递延收益的，冲减相关递延收益账面余额，超出部分计入当期损益；

（3）属于其他情况的，直接计入当期损益。

此外，对于属于前期差错的政府补助退回，应当按照前期差错更正进行追溯调整。

【例4-12】接【例4-6】，假设2×20年5月，有关部门在对丁企业的检查中发现，丁企业不符合申请补助的条件，要求丁企业退回补助款。丁企业于当月退回了补助款210万元。

丁企业的账务处理如下：

方法一：丁企业选择总额法进行会计处理，应当结转递延收益，并将超出部分计入当期损益。因为以前期间计入其他收益，所以本例中这部分退回的补助冲减应退回当期的其他收益。

2×20年5月丁企业退回补助款时：

借：递延收益　　1 890 000

　　其他收益　　210 000

　贷：银行存款　　2 100 000

方法二：丁企业选择净额法进行会计处理，应当视同一开始就没有收到政府补助，调整固定资产的账面价值，将实际退回金额与账面价值调整数之间的差额计入当期损益。因为本例中以前期间实际冲减了制造费用，所以本例中这部分退回的补助补记退回当期的制造费用。

2×20年5月丁企业退回补助款时：

借：固定资产　　1 890 000

　　制造费用　　210 000

　贷：银行存款　　2 100 000

【例4-13】甲企业于2×16年11月与某开发区政府签订合作协议，在开发区内投资设立生产基地。协议约定，开发区政府自协议签订之日起6个月内向甲企业提供300万元产业补贴资金用于奖励该企业在开发区内投资，甲企业自获得补贴起5年内注册地址不迁离本区。如果甲企业在此期限内提前搬离开发区，开发区政府允许甲企业按照实际留在本区的时间保留部分补贴，并按剩余时间追回补贴资金。甲企业于2×17年1月3日收到补贴资金。

假设甲企业在实际收到补助资金时，客观情况表明甲企业在未来5年内搬离开发区的可能性很小，甲企业应当在收到补助资金时记入“递延收益”科目。由于协议约定如果甲企业提前搬离开发区，开发区政府有权追回部分补助，说明企业每留在开发区一年，就有权取得与这一年相关的补助，与这一年补助有关的不确定性基本消除，补贴收益得以实现，所以甲企业应当将该补助在5年内平均摊销结转计入损益。甲企业的账务处理如下：

（1）2×17年1月3日甲企业实际收到补贴资金：

借：银行存款　　3 000 000

　贷：递延收益　　3 000 000

（2）2×17年12月31日及以后年度，甲企业分期将递延收益结转计入当期损益：

借：递延收益　　600 000

贷：其他收益　　600 000

假设2×19年1月，甲企业因重大战略调整，搬离开发区，开发区政府根据协议要求甲企业退回补贴款180万元：

借：递延收益　　1 800 000

　贷：其他应付款　　1 800 000

六、特定业务的会计处理

（一）综合性项目政府补助的会计处理

综合性项目政府补助，是指同时包含与资产相关部分和与收益相关部分的政府补助。对于综合性项目的政府补助，企业需要将其进行分解并分别进行会计处理；难以区分的，企业应当将其整体归类为与收益相关的政府补助进行会计处理。

【例4-14】甲公司2×16年12月申请某国家级研发补贴。申报书中的有关内容如下：本公司于2×16年1月启动数字印刷技术开发项目，预计总投资3 600万元，为期3年，已投入资金1 200万元。项目还需新增投资2 400万元（其中，购置固定资产1 200万元、场地租赁费600万元、人员费300万元、市场营销费300万元），计划自筹资金1 200万元、申请财政拨款1 200万元。

2×17年1月1日，主管部门批准了甲公司的申报，签订的补贴协议规定：批准甲公司补贴申请，共补贴款项1 200万元，分两次拨付。申请批准日拨付600万元，结项验收时拨付600万元。该开发项目假定于2×18年年末完工，2×19年3月1日通过验收并收到第二笔补贴款。假设按年分配递延收益。甲公司对政府补助采用总额法处理。甲公司的账务处理如下（分录中的金额以万元为单位）：

（1）2×17年1月1日，实际收到拨款600万元：

借：银行存款　　600

　贷：递延收益　　600

（2）自2×17年1月1日至2×18年12月31日，每个资产负债表日，分配递延收益：

借：递延收益　　300

　贷：营业外收入　　300

（3）2×19年项目通过验收，于3月1日实际收到拨款600万元：

借：银行存款　　600

　贷：营业外收入　　600

【例4-15】2×19年6月15日，某市科技创新委员会与乙企业签订了科技计划项目合同书，拟对乙企业的新药临床研究项目提供研究补助资金。该项目总预算为600万元，其中，市科技创新委员会资助200万元，乙企业自筹400万元。政府补助的200万元用于补助设备费60万元，材料费15万元，测试化验加工费95万元，差旅费10万元，会议费5万元，专家咨询费8万元，管理费用7万元，本例中除设备外的其他各项费用都计入研究支出。市科技创新委员会应当在合同签订之日起30日内将资金拨付给乙企业。根据双方约定，乙企业应当按照合同规定的开支范围，对市科技创新委员会资助的经费实行专款专用。项目实施期限为自合同签订之日起30个月，期满后乙企业如未通过验收，在该项目实施期满后3年内不得再向市政府申请科技补贴资金。乙企业于2×19年7月10日收到补助资金，在项目期内按照合同约定的用途使用了补助资金，其中，乙企业于2×19年7月25日按项目合同书的约定购置了相关设备，设备成本150万元，其中使用补助资金60万元，该设备使用年限为10年，采用直线法计提折旧（不考虑净残值）。假设本例中不考虑相关税费。

本例中，乙企业收到的政府补助是综合性项目政府补助，需要区分与资产相关的政府补助和与收益相关的政府补助并分别进行处理，假设乙企业对收到的与资产相关的政府补助选择净额法进行会计处理。乙企业的账务处理如下：

（1）2×19年7月10日乙企业实际收到补助资金时：

借：银行存款　　2 000 000

　贷：递延收益　　2 000 000

（2）2×19年7月25日购入设备：

借：固定资产　　1 500 000

　贷：银行存款　　1 500 000

借：递延收益　　600 000

　贷：固定资产　　600 000

（3）自2×19年8月起每个资产负债表日（月末）计提折旧，折旧费用计入研发支出：

借：研发支出　　7 500

　贷：累计折旧　　7 500

（4）对其他与收益相关的政府补助，乙企业应当按照相关经济业务的实质确定是计入其他收益还是冲减相关成本费用，在企业按规定用途实际使用补助资金时计入损益，或者在实际使用的当期期末根据当期累计使用的金额计入损益，借记"递延收益"科目，贷记有关损益科目。

（二）政策性优惠贷款贴息

政策性优惠贷款贴息是指政府为支持特定领域或区域发展，根据国家宏观经济形势和政策目标，对承贷企业的银行借款利息给予的补贴。企业取得政策性优惠贷款贴息的，应当区分财政将贴息资金拨付给贷款银行和财政将贴息资金直接拨付给企业两种情况，分别进行会计处理。

1.财政将贴息资金拨付给贷款银行

在财政将贴息资金拨付给贷款银行的情况下，由贷款银行以政策性优惠利率向企业提供贷款。这种方式下，受益企业按照优惠利率向贷款银行支付利息，没有直接从政府取得利息补助，企业可以选择下列方法之一进行会计处理：一是以实际收到的金额作为借款的入账价值，按照借款本金和该政策性优惠利率计算相关借款费用。通常情况下，实际收到的金额即借款本金。二是以借款的公允价值作为借款的入账价值并按照实际利率法计算借款费用，实际收到的金额与借款公允价值之间的差额确认为递延收益，递延收益在借款存续期内采用实际利率法摊销，冲减相关借款费用。企业选择了上述两种方法之一后，应当一致地运用，不得随意变更。这种规定既不违背国际趋同的原则，也允许企业选择简易方法，满足不同企业的现实需求。

在这种情况下，向企业发放贷款的银行并不是受益主体，其仍然按照市场利率收取利息，只是一部分利息来自企业，另一部分利息来自财政贴息。所以，金融企业发挥的是中介作用，并不需要确认与贷款相关的递延收益。

【例4-16】2×19年1月1日，丙企业向银行贷款100万元，期限2年，按月计息，按年付息，到期一次还本。由于这笔贷款资金将被用于国家扶持产业，符合财政贴息的条件，所以贷款利率显著低于丙企业取得同类贷款的市场利率。假设丙企业取得同类贷款的年市场利率为9%，丙企业与银行签订的贷款合同约定的年利率为3%，丙企业按年向银行支付贷款利息，财政按年向银行拨付贴息资金。贴息后实际支付的年利息率为3%，贷款期间的利息费用满足资本化条件，计入相关在建工程的成本。相关借款费用的测算和递延收益的摊销见表4-2。

表4-2 **相关借款费用的测算和递延收益的摊销** 单位：元

月度	实际支付银行的利息①	财政贴息②	实际现金流③	实际现金流折现④	长期借款各期实际利息⑤	摊销金额⑥	长期借款期末账面价值⑦
0							890 554
1	7 500	5 000	2 500	2 481	6 679	4 179	894 733
2	7 500	5 000	2 500	2 463	6 711	4 211	898 944
3	7 500	5 000	2 500	2 445	6 742	4 242	903 186
4	7 500	5 000	2 500	2 426	6 774	4 274	907 460
5	7 500	5 000	2 500	2 408	6 806	4 306	911 766
6	7 500	5 000	2 500	2 390	6 838	4 338	916 104
7	7 500	5 000	2 500	2 373	6 871	4 371	920 475
8	7 500	5 000	2 500	2 355	6 904	4 404	924 878
9	7 500	5 000	2 500	2 337	6 937	4 437	929 315
10	7 500	5 000	2 500	2 320	6 970	4 470	933 785
11	7 500	5 000	2 500	2 303	7 003	4 503	938 288
12	7 500	5 000	2 500	2 286	7 037	4 537	942 825
13	7 500	5 000	2 500	2 269	7 071	4 571	947 397
14	7 500	5 000	2 500	2 252	7 105	4 605	952 002
15	7 500	5 000	2 500	2 235	7 140	4 640	956 642
16	7 500	5 000	2 500	2 218	7 175	4 675	961 317
17	7 500	5 000	2 500	2 202	7 210	4 710	966 027
18	7 500	5 000	2 500	2 185	7 245	4 745	970 772
19	7 500	5 000	2 500	2 169	7 281	4 781	975 553
20	7 500	5 000	2 500	2 153	7 317	4 817	980 369
21	7 500	5 000	2 500	2 137	7 353	4 853	985 222
22	7 500	5 000	2 500	2 121	7 389	4 889	990 111
23	7 500	5 000	2 500	2 105	7 426	4 926	995 037
24	7 500	5 000	1 002 500	837 921	7 463	4 963	1 000 000
合计				890 554		109 446	

注：(1) 为计算简便，表格中的数据均四舍五入取整数，会有尾差。

(2) 实际现金流折现④为各月实际现金流③2 500元按照月市场利率0.75%（9%/12）折现的金额。例如，第一个月实际现金流折现=2 500÷（1+0.75%）=2 481（元），第二个月实际现金流折现=2 500÷（1+0.75%）^{2}=2 463（元）。

(3) 长期借款各期实际利息⑤为上月长期借款账面价值⑦与月市场利率0.75%的乘积。例如，第一个月长期借款实际利息=本月初长期借款账面价值890 554×0.75%=6 679（元），第二个月长期借款实际利息=本月初长期借款账面价值894 733×0.75%=6 711（元）。

(4) 摊销金额⑥是长期借款各期实际利息⑤扣减每月实际利息支出③2 500元后的金额。例如，第一个月摊销金额=当月长期借款实际利息6 679−当月实际支付的利息2 500=4 179（元），第二个月摊销金额=当月长期借款实际利息6 711−当月实际支付的利息2 500=4 211（元）。

按方法一账务处理如下：

（1）2×19年1月1日，丙企业取得银行贷款100万元。

借：银行存款 1 000 000

贷：长期借款——本金 1 000 000

（2）2×19年1月31日起每月月末，丙企业按月计提利息，企业实际承担的利息支出为1 000 000×3%/12=2 500（元）。

借：在建工程 2 500

贷：应付利息 2 500

按方法二账务处理如下：

（1）2×19年1月1日，丙企业取得银行贷款100万元。

借：银行存款 1 000 000

长期借款——利息调整 109 446

贷：长期借款——本金 1 000 000

递延收益 109 446

（2）2×19年1月31日，丙企业按月计提利息：

借：在建工程 6 679

贷：应付利息 2 500

长期借款——利息调整 4 179

同时，摊销递延收益：

借：递延收益 4 179

贷：在建工程 4 179

在这两种方法下，计入在建工程的利息支出是一致的，均为2 500元。所不同的是，第一种方法下，银行贷款在资产负债表中反映账面价值为1 000 000元，第二种方法下，银行贷款的入账价值为890 554元，递延收益为109 446元，各月需要按照实际利率法进行摊销。

2.财政将贴息资金直接拨付给受益企业

财政将贴息资金直接拨付给受益企业，企业先按照同类贷款市场利率向银行支付利息，财政部门定期与企业结算利息。在这种方式下，由于企业先按同类贷款市场利率向银行支付利息，所以实际收到的借款金额通常就是借款的公允价值，企业应当将对应的贴息冲减相关借款费用。

【例4-17】承【例4-16】，丙企业与银行签订的贷款合同约定的年利率为9%，丙企业按月计提利息，按季度向银行支付贷款利息，以付息凭证向财政申请贴息资金，财政按年与丙企业结算贴息资金。丙企业的账务处理如下：

（1）2×19年1月1日，丙企业取得银行贷款100万元：

借：银行存款 1 000 000

贷：长期借款——本金 1 000 000

（2）2×19年1月31日起每月月末，丙企业按月计提利息，应向银行支付的利息金额为1 000 000×9%/12=7 500（元），企业实际承担的利息支出为1 000 000×3%/12=2 500（元），应收政府贴息为5 000元。

借：在建工程 7 500

贷：应付利息		7 500
借：其他应收款	5 000	
贷：在建工程		5 000

第三节 政府补助的列报

一、政府补助在利润表上的列示

企业应当在利润表中的“营业利润”项目之上单独列报“其他收益”项目，计入其他收益的政府补助在该项目中反映。冲减相关成本费用的政府补助，在相关成本费用项目中反映。与企业日常经营活动无关的政府补助，在利润表的营业外收支项目中列报。其他收益项目在利润表中的列报格式见表4-3。

表4-3 其他收益项目在利润表中的列报格式

项目	本期金额	上期金额
一、营业收入		
减：营业成本		
税金及附加		
销售费用		
管理费用		
研发费用		
财务费用		
其中：利息费用		
利息收入		
加：其他收益		
投资收益（损失以“-”填列）		
其中：对联营企业和合营企业的投资收益		
以摊余成本计量的金融资产终止确认收益（损失以“-”填列）		
净敞口投资收益（损失以“-”填列）		
公允价值变动收益（损失以“-”填列）		
信用减值损失（损失以“-”填列）		
资产减值损失（损失以“-”填列）		
资产处置收益（损失以“-”填列）		
二、营业利润（亏损以“-”填列）		

二、政府补助的附注披露

企业应当在附注中单独披露与政府补助有关的下列信息：

（1）政府补助的种类、金额和列报项目；

（2）计入当期损益的政府补助金额；

（3）本期退回的政府补助金额及原因。

因政府补助涉及递延收益、其他收入、营业外收入以及成本费用等多个报表项目，为了全面反映政府补助情况，企业应当在附注中单设项目披露政府补助的相关信息。参考披露格式如表4-4、表4-5所示。

表4-4　　计入递延收益的政府补助的明细表

补助项目	种类	期初余额	本期新增金额	本期结转计入损益或冲减相关成本的金额	期末余额	本期结转计入损益或冲减相关成本的列报项目
科技项目经费	财政拨款					
⋮						

表4-5　　计入当期损益或冲减成本费用的政府补助的明细表

补助项目	种类	本期计入损益或冲减相关成本费用的金额	本期计入损益或冲减相关成本费用的列报项目
科技项目经费	财政拨款		
⋮			

本章小结

政府补助是指企业从政府无偿取得货币性资产或非货币性资产。政府补助是来源于政府的经济资源，政府补助是无偿的、有条件的，政府资本性投入不属于政府补助。政府补助形式主要有财政拨款、财政贴息、税收返还、无偿划拨非货币性资产。根据政府补助给企业带来经济利益或者弥补相关成本费用的形式不同，可以将政府补助划分为与资产相关的政府补助和与收益相关的政府补助。本章在阐述政府补助确认条件和计量规定的基础上，介绍了政府补助会计处理的总额法和净额法，比较系统地阐述了与资产相关的政府补助、与收益相关的政府补助、财政贴息等的会计处理。

主要概念和观念

政府补助　与资产相关的政府补助　与收益相关的政府补助　财政贴息　其他收益　总额法　净额法

基本训练

知识题

1.什么是政府补助？政府补助具有哪些特征？

2.政府补助的主要形式有哪些？

3.什么是总额法？简述总额法下政府补助的核算要点。

4.什么是净额法？简述净额法下政府补助的核算要点。

5.政府补助需要披露哪些信息？

技能题

1.天良粮油有限公司于2×19年6月10日取得当地政府无偿划拨的一条生产线，该条生产线是当地政府从某破产企业抵债所得，该条生产线的公允价值为600万元，预计可使用10年，无残值。2×20年12月，天良粮油有限公司将该项资产对外出售，获得转让价款560万元。要求作出相应的账务处理。

2. 国泰科技有限公司2×19年1月以自己出资30万元、另行接受政府拨款450万元，合计480万元的代价购得大型科研设备一台。该设备使用寿命10年，采用直线法计提折旧，假定残值为零。2×27年2月1日，国泰科技有限公司出售该设备取得价款120万元。要求作出相应的账务处理。

3.2×19年3月，天良农业集团公司为购买储备粮从中国农业发展银行贷款2 000万元，同期银行贷款利率为6%。自4月起，财政部门于每季度初全额拨付贷款利息。天良集团收到财政部门拨付的利息后再支付给银行。要求作出相应的账务处理。

4.2×19年1月5日，政府拨付A企业900万元财政拨款并于同日到账，要求用于购买大型科研设备一台。2×19年1月31日，A企业购入一台不需安装的大型设备，实际成本为960万元，其中60万元以自有资金支付，该设备使用寿命为10年，采用年限平均法计提折旧，假设无残值。2×27年2月1日，A企业出售了这台设备，取得价款240万元。假定不考虑其他因素，要求作出相应的账务处理。

第四章
补充习题

能力题

2×19年1月，政府给A公司一项附条件补助500万元，规定用于研发活动。同时规定如果两年后研发没有成功，需要将补助退回政府。由于该研发项目难度很大，A公司尚不能保证产品研发成功。要求分析A公司能否在2×19年将已经收到的500万元确认为政府补助。

第五章

非货币性资产交换

学习目标

通过本章的学习，应达到以下目标：在知识方面，了解非货币性资产交换的概念和特征、非货币性资产交换的确认、非货币性资产交换的计量基础以及非货币性资产交换的信息披露；在技能方面，熟练掌握公允价值和账面价值两种不同计量基础下非货币性资产交换的会计处理方法；在能力方面，能正确运用非货币性资产交换的会计处理知识，结合实际分析企业进行非货币性资产交换的动机，理解非货币性资产交换会计处理对企业财务报表的影响。

案　例

烟台中宠食品股份有限公司（以下简称“中宠股份”，股票代码：002891）于2018年12月18日发布关于以所持有的北京美联众合资产管理有限公司股权对瑞鹏宠物医疗集团股份有限公司增资的公告。公告显示，2017年11月30日中宠股份与北京美联众合资产管理有限公司（以下简称“美联众合”）签订关于美联众合增资扩股协议，中宠股份拟以自有资金人民币2 700万元投资参股美联众合。截至2018年6月1日，美联众合已完成工商变更登记备案手续，变更完成后，中宠股份持有美联众合4.8474%的股权。

近日，中宠股份与瑞鹏宠物医疗集团有限公司（以下简称“瑞鹏股份”）以及美联众合签署了《股份认购及增资协议》(以下简称“协议”)。中宠股份拟利用瑞鹏股份增资的机会，用上述股份通过非货币性资产交换的方式换取瑞鹏股份453.9202万股（占总股本的1.2532%)。本次非货币性资产交换后，中宠股份不再持有美联众合股权。中宠股份持有瑞鹏股份的股权比例为1.2532%。

据悉，烟台中宠食品股份有限公司成立于2002年，是烟台中幸食品与日本宠物行业资深企业——伊藤公司的合资企业，致力于宠物食品研发和销售。瑞鹏股份成立于2013年11月26日，经营范围包括宠物医疗机构投资管理、宠物医疗机构投资咨询、投资兴办实业、宠物用品销售、宠物饲料产品销售、宠物美容服务、网上贸易、国内贸易以及进出口业务经营。瑞鹏股份在宠物医疗领域具有较强的技术优势和品牌优势，发展前景良好。此次投资有助于瑞鹏股份与中宠股份在产业协同方面优势互补，同时满足中宠股份在产品销售渠道方面的拓展与积累，有利于提升公司的整体竞争力。

资料来源 资本邦. 中宠股份拟以非货币性资产交换对瑞鹏股份增资［EB/OL］.［2018-12-19］. http://finance.eastmoney.com/a/201812191009445151.html.

第一节 非货币性资产交换概述

一、货币性资产与非货币性资产的概念

资产按未来经济利益流入（表现形式是货币金额）是否固定或可确定，分为货币性资产和非货币性资产。

货币性资产，是指企业持有的货币资金和收取固定或可确定金额的货币资金的权利，包括现金、银行存款、应收账款和应收票据以及准备持有至到期的债券投资等。

货币性资产以外的资产属于非货币性资产，是指在将来为企业带来的经济利益不固定的或不可确定的资产，包括存货、固定资产、在建工程、生产性生物资产、无形资产、投资性房地产、长期股权投资、不准备持有至到期的债券投资等。

非货币性资产有别于货币性资产的最基本特征是其在将来为企业带来的经济利益（即货币金额）是不固定的或不可确定的。如果资产在将来为企业带来的经济利益（即货币金额）是固定的或可确定的，则该资产是货币性资产；反之，该资产是非货币性资产。例如，企业在生产经营过程中持有存货的主要目的是用于耗用或出售，在将来为企业带来的经济利益（即货币金额）是不固定的或不可确定的，因此，存货属于非货币性资产；同样，企业持有固定资产的主要目的是用于生产经营，通过折旧方式将其磨损价值转移到产品成本或服务中，然后通过产品销售或提供服务获利，固定资产在将来为企业带来的经济利益（即货币金额）是不固定的或不可确定的，因此，固定资产也属于非货币性资产。

二、非货币性资产交换的概念与特征

非货币性资产交换是指企业主要以固定资产、无形资产、投资性房地产和长期股权投资等非货币性资产进行的交换。它是一种非经常性的特殊交易行为，该交换一般不涉及货币性资产，或只涉及少量货币性资产，即补价。在实务工作中，交易双方通过非货币性资产交换，一方面可以满足各自生产经营的需要，同时可在一定程度上减少货币性资产的流出。例如，某个企业需要另一个企业拥有的一项固定资产，另一个企业需要该企业生产的产品作为存货，双方就可能会出现非货币性资产交换的交易行为。非货币性资产交换具有以下特征：

（1）非货币性资产交换的交易对象主要是非货币性资产。企业用货币性资产（如现金、银行存款等）来交换非货币性资产（如存货、固定资产、无形资产等）的交易较为普遍，如以银行存款购入原材料、固定资产等。但是在有些情况下，企业为了满足各自生产经营的需要，同时减少货币性资产的流入和流出，就可以进行非货币性资产交换交易。例如，甲企业需要乙企业闲置的生产设备，乙企业需要甲企业生产的产品，双方在货币性资产不足的情况下，可能会出现非货币性资产交换的交易行为。

（2）非货币性资产交换是以非货币性资产进行交换的行为。通常来看，交换是指一个企业和另一个企业之间的互惠转让，通过转让，企业以让渡其他资产或劳务或者承担其他义务而取得资产或劳务（或偿还负债）。而非互惠的非货币性资产转让不属于本章所述的非货币性资产交换，如企业捐赠非货币性资产等。

观念应用5-1

非互惠转让是指企业将其拥有的非货币性资产无代价地转让给其所有者或其他企业，或由其所有者或其他企业将非货币性资产无代价地转让给企业。非货币性资产交换是企业之间主要以非货币性资产形式的互惠转让，即企业取得一项非货币性资产，必须以付出自己拥有的非货币性资产作为代价，而不是单方向的非互惠转让。在实务中，与所有者的非互惠转让如以非货币性资产作为股利发放给股东等，属于资本性交易；企业与所有者以外方面发生的非互惠转让，如政府无偿提供非货币性资产给企业建造固定资产，属于政府以非互惠方式提供非货币性资产。

（3）非货币性资产交换一般不涉及货币性资产，但有时也可能涉及少量的货币性资产。

小提示5-1

通常情况下，交易双方对于某项交易是否为非货币性资产交换的判断是一致的。需要注意的是，对非货币性资产交换进行判断，企业应从自身的角度，根据交易的实质判断相关交易是否属于非货币性资产交换，不应基于交易双方的情况进行判断。例如，A公司以一项固定资产出资取得对B公司的权益性投资，对A公司来说，换出资产为固定资产，换入资产为长期股权投资，属于非货币性资产交换；对于B公司来说，则是接受换入的实物资产，属于接受权益性投资，不属于非货币性资产交换。

三、非货币性资产交换的认定

如前所述，非货币性资产交换一般不涉及货币性资产，或只涉及少量货币性资产，即补价。非货币性资产交换准则规定，认定只涉及少量货币性资产的交换为非货币性资产交换，通常以补价占整个资产交换金额的比例是否低于25%（不含25%）作为判断标准。

具体来说，涉及补价时，下列情况可认定为非货币性资产交换：

（1）收到补价的企业：

补价占整个资产交换金额的比例=收到的补价÷换出资产公允价值＜25%

或

补价占整个资产交换金额的比例=收到的补价÷（换入资产公允价值+收到的补价）＜25%

（2）支付补价的企业：

补价占整个资产交换金额的比例=支付的补价÷换入资产公允价值＜25%

或

补价占整个资产交换金额的比例=支付的补价÷（换出资产公允价值+支付的补价）＜25%

也就是说，支付的货币性资产占换入资产的公允价值（或换出资产的公允价值与支付的货币性资产之和）的比例低于25%的，或收到的货币性资产占换出资产公允价值（或换入资产公允价值和收到的货币性资产之和）的比例低于25%的，视为非货币性资产交换；凡是收到或支付的货币性资产占换出或换入资产的公允价值比例高于25%（含25%）

的，视为货币性资产与非货币性资产交换。

四、非货币性资产交换不涉及的交易和事项

本章所指非货币性资产交换不涉及以下交易和事项：(1) 企业以存货换取客户的非货币性资产（如固定资产、无形资产等）的，换出存货的相关的会计处理适用于收入准则。(2) 非货币性资产交换中涉及企业合并的，适用于企业合并、长期股权投资和合并财务报表等准则。(3) 非货币性资产交换中涉及金融资产的，金融资产的确认、终止确认和计量适用于金融工具确认和计量准则和金融资产转移准则。(4) 非货币性资产交换中涉及使用权资产或应收融资租赁款等的，相关资产的确认、终止确认和计量适用于租赁准则。(5) 非货币性资产交换的一方直接或间接对另一方持股且以股东身份进行交易，或者非货币性资产交换的双方均受同一方或相同的多方最终控制，且该非货币性资产交换的交易实质是交换的一方向另一方进行了权益性分配或交换的一方接受了另一方权益性投入的，适用权益性交易的有关会计处理规定。例如，集团重组中发生的非货币性资产划拨划转行为，在股东或最终控制方的安排下，企业无代价或以明显不公平的代价将非货币性资产转让给其他企业或接受其他企业的非货币性资产，该类转让的实质是企业进行了权益性分配或接受了权益性投入，不适用本章所述的非货币性资产交换会计处理，应当适用权益性交易的有关会计处理规定。企业应当遵循实质重于形式的原则判断非货币性资产交换是否构成权益性交易。

小提示5-2

企业从政府无偿取得非货币性资产（比如，政府无偿提供非货币性资产给企业建造固定资产等）的，适用于政府补助准则的会计处理；企业将非流动资产或处置组分配给所有者的，适用于持有待售的非流动资产、处置组和终止经营准则；企业以非货币性资产向职工发放非货币性福利的，适用于职工薪酬准则；企业以发行股票形式取得的非货币性资产，相当于以权益工具换入非货币性资产，其成本确定适用于金融工具列报准则等。

第二节　非货币性资产交换的确认与计量

一、非货币性资产交换的确认原则

用于非货币性资产交换的非货币性资产应当符合资产的定义并满足资产的确认条件，且作为资产列报于企业的资产负债表上。企业应当根据不同情况，分别按照下列原则对非货币性资产交换中的换入资产进行确认，对换出资产终止确认。

(一) 换入资产的确认、换出资产的终止确认

对于换入资产，企业应当在换入资产符合资产定义并满足资产确认条件时予以确认；对于换出资产，企业应当在换出资产满足资产终止确认条件时终止确认。例如，某企业在非货币性资产交换中的换入资产或换出资产均为固定资产，按照《企业会计准则第4号——固定资产》和《企业会计准则第14号——收入》的规定，换入的固定资产应当在与该固定资产有关的经济利益很可能流入企业，且成本能够可靠地计量时确认，换出的固定资产应当以换入企业取得该固定资产控制权时点作为处置时点终止确认。

（二）换入资产的确认时点与换出资产的终止确认

通常情况下，换入资产的确认时点与换出资产的终止确认时点应当相同或相近。换入资产的确认时点与换出资产的终止确认时点存在不一致的，企业在资产负债表日应当区分不同的情况进行处理：（1）换入资产满足资产确认条件，换出资产尚未满足终止确认条件的，在确认换入资产的同时将交付换出资产的义务确认为一项负债。（2）换入资产尚未满足资产确认条件，换出资产满足终止确认条件的，在终止确认换出资产的同时将取得换入资产的权利确认为一项资产。

二、非货币性资产交换的计量原则

企业在非货币性资产交换的实务中，可以是以一项资产换入一项资产、一项资产换入多项资产、多项资产换入一项资产，还可以是多项资产换入多项资产。但不论何种情况，企业换入资产成本的计量和交换所产生损益的确认原则，均应遵循以下两种计量基础：

（一）以公允价值为基础计量

1.以公允价值为基础计量的条件与原则

公允价值是指市场参与者在计量日发生的有序交易中，出售一项资产所能收到或者转移一项负债所需支付的价格。非货币性资产交换同时满足下列两个条件的，应当以公允价值和应支付的相关税费作为换入资产的成本，公允价值与换出资产账面价值的差额计入当期损益：

（1）该项交换具有商业实质；

（2）换入资产或换出资产的公允价值能够可靠地计量。

一般来说，取得资产的成本应当按照所放弃资产的对价来确定，在非货币性资产交换中，换出资产就是放弃的对价，如果其公允价值能够可靠确定，则应当优先考虑按照换出资产的公允价值作为确定换入资产成本的基础。因此，在换入资产和换出资产的公允价值均能够可靠计量的情况下，应当以换出资产的公允价值作为确定换入资产成本的基础；但如果有确凿证据表明换入资产的公允价值更加可靠，则应当以换入资产公允价值为基础确定换入资产的成本，这种情况多发生在非货币性资产交换存在补价时，因为存在补价表明换入资产和换出资产公允价值不相等，一般不能直接以换出资产的公允价值作为换入资产的成本。

在换入资产和换出资产的公允价值均能够可靠计量的情况下，企业在判断是否有确凿证据表明换入资产的公允价值更加可靠时，应当考虑确定公允价值所使用的输入值层次。企业可以参考以下情况：第一层次输入值为公允价值提供了最可靠的证据，第二层次直接或间接可观察的输入值比第三层次不可观察输入值为公允价值提供更确凿的证据。实务中，在考虑了补价因素的调整后，正常交易中换入资产的公允价值和换出资产的公允价值通常是一致的。

需要注意的是，以公允价值计量相关资产，企业应当假定该资产的有序交易在相关资产的主要市场进行；不存在主要市场的，企业应当假定该交易在相关资产的最有利市场进行。关于公允价值确定的具体方法，可参考《企业会计准则第39号——公允价值计量》，此处不再赘述。

2.商业实质的判断

非货币性资产交换具有商业实质，是非货币性资产交换以公允价值为基础进行计量的重要条件之一。在确定资产交换是否具有商业实质时，企业应当重点考虑该项资产交换预期使企业未来现金流量发生变动的程度，只有当换出资产和换入资产预计未来现金流量或其现值两者之间的差额较大时，才能表明交易的发生使企业经济状况发生了显著改变，非货币性资产交换因而具有商业实质。

（1）商业实质的判断条件。

企业发生的非货币性资产交换，符合下列条件之一的，视为具有商业实质：

①换入资产的未来现金流量在风险、时间分布和金额方面与换出资产显著不同。

换入资产的未来现金流量在风险、时间和金额方面与换出资产显著不同，通常包括但不仅限于以下三种情况：一是未来现金流量的风险、金额相同，时间不同；二是未来现金流量的时间、金额相同，风险不同；三是未来现金流量的风险、时间相同，金额不同。也就是说，通常情况下，只要换入资产和换出资产的未来现金流量在其中某个方面存在显著不同，即表明满足商业实质的判断条件。

例如，甲公司为了提高产品质量，以其持有的对丙公司的长期股权投资交换乙公司拥有的一项专利权。该项资产交换没有涉及收付货币性资产，因此属于非货币性资产交换。对甲公司来讲，换入专利权能够大幅度改善产品质量，相对于“长期股权投资——丙公司”来讲，预计未来现金流量的时间、金额和风险均不相同；对乙公司来讲，换入“长期股权投资——丙公司”，使其对丙公司的关系由既无控制、共同控制又无重大影响，改变为具有重大影响，因而可通过参与丙公司的财务和经营政策等方式，对其施加重大影响，增加了借此从丙公司活动中获取经济利益的权利，与专利权预计产生的未来现金流量在时间、风险和金额方面都有所不同。因此，该非货币性资产的交换具有商业实质。再如，甲公司以其用于经营出租的一幢公寓楼与乙公司同样用于经营出租的一幢公寓楼进行交换，两幢公寓楼的租期、每期租金总额均相同，但是甲公司是租给一家财务及信用状况良好的企业（该企业租用该公寓是给其单身职工居住），乙公司的客户则都是单个租户，相比较而言，甲公司取得租金的风险较小，乙公司由于租给散户，租金的取得依赖于各单个租户的财务和信用状况。因此，两者现金流量流入的风险或不确定性程度存在明显差异，则两幢公寓楼的未来现金流量显著不同，进而可判断该两项资产的交换具有商业实质。

②使用换入资产所产生的预计未来现金流量现值与继续使用换出资产不同，且其差额与换入资产和换出资产的公允价值相比是重大的。

企业如按照上述第一项条件难以判断某项非货币性资产交换是否具有商业实质，可再根据第二项条件，通过计算换入资产和换出资产的预计未来现金流量现值，进行比较后判断。资产预计未来现金流量的现值，应当按照资产在持续使用过程中和最终处置时预计产生的税后未来现金流量，根据企业自身而不是市场参与者对资产特定风险的评价，选择恰当的折现率对预计未来现金流量折现后的金额加以确定，即国际财务报告准则所称的“主体特定价值”（entity-specific value）[①]。

① 国际财务报告准则对“主体特定价值”的定义为“主体预期从资产的持续使用和使用寿命结束时的处置中形成的，或预期在清算负债时发生的未来现金流量的现值”。IASB定义“主体特定价值”的目的主要是为判断和选择资产交换交易的计量基础提供衡量标准。

观念应用5-2

从市场参与者的角度分析，换入资产和换出资产预计未来现金流量在风险、时间和金额方面可能相同或相似，但是就企业自身而言，鉴于换入资产的性质和换入企业经营活动的特征等因素，换入资产与换入企业其他现有资产相结合，能够比换出资产产生更大的作用，使换入企业受该换入资产影响的经营活动部分产生的现金流量与换出资产明显不同，即换入资产对换入企业的使用价值与换出资产对该企业的使用价值明显不同，使换入资产的预计未来现金流量现值与换出资产产生明显差异，因而表明该两项资产的交换具有商业实质。

例如，某企业以一项专利权换入另一企业拥有的长期股权投资，假定从市场参与者来看，该项专利权与该项长期股权投资的公允价值相同，两项资产未来现金流量的风险、时间和金额亦相同，但是对换入企业来讲，换入该项长期股权投资使该企业对被投资方由重大影响变为控制关系，从而对换入企业产生的预计未来现金流量现值与换出的专利权有较大差异；另一企业换入的专利权能够解决生产中的技术难题，从而对换入企业产生的预计未来现金流量现值与换出的长期股权投资亦有明显差异，因而该两项资产的交换具有商业实质。

（2）交换涉及的资产类别与商业实质的关系。

企业在判断非货币性资产交换是否具有商业实质时，还可以从资产是否属于同一类别进行分析，因为不同类别非货币性资产因其产生经济利益的方式不同，一般来说其产生的未来现金流量风险、时间和金额也不相同，因而不同类别非货币性资产之间的交换是否具有商业实质，通常较易判断。不同类别非货币性资产是指在资产负债表中列示的不同大类的非货币性资产，比如固定资产、投资性房地产、生物资产、长期股权投资、无形资产等都是不同类别的资产。例如，企业以一项用于出租的投资性房地产交换一项固定资产自用，属于不同类非货币性资产交换，在这种情况下，企业就将未来现金流量由每期产生的租金流，转化为该项资产独立产生，或包括该项资产的资产组协同产生的现金流。通常情况下，由定期租金带来的现金流量与用于生产经营用的固定资产产生的现金流量在风险、时间和金额方面有所差异，因此，该两项资产的交换当视为具有商业实质。

同类非货币性资产交换是否具有商业实质，通常较难判断，需要根据上述两项判断条件综合分析判断。同类非货币性资产是指在资产负债表中列示的同一大类的非货币性资产，如存货之间、固定资产之间、长期股权投资之间发生的交换等。企业应当重点关注的是换入资产和换出资产是否为同类资产的情况，同类资产产生的未来现金流量既可能相同，也可能显著不同，它们之间的交换因而可能具有商业实质，也可能不具有商业实质。比如，甲企业将自己拥有的一幢建筑物，与乙企业拥有的在同一地点的另一幢建筑物相交换，两幢建筑物的建造时间、建造成本等均相同，但两者未来现金流量的风险、时间和金额可能并不相同。然而，如果甲企业拥有一幢建筑物在市中心，立即可以出售且企业管理层也打算将其立即出售，而乙企业拥有另一幢建筑物在郊区，难以出售或只能在一段较长的时间内出售，这两项资产未来现金流量流入的时间有着明显不同，在这种情况下，这两项资产的交换应视为具有商业实质。

观念应用5-3

通常情况下，商品用于交换具有类似性质和相等价值的商品，这种非货币性资产交换不产生损益，这种情况通常发生在某些特定商品（如石油或牛奶）上，供应商为满足特定地区对这类商品的及时需要，在不同的地区交换各自的商品（存货）。比如A石油销售公司有部分客户在B石油销售公司的所在地，B公司有部分客户在A公司所在地，为了满足两地客户的即时需求，A公司将其相同型号、容量和价值的石油供应给B公司在A公司所在地的客户，同样，B公司也将相同型号、容量和价值的石油供应给A公司在B公司所在地的客户，这样的非货币性资产交换不具有商业实质，因此不能确认损益。

（3）关联方之间交换资产与商业实质的关系。

在确定非货币性资产交换是否具有商业实质时，企业还应当关注交易各方之间是否存在关联方关系。关联方关系的存在可能会导致发生的非货币性资产交换不具有商业实质。

（二）以账面价值为基础计量

不具有商业实质或交换涉及资产的公允价值均不能可靠计量的非货币性资产交换，应当按照换出资产的账面价值和应支付的相关税费作为换入资产的成本，无论是否支付补价，均不确认损益；收到或支付的补价作为确定换入资产成本的调整因素，其中：收到补价方应当以换出资产的账面价值减去补价加上应支付的相关税费作为换入资产的成本；支付补价方应当以换出资产的账面价值加上补价和应支付的相关税费作为换入资产的成本。

第三节　非货币性资产交换的会计处理

一、以公允价值为基础计量的会计处理

以公允价值为基础计量的非货币性资产交换，对于换入资产，应当以换出资产的公允价值和应支付的相关税费作为换入资产的成本进行初始计量，除非有确凿证据表明换入资产的公允价值比换出资产的公允价值更加可靠；对于换出资产，应当在终止确认时，将换出资产的公允价值与其账面价值之间的差额计入当期损益。

如果换出资产的公允价值不能够可靠计量，或换入资产和换出资产的公允价值均能够可靠计量但有确凿证据表明换入资产的公允价值更加可靠的，对于换入资产，应当以换入资产的公允价值和应支付的相关税费作为换入资产的初始计量金额；对于换出资产，应当在终止确认时，将换入资产的公允价值与换出资产账面价值之间的差额计入当期损益。

需要注意的是，上述计入换入资产的应支付的相关税费应当符合相关会计准则对资产初始计量成本的规定。例如，换入资产为存货的，包括相关税费、使该资产达到目前场所和状态所发生的运输费、装卸费、保险费以及可归属于该资产的其他成本；换入资产为固定资产的，包括相关税费、使该资产达到预定可使用状态前所发生的可归属于该资产的运输费、装卸费、安装费和专业人员服务费等。

此外，在以公允价值为基础计量的情况下，不论是否涉及补价，只要换出资产的公允价值与其账面价值不相同，就一定会涉及损益的确认，因为非货币性资产交换损益通常是换出资产公允价值与换出资产账面价值的差额，通过非货币性资产交换予以实现。

非货币性资产交换的会计处理，应当视换出资产的类别不同而有所区别：

（1）换出资产为固定资产、在建工程、生产性生物资产、无形资产的，换出资产公允价值和换出资产账面价值的差额计入资产处置损益。

(2) 换出资产为长期股权投资、其他债权投资、其他权益工具投资的，换出资产公允价值和换出资产账面价值的差额计入投资收益。

(3) 换出资产为投资性房地产的，按换出资产公允价值或换入资产公允价值确认其他业务收入，按换出资产账面价值结转其他业务成本，二者之间的差额计入当期损益。

换入资产与换出资产涉及相关税费的，按照相关税收规定计算确定。

(一) 单项资产交换

1.不涉及补价的情况

【例5-1】2×20年3月，甲公司需要一批电脑，以生产经营过程中使用的一台设备交换乙公司生产的一批电脑，换入的电脑作为固定资产管理。乙公司换入的设备是生产过程中所必须使用的机器设备。设备的账面原价为1 000 000元，在交换日的累计折旧为350 000元，公允价值为750 000元。假定甲公司此前没有为该项设备计提固定资产减值准备，整个交易过程中，除支付清理费10 600元（含可抵扣的增值税600元）外没有发生其他相关税费。乙公司电脑的账面价值为790 000元，在交换日的公允价值为750 000元，计税价格等于公允价值。假定乙公司此前也没有为库存商品计提存货跌价准备，其在整个交易过程中没有发生除增值税以外的其他税费，甲、乙公司均为增值税一般纳税人，适用的增值税税率均为13%。上述交易过程中涉及的增值税进项税额按照税法规定可抵扣且已得到认证。

分析：整个资产交换过程没有涉及收付货币性资产，因此，该项交换属于非货币性资产交换。本例对甲公司来说，换入的电脑是经营过程必需的资产，对乙公司来说，换入的设备是生产过程中所必须使用的机器，两项资产交换后对换入企业的特定价值显著不同，两项资产的交换具有商业实质；同时，两项资产的公允价值都能够可靠地计量，符合非货币性资产交换以公允价值计量的两个条件，因此，甲公司和乙公司均应当以换出资产的公允价值为基础确定换入资产的成本，并确认产生的损益。

甲公司的账务处理如下：

换入电脑的增值税进项税额=750 000×13%=97 500（元）

换出设备的增值税销项税额=750 000×13%=97 500（元）

借：固定资产清理	650 000	
累计折旧	350 000	
贷：固定资产——设备		1 000 000
借：固定资产清理	10 000	
应交税费——应交增值税（进项税额）	600	
贷：银行存款		10 600
借：固定资产——电脑	750 000	
应交税费——应交增值税（进项税额）	97 500	
贷：固定资产清理		660 000
资产处置损益		90 000
应交税费——应交增值税（销项税额）		97 500

乙公司的账务处理如下：

（注：如前文所述，根据2019年修订的《企业会计准则第7号——非货币性资产交

换》的规定，乙公司以自己生产的电脑产品交换甲公司的设备的交易不属于非货币性资产交换，其会计处理适用于收入准则。）

根据增值税暂行条例的有关规定，企业以库存商品换入其他资产，视同销售行为发生，应计算增值税销项税额，缴纳增值税。假定乙公司换出电脑的交易符合收入准则规定的收入确认条件。

换入设备的增值税进项税额=750 000×13%=97 500（元）

换出电脑的增值税销项税额=750 000×13%=97 500（元）

借：固定资产——设备　750 000
　　应交税费——应交增值税（进项税额）　97 500
　贷：主营业务收入　750 000
　　　应交税费——应交增值税（销项税额）　97 500

借：主营业务成本　790 000
　贷：库存商品——电脑　790 000

2.涉及补价的情况

在以公允价值为基础确定换入资产成本的情况下，发生补价的，支付补价方和收到补价方应当分别情况处理：

（1）支付补价方：应当以换出资产的公允价值加上支付补价的公允价值和应支付的相关税费，作为换入资产的成本，换出资产的公允价值与其账面价值之间的差额计入当期损益。如果有确凿证据表明换入资产的公允价值更加可靠的，应当以换入资产的公允价值加上应支付的相关税费作为换入资产的成本；换入资产的公允价值减去支付补价的公允价值，与换出资产账面价值之间的差额计入当期损益。

（2）收到补价方：应当以换出资产的公允价值减去收到补价的公允价值，加上应支付的相关税费，作为换入资产的成本，换出资产的公允价值与其账面价值之间的差额计入当期损益。如果有确凿证据表明换入资产的公允价值更加可靠的，以换入资产的公允价值加上应支付的相关税费作为换入资产的成本，换入资产的公允价值加上收到补价的公允价值，与换出资产账面价值之间的差额计入当期损益。

在涉及补价的情况下，对于支付补价方而言，作为补价的货币性资产构成换入资产所放弃对价的一部分，对于收到补价方而言，作为补价的货币性资产构成换入资产的一部分。

【例5-2】2×20年8月，甲公司因经营管理需要，以其持有的一项商标权与乙公司拥有的一台设备交换。交换后两公司对于换入资产仍供其经营管理使用。在交换日，甲公司的商标权的账面原价为900万元，累计摊销200万元，在交换日的公允价值为800万元；乙公司拥有的设备的账面原价为1 000万元，已提折旧300万元，在交换日的公允价值为755万元，乙公司另外以银行存款支付了45万元（补价）给甲公司。甲、乙公司均为增值税一般纳税人，销售固定资产和无形资产适用的增值税税率分别为13%和6%。上述交易过程中涉及的增值税进项税额按照税法规定可抵扣且已得到认证。甲、乙公司均未计提资产减值准备，假定不考虑其他相关税费。

分析：甲、乙公司交换资产涉及收付货币性资产，即补价45万元。

甲公司（收到补价方）：

补价占整个资产交换金额的比例=收到的补价45万元÷换出商标权的公允价值800万元（或换入设备的公允价值755万元+收到的补价45万元）×100%=5.63%＜25%，属于非货币性资产交换。

乙公司（支付补价方）：

补价占整个资产交换金额的比例=支付的补价45万元÷［（换出设备的公允价值755万元+支付的补价45万元）或换入商标权的公允价值800万元］×100%=5.63%＜25%，属于非货币性资产交换。

本例属于无形资产与固定资产之间的交换。商标权这项无形资产和设备这项固定资产的未来现金流量在时间、风险、金额方面有显著不同，因而可判断两项资产的交换具有商业实质。同时，商标权和设备的公允价值均能够可靠地计量，因此，甲、乙公司均应当以公允价值为基础确定换入资产的成本，并确认产生的损益。

甲公司的账务处理如下：

换入设备的增值税进项税额=7 550 000×13%=981 500（元）

换出商标权的增值税销项税额=8 000 000×6%=480 000（元）

借：固定资产	7 550 000	
应交税费——应交增值税（进项税额）	981 500	
银行存款	450 000	
累计摊销	2 000 000	
贷：无形资产		9 000 000
应交税费——应交增值税（销项税额）		480 000
资产处置损益		1 501 500

乙公司的账务处理如下：

换入商标权的增值税进项税额=8 000 000×6%=480 000（元）

换出设备的增值税销项税额=7 550 000×13%=981 500（元）

借：固定资产清理	7 000 000	
累计折旧	3 000 000	
贷：固定资产——设备		10 000 000
借：无形资产	8 000 000	
应交税费——应交增值税（进项税额）	480 000	
贷：固定资产清理		7 000 000
应交税费——应交增值税（销项税额）		981 500
银行存款		450 000
资产处置损益		48 500

（二）多项资产交换

企业在非货币性资产交换中，可能以一项非货币性资产同时换入另一企业的多项非货币性资产，或同时以多项非货币性资产换入另一企业的一项非货币性资产，或以多项非货币性资产同时换入多项非货币性资产，有时也可能涉及补价。涉及多项资产的非货币性资产交换，企业无法将某一项资产与换入的某一特定资产相对应。与单项非货币性资产之间的交换一样，企业涉及多项非货币性资产交换的计量，也应当首先判断是否符合前文所述的以公允价值计量的两个条件，符合以公允价值为基础计量的，再根据不同情况对各项换入资产成本的确定和换出资产终止确认进行会计处理。

1. 以换出资产的公允价值为基础计量的情况

在这种情况下，说明换出资产的公允价值更加可靠。此时，对于同时换入的多项资产，由于通常无法将换出资产与换入的某项特定资产相对应，应当按照各项换入资产的公允价值的相对比例（换入资产的公允价值不能够可靠计量的，可以按照换入的金融资产以外的各项资产的原账面价值的相对比例或其他合理的比例），将换出资产公允价值总额（涉及补价的，加上支付补价的公允价值或减去收到补价的公允价值）扣除换入金融资产公允价值后的净额进行分摊，分摊至各项换入资产，以分摊额和应支付的相关税费作为各项换入资产的成本进行初始计量。

需要说明的是，如果同时换入的多项非货币性资产中包含由《企业会计准则第22号——金融工具确认和计量》规范的金融资产，应当按照该准则的规定进行会计处理，在确定换入的其他多项资产的初始计量金额时，应当将金融资产公允价值从换出资产公允价值总额中扣除。

对于同时换出的多项资产，应当将各项换出资产的公允价值与其账面价值之间的差额，在各项换出资产终止确认时计入当期损益。

2. 以换入资产的公允价值为基础计量的情况

在这种情况下，说明有确凿证据表明换入资产的公允价值更加可靠。此时，对于同时换入的多项资产，应当以各项换入资产的公允价值和应支付的相关税费作为各项换入资产的初始计量金额。

对于同时换出的多项资产，由于通常无法将换出资产与换入的某项特定资产相对应，应当按照各项换出资产的公允价值的相对比例（换出资产的公允价值不能够可靠计量的，可以按照各项换出资产的账面价值的相对比例），将换入资产的公允价值总额（涉及补价的，减去支付补价的公允价值或加上收到补价的公允价值）分摊至各项换出资产，分摊额与各项换出资产账面价值之间的差额，在各项换出资产终止确认时计入当期损益。

需要说明的是，如果同时换出的多项非货币性资产中包含由《企业会计准则第22号——金融工具确认和计量》规范的金融资产，该金融资产应当按照该准则和《企业会计准则第23号——金融资产转移》的规定判断换出的该金融资产是否满足终止确认条件并进行终止确认的会计处理。在确定其他各项换出资产终止确认的相关损益时，终止确认的金融资产公允价值应当从换入资产公允价值总额中扣除。

【例5-3】A公司和B公司均为增值税一般纳税人，适用的增值税税率均为13%。2×20年9月，为适应业务发展的需要，经协商，A公司决定以生产经营过程中使用的专用设备和车床换入B公司生产经营过程中使用的货运车和轿车。A公司专用设备的账面原价为1 800万元，在交换日的累计折旧为300万元，公允价值为1 350万元；车床的账面原价为600万元，在交换日的累计折旧为480万元，公允价值为100万元。B公司货运车的账面原价为1 300万元，在交换日的累计折旧为690万元，公允价值为709.5万元；轿车的账面原价为1 300万元，在交换日的累计折旧为680万元，公允价值为700万元。B公司另外向A公司支付银行存款45.765万元，其中包括由于换出和换入资产公允价值不同而支付的补价40.5万元，以及换出资产销项税额与换入资产进项税额的差额5.265万元。

假定A公司和B公司都没有为换出资产计提减值准备；A公司换入B公司的货运车、轿车作为固定资产使用和管理；B公司换入A公司的专用设备、车床作为固定资产使用和管理。假定A公司和B公司上述交易涉及的增值税进项税额按照税法规定可抵扣且已得到认证；不考虑其他相关税费。

分析：本例涉及收付货币性资产，应当计算A公司收到的货币性资产占A公司换出资产公允价值总额的比例（等于B公司支付的货币性资产占B公司换入资产公允价值的比例），即：

40.5÷（1 350+100）×100%=2.79%＜25%

可以认定这一涉及多项资产的交换行为属于非货币性资产交换。对于A公司而言，为了拓展运输业务，需要货运车和轿车，B公司为了扩大产品生产，需要专用设备和车床，换入资产对换入企业均能发挥更大的作用。因此，该项涉及多项资产的非货币性资产交换具有商业实质；同时，各单项换入资产和换出资产的公允价值均能可靠计量，因此，A、B公司均应当以公允价值为基础确定换入资产的总成本，确认产生的相关损益。同时，按照各单项换入资产的公允价值占换入资产公允价值总额的比例，确定各单项换入资产的成本。

A公司的账务处理如下：

（1）根据税法的有关规定：

换出专用设备的增值税销项税额=1 350×13%=175.5（万元）

换出车床的增值税销项税额=100×13%=13（万元）

换入货运车、轿车的增值税进项税额=（709.5+700）×13%=183.235（万元）

（2）计算换入资产、换出资产公允价值总额：

换出资产公允价值总额=1 350+100=1 450（万元）

换入资产公允价值总额=709.5+700=1 409.5（万元）

（3）计算换入资产总成本：

换入资产总成本=换出资产公允价值-补价+应支付的相关税费

=1 450-40.5+0=1 409.5（万元）

（4）计算确定换入各项资产的公允价值占换入资产公允价值总额的比例：

货运车公允价值占换入资产公允价值总额的比例=709.5÷1 409.5×100%=50.34%

轿车公允价值占换入资产公允价值总额的比例=700÷1 409.5×100%=49.66%

（5）计算确定换入各项资产的成本：

货运车的成本=1 409.5×50.34%=709.5（万元）

轿车的成本=1 409.5×49.66%=700（万元）

（6）编制会计分录：

借：固定资产清理	16 200 000	
累计折旧	7 800 000	
贷：固定资产——专用设备		18 000 000
——车床		6 000 000
借：固定资产——货运车	7 095 000	
——轿车	7 000 000	
应交税费——应交增值税（进项税额）	1 832 350	

借：银行存款　457 650
　　资产处置损益　1 700 000
　贷：固定资产清理　16 200 000
　　　应交税费——应交增值税（销项税额）　1 885 000

B公司的账务处理如下：

（1）根据税法的有关规定：

换入车床的增值税进项税额=100×13%=13（万元）

换入专用设备的增值税进项税额=1 350×13%=175.5（万元）

换出货运车、轿车的增值税销项税额=（709.5+700）×13%=183.235（万元）

（2）计算换入资产、换出资产公允价值总额：

换入资产公允价值总额=1 350+100=1 450（万元）

换出资产公允价值总额=709.5+700=1 409.5（万元）

（3）确定换入资产总成本：

换入资产总成本=换出资产公允价值+支付的补价=1 409.5+40.5=1 450（万元）

（4）计算确定换入各项资产的公允价值占换入资产公允价值总额的比例：

专用设备公允价值占换入资产公允价值总额的比例=1 350÷1 450×100%=93.10%

车床公允价值占换入资产公允价值总额的比例=100÷1 450×100%=6.90%

（5）计算确定换入各项资产的成本：

专用设备的成本=1 450×93.10%=1 350（万元）

车床的成本=1 450×6.90%=100（万元）

（6）编制会计分录：

借：固定资产清理　12 300 000
　　累计折旧　13 700 000
　贷：固定资产——货运车　13 000 000
　　　　　　　——轿车　13 000 000

借：固定资产——专用设备　13 500 000
　　　　　　——车床　1 000 000
　　应交税费——应交增值税（进项税额）　1 885 000
　贷：固定资产清理　12 300 000
　　　应交税费——应交增值税（销项税额）　1 832 350
　　　银行存款　457 650
　　　资产处置损益　1 795 000

二、以账面价值为基础计量的会计处理

在非货币性资产交换中，如果换入资产和换出资产的公允价值都不能可靠计量时，该项非货币性资产交换通常不具有商业实质，因为在这种情况下，很难比较两项资产产生的未来现金流量在时间、风险和金额方面是否产生显著的差异，很难判断两项资产交换后对企业经营管理和经济状况的改变所起的不同效用，因而此类资产交换通常不具有商业实质。

非货币性资产交换不具有商业实质，或者虽然具有商业实质但换入资产和换出资产的公允价值均不能可靠计量的，应当以换出资产账面价值为基础确定换入资产成本，无论是否支付补价，均不确认损益。

对于换入资产，企业应当以换出资产的账面价值和应支付的相关税费作为换入资产的初始计量金额；对于换出资产，终止确认时不确认损益。

如果涉及补价的，应当按照下列规定进行处理：

（1）支付补价方：以换出资产的账面价值，加上支付补价的账面价值和应支付的相关税费，作为换入资产的初始计量金额，不确认损益。

（2）收到补价方：以换出资产的账面价值，减去收到补价的公允价值，加上应支付的相关税费，作为换入资产的初始计量金额，不确认损益。

【例 5-4】2×20年8月，甲公司以一条生产线换取乙公司一项长期股权投资。该生产线的账面原价350万元，已计提折旧260万元；乙公司拥有的长期股权投资，账面价值80万元，两项资产均未计提减值准备。该生产线是生产某种产品必需的设备，由于生产线系当时专门制造，其公允价值不能可靠计量；乙公司拥有的长期股权投资在活跃市场中没有报价，其公允价值也不能可靠计量。双方商定，乙公司以两项资产账面价值的差额为基础，支付给甲公司10万元补价，以换取甲公司的生产线。假定交易中没有涉及相关税费。

分析：该项资产交换涉及收付货币性资产，即补价10万元。对甲公司而言，收到的补价10万元÷换出资产账面价值90万元×100%=11.11%＜25%，因此，该项交换属于非货币性资产交换，乙公司的情况也类似。由于两项资产的公允价值不能可靠计量，因此，甲、乙公司换入资产的成本均应当按照换出资产的账面价值确定。

甲公司的账务处理如下：

借：固定资产清理　　900 000
　　累计折旧　　2 600 000
　贷：固定资产——生产线　　3 500 000

借：长期股权投资　　800 000
　　银行存款　　100 000
　贷：固定资产清理　　900 000

乙公司的账务处理如下：

借：固定资产——生产线　　900 000
　贷：长期股权投资　　800 000
　　　银行存款　　100 000

对于以账面价值为基础计量的非货币性资产交换，同时换入或换出多项资产的，应当按照下列规定进行处理：

对于同时换入的多项资产，按照各项换入资产的公允价值的相对比例，将换出资产的账面价值总额（涉及补价的，加上支付补价的账面价值或减去收到补价的公允价值）分摊至各项换入资产，加上应支付的相关税费，作为各项换入资产的初始计量金额。换入资产的公允价值不能够可靠计量的，可以按照各项换入资产的原账面价值的相对比例或其他合理的比例对换出资产的账面价值进行分摊。

对于同时换出的多项资产，各项换出资产终止确认时均不确认损益。

【例5-5】2×20年10月，甲公司因经营战略发生较大转变，产品结构发生较大调整，原生产其产品的一条生产线、非专利技术等已不符合生产新产品的需要，经与乙公司协商，将其生产线连同非专利技术与乙公司正在建造过程中的一栋厂房、乙公司对A公司的长期股权投资进行交换。甲公司换出生产线的账面原价为2 400万元，已提折旧1 500万元；非专利技术账面原价为900万元，已摊销金额为540万元。乙公司在建的厂房截至交换日的成本为1 050万元，对A公司的长期股权投资账面价值为300万元。由于甲公司持有的生产线和非专利技术是甲公司特有的，市场上无法找到，因此，公允价值不能可靠计量。乙公司的在建厂房因完工程度难以合理确定，其公允价值不能可靠计量，由于A公司不是上市公司，甲公司对A公司长期股权投资的公允价值也不能可靠计量。假定甲、乙公司均未对上述资产计提减值准备。

分析：本例不涉及收付货币性资产，属于非货币性资产交换。由于换入资产、换出资产的公允价值均不能可靠计量，甲、乙公司均应当以换出资产账面价值总额作为换入资产的总成本，各项换入资产的成本，应当按各项换入资产的账面价值占换入资产账面价值总额的比例分配后确定。

甲公司的账务处理如下：

（1）计算换入资产、换出资产账面价值总额：

换入资产账面价值总额=1 050+300=1 350（万元）

换出资产账面价值总额=（2 400−1 500）+（900−540）=1 260（万元）

（2）确定换入资产总成本：

换入资产总成本=换出资产账面价值=1 260万元

（3）计算各项换入资产账面价值占换入资产账面价值总额的比例：

在建工程占换入资产账面价值总额的比例=1 050÷（1 050+300）×100%=77.78%

长期股权投资占换入资产账面价值总额的比例=300÷（1 050+300）×100%=22.22%

（4）确定各项换入资产成本：

在建工程成本=1 260×77.78%=980.03（万元）

长期股权投资成本=1 260×22.22%=279.97（万元）

（5）编制会计分录：

借：固定资产清理	9 000 000	
累计折旧	15 000 000	
贷：固定资产——生产线		24 000 000
借：在建工程	9 800 300	
长期股权投资	2 799 700	
累计摊销	5 400 000	
贷：固定资产清理		9 000 000
无形资产——非专利技术		9 000 000

乙公司的账务处理如下：

（1）计算换入资产、换出资产账面价值总额：

换入资产账面价值总额=（2 400−1 500）+（900−540）=1 260（万元）

换出资产账面价值总额=1 050+300=1 350（万元）

（2）确定换入资产总成本：

换入资产总成本=换出资产账面价值=1 350万元

（3）计算各项换入资产账面价值占换入资产账面价值总额的比例：

生产线占换入资产账面价值总额的比例=900÷（900+360）×100%=71.43%

非专利技术占换入资产账面价值总额的比例=360÷（900+360）×100%=28.57%

（4）确定各项换入资产成本：

生产线成本=1 350×71.43%=964.31（万元）

非专利技术成本=1 350×28.57%=385.69（万元）

（5）编制会计分录：

借：固定资产——生产线	9 643 100	
无形资产——非专利技术	3 856 900	
贷：在建工程		10 500 000
长期股权投资		3 000 000

第四节　非货币性资产交换的披露

企业发生非货币性资产交换时，应当在财务报表附注中披露与非货币性资产交换相关的信息，具体内容如下：

（1）非货币性资产的判断标准；

（2）非货币性资产交换是否具有商业实质及其原因；

（3）与非货币性资产交换相关的资产的会计政策；

（4）非货币性资产交换中换入资产、换出资产的类别；

（5）换入资产初始计量金额的确定方式；

（6）换入资产、换出资产的公允价值以及换出资产的账面价值；

（7）非货币性资产交换确认的损益。

与非货币性资产交换相关的资产的会计政策是指涉及交换资产如固定资产、无形资产等的会计政策当中，应强调非货币性资产交换的具体会计政策。非货币性资产交换中换入、换出资产的类别，是指企业在非货币性资产交换中以什么类型资产与什么类型资产相交换，即是同类型资产之间的交换，还是非同类型资产之间的交换。换入资产成本的确定方式，是指非货币性资产交换中是以账面价值还是以公允价值为计价基础来确定换入资产的成本。

通过企业非货币性资产交换相关信息的披露，一方面有利于帮助信息使用者了解企业所发生的非货币性资产交换对企业资产结构、资产质量、未来经营能力以及业绩等产生的影响；另一方面在一定程度上能够遏制企业利用非货币性资产交换进行利润操纵，从而提高了会计信息相关性和可靠性，推动了我国资本市场的健康和稳定发展。

本章小结

非货币性资产交换是指交易双方主要以固定资产、无形资产和长期股权投资等非货币性资产进行的交换。它是一种非经常性的特殊交易行为，该交换一般不涉及货币性资产，或只涉及少量货币性资产，即补价。

在非货币性资产交换的核算中，换入资产成本的确定有两种计量基础，即公允价值和账面价值。采用公允价值计量的条件：（1）该项交换具有商业实质；（2）换入资产或换出资产的公允价值能够可靠地计量。

在以公允价值计量的情况下，应当以换出或换入资产的公允价值和应支付的相关税费作为换入资产的成本，换出或换入资产的公允价值与换出资产账面价值的差额计入当期损益。无论是否涉及补价，只要换出或换入资产的公允价值与换出资产账面价值不相同，就一定会涉及损益的确认。

不具有商业实质或交换涉及资产的公允价值均不能可靠计量的非货币性资产交换，应当按照换出资产的账面价值和应支付的相关税费作为换入资产的成本，无论是否支付补价，均不确认损益。

以公允价值为基础计量的非货币性资产交换，对于同时换入的多项资产，按照换入的金融资产以外的各项换入资产公允价值相对比例，将换出资产公允价值总额（涉及补价的，加上支付补价的公允价值或减去收到补价的公允价值）扣除换入金融资产公允价值后的净额进行分摊，以分摊至各项换入资产的金额，加上应支付的相关税费，作为各项换入资产的成本进行初始计量。对于同时换出的多项资产，将各项换出资产的公允价值与其账面价值之间的差额，在各项换出资产终止确认时计入当期损益。

以账面价值为基础计量的非货币性资产交换，对于同时换入的多项资产，按照各项换入资产的公允价值的相对比例，将换出资产的账面价值总额（涉及补价的，加上支付补价的账面价值或减去收到补价的公允价值）分摊至各项换入资产，加上应支付的相关税费，作为各项换入资产的初始计量金额。换入资产的公允价值不能够可靠计量的，可以按照各项换入资产的原账面价值的相对比例或其他合理的比例对换出资产的账面价值进行分摊。对于同时换出的多项资产，各项换出资产终止确认时均不确认损益。

主要概念和观念

货币性资产　非货币性资产　非货币性资产交换　商业实质　主体特定价值　非互惠转让　计量基础　公允价值　账面价值　补价　换入资产　换出资产

基本训练

知识题

1. 什么是货币性资产？什么是非货币性资产？
2. 什么是非货币性资产交换？非货币性资产交换的特征有哪些？
3. 非货币性资产交换的确认条件有哪些？
4. 如何判断某项非货币性资产交换具有商业实质？
5. 非货币性资产交换不涉及哪些交易和事项？
6. 非货币性资产交换的计量基础有哪些？
7. 什么是公允价值？非货币性资产交换采用公允价值计量的条件有哪些？
8. 如何判断换入资产或换出资产的公允价值能够可靠计量？
9. 采用公允价值计量，在涉及补价的情况下，换入资产的成本如何确定？
10. 在涉及多项非货币性资产交换的情况下，如何确定换入资产的成本？

技能题

1. 2×20年2月，甲公司以一台机器设备交换乙公司生产的一批电脑作为固定资产管理。甲公司换出的机器设备的账面原价为170万元，累计折旧为50万元，未计提资产减值准备，公允价值为100万元。乙公司换出的电脑的账面价值为105万元，未计提存货跌价准备，公允价值为100万元，计税价格等于公允价值。甲、乙公司均为增值税一般纳税人，所适用的增值税税率为13%。甲公司支付运杂费10 600元（含可抵扣的增值税600元）。假定没有发生增值税以外的其他相关税费。

要求：根据上述资料，分别编制甲、乙公司的会计分录。

2. 2×20年5月，甲公司以生产经营中使用的一辆货车交换乙公司生产经营过程中使用的一台设备，作为固定资产管理。甲公司换出的货车的账面原价为50万元，在交换日的累计折旧为20万元，未计提资产减值准备，公允价值为35万元，计税价格等于公允价值。乙公司换出的设备的账面价值为35万元，在交换日的累计折旧为3万元，计提固定资产减值准备1万元，公允价值为30万元，计税价格等于公允价值，乙公司换入甲公司的货车作为固定资产管理。甲、乙公司均为增值税一般纳税人，所适用的增值税税率为13%。在这项交易中，双方协议，乙公司支付给甲公司5万元补价。假定没有发生增值税以外的其他相关税费。

要求：根据上述资料，分别编制甲、乙公司的会计分录。

3. 2×20年9月，A公司以生产经营中使用的一辆货车交换B公司生产经营过程中使用的一台专用设备，作为固定资产管理。A公司换出的货车的账面原价为50万元，在交换日的累计折旧为20万元，未计提资产减值准备。B公司换出的专用设备的账面价值为35万元，在交换日的累计折旧为5万元，计提固定资产减值准备1万元，B公司换入A公司的货车作为固定资产管理。在这项交易中，双方协议，B公司支付给A公司1万元补价。假定货车和专用设备的公允价值均无法取得，没有发生相关税费。

要求：根据上述资料，分别编制A、B公司的会计分录。

能力题

1.试分析非货币性资产交换采用不同计量基础进行核算对企业财务报表的影响。

2.通过互联网查找进行非货币性资产交换的上市公司，分析其交换的动机及对公司财务报表和股价的影响。

第六章

债务重组

学习目标

通过本章的学习，应达到以下目标：在知识方面，了解债务重组的概念、特征和方式；在技能方面，掌握不同债务重组方式下，债权人和债务人的会计处理；在能力方面，正确运用有关债务重组的确认、计量原则，结合企业实际情况进行分析，理解不同债务重组方式下的会计处理方法对企业财务报表的影响。

案 例

*ST猛狮（002684）2019年12月17日晚间公告，杭州凭德拟以不超过12亿元的资金协助公司（包括子公司）进行债务重组，豁免债务合计金额不超过20亿元。若本次债务重组全部完成，预期公司可获得的债务重组收益不低于10亿元。

公告显示，本次债务重组拟由股东为三投集团、河南高创、北京致云的杭州凭德作为债务重组合作方，重组方式主要包括：对于直接可以部分豁免的债务，直接由债权人对公司进行债务豁免；对于需要支付资金的债务，由提供资金的主体杭州凭德按照公司、杭州凭德及债权人商定的打折后金额受让债权人对公司或公司子公司的债权，杭州凭德再将上述债权转让对价与上述债权的原始金额之间的差额对公司进行豁免。

公告显示，上述债务重组的交易本质是公司向杭州凭德借款不超过12亿元并用于与各债权人进行债务重组，最终形成公司与杭州凭德间的债权债务关系。

*ST猛狮表示，通过上述债务重组，将降低公司负债金额，减轻公司财务负担，解决逾期负债的诉讼及面临的各种查封、冻结等司法强制措施。

资料来源 中国证券报·中证网. *ST猛狮拟进行债务重组 杭州凭德拟豁免不超过20亿元债务[EB/OL].［2019-12-17］. http://finance.eastmoney.com/a/201912171327022352.html?from=360.

第一节 债务重组的定义和方式

一、债务重组的定义

债务重组是指在不改变交易对手方的情况下，经债权人和债务人协定或法院裁定，就清偿债务的时间、金额或方式等重新达成协议的交易。也就是说，不论债务人是否发生财务困难，也不论债权人是否作出让步，只要修改了原定债务偿还条件，即债务重组时确定的债务偿还条件不同于原协议，债权人和债务人就债务条款重新达成了协议的，均作为债务重组。例如，债权人可能在减免债务人部分债务本金的同时提高剩余债务的利息，或者债权人同意债务人用等值库存商品抵偿到期债务等，均属于债务重组。债务重组涉及债权人和债务人，对债权人而言为“债权重组”，对债务人而言为“债务重组”，但通常统称为“债务重组”。

债务重组涉及的债权和债务，是指《企业会计准则第22号——金融工具确认和计量》规范的债权和债务，不包括合同资产、合同负债、预计负债，但包括租赁应收款和租赁应付款。属于金融工具确认和计量准则的债权和债务，一般应为以双方或多方签订的平等合同为基础，并以现金或其他金融资产结算；而应交税费（非合同）、预收款项及预付款项（非现金或其他金融资产结算）等非金融工具项目的变更，则不属于债务重组。

需要注意的是，债务重组是在不改变交易对手方的情况下进行的交易，而实务中经常出现第三方参与相关交易的情形。例如，某公司以不同于原合同条款的方式代债务人向债权人偿债；新组建的公司承接原债务人的债务，再与债权人进行债务重组；资产管理公司从债权人处购得债权，再与债务人进行债务重组等。在上述情形下，企业应当首先考虑债权和债务是否发生终止确认，是否适用金融工具确认和计量准则以及金融资产转移准则，再就债务重组交易适用债务重组准则。

小资料6-1

《企业会计准则第12号——债务重组》适用于所有债务重组，但下列各项适用其他相关会计准则：（1）债务重组中涉及的债权、重组债权、债务、重组债务和其他金融工具的确认、计量和列报，分别适用《企业会计准则第22号——金融工具确认和计量》和《企业会计准则第37号——金融工具列报》。（2）通过债务重组形成企业合并的，适用《企业会计准则第20号——企业合并》。（3）债权人或债务人中的一方直接或间接对另一方持股且以股东身份进行债务重组的，或者债权人与债务人在债务重组前后均受同一方或相同的多方最终控制，且该债务重组的交易实质是债权人或债务人进行了权益性分配或接受了权益性投入的，适用权益性交易的有关会计处理规定。

二、债务重组的方式

债务重组主要包括以下四种方式：

1.债务人以资产清偿债务

以资产清偿债务是指债务人转让其资产给债权人以清偿债务的债务重组方式。债务人通常用于偿债的资产是已经在资产负债表中确认的资产，主要有现金、应收账款、存货、长期股权投资、投资性房地产、固定资产、在建工程、生物资产、无形资产等。

除上述已经在资产负债表中确认的资产外，债务人也可能以不符合确认条件而未予确认的资产清偿债务。例如，债务人可能以未确认的内部产生品牌清偿债务，债权人在获得的商标权符合无形资产确认条件的前提下作为无形资产核算。在少数情况下，债务人可能以处置组（即一组资产和与这些资产直接相关的负债）清偿债务。

小提示6-1

债权人在受让相关资产后，按照相关会计准则要求，债权人核算相关受让资产的类别可能与债务人不同。例如，债务人以作为固定资产核算的房产清偿债务，债权人可能将受让的房产作为投资性房地产核算；债务人以部分长期股权投资清偿债务，债权人可能将受让的投资作为金融资产核算；债务人以存货清偿债务，债权人可能将受让的资产作为固定资产核算等。

2.债务人将债务转为权益工具

将债务转为权益工具（根据金融工具列报准则分类为“权益工具”的金融工具）主要是指债务人将债务转换为资本，同时债权人将债权转换为股权的债务重组方式。其结果是，债务人因此而增加股本（或实收资本），债权人因此而增加股权。在实际会计处理上体现为股本、实收资本、资本公积等科目。

需要注意的是，有些债务重组名义上采用“债转股”的方式，但同时附加相关条款，如约定债务人在未来某个时点有义务以某一金额回购股权，或债权人持有的股份享有强制分红权等，对债务人来说，这些“股权”如果并不是分类为权益工具的金融工具，则不属于上述债务重组方式。此外，债权人和债务人还可能协议以一项复合金融工具（同时包含金融负债成分和权益工具成分）替换原债权债务，这也不属于上述债务重组方式。

3.修改其他债务条件

修改其他债务条件是指修改不包括上述两种方式在内的其他债务条件进行债务重组的方式，如采用调整债务本金、改变债务利息、变更还款期限等方式修改债权和债务的其他条款，形成重组债权和重组债务。

4.以上三种方式的组合方式

这种债务重组方式是指采用以上两种或三种方式共同清偿债务的债务重组形式。例如，债权人和债务人约定，由债务人以某一固定资产清偿部分债务，将另一部分债务转为权益工具，再调减剩余债务的本金，但利率和还款期限不变；又如，债务人以现金清偿部分债务，同时将剩余债务展期，等等。

以上这些债务重组方式都是通过债权人和债务人重新协定或者法院裁定达成的，与原来约定的偿债方式不同。

第二节　债权和债务的终止确认

一、终止确认的一般原则

债务重组中涉及的债权和债务的终止确认，应当按照金融工具确认和计量、金融资产转移准则中有关金融资产和金融负债终止确认的规定进行处理。债权人在收取债权现金流量的合同权利终止时终止确认债权，债务人在债务的现时义务解除时终止确认债务。

实务中，由于债权人与债务人之间进行的债务重组涉及债权和债务的认定，以及清偿方式和期限等的协商，通常需要经历较长时间，例如，破产重整中进行的债务重组。只有在符合终止确认条件时才能终止确认相关债权和债务，并确认债务重组相关损益。对于在报告期资产负债表日后期间进行的债务重组，即使其在报告期间已经开始协商，也不属于资产负债表日后调整事项。

对于终止确认的债权，债权人应当相应结转已计提的减值准备中对应该债权终止确认部分的金额；如果该终止确认的债权分类为以公允价值计量且其变动计入其他综合收益的金融资产，还需将之前计入其他综合收益的累计利得或损失从其他综合收益中转入投资收益。

二、不同重组方式下的终止确认

（一）以资产清偿债务或将债务转为权益工具的重组方式

对于以资产清偿债务或者将债务转为权益工具方式进行的债务重组，由于债权人在拥有或控制相关资产时，通常其收取债权现金流量的合同权利也同时终止，债权人一般可以终止确认该债权。同样，由于债务人通过交付资产或权益工具解除了其清偿债务的现时义务，债务人一般可以终止确认该债务。

（二）以修改其他条款进行的重组方式

债务重组通过调整债务本金、改变债务利息、变更还款期限等修改合同条款方式进行的，对于债权人而言，合同修改前后的交易对手方没有发生改变，合同涉及的本金、利息等现金流量很难在本息之间及债务重组前后作出明确分割，即很难单独识别合同的特定可辨认现金流量。因此，通常情况下，应当整体考虑是否对全部债权的合同条款作出了实质性修改。如果作出了实质性修改，或者债权人与债务人之间签订协议，以获取实质上不同的新金融资产方式替换债权，应当终止确认原债权，并按照修改后的条款或新协议确认新金融资产。

对于债务人，如果对债务或部分债务的合同条款作出“实质性修改”形成重组债务，或者债权人与债务人之间签订协议，以承担“实质上不同”的重组债务方式替换债务，债务人应当终止确认原债务，同时按照修改后的条款确认一项新金融负债。其中，如果重组债务未来现金流量（包括支付和收取的某些费用）现值与原债务的剩余期间现金流量现值之间的差异超过10%，则意味着新的合同条款进行了“实质性修改”或者重组债务是“实质上不同”的，有关现值的计算均采用原债务的实际利率。

（三）组合方式

与上述“修改其他条款”部分的分析类似，对于债权人，通常情况下应当整体考虑终止确认全部债权。由于组合方式涉及多种债务重组方式，一般可以认为对全部债权的合同条款作出了实质性修改，从而终止确认全部债权，并按照修改后的条款确认新金融资产。对于债务人，组合中以资产清偿债务或者将债务转为权益工具方式进行的债务重组，如果债务人清偿该部分债务的现时义务已经解除，应当终止确认该部分债务。组合中以修改其他条款方式进行的债务重组，需要根据具体情况判断对应的部分债务是否满足终止确认条件。

第三节 债务重组的会计处理

企业可以根据不同情况分别按不同方式进行债务重组。在不同的债务重组方式下，债权人和债务人的会计处理也有所不同。

一、以资产清偿债务方式重组的会计处理

（一）债权人的会计处理

债务重组采用以资产清偿债务方式进行的，债权人应当在受让的相关资产符合其定义和确认条件时予以确认。

1.债权人受让金融资产

债权人受让包括现金在内的单项或多项金融资产的，应当按照金融工具确认和计量准则的规定进行确认和计量。金融资产初始确认时应当以其公允价值计量，金融资产确认金额与债权终止确认日账面价值之间的差额，计入投资收益。

小资料6-2

根据《企业会计准则第22号——金融工具确认和计量》第三十四条，企业应当根据《企业会计准则第39号——公允价值计量》的规定，确定金融资产和金融负债在初始确认时的公允价值。公允价值通常为相关金融资产或金融负债的交易价格。金融资产或金融负债公允价值与交易价格存在差异的，企业应当区别下列情况进行处理：

（1）在初始确认时，金融资产或金融负债的公允价值依据相同资产或负债在活跃市场上的报价或者以仅使用可观察市场数据的估值技术确定的，企业应当将该公允价值与交易价格之间的差额确认为一项利得或损失。

（2）在初始确认时，金融资产或金融负债的公允价值以其他方式确定的，企业应当将该公允价值与交易价格之间的差额递延。初始确认后，企业应当根据某一因素在相应会计期间的变动程度将该递延差额确认为相应会计期间的利得或损失。该因素应当仅限于市场参与者对该金融工具定价时将予考虑的因素，包括时间等。

2.债权人受让非金融资产

以资产清偿债务方式进行债务重组的，债权人初始确认受让的金融资产以外的资产时，应当按照以下原则以成本计量：

（1）存货的成本，包括放弃债权的公允价值和使该资产达到当前位置和状态所发生的可直接归属于该资产的税金、运输费、装卸费、保险费等其他成本。

（2）对联营企业或合营企业投资的成本，包括放弃债权的公允价值和可直接归属于该资产的税金等其他成本。

（3）投资性房地产的成本，包括放弃债权的公允价值和可直接归属于该资产的税金等其他成本。

（4）固定资产的成本，包括放弃债权的公允价值和使该资产达到预定可使用状态前所发生的可直接归属于该资产的税金、运输费、装卸费、安装费、专业人员服务费等其他成本。确定固定资产成本时，还应当考虑预计弃置费用因素。

（5）生物资产的成本，包括放弃债权的公允价值和可直接归属于该资产的税金、运输费、保险费等其他成本。

（6）无形资产的成本，包括放弃债权的公允价值和可直接归属于使该资产达到预定用途所发生的税金等其他成本。

放弃债权的公允价值与账面价值之间的差额，计入投资收益。

3.债权人受让多项资产

债权人受让多项资产（可能包括金融资产）的，应当按照金融工具确认和计量准则的规定确认和计量受让的金融资产；按照受让的金融资产以外的各项资产在债务重组合同生效日的公允价值比例，对放弃债权在合同生效日的公允价值扣除受让金融资产当日公允价值后的净额进行分配，并以此为基础分别确定各项资产的成本。

放弃债权的公允价值与账面价值之间的差额，计入投资收益。

4.债权人受让处置组

债务人以处置组清偿债务的，债权人应当分别按照金融工具确认和计量准则和其他相关准则的规定，对处置组中的金融资产和负债进行初始计量，然后按照金融资产以外的各项资产在债务重组合同生效日的公允价值比例，对放弃债权在合同生效日的公允价值以及承担的处置组中负债的确认金额之和，扣除受让金融资产当日公允价值后的净额进行分配，并以此为基础分别确定各项资产的成本。

放弃债权的公允价值与账面价值之间的差额，计入投资收益。

5.债权人将受让的资产或处置组划分为持有待售类别

债务人以资产或处置组清偿债务，且债权人在取得日未将受让的相关资产或处置组作为非流动资产和非流动负债核算，而是将其划分为持有待售类别的，债权人应当在初始计量时，比较假定其不划分为持有待售类别情况下的初始计量金额和公允价值减去出售费用后的净额，以两者孰低计量。

（二）债务人的会计处理

以资产清偿债务方式进行债务重组的，债务人应当在相关资产和所清偿债务符合终止确认条件时予以终止确认，所清偿债务账面价值与转让资产账面价值之间的差额计入当期损益。

1.债务人以金融资产清偿债务

债务人以单项或多项金融资产清偿债务的，债务的账面价值与偿债金融资产账面价值的差额，计入投资收益。偿债金融资产已计提减值准备的，应结转已计提的减值准备。如果是以分类为以公允价值计量且其变动计入其他综合收益的债务工具投资清偿债务的，则之前计入其他综合收益的累计利得或损失应当在债务重组时转入投资收益。

如果是以指定为以公允价值计量且其变动计入其他综合收益的非交易性权益工具投资清偿债务的，则之前计入其他综合收益的累计利得或损失应当转入留存收益（“盈余公积”“利润分配——未分配利润”等科目）。

2.债务人以非金融资产清偿债务

如果债务人清偿债务的单项或多项资产中全部或部分属于非金融资产，则应将所清偿债务账面价值与转让资产账面价值之间的差额，记入“其他收益——债务重组收益”科目，不需要区分资产处置损益和债务重组损益，也不需要区分不同资产的处置损益。偿债资产已计提减值准备的，应结转已计提的减值准备。

如果债务人以包含非金融资产的处置组清偿债务，应当将所清偿债务和处置组中的账面价值之和，与处置组中资产的账面价值之间的差额，记入“其他收益——债务重组收益”科目。确认的其他收益的计算方式如下：

其他收益=（所清偿债务+处置组中负债的账面价值）−处置组中资产（含分摊的合并商誉）的账面价值

处置组中的资产已计提减值准备的，应结转已计提的减值准备。

债务人以日常活动产出的商品或服务清偿债务的，应当将所清偿债务账面价值与存货等相关资产账面价值之间的差额，记入“其他收益——债务重组收益”科目。

【例6-1】2×20年3月18日，甲公司向乙公司销售商品一批，应收乙公司款项的入账金额为3 660万元。甲公司将该应收款项分类为以摊余成本计量的金融资产；乙公司将该应付账款分类为以摊余成本计量的金融负债。9月18日，甲公司应收乙公司账款3 660万元已逾期，经协商决定进行债务重组。乙公司以一项固定资产（设备）抵偿上述债务，该项设备的成本为2 850万元，已计提折旧50万元。9月23日，双方办理完固定资产转让手续，甲公司为该项固定资产支付评估费用6万元。当日，甲公司该项应收账款的公允价值为3 390万元，已对该债权计提坏账准备20万元，乙公司应付账款的账面价值仍为3 660万元。假设不考虑相关税费。

（1）债权人（甲公司）2×20年9月23日的会计处理（单位：万元）：

借：固定资产（3 390+6）	3 396	
坏账准备	20	
投资收益	250	
贷：应收账款		3 660
银行存款		6

（2）债务人（乙公司）2×20年9月23日的会计处理（单位：万元）：

借：固定资产清理	2 800	
累计折旧	50	
贷：固定资产		2 850
借：应付账款	3 660	
贷：固定资产清理		2 800
其他收益——债务重组收益		860

【例6-2】承【例6-1】，假设甲公司管理层决议，受让的该项固定资产将在半年内出售，该项固定资产当日的公允价值为3 390万元，预计未来出售该固定资产时将发生2万元的出售费用，该项固定资产满足持有待售资产确认条件。

分析：9月23日，甲公司对该固定资产进行初始确认时，应按照该项固定资产的入账价值（3 396万元）与公允价值减出售费用后的净额（3 388万元（3 390-2））孰低计量。债权人甲公司的会计处理如下（单位：万元）：

借：持有待售资产——固定资产	3 388	
坏账准备	20	
资产减值损失	258	
贷：应收账款		3 660
银行存款		6

二、将债务转为权益工具方式重组的会计处理

（一）债权人的会计处理

将债务转为权益工具方式进行债务重组导致债权人将债权转为对联营企业或合营企业

的权益性投资的，债权人应当按照前述以资产清偿债务方式进行债务重组的规定计量其初始投资成本。

放弃债权的公允价值与账面价值之间的差额，应当计入当期损益。

（二）债务人的会计处理

在此种重组方式下，债务人初始确认权益工具时，应按照权益工具的公允价值计量，权益工具的公允价值不能可靠计量的，应当按照所清偿债务的公允价值计量。所清偿债务账面价值与权益工具确认金额之间的差额计入投资收益。债务人因发行权益工具而支出的相关税费等，应当依次冲减股本（资本）溢价、盈余公积、未分配利润等。

【例6-3】2×20年3月6日，甲公司（有限责任公司）从乙公司购买一批材料，约定6个月后甲公司应结清款项5 000万元（假定无重大融资成分）。乙公司将该应收款项分类为以公允价值计量且其变动计入当期损益的金融资产；甲公司将该应付款项分类为以摊余成本计量的金融负债。2×20年6月30日，上述应收款项和应付款项的公允价值均为4 250万元。

2×20年9月6日，甲公司因无法支付货款而与乙公司协商进行债务重组，双方商定乙公司将该债权转为对甲公司的股权投资。当日上述应收款项和应付款项的公允价值均为3 800万元。

2×20年10月8日，乙公司办结了对甲公司的增资手续，甲公司和乙公司分别支付手续费等相关费用75万元和60万元。债转股后甲公司总的注册资本为6 250万元，乙公司持有的抵债股权占甲公司总的注册资本的20%，对甲公司具有重大影响，甲公司股权公允价值不能可靠计量。甲公司应付款项的账面价值仍为5 000万元。应收款项和应付款项的公允价值仍为3 800万元。

假定不考虑其他相关税费等因素。

(1) 债权人（乙公司）的会计处理（单位：万元）：

①3月6日：

借：交易性金融资产——成本　　5 000

　贷：主营业务收入　　5 000

②6月30日：

借：公允价值变动损益（5 000-4 250）　　750

　贷：交易性金融资产——公允价值变动　　750

③9月6日：

借：公允价值变动损益（4 250-3 800）　　450

　贷：交易性金融资产——公允价值变动　　450

④10月8日：

乙公司长期股权投资初始投资成本=所放弃债权的公允价值3 800+相关税费60=3 860（万元）

借：长期股权投资——甲公司　　3 860

　　交易性金融资产——公允价值变动（750+450）　　1 200

　贷：交易性金融资产——成本　　5 000

　　　银行存款　　60

(2) 债务人（甲公司）的会计处理（单位：万元）：

10月8日，由于甲公司股权的公允价值不能可靠计量，初始确认权益工具公允价值应当按照所清偿债务的公允价值3 800万元计量，并扣除因发行权益工具支出的相关税费75万元。

借：应付账款	5 000
贷：实收资本 （6 250×20%）	1 250
资本公积——资本溢价	2 475
银行存款	75
投资收益（5 000-3 800）	1 200

三、修改其他条款方式重组的会计处理

（一）债权人的会计处理

采用修改其他条款方式进行债务重组的，债权人应当按照金融工具确认和计量准则的规定，确认和计量重组债权。

修改其他条款方式下，如果全部债权按金融工具确认和计量准则相关规定被终止确认，则债权人应当按照修改后的条款以公允价值初始计量新的金融资产，新金融资产的确认金额与债权终止确认日账面价值之间的差额，计入投资收益。

如果原债权没有被终止确认，则债权人应当根据其分类，继续作为以摊余成本计量的金融资产或作为以公允价值计量的金融资产进行后续计量。对于以摊余成本计量的债权，债权人应当根据重新议定合同的现金流量变化情况，重新计算该重组债权的账面余额，并将相关利得或损失计入投资收益。重新计算的该重组债权的账面余额一般等于根据重新议定或修改的合同现金流量按原实际利率折现后的现值，购买或源生的已发生信用减值的重组债权，应按经信用调整的实际利率折现。对于修改或重新议定合同所产生的成本或费用，债权人应当调整修改后的重组债权的账面价值，并在修改后重组债权的剩余期限内摊销。

（二）债务人的会计处理

修改其他条款方式下，如果修改其他条款导致债务终止确认，债务人应当按照公允价值计量重组债务，并将终止确认的债务账面价值与重组债务确认金额之间的差额计入投资收益。

如果修改其他条款未导致债务终止确认，或者仅导致部分债务终止确认，对于未终止确认的部分债务，债务人应当根据其分类，继续以摊余成本、以公允价值计量且其变动计入当期损益或其他适当方法进行后续计量。对于以摊余成本计量的债务，债务人应当根据重新议定合同的现金流量变化情况，重新计算该重组债务的账面价值，并将相关利得或损失计入投资收益。

重新计算的该重组债务的账面价值一般等于重新议定或修改的合同现金流量按原实际利率折现的现值。适用《企业会计准则第24号——套期会计》第二十三条规定的，则遵照该规定按重新计算的实际利率折现。

对于修改或重新议定合同所产生的成本或费用，债务人应当调整修改后的重组债务的账面价值，并在修改后重组债务的剩余期限内摊销。

四、以多项资产清偿债务或组合方式重组的会计处理

（一）债权人的会计处理

债务重组采用组合方式进行的，一般可以认为对全部债权的合同条款作出了实质性修改，债权人应当首先按照修改后的条款，以公允价值初始计量新的金融资产和受让的新金融资产；然后按照受让的金融资产以外的各项资产在债务重组合同生效日的公允价值比例，对所放弃债权在合同生效日的公允价值扣除受让金融资产和重组债权当日公允价值后的净额进行分配，并以此为基础分别确定各项资产的成本。放弃债权的公允价值与账面价值之间的差额，计入投资收益。

（二）债务人的会计处理

以多项资产清偿债务或者采用组合方式进行债务重组的，债务人应当按照前述的规定确认和计量权益工具和重组债务。对于权益工具，债务人应当在初始确认时按照权益工具的公允价值计量，权益工具的公允价值不能可靠计量的，应当按照所清偿债务的公允价值计量。对于修改其条款形成的重组债务，债务人应当参照上文“三（二）”部分的内容，确认和计量重组债务。

所清偿债务的账面价值与转让资产的账面价值以及权益工具和重组债务的确认金额之和的差额，应当计入当期损益。

【例6-4】甲、乙公司均为增值税一般纳税人，适用增值税税率为13%。2×19年11月5日，甲公司向乙公司赊购一批材料，含税价为1 170万元。乙公司以摊余成本计量该项债权，甲公司以摊余成本计量该项债务。2×20年9月10日，甲公司因发生财务困难，无法按合同约定偿还债务，双方协商进行债务重组。乙公司同意甲公司用其生产的商品、作为固定资产管理的机器设备和一项债券投资抵偿欠款。甲公司用于抵债的资产情况如下：①库存商品：成本为350万元，不含税市价为450万元（等于计税价格）。②固定资产：原价为750万元，累计折旧为200万元，已计提减值准备90万元；不含税公允价值为375万元（等于计税价格）。③债券投资：账面价值总额为75万元，市价为117.75万元，票面利率与实际利率一致，按年付息。

当日，该项债务的账面价值仍为1 170万元。抵债资产于2×20年9月20日转让完毕，甲公司发生设备运输费用3.25万元。

乙公司将受让的商品、设备和债券投资分别作为低值易耗品、固定资产和以公允价值计量且其变动计入当期损益的金融资产核算，乙公司发生设备安装费用7.5万元。

2×20年9月20日，乙公司对该债权已计提坏账准备95万元，债券投资市价为105万元。当日，该债权的公允价值为1 050万元。

（1）债权人（乙公司）的会计处理。

分析：

低值易耗品和设备的可抵扣增值税进项税额=（450+375）×13%=107.25（万元）

低值易耗品和固定资产的成本应当以其公允价值比例（450∶375）对所放弃债权公允价值扣除受让金融资产公允价值后的净额进行分配后的金额为基础确定。

低值易耗品的成本=（1 050-117.75-107.25）×450/（450+375）=450（万元）

固定资产的成本=（1 050-117.75-107.25）×375/（450+375）=375（万元）

2×20年9月20日，乙公司的账务处理如下（单位：万元）：

①结转债务重组相关损益：

借：低值易耗品　450

　　在建工程　375

　　应交税费——应交增值税（进项税额）　107.25

　　交易性金融资产　105

　　坏账准备　95

　　投资收益　37.75

　贷：应收账款——甲公司　1 170

②支付安装成本：

借：在建工程　7.5

　贷：银行存款　7.5

③安装完毕达到可使用状态：

借：固定资产（375+7.5）　382.5

　贷：在建工程　382.5

（2）债务人（甲公司）的会计处理如下（单位：万元）：

借：固定资产清理　460

　　累计折旧　200

　　固定资产减值准备　90

　贷：固定资产　750

借：固定资产清理　3.25

　贷：银行存款　3.25

借：应付账款　1 170

　贷：固定资产清理　463.25

　　　库存商品　350

　　　应交税费——应交增值税（销项税额）　107.25

　　　债权投资——成本　75

　　　其他收益——债务重组收益　174.5

【例6-5】2×16年1月1日，甲公司取得乙银行贷款10 000万元，约定贷款期限为4年（即2×19年12月31日到期），年利率为6%，按年付息，甲公司已按时支付所有利息。2×19年12月31日，甲公司出现严重资金周转问题，多项债务违约，信用风险增加，无法偿还贷款本金。2×20年1月10日，乙银行同意与甲公司就该项贷款重新达成协议，新协议约定：

①甲公司将一项作为固定资产核算的房产转让给乙银行，用于抵偿债务本金2 000万元，该房产账面原值2 400万元，累计折旧800万元，未计提减值准备。

②甲公司向乙银行增发股票1 000万股，面值1元/股，占甲公司股份总额的1%，用于抵偿债务本金4 000万元，甲公司股票于2×20年1月10日的收盘价为4元/股。

③在甲公司履行上述偿债义务后，乙银行免除甲公司1 000万元债务本金，并将尚未偿还的债务本金3 000万元展期至2×20年12月31日，年利率为8%；如果甲公司未能履行

①②所述偿债义务，乙银行有权终止债务重组协议，尚未履行的债权调整承诺随之失效。

乙银行该贷款于2×20年1月10日的公允价值为9 200万元，予以展期的贷款的公允价值为3 000万元。乙银行以摊余成本计量该贷款，已计提贷款损失准备600万元。甲公司以摊余成本计量该贷款，截至2×20年1月10日，该贷款的账面价值为10 000万元。不考虑相关税费。

2×20年3月2日，双方办理完成房产转让手续，乙银行将该房产作为投资性房地产核算。

2×20年3月31日，乙银行为该笔贷款补提了200万元的损失准备。

2×20年5月9日，双方办理完成股权转让手续，乙银行将该股权投资分类为以公允价值计量且其变动计入当期损益的金融资产，甲公司股票当日收盘价为4.02元/股。

（1）债权人（乙银行）的会计处理如下（单位：万元）：

①3月2日：

投资性房地产成本=放弃债权公允价值9 200−受让股权公允价值4 000−重组债权公允价值3 000
=2 200（万元）

借：投资性房地产　　2 200

　贷：贷款——本金　　2 200

②3月31日：

借：信用减值损失　　200

　贷：贷款损失准备　　200

③5月9日：

受让股权的公允价值=4.02×1 000=4 020（万元）

借：交易性金融资产　　4 020

　　贷款——本金　　3 000

　　贷款损失准备（600+200）　　800

　贷：贷款——本金（10 000−2 200）　　7 800

　　　投资收益　　20

（2）债务人（甲公司）的会计处理如下（单位：万元）：

①3月2日：

借：固定资产清理　　1 600

　　累计折旧　　800

　贷：固定资产　　2 400

借：长期借款——本金　　1 600

　贷：固定资产清理　　1 600

②5月9日：

借款的新现金流量=3 000×（1+8%）/（1+6%）= 3 057（万元）

现金流变化=（3 057−3 000）/3 000×100%= 1.9% < 10%

因此，针对3 000万元本金部分的合同条款的修改不构成实质性修改，不终止确认该部分负债。

借：长期借款——本金（10 000−1 600）　　8 400

贷：股本	1 000
资本公积（1 000×3.02）	3 020
长期借款——本金	3 057
其他收益——债务重组收益	1 323

第四节　债务重组的披露

债务重组中涉及的债权、重组债权、债务、重组债务和其他金融工具的披露，应当按照《企业会计准则第37号——金融工具列报》的规定处理。此外，债权人和债务人还应当在附注中披露与债务重组有关的额外信息。

债权人应当在附注中披露与债务重组有关的信息包括：

（1）根据债务重组方式，分组披露债权账面价值和债务重组相关损益。分组时，债权人可以按照以资产清偿债务方式、将债务转为权益工具方式、修改其他条款方式、组合方式为标准分组，也可以根据重要性原则以更细化的标准分组。

（2）债务重组导致的对联营企业或合营企业的权益性投资增加额，以及该投资占联营企业或合营企业股份总额的比例。

债务人应当在附注中披露与债务重组有关的信息包括：

（1）根据债务重组方式，分组披露债务账面价值和债务重组相关损益。分组的标准与对债权人的要求类似。

（2）债务重组导致的股本等所有者权益的增加额。

报表使用者可能关心与债务重组相关的其他信息，例如，债权人和债务人是否具有关联方关系；又如，如何确定债务转为权益工具方式中的权益工具，以及修改其他条款方式中的新重组债权或重组债务等的公允价值；再如，是否存在与债务重组相关的或有事项等。企业应当根据或有事项准则、金融工具确认和计量准则、关联方披露准则、金融工具列报准则以及公允价值计量准则等的规定披露相关信息。

本章小结

债务重组是指在不改变交易对手方的情况下，经债权人和债务人协定或法院裁定，就清偿债务的时间、金额或方式等重新达成协议的交易。债务重组一般包括下列方式，或下列一种以上方式的组合：（1）债务人以资产清偿债务；（2）债务人将债务转为权益工具；（3）采用调整债务本金、改变债务利息、变更还款期限等方式修改债权和债务的其他条款，形成重组债权和重组债务。

以资产清偿债务或者将债务转为权益工具方式进行债务重组的，债权人应当在相关资产符合其定义和确认条件时予以确认。放弃债权的公允价值与账面价值之间的差额计入当期损益。采用修改其他条款方式进行债务重组的，债权人应当按照金融工具确认和计量准则的规定确认和计量重组债权。以多项资产清偿债务或者采用组合方式进行债务重组的，债权人应当首先按照金融工具确认和计量准则的规定确认和计量受让的金融资产和重组债权，然后按照受让的金融资产以外的各项资产的公允价值比例，对放弃债权的公允价值扣除受让金融资产和重组债权确认金额后的净额进行分配，并以此为基础按照准则的规定分别确定各项资产的成本。放弃债权的公允价值与账面价值之间的差额，应当计入当期损益。

以资产清偿债务方式进行债务重组的，债务人应当在相关资产和所清偿债务符合终止确认条件时予以终止确认，所清偿债务账面价值与转让资产账面价值之间的差额计入当期损益。将债务转为权益工具方式进行债务重组的，债务人应当在所清偿债务符合终止确认条件时予以终止确认。债务人初始确认权益工具时应当按照权益工具的公允价值计量，权益工具的公允价值不能可靠计量的，应当按照所清偿债务的公允价值计量。所清偿债务账面价值与权益工具确认金额之间的差额，应当计入当期损益。采用修改其他条款方式进行债务重组的，债务人应当按照金融工具确认和计量准则和金融工具列报准则的规定确认和计量重组债务。以多项资产清偿债务或者采用组合方式进行债务重组的，债务人应当按照准则的有关规定确认和计量权益工具和重组债务，所清偿债务的账面价值与转让资产的账面价值以及权益工具和重组债务的确认金额之和的差额，应当计入当期损益。

主要概念和观念

债务重组　债务重组方式　债权　重组债权　债务　重组债务　权益工具　债权和债务的终止确认　金融资产　非金融资产　金融负债　债务转为资本　修改其他债务条款　处置组　公允价值

基本训练

知识题

1.什么是债务重组？它主要包括哪几种方式？

2.以资产清偿债务方式进行债务重组的，债权人和债务人分别应当如何进行会计处理？

3.将债务转为权益工具进行债务重组的，债权人和债务人分别应当如何进行会计处理？

4.以修改其他条款方式进行债务重组的，债权人和债务人分别应当如何进行会计处理？

5.采用组合方式进行债务重组的，债权人和债务人分别应当如何进行会计处理？

6.债务重组在财务报表附注中应当披露哪些信息？

技能题

1.A公司共有两个子公司，分别是甲公司、乙公司，2×19年有关债务重组业务资料如下：

（1）甲公司为扩大生产规模而进行战略调整，以轻装上阵，2×19年12月1日，甲公司与A公司签订债务重组协议，协议约定A公司豁免甲公司所欠1 000万元货款，A公司不以任何方式要求甲公司偿还或增加持股比例。债务重组日A公司应收账款的账面价值为1 000万元，未计提坏账准备，2×19年12月31日，相关债权债务解除手续办理完毕，同时假定工商登记手续也已办理完毕。

（2）乙公司已破产重整，2×19年12月6日，乙公司与包括A公司及债权银行在内的债权人签订债务重组协议，约定对乙公司所欠上述债权人的债务按照相同比例予以豁免，其中乙公司应付银行短期借款本金余额为10 000万元，应付A公司账款为2 000万元，对于上述债务，协议约定乙公司应于2×19年12月31日前按照余额的90%偿付，余款予以豁免。A公司此前已对该债权计提了坏账准备100万元。2×19年12月31日，相关债务重组程序及手续已执行完毕。

要求：(1) 根据资料 (1) 说明甲公司、A公司就该事项的相关会计处理方法，编制2×19年12月31日甲公司、A公司的相关会计分录。

(2) 根据资料 (2) 说明乙公司、A公司之间债务重组的会计处理方法，编制2×19年12月31日乙公司、A公司的相关会计分录。

2.2×20年1月3日，B公司因购买材料而欠A公司购货款2 500万元。由于B公司无法偿付应付账款，2×20年5月2日，经双方协商同意，B公司以300万股自身普通股偿还债务，B公司普通股的面值为每股1元，公允价值为每股8元。2×20年6月1日，B公司相关增资手续办理完毕，A公司取得这部分股权后，将其指定为以公允价值计量且其变动计入其他综合收益的金融资产。在债务重组时，A公司已对该项应收账款提取坏账准备20万元。

要求：编制债务重组双方的相关会计分录。

3.甲、乙公司均为增值税一般纳税人，适用增值税税率为13%，有关债务重组资料如下：

(1) 2×19年11月5日，甲公司向乙公司赊购一批材料，含税价为5 850万元。乙公司以摊余成本计量该项债权，甲公司以摊余成本计量该项债务。

(2) 2×20年9月10日，甲公司因发生财务困难无法按合同约定偿还债务，双方协商进行债务重组。乙公司同意甲公司用其生产的商品、固定资产和一项交易性金融资产抵偿欠款。甲公司用于抵债的资料如下：

①库存商品：成本为2 000万元，已计提存货跌价准备250万元；不含税市价为2 250万元，增值税为292.5万元。

②固定资产：原价为3 750万元，累计折旧为1 450万元；不含税公允价值为1 875万元；增值税为243.75万元。

③交易性金融资产：账面价值总额为375万元；市价为588.75万元。

当日，该项债务的账面价值仍为5 850万元。

抵债资产于2×20年9月20日转让完毕，甲公司发生设备运输费用16.25万元。

(3) 乙公司将受让的商品、固定资产和股权投资分别作为原材料、固定资产和交易性金融资产核算。

2×20年9月20日，乙公司对该债权已计提坏账准备475万元，股权投资市价为525万元。当日，该债权的公允价值为5 250万元。

要求：分别编制债权人和债务人债务重组的相关会计分录。

能力题

1.试分析不同的债务重组方式下债权人和债务人的会计处理对企业财务报表的影响。

2.通过互联网查找进行债务重组的上市公司，分析其进行债务重组的原因及其对企业财务报表数据和股价的影响。

第七章

所得税会计

学习目标

通过本章的学习，应该达到以下目标：在知识方面，掌握与所得税会计相关联的基本概念，判断永久性差异和时间性差异的区别；在技能方面，能够根据税法与会计规范的不一致，采用一定的方法熟练处理所得税会计相关业务；在能力方面，能够处理比较复杂的所得税业务，并了解相关的国际惯例。

案　例

万科（000002）、保利地产（600048）和陆家嘴（600663）是三家上市房地产公司，表7-1是2×19年年末三家公司的资产减值准备计提情况。

表7-1　　万科、保利地产、陆家嘴2×19年年末资产减值准备计提情况　　金额单位：万元

项目	万科	保利地产	陆家嘴
坏账准备	7 946	3 828	2 435
其中：应收账款	842	1 299	
其他应收款	7 104	2 529	2 435
存货跌价准备	1 206		42 174
长期股权投资减值准备	17 222		5 831
其中：股票投资	586		
其他股权投资及股权投资差额	16 636		
其他金融资产减值准备			687
合计	26 375	3 828	51 126
总资产	4 850 792	1 649 605	1 233 560
资产减值准备/总资产	0.54%	0.23%	4.14%

从表7-1可以看出，万科的总资产规模最大，陆家嘴的总资产规模最小，但计提的减

值准备中，陆家嘴的金额最多，并且主要是存货跌价准备。而从毛利水平看，陆家嘴最高（万科、保利地产、陆家嘴三家的毛利水平依次为37.24%、35.77%和59.53%），它是最没有理由计提存货跌价准备的。万科计提大量的长期股权投资减值准备，主要是收购上海南都置地有限公司和浙江南都房地产有限公司产生了巨额的股权投资差额，在衡量了当年实际消耗的土地资源后，万科补提了7 033万元的减值准备。

陆家嘴之所以要计提巨额存货跌价准备，这与所得税会计有关。根据陆家嘴2×20年第1季度报告披露的数据，其期初递延所得税资产为9 383万元。在学完本章后，您也许能找到答案。

资料来源 王华，石本仁．中级财务会计［M］．2版．北京：中国人民大学出版社，2010.有修改。

第一节 所得税会计概述

一、所得税会计的形成与演变

会计和税收是经济领域中两个不同的分支，分别遵循不同的原则，规范不同的对象。从财务会计和税务会计各自的目的来看，财务会计根据权责发生制、可比原则及收入实现制原则确定企业利润总额，其目的在于公允地反映企业的财务状况、经营成果及现金流量情况；而税务会计根据国家政治管理的需要及“公平税负、促进竞争”的原则来确定企业的纳税收益，计算应纳所得税，其目的在于提供保证国家机构正常运转所需的财政收入。所得税会计就是研究如何处理按照会计准则计算的税前利润（或亏损）与按照税法计算的应税所得（或亏损）之间差异的会计理论和方法。

从20世纪50年代初起，企业所得税会计处理就已经成为引起最大争议的课题，争论主要围绕所得税的分摊问题展开。

（一）美国的所得税会计

美国会计师协会（AIA，现已改为AICPA）下的会计程序委员会于1944年发布第23号公告。这是第一个建议对实际发生的应付所得税进行期内和跨期分配的权威性会计公告。1954年，美国开始关于所得税分配的持久争论，这一年颁布的收入法案允许出于税法目的采用加速折旧方法（如年限总和法），而出于会计目的计算的折旧一般采用直线法，随之产生了出于会计目的和出于税法目的而记录的折旧之间的重大差异。1967年，美国会计原则委员会（APB，即美国财务会计准则委员会FASB的前身）发布了第11号意见书，取消了在所得税会计处理中的“当期计列法”（即应付税款法），并规定采用“全面所得税分摊法”。APB第11号意见书要求采用递延所得税法来核算所得税，目的是将所得税费用和相关的当年的收入与费用相配比。在全面所得税分摊法下，如果在某一年度，为会计和税法目的而确认的收入和费用存在时间上的差异，对未来所得税的影响金额可以在时间性差异转回的时候递延于未来的年度中。APB第11号意见书颁布以后，美国会计原则委员会相继公布了一些直接阐述所得税会计的意见书、公告和解释。这些声明所阐述的内容是为了补充APB第11号意见书中提出的法规或对有关问题作进一步的解释，并为APB第8号意见书中的一些概念提供具体的运用方法。但是，众多批评者针对APB第11号意见书认为，这种方法在理解和应用上都十分困难，结果导致了各种不同的解释，从而在实践中产生了很大分歧。

1973年，FASB取代APB，成为会计准则的制定者。1982年，美国会计原则委员会重新考虑所得税会计。1986年，美国会计原则委员会发布了《所得税会计征求意见稿》，建议采用资产负债表债务法来对当年和以前年度由企业经营活动所产生的所得税的影响进行核算。1987年1月，美国会计原则委员会组织了对征求意见稿的公众意见听取会。根据收到的评论和公众意见听取会的信息，FASB于1987年12月发布了第96号公告——《所得税会计》，规定该公告应用于1988年12月15日以后的财务年度的会计报表。但是，第96号公告发布后，由于对所得税会计的处理原则以及方法仍然存在不同的意见，FASB曾两次推迟执行时间，应用于1992年12月15日以后的财务年度的会计报表。1989年3月，美国会计原则委员会开始对第96号公告进行修改。1991年6月，美国会计原则委员会发布了《所得税会计征求意见稿》，该征求意见稿保留了第96号公告中以资产负债表债务法核算和报告所得税的规定，但减少了准则的复杂性并改变了确认和计量所得税资产的标准。经过征求意见，于1991年10月最终完成了第109号公告，要求对所有的递延所得税资产和递延所得税负债进行记录和报告。

（二）国际会计准则委员会的所得税会计

国际会计准则委员会（IASC）于1979年7月发布了第12号公告——《所得税会计》，要求采用纳税影响会计法进行所得税会计处理；1985年，国际会计准则委员会成立了课题组，专门研究修改第12号公告；1989年1月，国际会计准则委员会发布了《所得税会计征求意见稿》（E33），建议采用利润表债务法进行所得税会计处理；1994年10月，国际会计准则委员会再次发布了《所得税会计征求意见稿》（E49），基本上采纳了美国第109号公告所提出的处理办法；1996年，国际会计准则委员会正式发布了修订后的《国际会计准则第12号——所得税会计》（1998年1月1日或以后日期开始的财务报表有效），取代1979年发布的《所得税会计》，准则明确规定禁止采用递延法，并且规定采用资产负债表债务法而不是利润表债务法进行所得税会计处理。2000年10月，IASC又对IAS12进行了一次修订，主要规范了计税基础、当期所得税负债和资产的确认、递延所得税资产和负债的确认、计量、列报与披露等内容，并于2001年1月1日生效。之后，IASC又不断对其进行修订。

（三）我国的所得税会计

1.我国所得税制度的改革

我国从20世纪30年代开始，先后开征过各种各样的所得税，如营利事业所得税、财产租赁或出卖所得税、薪金报酬所得税、利息所得税等。

中华人民共和国成立后，废除了旧的所得税制度。1950年12月开始“依所得额计算部分征税”，并简称“所得税”，但仍然是工商业税的一个组成内容。直至1958年，所得税才从原工商业税中独立出来，成为一个单独的税种，并正式定名为工商所得税。直至1980年9月才对个人的工资、薪金、劳务报酬、特许权使用费、利息、红利、财产租赁等各项所得开征个人所得税，但只限于对较高收入的个人征税。与此同时，分别对中外合资经营企业和内资企业从事生产、经营的所得和其他所得，开征了中外合资经营企业所得税和企业所得税。1982年1月又对外国企业开征了外国企业所得税。1983年实行国营企业利改税，对国营企业的所得开征了国营企业所得税。1988年开征了私营企业所得税。对不同的企业征收不同的所得税，这对于组织财政收入、调节经济、加强对各类企业的监督管理等都发挥了应有的作用。加入世贸组织后，国内市场对外资进一步开放，内资企业也逐渐融入世界经济体系之中，继续采取内资、外资企业不同的税收政策，将使内资企业处于不平等竞争地位，影响统一、规范、公平竞争的市场环境的建立。

2007年3月16日，第十届全国人民代表大会第五次会议通过了《中华人民共和国企业所得税法》（以下简称《企业所得税法》），2007年12月6日，国务院发布《中华人民共和国企业所得税法实施条例》（以下简称《企业所得税法实施条例》），《企业所得税法》和《企业所得税法实施条例》均自2008年1月1日起施行。1991年4月9日第七届全国人民代表大会第四次会议通过的《中华人民共和国外商投资企业和外国企业所得税法》和1993年12月13日国务院发布的《中华人民共和国企业所得税暂行条例》同时废止。这标志着我国进行多年的企业所得税改革工作终于突破坚冰，赢得成功；这是中国新一轮税制改革和"十一五"财税立法的"扛鼎之作"，是中国经济生活和法制化进程中的一件盛事。

2011年10月18日，财政部颁布《小企业会计准则》，规定小企业所得税的会计处理方法体现税法导向原则，即财务会计与税务会计的协调统一，以便降低小企业的纳税成本和税务风险。

2.我国所得税的会计处理

1994年以前，会计准则与税法在收入、费用、利润、资产、负债等的确认上基本一致，因此，按会计准则规定计算的税前会计利润与按税法规定计算的应税所得基本一致。1992年9月4日，第七届全国人民代表大会常务委员会第二十七次会议修订的《中华人民共和国税收征收管理法》第十三条规定，从事生产、经营的纳税人的财务会计制度或者财务会计处理办法，与国务院或者国务院财政、税务主管部门有关税收的规定抵触的，应当按照国务院或者国务院财政、税务部门有关税收的规定计算纳税。1994年的税制改革和从1997年起陆续颁布的具体会计准则，以及2001年颁布的《企业会计制度》，使会计与税法在确认收益、费用和损失方面的差异逐步扩大，为了与国际会计接轨，2006年2月15日，财政部颁布了《企业会计准则第18号——所得税》（以下简称"所得税准则"）。根据这一准则，我国所得税会计采用了资产负债表债务法，要求企业从资产负债表出发，通过比较资产负债表上列示的资产、负债按照会计准则规定确定的账面价值与按照税法规定确定的计税基础，对于两者之间的差异分别应纳税暂时性差异与可抵扣暂时性差异，确认相关的递延所得税负债与递延所得税资产，在综合考虑当期应交所得税的基础上，确定每一会计期间利润表中的所得税费用。

二、所得税会计的基本概念

（一）永久性差异和暂时性差异

1.永久性差异

根据国际会计准则委员会的规定，所谓永久性差异，是指产生于当期，后期不作转回处理的应税收益与会计收益之间的差异。此定义强调的是差异的产生和转回。我国财政部将其定义为：由于企业一定期间的税前会计利润与纳税所得之间计算表达口径不同所产生的差异。这一定义强调的是计算口径。

永久性差异按发生的原因和性质，可分为四类：

（1）不征税会计收入、免税会计收入。按会计原则确认的收入，税法规定免税部分，如购买国债的利息收入，会计上应作为收入处理，而税法规定不计入应纳税所得；财务会计将长期股权投资持有期间的持有收益确认为投资收益，并入利润总额，由于股权投资所得是被投资企业的税后利润，已在被投资企业缴过所得税，税法规定，仅对投资企业与被投资企业所得税税率的差额部分进行补税。

（2）税法作为应税收益的非会计收益。财务报表上不确认为收入，但按税法规定要作为应税收入计税。如企业与关联企业以不合理定价为手段减少应纳税所得额，税法规定税务机关有权合理调整增加企业应纳税所得额；又如价外收费、视同销售业务，会计上可能不确认收入，但税法将其作为应税收入；再如企业销售商品（产品）时，因错开发票而将原发票作废，但原发票存根未予保留，在税法上仍按销售收入确认。

（3）税法不允许扣除的会计费用或损失。财务报表上确认为费用，按税法规定不予扣减者，如高出同期贷款利率的利息支出，超过规定标准的工资支出，超过比率提取的工会会费、职工福利费、职工教育经费，规定额度之外的给非营利社会团体的捐赠以及直接给受赠人的捐赠，超标准的业务招待费，罚款、没收财物的损失，各种税收滞纳金罚金和罚款，各种非广告性质的赞助支出等。

（4）税法作为可扣除费用的非会计费用。财务报表上不确认为费用，但税法规定可以扣减。如为鼓励企业进行新产品、新技术、新工艺的技术开发，除技术开发费可以全额在税前扣除外，还可以加计扣除，加计扣除的部分就是财务会计未确认的费用，但允许（符合条件时）在税前扣除。

在《企业会计准则第18号——所得税》中，虽未提及永久性差异，但并不表示在所得税会计处理中就没有永久性差异了，只不过是为了符合会计准则中计税基础概念的引入以及利用计税基础计算差异的要求，因为永久性差异无论发生在哪一会计期间，税法都是不允许抵扣的，即不存在跨期分摊问题。永久性差异的发生是单向不可逆转的，故其会计处理的原则应以税法的规定为基础，将会计收益调整为应税收益。

2.暂时性差异

暂时性差异的跨期摊派是所得税会计的核心问题，因此必须对暂时性差异加以界定。暂时性差异是指资产、负债的账面价值与其计税基础不同产生的差异，该差异在以后年度当财务报表上列示的资产收回或列示的负债偿还时，会产生应纳税金额或可抵扣金额。通常情况下，资产在取得时其入账价值与计税基础是相同的，后续计量可能会因会计准则与税法规定不同，造成账面价值与计税基础之间的差异。

会计准则以资产负债表为基础，将会计与税法在收入、费用确认和计量时间上的差异作为暂时性差异，所有的时间性差异都属于暂时性差异，但暂时性差异并不都是时间性差异。时间性差异侧重于从收入或费用的角度分析会计利润和应税利润之间的差异，揭示的是某个会计期间内产生的差异。暂时性差异侧重于从资产和负债的角度分析某个时点上存在的账面价值与其计税基础之间的差异，这种差异可能导致相关期间会计利润和应税利润之间发生差异，也可能并不会产生相关期间会计利润和应税利润的差异。如金融资产，期末其公允价值与账面价值变动的差额按规定计入资产负债表的所有者权益中，由于公允价值变动的损益不计入利润表，也就不构成时间性差异，但属于暂时性差异，可见以资产负债表为基础确认的暂时性差异要比以利润表为基础确认的时间性差异范围广。

按照暂时性差异对未来期间应税所得的影响，可将其分为应纳税暂时性差异和可抵扣暂时性差异。应纳税暂时性差异对所得税的影响，确认为递延所得税负债；可抵扣暂时性差异对所得税的影响，确认为递延所得税资产。

应纳税暂时性差异，是指在确定未来收回资产或清偿债务期间的应纳税所得额时，将导致产生应税金额的暂时性差异，该差异在未来期间转回时，会增加转回期间的应纳税所得额，即在未来期间不考虑该事项影响的应纳税所得额的基础上，由于该暂时性差异的转回，会进一步增加转回期间的应纳税所得额和应交所得税金额。由于该差异会增加企业未来的经济利益流出，因此从产生的时点看，将其对所得税的影响确认为递延所得税负债。

可抵扣暂时性差异，是指在确定未来收回资产或清偿负债期间的应纳税所得额时，将导致产生可抵扣金额的暂时性差异。“可抵扣”一般意味着款已经缴了，但按照税法规定不该在本期缴的，只能等到以后抵扣处理。由于该差异在未来期间转回时会减少转回期间的应纳税所得额，减少未来期间的应交所得税，在可抵扣暂时性差异产生当期，符合确认条件时，应当确认为递延所得税资产。

资产和负债账面价值与其计税基础不同所产生的暂时性差异种类如表7-2所示。

表7-2 **暂时性差异分类表**

账面价值与计税基础的关系	资产	负债
账面价值大于计税基础	应纳税暂时性差异	可抵扣暂时性差异
账面价值小于计税基础	可抵扣暂时性差异	应纳税暂时性差异

在表7-2中，当资产的账面价值大于其计税基础时，如某项固定资产的账面价值为200万元，其计税基础是180万元，表明该固定资产在未来期间可带来的经济利益为200万元，未来期间可税前扣除的总额为180万元，其差额20万元在未来期间纳税时会导致企业经济利益的流出，因此20万元对所得税的影响，确认为递延所得税负债；相反，当资产的账面价值小于其计税基础时，如某项存货的账面价值为100万元，未来期间可税前扣除的总额为130万元，未来纳税减少30万元，30万元对所得税的影响，确认为递延所得税资产。负债账面价值与其计税基础不同形成的暂时性差异原理与资产相对应。上述资产的账面价值、计税基础、暂时性差异以及所产生的暂时性差异类别如表7-3所示。

表7-3 **暂时性差异表**

资产	账面价值	计税基础	暂时性差异	暂时性差异类别
固定资产	200万元	180万元	20万元	应纳税暂时性差异
存货	100万元	130万元	30万元	可抵扣暂时性差异

（二）常见的暂时性差异

1.资产项目产生的暂时性差异

资产在取得时其入账价值与其计税基础通常是一致的，后续计量会因会计准则规定与税法规定不同，造成账面价值与计税基础的差异，账面价值与计税基础可能存在差异的资产主要有：

（1）固定资产。固定资产在持有期间进行后续计量时，由于会计与税法规定就折旧方法、折旧年限以及固定资产减值准备的提取等处理的不同，可能造成固定资产的账面价值与计税基础的差异。会计准则规定按照“成本-累计折旧-固定资产减值准备”进行计量，税收是按照“成本-按照税法规定已在以前期间税前扣除的折旧额”进行计算。当固定资产的会计折旧与税法折旧不同以及计提减值准备时，就会产生暂时性差异。例如，甲公司2×19年12月购进某项固定资产，原值为80万元，使用年限为5年，会计处理时按直线法计提折旧，税法允许加速折旧，公司在计税时对该项资产按双倍余额递减法计提折旧，净残值为0，则2×20年年末有：

该项固定资产的账面价值=80-16=64（万元）

计税基础=80-32=48（万元）

账面价值与计税基础之间的差异为16万元，为应纳税暂时性差异。

（2）无形资产。除内部研究开发形成的无形资产外，其他方式取得的无形资产，初始确认时按照会计准则规定确定的入账价值与按照税法规定确定的计税基础之间一般不存在差异。无形资产的差异主要产生于使用寿命不确定的无形资产以及内部研究开发形成的无形资产。

① 无形资产在后续计量时，会计与税法的差异主要产生于是否需要摊销、摊销方法和年限的差异及无形资产减值准备的计提。

对于使用寿命有限的无形资产，有：

会计账面价值=实际成本-累计摊销-已计提的减值准备

税法计税基础=实际成本-税法规定的累计摊销

如果会计选择的摊销年限不短于10年，则两者的差异就源于会计上对无形资产计提的减值准备，税法规定其不能在提取时税前扣减。

对于使用寿命不确定的无形资产，会计上规定不予摊销，而税法上不存在使用寿命确定与不确定之分，计税时其按照税法规定确定的摊销额允许税前扣除，因此税法与会计在无形资产的摊销上规定不同，这就产生了暂时性差异。例如，甲公司的一项无形资产取得成本为100万元，因其使用寿命无法合理估计，会计上作为使用寿命不确定的无形资产不予摊销；依据税法规定，该项无形资产需要摊销，假定按10年摊销，则该项无形资产在取得1年后，有：

账面价值=100万元

计税基础=100-10=90（万元）

② 对于企业内部研发形成的无形资产，依据会计准则的规定，企业内部研发支出符合资本化条件的，应当资本化，确认为无形资产成本；而税法为了鼓励企业研发，对于盈利企业有税收优惠，规定企业当年盈利时，所发生的全部研究与开发支出均可在当期扣除，所以该项无形资产未来税前可列支的金额为0，据此因研发支出确认的无形资产在存续期间就会产生暂时性差异。例如，甲公司2×19年研发支出为800万元，其中500万元资本化形成无形资产，则有：

账面价值=500万元

计税基础=0

另外，对于研究开发费用的加计扣除，税法中规定企业为开发新技术、新产品、新工艺发生的研究开发费用，未形成无形资产计入当期损益的，在按照规定据实扣除的基础上，按照研究开发费用的75%加计扣除；形成无形资产的，按照无形资产成本的175%摊销。同时，会计准则中规定有例外条款，即如该无形资产的确认不是产生于企业合并交易，同时在确认时既不影响会计利润也不影响应纳税所得额，则不确认该暂时性差异的所得税影响。该种情况下，无形资产在初始确认时，对于会计与税收规定之间存在的暂时性差异不予确认，持续持有过程中，在初始未予确认暂时性差异的所得税影响范围内的摊销额等的差异亦不予确认。

（3）以公允价值计量且其变动计入当期损益的金融资产。依据《企业会计准则第22号——金融工具确认和计量》的规定，以公允价值计量且其变动计入当期损益的金融资产于某一会计期末的账面价值为其公允价值。税法规定，企业以公允价值计量的金融资产、金融负债以及投资性房地产等，持有期间公允价值的变动不计入应纳税所得额，在实际处置或结算时，处置取得的价款扣除其历史成本后的差额应计入处置或结算期间的应纳税所得额。按照该规定，以公允价值计量的金融资产在持有期间市价的波动在计税时不予考虑，有关金融资产在某一会计期末的计税基础为其取得成本，从而造成在公允价值变动的情况下，以公允价值计量的金融资产账面价值与计税基础之间的差异。例如，甲公司取得一项交易性金融资产，成本为320万元，期末市价为430万元，则有：

账面价值=430万元

计税基础=320万元

企业持有的以公允价值计量且其变动计入其他综合收益的金融资产，其计税基础的确定与以公允价值计量且其变动计入当期损益的金融资产类似，可比照处理。

（4）长期股权投资。依据会计准则的规定，企业对于长期股权投资在采用权益法核算的情况下，期末被投资单位盈利或亏损时，一方面应确认所享有的投资损益，另一方面要调整长期股权投资的账面价值；而税法对于长期股权投资按成本计量，对其收益按收付实现制计税。因此，当投资企业适用的所得税税率大于被投资企业适用的所得税税率时，投资企业要按差额税率计算应补交的所得税，因而会产生暂时性差异。

（5）其他计提减值准备的资产。依据会计准则的规定，资产的可变现净值或可收回金额低于其账面价值时，应计提相关的减值准备；税法规定，企业提取的减值准备一般不能在税前扣除，只有在资产发生实质性损失时才允许税前扣除。因此，便产生了资产的账面价值与其计税基础之间的暂时性差异。

例如，甲公司期末持有的某项存货的账面价值余额为90万元，估计可变现净值为75万元，计提存货跌价准备15万元。由于税法规定资产的减值损失在发生实质性损失前不允许扣除，因此这批存货的计税基础仍是90万元，其账面价值为75万元，账面价值75万元与计税基础90万元之间的差额15万元则为暂时性差异。

2.负债项目产生的暂时性差异

一般来说，负债的确认与清偿不影响所得税的计算，如应付账款、短期借款、应付票据、其他应交款等，其计税基础即为账面价值；账面价值与计税基础存在差异的原因来自费用中提取的负债，如预计负债项目、预收账款项目和应付职工薪酬项目。

会计上对于预计负债，按最佳估计数确认，计入相关资产或当期损益；而税法规定，与预计负债相关的费用大都在实际发生时扣除。如账面金额为50万元的预计负债（预计产品售后服务费用），税法按收付实现制予以征税，则这项预计负债在未来发生保修等售后服务时可以抵扣应税利润50万元，计税基础为0（负债账面价值50万元减去其在未来期间计算应税利润时可抵扣的金额50万元），这样就产生了暂时性差异50万元。并非所有预计负债都会产生账面价值与计税基础之间的差异，是否产生暂时性差异取决于税法的规定。假如甲公司因对其关联公司进行债务担保确认了预计负债1 000万元，甲公司对这项担保未收取与相应责任相关的费用，由此，依据税法规定，该项预计负债在未来无论是否实际支出，因其没有相应的收入与之相匹配，均不允许在税前扣除，即这项预计负债有：

账面价值=1 000万元

计税基础=1 000−0=1 000（万元）

（三）资产和负债的计税基础

为了提高财务会计信息的质量，从各国所得税会计处理发展趋势看，越来越多的国家开始采用体现资产负债观的资产负债表债务法。

在采用资产负债表债务法时，要求企业的资产及负债根据会计准则与税法的不同要求分别进行计价，因而形成会计计价基础与税法计价基础两种计价基础。会计计价基础即资产（负债）的账面价值；税法计价基础即计税基础，是企业在资产负债表日，根据税法的规定，为计算应交所得税而确认的资产（负债）的价值。

所得税会计的关键在于确定资产、负债的计税基础。在确定资产、负债的计税基础时，应严格遵循税收法规中对于资产的税务处理以及可税前扣除的费用等的规定进行。

1.资产的计税基础

资产的计税基础是指企业在收回资产的账面价值过程中，计算应纳税所得额时按照税法规定可以自应税经济利益中抵扣的金额，即该资产在未来使用或最终处置时，允许作为成本或费用税前列支不需要缴税的总金额。

资产在初始确认时，其计税依据一般为取得成本，即企业为取得某项资产支付的成本在未来期间准予税前扣除的金额。在资产持续持有的过程中，其计税基础是指资产的取得成本减去以前期间按照税法规定已经税前扣除的金额后的余额，该余额代表的是按照税法规定所涉及的资产在未来期间计税时仍然可以在税前扣除的金额。如固定资产、无形资产等长期资产在某一资产负债表日的计税基础，是指其成本扣除按税法规定已在以前期间税前扣除的累计折旧额或累计摊销额后的金额。用公式表示如下：

资产的计税基础=未来可税前列支的金额

某一资产负债表日资产的计税基础=该项资产的成本−该项资产以前期间已税前列支的金额

【例7-1】甲企业于2×17年12月20日取得的某项固定资产，原价为750万元，使用年限为10年，会计上采用年限平均法计提折旧，净残值为零。税法规定该类（由于技术进步、产品更新换代较快的）固定资产采用加速折旧法计提的折旧可予税前扣除，该企业在计税时采用双倍余额递减法计提折旧，净残值为零。2×19年12月31日，企业估计该项固定资产的可收回金额为550万元。

分析：2×19年12月31日，该项固定资产的账面余额=750−75×2=600（万元），该账面余额大于其可收回金额550万元，两者之间的差额应计提50万元的固定资产减值准备。2×19年12月31日，该项固定资产的账面价值=750−75×2−50=550（万元）。其计税基础=750−750×20%−600×20%=480（万元）。该项固定资产的账面价值550万元与其计税基础

480万元之间存在的70万元差额，将于未来期间计入企业的应纳税所得额。

【例7-2】乙企业于2×19年1月1日取得的某项无形资产，取得成本为1 500万元，取得该项无形资产后，根据各方面情况判断，乙企业无法合理预计其使用年限，将其作为使用寿命不确定的无形资产。2×19年12月31日，对该项无形资产进行减值测试表明其未发生减值。企业在计税时，对该项无形资产按照10年的期限采用直线法摊销，摊销金额允许税前扣除。

分析：会计上将该项无形资产作为使用寿命不确定的无形资产，因未发生减值，其在2×19年12月31日的账面价值为取得成本1 500万元。该项无形资产在2×19年12月31日的计税基础为1 350万元（成本1 500万元-按照税法规定可予税前扣除的摊销额150万元）。该项无形资产的账面价值1 500万元与其计税基础1 350万元之间的差额150万元，将计入未来期间企业的应纳税所得额，或者可以理解为因为该150万元已经在当期计算应纳税所得额时税前扣除，从而减少了当期应交所得税，未来期间不会再予扣除，当企业于未来期间产生相关的经济利益流入时即应交税。

【例7-3】2×19年10月20日，甲公司自公开市场取得一项权益性投资，支付价款2 000万元，作为交易性金融资产核算。2×19年12月31日，该投资的市价为2 200万元。

分析：该项交易性金融资产的期末市价为2 200万元，其按照会计准则规定进行核算的、在2×19年资产负债表日的账面价值为2 200万元。因税法规定以公允价值计量的金融资产在持有期间公允价值的变动不计入应纳税所得额，其在2×19年资产负债表日的计税基础应维持原取得成本不变，为2 000万元。该交易性金融资产的账面价值2 200万元与其计税基础2 000万元之间产生了200万元的暂时性差异，该暂时性差异在未来期间转回时会增加未来期间的应纳税所得额。

【例7-4】甲公司2×19年12月31日应收账款余额为6 000万元，该公司期末对应收账款计提了600万元的坏账准备。税法规定，不符合国务院财政、税务主管部门规定的各项资产减值准备不允许税前扣除。假定该公司应收账款及坏账准备的期初余额均为零。

分析：该项应收账款在2×19年资产负债表日的账面价值为5 400万元（6000-600），因有关的坏账准备不允许税前扣除，其计税基础为6 000万元，该计税基础与其账面价值之间产生600万元暂时性差异，在应收账款发生实质性损失时，会减少未来期间的应纳税所得额。

2.负债的计税基础

负债的计税基础是指负债的账面价值减去其未来期间计算应纳税所得额时按照税法规定可予抵扣的金额。对于预收款项产生的负债，其计税基础为账面价值减去未来期间不征税的金额。可见，负债的计税基础是在未来期间计税时不可扣除的金额，用公式表示如下：

负债的计税基础=负债的账面价值-未来可税前列支的金额

【例7-5】甲企业2×19年因销售产品承诺提供3年的保修服务，在当年度利润表中确认了500万元的销售费用，同时确认为预计负债，当年度未发生任何保修支出。假定按照税法规定，与产品售后服务相关的费用在实际发生时允许税前扣除。

分析：该项预计负债在甲企业2×19年12月31日资产负债表中的账面价值为500万元。该项预计负债的计税基础=账面价值500万元-未来期间计算应纳税所得额时按照税法规定可予抵扣的金额500万元=0。该项负债的账面价值500万元与其计税基础0之间的暂时性差异可以理解为：未来期间企业实际发生500万元的经济利益流出用于履行产品保修义务时，税法规定允许税前扣除，即减少未来实际发生期间的应纳税所得额。

【例7-6】乙公司于2×19年12月20日自客户收到一笔合同预付款，金额为2 500万元，作为预收账款核算。按照适用税法规定，该款项应计入取得当期应纳税所得额计算缴纳所得税。

分析：该预收账款在乙公司2×19年12月31日资产负债表中的账面价值为2 500万元。该预收账款额计税基础=账面价值2 500万元-未来期间计算应纳税所得额时按照税法规定可予抵扣的金额2 500万元=0。该项负债的账面价值2 500万元与其计税基础0之间产生2 500万元暂时性差异，该项暂时性差异的含义为：在未来期间企业按照会计规定确认收入，产生经济利益流入时，因其在产生期间已经计算缴纳了所得税，未来期间则不再计入应纳税所得额，从而会减少企业未来期间的所得税税款流出。

【例7-7】甲企业2×19年12月计入成本费用的职工工资总额为4 000万元，至2×19年12月31日尚未支付。按照适用税法规定，当期计入成本费用的4 000万元工资支出中，可予税前扣除的合理部分为3 000万元。

分析：该项应付职工薪酬负债于2×19年12月31日的账面价值为4 000万元。该项应付职工薪酬负债于2×19年12月31日的计税基础=账面价值4 000万元-未来期间计算应纳税所得额时按照税法规定可予抵扣的金额0=4 000万元。该项负债的账面价值4 000万元与其计税基础4 000万元相同，不形成暂时性差异。该事项的会计处理与税收处理存在差异，但之所以不形成暂时性差异的原因是两者之间的1 000万元差异在产生当期不能税前扣除，在未来期间亦不能税前扣除，从而构成一项永久性差异，其不会对企业未来期间的计税产生影响。

【例7-8】甲公司2×19年12月因违反当地有关环保法规的规定，接到环保部门的处罚通知，要求其支付罚款500万元。税法规定，企业因违反国家有关法律法规支付的罚款和滞纳金，计算应纳税所得额时不允许税前扣除。至2×19年12月31日，该项罚款尚未支付。

分析：应支付罚款产生的负债账面价值为500万元。该项负债的计税基础=账面价值500万元-未来期间计算应纳税所得额时按照税法规定可予抵扣的金额0=500万元。该项负债的账面价值500万元与其计税基础500万元相同，不形成暂时性差异，不会对未来期间的计税产生影响。

三、所得税会计的模式和方法

1.所得税会计的模式

所得税会计处理存在两种典型的模式：应付税款法和纳税影响会计法。在这两种方法中，纳税影响会计法涉及一系列复杂的会计处理，而且自成体系。在应付税款法下，当期所得税费用一般和当期应交所得税金额相一致，而对时间性差异的纳税影响不予确认，但有时在财务报表上加以披露。在纳税影响会计法下，所得税被认为是企业赚取收益时导致的一项费用，应在确认与其相关的收入与费用的同期予以确认。时间性差异的税收影响体现在利润表上的所得税费用项目和资产负债表上的递延税款的金额中。

在我国财政部颁发的《企业所得税会计处理的暂行规定》（1994）中，对这两种模式是这样表述的：应付税款法将本期税前会计利润与纳税所得之间的差异造成的影响纳税的金额直接计入当期损益，而不是递延到以后各期。应付税款法是税法导向的会计处理方法。在应付税款法下，当期计入损益的所得税费用等于当期应缴的所得税。纳税影响会计法是将本期的会计利润与纳税所得之间的时间性差异造成的影响纳税的金额，递延和分配到以后各期（即将本期产生的暂时性差异对所得税的影响采取跨期分摊）。从以上两种对所得税会计模式的规范性描述中可看出，两种模式的关键差异在于对时间性差异的会计处理。

2.所得税会计的方法

所得税会计方法的核心问题是所得税的跨期摊配，所得税分配主要是对暂时性差异而言的；永久性差异产生的影响是单向的，要么影响会计收益，要么影响应税收益，因此不存在分配问题。现行会计准则把所得税看成是一项费用，它同其他费用一样，应当与相关的收入按照配比原则进行配比。所得税是按企业的收益课征的，故应与收益进行配比，从而所得税分配使所得税费用与相关的收益联系起来。所得税分配区分为跨期摊配和期内分配。所得税分配遵循的基本原则是“税负追踪收益”。

如上所述，所得税会计处理有两种模式：在应付税款法下，暂时性差异不需要跨期摊配；而在纳税影响会计法下，暂时性差异需要进行分配。

第二节 所得税的确认与计量

综上所述，所得税会计的方法主要有应付税款法和纳税影响会计法，而纳税影响会计法又分为递延法和债务法，其中债务法中又分为以利润表为基础和以资产负债表为基础两种方法。所得税准则明文规定取消应付税款法，并将纳税影响会计法的核算基础由利润表转为资产负债表，即采用资产负债表债务法。

资产负债表债务法在所得税的会计核算方面遵循了资产、负债的界定。从资产负债角度考虑，资产的账面价值代表的是某项资产在持续持有及最终处置的一定期间内为企业带来未来经济利益的总额，而其计税基础代表的是该期间内按照税法规定就该项资产可以税前扣除的总额。资产的账面价值小于其计税基础的，表明该项资产于未来期间产生的经济利益流入低于按照税法规定允许税前扣除的金额，产生可抵减未来期间应纳税所得额的因素，减少未来期间以所得税税款的方式流出企业的经济利益，应确认为递延所得税资产。反之，一项资产的账面价值大于其计税基础的，两者之间的差额会增加企业于未来期间的应纳税所得额及应交所得税，对企业形成经济利益流出的义务，应确认为递延所得税负债。

资产负债表债务法是在资产负债表中所列示的资产、负债账面价值和计税基础经济含义的基础上，分析按照会计原则列报的账面价值与税法规定的差异，并就有关差异确定相关所得税影响的会计方法。相较于仅将当期实际应交所得税作为利润表中所得税费用的核算方法，资产负债表债务法除了能够反映企业已经持有的资产、负债及其变动对当期利润的影响外，还能够反映有关资产、负债对未来期间的所得税影响，在所得税核算领域贯彻了资产负债观。

一、所得税的确认

企业应将当期和以前期间应交未交的所得税确认为负债，已支付的所得税超过应支付的部分确认为资产。确认递延所得税体现了资产、负债的定义以及会计核算的基本原则。首先，企业当期发生的交易或事项会导致未来应纳税金额的增减，因而会引起企业未来经济利益的变化，由此确认的递延所得税资产和递延所得税负债符合资产和负债的定义。其次，确认递延所得税遵循权责发生制原则，交易或事项在某一会计期间确认，与其相关的所得税影响也应在该期间内确认，同一会计期间的会计利润与所得税费用应相互配比。

（一）递延所得税资产的确认

企业对于可抵扣暂时性差异应按照预期收回该资产期间的适用税率计算所得税资产。递延所得税资产的确认条件比递延所得税负债严格，由于递延所得税资产产生于可抵扣暂时性差异，可抵扣暂时性差异在未来期间转回时，会减少未来期间的纳税所得和应交所得税。由此递延所得税资产给企业带来的经济利益能否实现，取决于企业在未来期间能否产生足够的应税所得，即有没有可供抵扣的金额。新准则规定，企业确认递延所得税资产时，应以很可能取得用来抵扣可抵扣暂时性差异的应税所得为限，该应税所得就是未来期间企业正常生产经营活动实现的应税所得，以及因应纳税暂时性差异在未来期间转回相应增加的应税所得两者之和，对于预计的应税所得须提供相应的证据。

资产负债表日，当有确凿证据表明未来期间很可能获得足够的应纳税所得额用来抵扣可抵扣暂时性差异时，应当确认以前期间未确认的递延所得税资产。

企业对于能够结转以后年度的可抵扣亏损和税款抵减，应当以很可能获得用来抵扣可抵扣亏损和税款抵减的未来应纳税所得额为限，确认相应的所得税资产。我国现行税法允许企业亏损向后递延弥补5年。依据新准则，企业应当对5年内可抵扣暂时性差异是否能在以后经营期内转回作出判断，对于在未来5年不能产生可抵扣应税的利润的亏损，企业不应将其确认为递延所得税资产。

例如，甲公司本年亏损100万元，适用的所得税税率为25%。若估计下一年盈利200万元，则将100万元影响所得税的金额25万元确认为递延所得税资产；若估计下一年盈利60万元，则将60万元影响所得税的金额确认为递延所得税资产。

（二）递延所得税负债的确认

递延所得税负债产生于应纳税暂时性差异，因应纳税暂时性差异在转回期间将增加企业的应纳税所得额和应交所得税，导致企业经济利益流出，在其发生当期，构成企业应支付税金的义务，应作为负债确认。企业对于应纳税暂时性差异应按照清偿该负债期间的适用税率计算递延所得税负债，除所得税准则中明确规定不可确认递延所得税负债的情况以外，企业对于所有的应纳税暂时性差异均应确认相关的递延所得税负债。除与直接计入所有者权益的交易或事项以及企业合并中取得资产、负债相关的以外，在确认递延所得税负债的同时，应增加利润表中的所得税费用。与应纳税暂时性差异相关的递延所得税负债的确认，体现了会计上的谨慎性要求，即企业进行会计核算时不应高估资产、不应低估负债。

【例7-9】甲企业于2×19年12月6日购入某项设备，取得成本为500万元，会计上采用年限平均法计提折旧，使用年限为10年，净残值为零，因该资产常年处于强震动状态，计税时按双倍余额递减法计提折旧，使用年限及净残值与会计相同。甲企业适用的所得税税率为25%。假定该企业不存在其他会计与税收处理的差异。

分析：2×20年资产负债表日，该项固定资产按照会计规定计提的折旧额为50万元，计税时允许扣除的折旧额为100万元，则该固定资产的账面价值450万元与其计税基础400万元的差额构成应纳税暂时性差异，企业应确认相对的递延所得税负债。

（三）不确认递延所得税资产和递延所得税负债的情况

1.不确认递延所得税资产的情况

企业不确认递延所得税资产的情况包括以下三个方面：

（1）资产负债表日，预计未来期间很可能无法获得足够的应纳税所得额用来抵扣可抵扣的暂时性差异。

（2）企业对子公司、联营企业及合营企业投资相关的可抵扣暂时性差异，在不同时具备暂时性差异在可预见的未来很可能转回以及未来很可能获得用来抵扣可抵扣暂时性差异的应纳税所得额时，不确认相应的递延所得税资产；相反，若该暂时性差异在可预见的未来很可能转回以及未来很可能获得用来抵扣可抵扣暂时性差异的应纳税所得额时，则确认相应的递延所得税资产。

（3）不属于合并的交易，且交易发生时既不影响会计利润也不影响应纳税所得额，若资产、负债的入账价值与其计税基础之间产生可抵扣暂时性差异，因其不影响会计利润和纳税所得，因此，如果确认可抵扣暂时性差异对递延所得税的影响，会直接减少资产的入账价值，违背资产确认和按历史成本入账的原则。

【例7-10】甲企业进行内部研究开发所形成的无形资产成本为1 200万元，因按照税法规定可予未来期间税前扣除的金额为2 100万元，其计税基础为2 100万元。

分析：该项无形资产并非产生于企业合并，同时在初始确认时既不影响会计利润也不影响应纳税所得额，确认其账面价值与计税基础之间产生暂时性差异的所得税影响需要调整该项资产的历史成本，准则规定该种情况下不确认相关的递延所得税资产。

2.不确认递延所得税负债的情况

某些情况下，虽然资产、负债的账面价值与其计税基础不同，产生了应纳税暂时性差异，但出于各方面考虑，所得税准则中规定不确认相应的递延所得税负债，主要包括以下三种情况：

（1）除了企业合并以外的交易，若交易发生时既不影响会计利润也不影响应纳税所得额，则对交易中产生的资产、负债入账价值与其计税基础之间的差额形成的应纳税暂时性差异，不确认相应的递延所得税负债。该规定主要是考虑到由于交易发生时既不影响会计利润，也不影响应纳税所得额，确认递延所得税负债的直接结果是增加有关资产的账面价值或是降低所确认负债的账面价值，使得资产、负债在初始确认时，违背历史成本原则，影响会计信息的可靠性。

（2）企业对子公司、联营企业及合营企业投资相关的应纳税暂时性差异，在投资企业能够控制暂时性差异转回的时间和该暂时性差异在可预见的未来很可能不会转回时，不确认相应的递延所得税负债。

对于权益法核算的长期股权投资，其账面价值与计税基础产生的有关暂时性差异是否应确认相关的所得税影响，应当考虑该项投资的持有意图：

如果企业拟长期持有，则因初始投资成本的调整产生的暂时性差异预计未来期间不会转回，对未来期间没有所得税影响；因确认投资损益产生的暂时性差异，如果在未来期间逐期分回现金股利或利润时免税（我国税法规定，居民企业间的股息、红利免税），也不存在对未来期间的所得税影响；因确认应享有被投资单位其他权益变动而产生的暂时性差异，在长期持有的情况下预计未来期间也不会转回。因此，在准备长期持有的情况下，对于采用权益法核算的长期股权投资账面价值与计税基础之间的差异，投资企业一般不确认相关的所得税影响。

在投资企业改变持有意图拟对外出售的情况下，按照税法规定，企业在转让或者处置投资资产时，投资资产的成本准予扣除。在持有意图由长期持有转变为拟近期出售的情况下，因长期股权投资的账面价值与计税基础不同产生的有关暂时性差异，均应确认相关的所得税影响。

(3) 商誉的初始确认。在非同一控制下的企业合并时，企业合并成本与合并中取得的被购买企业可辨认净资产公允价值的份额，依据会计准则规定应确认为商誉；假定依据税法规定不应确认商誉，则商誉的计税基础为0，商誉的账面价值与其计税基础之间的差额形成应纳税暂时性差异，由于商誉本身就是一个剩余价值的概念，若确认该项递延所得税负债又会进一步增加商誉的价值，因此新准则规定，对于这部分应纳税暂时性差异不确认其产生的递延所得税负债。

递延所得税资产和递延所得税负债确认后，相关的应纳税暂时性差异或可抵扣暂时性差异于以后期间转回的，应当调整原已确认的递延所得税资产、递延所得税负债和相应的递延所得税费用。

二、所得税的计量

所得税费用应在利润表中单独列示，它包括当期所得税费用（即当期应交所得税）和递延所得税费用，即企业当期所得税和递延所得税应当作为所得税费用或收益计入当期损益；当期损益中不包括直接计入所有者权益项目的交易和事项以及企业合并所产生的所得税影响。

$$\begin{matrix}\text{本期}\\\text{所得税费用}\end{matrix}=\begin{matrix}\text{应交}\\\text{所得税}\end{matrix}+\left(\begin{matrix}\text{递延所得税}\\\text{资产年初余额}\end{matrix}-\begin{matrix}\text{递延所得税}\\\text{资产年末余额}\end{matrix}\right)+\left(\begin{matrix}\text{递延所得税}\\\text{负债年末余额}\end{matrix}-\begin{matrix}\text{递延所得税}\\\text{负债年初余额}\end{matrix}\right)$$

即 本期所得税费用=应交所得税+递延所得税

（一）当期所得税的计量

当期所得税是指企业按照税法规定计算确定的针对当期发生的交易和事项，应交纳给税务部门的所得税金额，即当期应交所得税。其计算公式为：

当期所得税=当期应纳税所得额×当期适用的所得税税率

纳税人在计算应纳税所得额时，其会计处理方法同国家有关税收法规相抵触的，应当按照国家有关税收的规定计算确定。当期应交所得税不会因为会计核算方法的改变而改变，缴纳的税金是唯一的、确定的。一般情况下，应纳税所得额可以在会计利润的基础上，考虑会计与税收之间的差异，按照以下公式计算确定：

$$\text{应纳税所得额}=\text{会计利润}+\text{按照会计准则规定计入利润表但计税时不允许税前扣除的费用}\pm\text{计入利润表的费用与按照税法规定可予税前抵扣的费用金额之间的差额}\pm\text{计入利润表的收入与按照税法规定应计入应纳税所得额的收入之间的差额}-\text{税法规定的不征税收入}\pm\text{其他需要调整的因素}$$

（二）递延所得税的计量

递延所得税是指按照所得税准则规定应予确认的递延所得税资产和递延所得税负债在期末应有的金额相对于原已确认金额之间的差额，即递延所得税资产和递延所得税负债当期发生额的综合结果，用公式表示如下：

$$\text{递延所得税}=\left(\text{递延所得税资产年初余额}-\text{递延所得税资产年末余额}\right)+\left(\text{递延所得税负债年末余额}-\text{递延所得税负债年初余额}\right)$$

递延所得税资产和递延所得税负债的确认将会影响利润表中的所得税费用。资产负债表日，应依据税法的规定，按预期收回该资产或清偿该负债期间的适用税率计量，即在计量递延所得税资产和递延所得税负债时，应采用与收回资产或清偿债务的预期方式相一致的税率和计税基础；适用税率发生变化的，应对已确认的递延所得税资产和递延所得税负债重新进行计量；递延所得税资产和递延所得税负债不应折现。

（三）特殊情况下所得税的计量

某些情况下，递延所得税产生于直接计入所有者权益的交易或事项，或者产生于企业合并中因资产、负债的账面价值与其计税基础之间的差异，这类交易或事项中产生的递延所得税不影响利润表中确认的递延所得税费用，应根据情况分别确认：

（1）企业合并中取得的资产、负债的入账价值与其计税基础产生的可抵扣暂时性差异影响，应在确认递延所得税资产的同时，相应调整合并中确认的商誉。

（2）直接计入所有者权益的交易或事项产生的所得税费用，无论是当期的所得税影响还是递延所得税影响，都计入所有者权益。

【例7-11】甲企业持有的某项以公允价值计量且其变动计入其他综合收益的其他债权投资，成本为500万元，会计期末，其公允价值为600万元，该企业适用的所得税税率为25%。除该事项外，该企业不存在其他会计与税收法规之间的差异，且递延所得税资产和递延所得税负债不存在期初余额。

会计期末在确认100万元的公允价值变动时，账务处理为：

借：其他债权投资　　1 000 000

　贷：其他综合收益　　1 000 000

确认应纳税暂时性差异的所得税影响时，账务处理为：

借：其他综合收益　　250 000

　贷：递延所得税负债　　250 000

三、所得税核算的账户设置

依据会计准则，企业应设置“应交税费——应交所得税”“所得税费用”“递延所得税资产”“递延所得税负债”等账户。

（一）“应交税费——应交所得税”账户

该账户核算企业按照税法规定计算应交的所得税，其贷方记录企业当期应交的所得税，借方记录实际上缴的所得税；期末贷方或借方余额，反映企业尚未缴纳或多缴的所得税。

（二）“所得税费用”账户

该账户核算企业按所得税准则确认的应从当期利润总额中扣除的所得税费用，即本期计入利润表的所得税费用，下设“当期所得税费用”“递延所得税费用”两个明细账户进行明细核算，期末该账户的余额转入“本年利润”账户，结转后无余额。

企业在资产负债表日，依据税法规定计算出当期的应交所得税税额时，应借记“所得税费用——当期所得税费用”账户，贷记“应交税费——应交所得税”账户。

“递延所得税费用”明细账户的使用将在介绍“递延所得税资产”和“递延所得税负债”时论述。

（三）“递延所得税资产”账户

该账户核算企业确认的可抵扣暂时性差异产生的所得税资产，包括按税法规定可用以后年度税前利润弥补的亏损及税款抵减产生的所得税资产，其借方登记递延所得税资产的增加额，贷方登记递延所得税资产的减少额，期末借方余额反映企业已确认的递延所得税资产余额，该账户应按可抵扣暂时性差异等项目进行明细核算。其期末余额和本期发生额的计算公式为：

递延所得税资产期末余额=可抵扣暂时性差异期末余额×所得税税率

本期递延所得税资产发生额（增加或减少）=递延所得税资产期初余额-递延所得税资产期末余额

企业在确认递延所得税资产时，应借记本账户，贷记“所得税费用——递延所得税费用”“资本公积——其他资本公积”等账户；应予确认的递延所得税资产小于本账户余额的，做相反的会计分录。

资产负债表日，预计未来期间很可能无法获得足够的应纳税所得额用以抵扣可抵扣暂时性差异的，按应借记的金额，借记“所得税费用——当期所得税费用”“资本公积——其他资本公积”等账户，贷记本账户。

（四）“递延所得税负债”账户

该账户核算企业确认的应纳税暂时性差异产生的所得税负债，其贷方登记递延所得税负债的增加额，借方登记递延所得税负债的减少额；期末贷方余额反映企业已确认的递延所得税负债的余额，该账户按照应纳税暂时性差异项目进行明细核算。其期末余额和本期发生额的计算公式为：

递延所得税负债期末余额=应纳税暂时性差异期末余额×所得税税率

本期递延所得税负债发生额（增加或减少）=递延所得税负债期末余额-递延所得税负债期初余额

企业在确认递延所得税负债时，应借记“所得税费用——递延所得税费用”“资本公积——其他资本公积”等账户，贷记本账户；资产负债表日，确认的递延所得税负债大于本账户余额的，编制与初始确认相同的会计分录；应予确认的递延所得税负债小于本账户余额的，做相反的会计分录。

第三节 所得税会计处理方法与示例

资产负债表债务法是我国会计准则规定的所得税会计处理方法。在采用资产负债表债务法核算所得税的情况下，企业一般应于每一资产负债表日进行所得税的核算。企业合并等特殊交易或事项发生时，在确认因交易或事项取得的资产、负债时即应同时确认相关的所得税影响。企业进行所得税核算一般应遵循以下程序：

（1）按照企业会计准则的规定，确定资产负债表中除递延所得税资产和递延所得税负债以外的其他资产和负债项目的账面价值。其中资产、负债的账面价值，是指企业按照相关会计准则的规定进行核算后在资产负债表中列示的金额。对于计提了减值准备的各项资产，是指其账面余额减去已计提的减值准备后的金额。例如，企业持有的应收账款账面余额为3 000万元，企业对该应收账款计提了200万元的坏账准备，其账面价值为2 800万元，为该应收账款在资产负债表中列示的金额。

（2）按照企业会计准则中对于资产和负债计税基础的确定方法，以适用的税收法规为基础，确定资产负债表中资产和负债项目的计税基础。

（3）比较资产和负债项目账面价值与其计税基础之间的差异，分析其性质，除企业会计准则中规定的特殊情况外，分别应纳税暂时性差异和可抵扣暂时性差异，并乘以适用的所得税税率，确定资产负债表日递延所得税负债和递延所得税资产的应有金额，并与期初递延所得税负债和递延所得税资产的余额相比，确定当期应予进一步确认的递延所得税资产和递延所得税负债或应予转销的金额，作为构成利润表中所得税费用的递延所得税。

（4）确定当期所得税。按照适用的税法规定计算确定当期应纳税所得额，将应纳税所得额与适用的所得税税率计算的结果确认为当期应交所得税，作为利润表中应予确认的所得税费用的当期所得税。

（5）确定利润表中的所得税费用。利润表中的所得税费用包括当期所得税（当期应交所得税）和递延所得税两个组成部分，企业在计算确定了当期所得税和递延所得税后，两者之和或之差是利润表中的所得税费用。

【例7-12】甲公司于2×13年12月底购入一台机器设备，成本为525 000元，预计使用年限为6年，预计净残值为零。会计上按照直线法计提折旧，因该设备符合税法规定的税收优惠条件，计税时可采用年数总和法计提折旧，假定税法规定的使用年限及净残值均与会计相同。假定该公司各会计期间均未对固定资产计提减值准备，除该项固定资产产生的会计与税收之间的差异外，不存在其他会计与税收的差异。该公司每年因固定资产账面价值与计税基础不同应予确认的递延所得税情况如表7-4所示。

表7-4　**每年确认的递延所得税**　金额单位：元

项目	2×14年	2×15年	2×16年	2×17年	2×18年	2×19年
实际成本	525 000	525 000	525 000	525 000	525 000	525 000
累计会计折旧	87 500	175 000	262 500	350 000	437 500	525 000
账面价值	437 500	350 000	262 500	175 000	87 500	0
累计计税折旧	150 000	275 000	375 000	450 000	500 000	525 000
计税基础	375 000	250 000	150 000	75 000	25 000	0
暂时性差异	62 500	100 000	112 500	100 000	62 500	0
适用税率	25%	25%	25%	25%	25%	25%
递延所得税负债余额	15 625	25 000	28 125	25 000	15 625	0

该项固定资产各年度账面价值与计税基础确定如下：

（1）2×14年资产负债表日：

账面价值=实际成本-会计折旧=525 000-87 500=437 500（元）

计税基础=实际成本-税前扣除的折旧额=525 000-150 000=375 000（元）

因资产的账面价值437 500元大于其计税基础375 000元，两者之间产生的62 500元差异会增加未来期间的应纳税所得额和应交所得税，属于应纳税暂时性差异，应确认与其相关的递延所得税负债15 625元（62 500×25%），账务处理如下：

借：所得税费用 15 625

　贷：递延所得税负债 15 625

（2）2×15年资产负债表日：

账面价值=525 000-87 500-87 500=350 000（元）

计税基础=525 000-275 000=250 000（元）

因资产的账面价值350 000元大于其计税基础250 000元，两者之间产生的100 000元差异为应纳税暂时性差异，应确认与其相关的递延所得税负债25 000元，但递延所得税负债的期初余额为15 625元，当期应进一步确认递延所得税负债9 375元，账务处理如下：

借：所得税费用 9 375

　贷：递延所得税负债 9 375

（3）2×16年资产负债表日：

账面价值=525 000-262 500=262 500（元）

计税基础=525 000-375 000=150 000（元）

因资产的账面价值262 500元大于其计税基础150 000元，两者之间产生的112 500元差异为应纳税暂时性差异，应确认与其相关的递延所得税负债28 125元，但递延所得税负债的期初余额为25 000元，当期应进一步确认递延所得税负债3 125元，账务处理如下：

借：所得税费用 3 125

　贷：递延所得税负债 3 125

（4）2×17年资产负债表日：

账面价值=525 000-350 000=175 000（元）

计税基础=525 000-450 000=75 000（元）

因资产的账面价值175 000元大于其计税基础75 000元，两者之间产生的100 000元差异为应纳税暂时性差异，应确认与其相关的递延所得税负债25 000元，但递延所得税负债的期初余额为28 125元，当期应转回原已确认的递延所得税负债3 125元，账务处理如下：

借：递延所得税负债 3 125

　贷：所得税费用 3 125

（5）2×18年资产负债表日：

账面价值=525 000-437 500=87 500（元）

计税基础=525 000-500 000=25 000（元）

因资产的账面价值87 500元大于其计税基础25 000元，两者之间产生的62 500元差异为应纳税暂时性差异，应确认与其相关的递延所得税负债15 625元，但递延所得税负债的期初余额为25 000元，当期应转回原已确认的递延所得税负债9 375元，账务处理如下：

借：递延所得税负债　　9 375

　贷：所得税费用　　9 375

（6）2×19年资产负债表日：

该项固定资产账面价值及计税基础均为零，两者之间不存在暂时性差异，前期已确认的与该项资产相关的递延所得税负债应予全额转回，账务处理如下：

借：递延所得税负债　　15 625

　贷：所得税费用　　15 625

【例7-13】甲公司2×19年度利润表中利润总额为3 000万元，该公司适用的所得税税率为25%。递延所得税资产及递延所得税负债不存在期初余额。与所得税核算有关的情况如下：

2×19年发生的有关交易和事项中，会计处理与税收处理存在差别的有：

（1）2×19年1月开始计提折旧的一项固定资产，成本为1 500万元，使用年限为10年，净残值为0，会计处理按双倍余额递减法计提折旧，税收处理按直线法计提折旧。假设税法规定的使用年限及净残值与会计规定相同。

（2）向关联企业捐赠现金500万元。假定按照税法规定，企业向关联方的捐赠不允许税前扣除。

（3）当期取得作为交易性金融资产核算的股票投资成本为800万元，2×19年12月31日的公允价值为1 200万元。税法规定，以公允价值计量的金融资产持有期间市价变动不计入应纳税所得额。

（4）违反环保法规定应支付罚款250万元。

（5）期末对持有的存货计提了75万元的存货跌价准备。

分析：

（1）2×19年度当期应交所得税：

应纳税所得额=3 000+150+500−400+250+75=3 575（万元）

应交所得税=3 575×25%=893.75（万元）

（2）2×19年度递延所得税：

递延所得税资产=225×25%=56.25（万元）

递延所得税负债=400×25%=100（万元）

递延所得税=100−56.25=43.75（万元）

（3）利润表中应确认的所得税费用：

所得税费用=893.75+43.75=937.50（万元）

确认所得税费用的账务处理如下：

借：所得税费用　　9 375 000

　　递延所得税资产　　562 500

　贷：应交税费——应交所得税　　8 937 500

　　　递延所得税负债　　1 000 000

该公司2×19年度资产负债表相关项目金额及其计税基础如表7-5所示。

表7-5　**2×19年度资产负债表相关项目金额及其计税基础**　单位：万元

项目	账面价值	计税基础	差异	
			应纳税暂时性差异	可抵扣暂时性差异
存货	2 000	2 075		75
固定资产：				
固定资产原价	1 500	1 500		
减：累计折旧	300	150		
固定资产减值准备	0	0		
固定资产账面价值	1 200	1 350		150
交易性金融资产	1 200	800	400	
其他应付款	250	250		
总计			400	225

【例7-14】承【例7-13】中有关资料，假定甲公司2×20年当期应交所得税为1 155万元。资产负债表中有关资产、负债的账面价值与其计税基础相关资料如表7-6所示，除所列项目外，其他资产、负债项目不存在会计和税收的差异。

表7-6　**资产、负债的账面价值与其计税基础相关资料**　单位：万元

项目	账面价值	计税基础	差异	
			应纳税暂时性差异	可抵扣暂时性差异
存货	4 000	4 200		200
固定资产：				
固定资产原价	1 500	1 500		
减：累计折旧	540	300		
固定资产减值准备	50	0		
固定资产账面价值	910	1 200		290
交易性金融资产	1 675	1 000	675	
其他应付款	250	0		250
总计			675	740

分析：

（1）当期所得税=当期应交所得税=1 155万元

（2）递延所得税：

①期末递延所得税负债（675×25%）　168.75

期初递延所得税负债　100

递延所得税负债增加　68.75

②期末递延所得税资产（740×25%）　185

期初递延所得税资产　56.25

递延所得税资产增加　128.75

递延所得税=68.75-128.75=-60（万元）（收益）

（3）确认所得税费用：

所得税费用=1 155-60=1 095（万元）

确认所得税费用的账务处理如下：

借：所得税费用　10 950 000

　　递延所得税资产　1 287 500

　贷：递延所得税负债　687 500

　　　应交税费——应交所得税　11 550 000

【例7-15】A公司2×18年12月购进某项固定资产，账面价值为300万元，预计使用年限为10年，预计净残值是0，会计和税法均采用直线法计提折旧。2×21年年末，该公司对这项固定资产进行减值测试，计提减值准备10万元。如果A公司2×21年没有其他的暂时性差异项目，按照税法确定的应纳税所得额为800万元。A公司适用的所得税税率为25%。

分析：本例的暂时性差异项目是固定资产计提的减值准备，按照当期账面价值和计税基础计算出暂时性差异对以后纳税影响的时点数和当期发生数。该公司2×21年暂时性差异的计算如表7-7所示。

表7-7　**暂时性差异计算表**　单位：万元

项目	折旧	净值	减值准备	账面价值	计税基础	差异
2×21年	30×3=90	210	10	200	210	10

账面价值=300-300÷10×3-10=200（万元）

计税基础=300-300÷10×3=210（万元）

账面价值小于计税基础10万元，产生可抵扣暂时性差异。

递延所得税资产余额=10×25%=2.5（万元）

递延所得税资产发生额=年末递延所得税资产余额-年初递延所得税余额=2.5-0=2.5（万元）（借方）

应交税费=800×25%=200（万元）

年末计提所得税时：

借：所得税费用　1 975 000

　　递延所得税资产　25 000

　贷：应交税费——应交所得税　2 000 000

【例7-16】B公司2×14年12月31日购进价值600万元的机械，预计使用期限5年，无残值。会计采用直线法计提折旧，税法允许采用双倍余额递减法计提折旧，该公司适用的所得税税率为25%。

分析：本例产生暂时性差异的项目是机械设备的折旧，会计采用的折旧方法与税法允许采用的折旧方法不同，使得其账面价值与计税基础不同，产生暂时性差异，暂时性差异及其对纳税影响数计算如表7-8所示。

表7-8 **暂时性差异及其对纳税影响数计算表** 单位：元

项 目	2×14年	2×15年	2×16年	2×17年	2×18年	2×19年
账面价值	600	480	360	240	120	0
计税基础	600	360	216	129.6	64.8	0
暂时性差异	0	120	144	110.4	55.2	0
递延所得税负债余额	0	30	36	27.6	13.8	0
递延所得税发生额	0	30（贷方）	6（贷方）	8.4（借方）	13.8（借方）	13.8（借方）

2×15年：

年末账面价值=600-600÷5=480（万元）

年末计税基础=600-600×2÷5=360（万元）

年末账面价值大于计税基础，产生应纳税暂时性差异120万元。

年末递延所得税负债余额=120×25%=30（万元）

本年递延所得税发生额=30-0=30（万元）（贷方）

年末计提递延所得税负债时：

借：所得税费用 300 000

贷：递延所得税负债 300 000

2×16年：

年末账面价值=600-600÷5×2=360（万元）

年末计税基础=360-360÷5×2=216（万元）

年末账面价值大于计税基础，产生应纳税暂时性差异144万元。

年末递延所得税负债余额=144×25%=36（万元）

本年递延所得税发生额=36-30=6（万元）（贷方）

年末计提递延所得税负债时：

借：所得税费用 60 000

贷：递延所得税负债 60 000

2×17年：

年末账面价值=600-600÷5×3=240（万元）

年末计税基础=216-216÷5×2=129.6（万元）

年末账面价值大于计税基础，产生应纳税暂时性差异110.4万元。

年末递延所得税负债余额=110.4×25%=27.6（万元）

本年递延所得税负债发生额=27.6-36=-8.4（万元）（借方）

年末转回递延所得税负债时：

借：递延所得税负债 84 000

贷：所得税费用 84 000

2×18年：

年末账面价值=600-600÷5×4=120（万元）

年末计税基础=129.6÷2=64.8（万元）

年末账面价值大于计税基础，产生应纳税暂时性差异55.2万元。

年末递延所得税负债余额=55.2×25%=13.8（万元）

本年递延所得税发生额=13.8-27.6=-13.8（万元）（借方）

年末转回递延所得税负债时：

借：递延所得税负债　138 000

　贷：所得税费用　138 000

2×19年：

年末账面价值=0

年末计税基础=0

年末账面价值等于年末计税基础，递延所得税负债余额为0。

本年递延所得税发生额=0-13.8=-13.8（万元）（借方）

年末转回递延所得税负债时：

借：递延所得税负债　138 000

　贷：所得税费用　138 000

【例7-17】C公司2×16年至2×19年间每年应税收益分别为-900万元、200万元、300万元、700万元，适用的所得税税率为25%，假设没有其他暂时性差异，用新所得税准则进行账务处理。

分析：本例属于亏损弥补的会计处理，依据旧会计准则，2×16年、2×17年、2×18年无所得税相关分录，2×19年弥补亏损后应税所得为300万元。会计处理如下：

借：所得税费用　750 000

　贷：应交税费——应交所得税　750 000

而依据新会计准则，对于能够结转以后年度的可抵扣亏损，在很可能获得用来抵扣可抵扣的未来应税所得额的限度内，确认递延所得税资产。依据新会计准则，该企业各年所得税的会计处理为：

2×16年年末：

借：递延所得税资产　2 250 000

　贷：所得税费用　2 250 000

2×17年年末：

借：所得税费用　500 000

　贷：递延所得税资产　500 000

2×18年年末：

借：所得税费用　750 000

　贷：递延所得税资产　750 000

2×19年年末：

借：所得税费用　1 750 000

　贷：递延所得税资产　1 000 000

　　应交税费——应交所得税　750 000

【例7-18】D公司2×18年12月31日资产负债表中部分项目如表7-9所示。

假设该公司适用的所得税税率为25%，2×18年和2×19年按税法规定的应纳税所得额分别为600万元和800万元。预计该公司会持续盈利，能够获得足够的应纳税所得额。

表 7-9　　**2×18 年暂时性差异计算表**　　单位：万元

项目	账面价值	计税基础	差异	
			应纳税暂时性差异	可抵扣暂时性差异
存货	50	70		20
交易性金融资产	200	160	40	
预计负债	60	0		60
总计			40	80

该公司 2×19 年 12 月 31 日资产负债表中部分项目如表 7-10 所示。

表 7-10　　**2×19 年暂时性差异计算表**　　单位：万元

项目	账面价值	计税基础	差异	
			应纳税暂时性差异	可抵扣暂时性差异
存货	150	150		
无形资产	200	0	200	
交易性金融资产	200	280		80
预计负债	30	0		30
总计			200	110

分析：2×18 年该公司：

应确认的递延所得税资产=80×25%=20（万元）

应确认的递延所得税负债=40×25%=10（万元）

应交所得税=600×25%=150（万元）

计提所得税的会计分录为：

借：所得税费用　　1 400 000

　　递延所得税资产　　200 000

　贷：应交税费——应交所得税　　1 500 000

　　　递延所得税负债　　100 000

2×19 年该公司：

年末应纳税暂时性差异为 200 万元。

年末递延所得税负债=200×25%=50（万元）

年初递延所得税负债=10 万元

本年递延所得税负债增加额=50-10=40（万元）

年末可抵扣暂时性差异为 110 万元。

年末确认的递延所得税资产=110×25%=27.5（万元）

年初递延所得税资产=20 万元

本年递延所得税资产增加额=27.5-20=7.5（万元）

应交所得税=800×25%=200（万元）

计提所得税的会计分录为：

借：所得税费用　　2 325 000
　　递延所得税资产　　75 000
　贷：应交税费——应交所得税　　2 000 000
　　　递延所得税负债　　400 000

第四节　所得税的列报

一、列报的基本原则

企业对所得税的核算结果，除利润表中列示的所得税费用外，在资产负债表中形成的应交税费（应交所得税）以及递延所得税资产和递延所得税负债应当遵循准则规定列报。其中，递延所得税资产和递延所得税负债一般应当分别作为非流动资产和非流动负债在资产负债表中列示，所得税费用应当在利润表中单独列示，同时还应在附注中披露与所得税有关的信息。

一般情况下，在个别财务报表中，当期所得税资产与负债及递延所得税资产及递延所得税负债可以以抵销后的净额列示。在合并财务报表中，纳入合并范围的企业中，一方的当期所得税资产或递延所得税资产与另一方的当期所得税负债或递延所得税负债一般不能予以抵销，除非所涉及的企业具有以净额结算的法定权利并且意图以净额结算。

二、所得税费用（收益）与会计利润关系的说明

会计准则要求企业在会计报表附注中就所得税费用（或收益）与会计利润的关系进行说明，该说明意在于在利润表中已列示所得税费用的基础上，对当期以会计利润为起点，考虑会计与税收规定之间的差异，计算得到所得税费用的调节过程。

自会计利润到所得税费用之间的调整包括两个方面：一是未包括在利润总额计算中，但包含在当期或递延所得税计算中的项目；二是未包括在当期或递延所得税计算中，但包含在利润总额中的项目。具体调整项目一般包括：

（1）与税率相关的调整；

（2）税法规定的非应税收入、不得税前扣除的成本费用和损失等永久性差异；

（3）本期未确认递延所得税资产的可抵扣暂时性差异或可抵扣亏损的影响、使用前期未确认递延所得税资产的可抵扣亏损的影响；

（4）对以前期间所得税进行汇算清缴的结果与以前期间确认金额不同调整报告期间所得税费用等。

第五节　所得税会计的简单国际比较

所得税会计是对企业所得税进行核算和在会计报表进行披露的会计处理方法。美国会计学家史蒂文·F.吉特曼博士所言“所得税会计本质是处理两类问题：一是某项目是否应确定为收入与费用；二是该项目何时被确认为收入和费用”中的“收入和费用”，究竟是依会计准则确认，还是按所得税法确认？吉特曼博士可能指的是前者。美国会计准则认为，所得税会计的目标是：（1）确认当年应交所得税或应退的所得税金额；（2）对已确认

事项的未来纳税影响确认递延所得税资产或递延所得税负债。国际和美国会计准则分别在《国际会计准则第12号——所得税》和《美国财务会计准则第109号——所得税的会计处理》中对所得税进行了规范。

一、所得税会计处理的基本方法及其选择

所得税的会计处理方法主要分为两类：一类是应付税款法；另一类是纳税影响会计法。应付税款法的特点是不对会计利润和应税所得之间的差异的纳税影响进行跨期摊配，当期所得税费用等于当期应交所得税。这种方法的优点是处理方法简单，易于会计人员理解和掌握；缺点是不符合收入和费用的配比原则。纳税影响会计法的特点是对会计利润和应税所得之间的差异的纳税影响进行跨期摊配，当期所得税费用与当期应交所得税的差异作为递延税款处理。这种方法的优点是符合配比原则，但其会计处理方法太复杂。

纳税影响会计法又可分为4种方法：(1) 递延法，其特点是账面余额按照产生暂时性差异的时期所适用的所得税税率计算确认，在税率变动和开征新税时，不需要对原已确认的暂时性差异的所得税影响金额进行调整，在转回暂时性差异的所得税影响金额时，按照原所得税税率计算转回。(2) 债务法，其特点是递延税款的账面余额按照现行所得税税率计算，而不是按照产生暂时性差异的时期所适用的所得税税率计算，在开征新税或税率变动时，对税款的账面余额相应进行调整，在转回暂时性差异的所得税影响金额时，按照现行所得税税率计算转回。此外还有税后净额法和混合法。

债务法又可分为：(1) 利润表债务法，这种方法的主要特点是根据会计利润和应税所得之间的差异确定递延税款。和利润表债务法相对应的一个重要概念是时间性差异，所谓时间性差异，是指由于税法与会计准则或会计制度在确认收益、费用的时间上的不同而产生的税前会计利润与应税所得的差异，这种差异在一个期间产生，而在以后的一个或多个期间转回。(2) 资产负债表债务法，这种方法的特点是根据资产或负债的账面价值与其计税基础的差异确定递延税款。和资产负债表债务法相对应的两个重要概念是资产或负债的计税基础、暂时性差异。按照国际会计准则的定义，一项资产的计税基础是企业收回资产的账面金额时，可从流入企业的任何应税经济利益中予以抵扣的金额；如果这些经济利益是不纳税的，那么该资产的计税基础就是其账面价值。我国现行的所得税会计处理方法就是采用资产负债表债务法，它克服了利润表债务法不能辨别非时间性的暂时性差异的缺点，在理论上更加完善。

我国与美国和国际会计准则都选用资产负债表债务法，但在2007年1月1日之前，应付税款法和纳税影响会计法并行使用，而债务法中的利润表债务法是我国一直使用的所得税会计处理方法。

二、目的、范围、计税基础和暂时性差异

(一) 目的

国际所得税准则的目的是规范所得税的会计处理，所得税会计的基本问题是如何核算以下事项的当期和未来纳税后果：(1) 在主体的资产负债表中确认的资产（负债）账面金额的未来收回（清偿）；(2) 在主体的财务报表中确认的当期交易和其他事项。我国所得税会计准则的目的是规范所得税的确认、计量和相关信息的列报，它是根据《企业会计准

则——基本准则》制定的，其解释不如国际会计准则详尽，但内容一致。

（二）范围

国际会计准则规定的所得税包括：（1）以应税利润为基础的国内和国外税额，所得税也包括由子公司、联营或合营支付的、对分配给报告主体的利润的征税。（2）不涉及政府补助会计或投资税款抵减的核算方法，但是涉及可能由此产生的暂时性差异的核算。而我国所得税准则规定，所得税包括以企业应税所得额为基础的各种境内和境外税额，但未提及“所得税也包括由子公司、联营或合营支付的、对分配给报告主体的利润的征税”，我国所得税准则也不涉及政府补助的确认和计量，但对由此引起的暂时性差异参照所得税准则处理，并不涉及国际准则所提及的投资税款抵减。

（三）计税基础

对计税基础的阐述，国际会计准则与我国会计准则基本一致，但也有部分差异。

国际会计准则规定：（1）资产的计税基础是当主体收回该资产的账面金额时，可从流入主体的任何应税经济利益中予以抵扣的金额；如果这些经济利益不需要纳税，那么该资产的计税基础即为其账面金额。（2）负债的计税基础是其账面金额减去该负债在未来期间计税时可抵扣的金额。对于预收收入，所产生负债的计税基础是其账面金额减去未来期间非应税收入的金额。（3）有些项目有计税基础，但没有在资产负债表中确认为资产和负债。（4）只要存在资产或负债的账面金额的收回或清偿可能使未来税款支付额大于（小于）不产生纳税后果的收回或清偿的情况，那么除少数情况外，主体应确认递延所得税负债（或资产）。（5）在合并财务报表中，暂时性差异应通过将合并财务报表中的资产和负债的账面金额与适当的计税基础进行比较来确定。我国对资产的计税基础的解释与国际会计准则的解释基本一致，但未提及“如果这些经济利益不需要纳税，那么该资产的计税基础即为其账面金额”；对于负债的计税基础，我国会计准则的解释未提及“对于预收收入，所产生负债的计税基础是账面金额减去未来期间非应税收入的金额”。其余的与国际会计准则基本一致，但不如国际会计准则详尽；递延所得税资产和递延所得税负债的确认，我国会计准则与国际会计准则基本一致，但也不如国际会计准则详尽；对于列报，我国会计准则未列示国际会计准则所提及的合并财务报表中的所得税问题。

（四）暂时性差异

暂时性差异的条文解释，国际所得税准则与我国所得税准则基本一致。

三、所得税费用的确认、计量及列报

所得税费用的确认和计量要解决的主要问题是当期所得税费用应包括哪些项目。我国现行会计准则规定，企业应以资产负债表债务法确认和计量当期所得税费用。当期所得税费用由以下内容构成：（1）当期应交所得税；（2）当期发生或转销的递延所得税负债或递延所得税资产；（3）由于税率变动或开征新税，对以前各期确认的递延所得税负债或递延所得税资产账面余额的调整。

现行所得税准则中关于所得税、递延所得税资产和递延所得税负债的确认及计量与国际会计准则中的有关规定基本一致，而国际会计准则在确认和计量方面的规定更为具体，如企业合并，以公允价值计价的资产、商誉和以股份为基础的支付等。美国会计准则的规定和国际会计准则比较相似，主要差异为：

（1）美国会计准则也要求对递延所得税资产进行重估，但通过估价备抵账户冲减所得税资产，而不是直接冲减所得税资产。

（2）美国会计准则在规范递延所得税资产和递延所得税负债的确认和计量时，涉及一些特殊情况，如企业纳税身份的变化、受管制企业等，而我国和国际会计准则没有涉及。

至于列报，国际会计准则与我国会计准则基本一致，但国际会计准则更为具体。

本章小结

所得税准则将计税基础由过去的会计利润转为资产和负债，提出了暂时性差异的概念，该差异包含了时间性差异；设置了递延所得税资产、递延所得税负债和递延所得税费用或收益的计量，设置了“应交税费”“所得税费用”“递延所得税资产”“递延所得税负债”等账户，采用以资产负债表为基础的债务法进行核算，改变了过去以利润表为基础的核算方法。

主要概念和观念

资产的计税基础　负债的计税基础　永久性差异　暂时性差异　所得税会计　可抵扣暂时性差异　应纳税暂时性差异　资产负债表债务法　应纳税所得额　所得税费用　递延所得税资产　递延所得税负债　应交所得税

基本训练

知识题

国际会计准则规定，当企业在其财务报表上对流动和非流动资产及负债作区分时，它不应将递延所得税资产（负债）归类为流动资产（负债），也就是说，国际会计准则认为递延所得税只能是长期性质的。国际会计准则又规定，只有当以下情况出现时，企业才能将递延所得税资产和递延所得税负债相互抵销：（1）企业具有把当期所得税负债抵销当期所得税资产的法定行使权。（2）递延所得税资产和递延所得税负债与同一税务部门对以下①、②征收的所得税相关：①这些主体打算以单一的净额基础结算当期所得税负债和资产；②这些主体打算在预期清偿或收回递延所得税负债或资产的重大金额的每一个未来期间，同时变现这些资产和偿付这些负债，换言之，国际会计准则允许在特定情况下将递延所得税资产和递延所得税负债相抵销。

美国会计准则规定：（1）在分类的资产负债表中，企业应将递延所得税负债和资产区分为流动金额和非流动金额。递延所得税负债和资产应根据财务报告对相关资产和负债的分类分为流动性和非流动性项目。与财务报告的资产和负债无关的递延所得税负债或资产（如产品的研究费用，按照会计准则已经被确认为当期费用，因此在财务报表上不存在研究费用资产。但按照税法，研究费用支出可能要到后期才能在应税所得中扣除，这样就会产生一项与财务报表中资产和负债无关的递延所得税资产），包括与以后扣减相关的递延所得税资产，应根据暂时性差异的预期转回日期进行分类。和我国会计准则相似，美国会计准则也认为递延所得税有流动和长期之分，但其对流动和长期的划分依据不同。我国按转回日期划分；美国会计准则对与财务报表上资产和负债相关的递延所得税，按照相关资产和负债的流动和长期性质划分。（2）对某一个企业的特定纳税组成部分及在一个特定的税收管辖区内：①所有流动性递延所得税负债和资产应被互相抵销，并作为一个单独的金额列报；②所有非流动性递延所得税负债和资产应被互相抵销，并作为一个单独的金额列报。然而，企业不能抵销归属于企业不同纳税组成部分或不同税收管辖区的递延所得税资产和负债。可见，美国会计准则也允许在一定情况下将递延所得税负债和资产相互抵销，但其规定的条件总体上比国际会计准则宽松。

问题：(1) 在所得税在财务报表中的列示方面，比较我国会计准则、美国会计准则和国际会计准则的异同。

(2) 存在哪些不确认递延所得税资产和递延所得税负债的情况？存在哪些需要确认递延所得税资产和递延所得税负债的情况？

(3) 怎样确认递延所得税资产和递延所得税负债的期末余额和本期发生额？资产负债表下所得税的核算程序分为哪几步？

(4) 为什么资产负债表债务法克服了利润表债务法不能辨别非时间性差异的缺点？

技能题

1. 甲公司2×16年12月购进某项固定资产，账面价值为600万元，预计使用年限为5年，预计净残值是0，会计和税法均采用直线法计提折旧。2×19年年末，该公司对这项固定资产进行减值测试，计提减值准备50万元。如果甲公司2×19年没有其他的暂时性差异项目，按照税法确定的应纳税所得额为1 000万元。请进行所得税会计的账务处理。

2. 乙公司2×19年12月31日购进价值800万元的机械，预计使用期限为5年，无残值。会计采用直线法计提折旧，税法允许采用年数总和法计提折旧，该公司适用的所得税税率为25%。请进行所得税会计的账务处理。

3. 丙公司2×16年至2×19年间每年应税收益分别为-1 200万元、300万元、400万元、800万元，适用的所得税税率为25%。假设没有其他暂时性差异，请进行所得税会计的账务处理。

4.E公司2×14年12月31日购入价值300万元的设备，会计采用直线法计提折旧，税法允许使用年数总和法计提折旧，预计该设备使用年限为6年，适用的所得税税率为25%。2×15年至2×20年的应税收益分别为-2 000万元、300万元、500万元、800万元、300万元和1 600万元，2×19年12月31日资产负债表中部分项目如表7-11所示。

表7-11　**2×19年暂时性差异表**　单位：万元

项目	账面价值	计税基础	差异	
			应纳税暂时性差异	可抵扣暂时性差异
存货	80	130		50
交易性金融资产	150	120	30	
预计负债	90	0		90
总计			30	140

要求：试写出2×15年至2×20年该公司的会计分录。

5. 指出下列项目哪些会形成暂时性差异？若形成暂时性差异，应确认相关的递延所得税资产还是递延所得税负债？

（1）当期购入到期一次还本付息的国债，确认国债利息收入4万元。

（2）当期固定资产的会计折旧为20万元，计税时可税前扣除的折旧额为18万元。

（3）确认应享有联营企业当期实现的净利润8万元，联营企业尚未派发股利。投资企业与联营企业适用的所得税税率相同。

（4）12月31日应收账款余额为2 500万元，该公司期末对应收账款计提了250万元的坏账准备。假定该公司期初应收账款及坏账准备的余额均为零。

6.某公司2×16年至2×19年每年应纳税所得额分别为-100万元、40万元、20万元、50万元，适用的企业所得税税率为25%。假设无其他暂时性差异，要求采用资产负债表债务法核算公司2×16年至2×19年各年的所得税费用。

7.某企业2×16年12月31日资产负债表中，各项资产、负债的账面价值与其计税基础相等，不存在暂时性差异。其中固定资产价值为30 000元，为2×16年12月购入用于管理部门，直线法计提折旧，折旧期为3年，无残值；税法规定采用年数总和法计提折旧，折旧期为3年，无残值。2×17年企业将应计产品保修费用1 000元确认为一项负债；2×18年实际发生产品保修费用500元；2×19年实际发生产品保修费用500元。该企业的所得税适用税率为25%，3年间会计利润为200 000元，2×17年取得国债利息收入800元，2×18年非公益性捐赠支出1 000元，2×19年支付行政罚款600元，除此以外企业没有其他会计与税收处理的差异。要求就上述事项分别确定该企业2×17年至2×19年的所得税费用。

8.熙和公司2×19年有关所得税资料如下：

（1）熙和公司采用资产负债表债务法核算所得税，企业所得税税率为25%；年初递延所得税资产余额为37.5万元，其中存货项目余额22.5万元，未弥补亏损项目余额15万元；年初递延所得税负债余额为0。

（2）本年度实现利润总额500万元，其中取得国债利息收入20万元，因发生违法经营被罚款10万元，因违反合同支付违约金30万元。

（3）年末计提产品保修费用40万元，计入销售费用，预计负债余额为40万元。

（4）至2×18年年末尚有60万元亏损没有弥补，其递延所得税资产余额为15万元。

（5）年末计提固定资产减值准备50万元（年初减值准备为0），使固定资产账面价值比其计税基础少50万元。转回存货跌价准备70万元，使存货可抵扣暂时性差异由年初余额90万元减少到年末的20万元。

假设除上述事项外，没有发生其他纳税调整事项。

要求：① 计算熙和公司2×19年度应纳税所得额及应交所得税；

② 确定熙和公司2×19年度递延所得税资产余额、递延所得税负债余额；

③ 确定熙和公司2×19年度所得税费用，并进行账务处理。

能力题

1.F公司2×16年12月31日的资产、负债和计税基础如表7-12所示。

假如2×17年1月31日是首次执行新所得税准则日，F公司于2×17年1月份购进一项固定资产，购置成本为500万元，预计使用年限为5年，净残值为0。会计和税法分别采用直线法和双倍余额递减法计提折旧，2×17年3月对该项固定资产进行减值测试，计提减值准备20万元，该公司适用的所得税税率为25%。该公司2×17年至2×19年的应税收益分别为-1 000万元、300万元和900万元，该公司其他有关资料如下：

表 7-12　　**2×16年暂时性差异表**　　单位：万元

项目	账面价值	计税基础	差异	
			应纳税暂时性差异	可抵扣暂时性差异
存货	300	400		100
交易性金融资产	2 000	1 600	400	
预计负债	150	0		150
总计			400	250

（1）2×17年1月1日，F公司以某项固定资产对G公司投资，并持有G公司40%的股份，投出固定资产的账面价值为300万元，已提折旧200万元，双方协议价格为400万元。F公司计划长期持有G公司的股份，2×17年F公司对该项投资计提了30万元的减值准备。

（2）2×17年，F公司按权益法对其子公司（H公司）的投资收益为600万元，H公司适用的所得税税率为18%。在可预见的未来，对子公司投资相关的应纳税暂时性差异或可抵扣暂时性差异很可能不能转回或抵扣。

（3）此外，还产生了其他暂时性差异。2×17年产生的其他应纳税暂时性差异为70万元，2×18年产生的其他应纳税暂时性差异为80万元，2×19年产生的其他可抵扣暂时性差异为120万元。

要求：计算2×17年至2×19年各年的递延所得税资产、递延所得税负债、所得税费用和应交所得税，并编制与所得税相关的会计分录。

2. 甲公司2×19年当期应交所得税为693万元，递延所得税资产期初余额为33.75万元，递延所得税负债期初余额为112.5万元。资产负债表中有关资产、负债的账面价值与其计税基础相关资料如表7-13所示，除所列项目外，其他资产、负债项目不存在会计与税收的差异，要求作出甲公司2×19年所得税费用的会计处理。

表 7-13　　**有关资产、负债的账面价值与其计税基础**　　单位：万元

项目	账面价值	计税基础	差异	
			应纳税暂时性差异	可抵扣暂时性差异
存货	2 400	2 520		120
固定资产：				
固定资产原价	900	900		
减：累计折旧	324	180		
固定资产减值准备	30	0		
固定资产账面原值	546	720		174
无形资产	405	0	405	
预计负债	150	0		150
总计			405	444

3.某公司2×18年实现销售收入12 000万元，年度利润表中利润总额为1 800万元，该公司适用的所得税税率为25%。递延所得税资产及递延所得税负债不存在期初余额。2×18年发生的有关交易和事项中，会计处理与税收处理存在差异的有以下几种：

（1）2×18年1月开始计提折旧的一项固定资产，成本为900万元，使用年限为10年，净残值为0，会计处理按双倍余额递减法计提折旧，税法规定按直线法计提折旧。假定税法规定的使用年限及净残值与会计处理相同。

（2）当年发生业务招待费90万元、公益性捐赠230万元。

（3）因违法经营支付罚款150万元。

（4）期末对持有的存货计提了45万元的存货跌价准备。

该公司2×19年当期应交所得税为831.6万元。除固定资产项目外，其他资产、负债项目不存在会计和税收的差异。

要求：分别核算该公司2×18年和2×19年的所得税费用。

4.所得税会计包括哪些基本的会计处理方法？各适用于什么情况？

5.举例说明递延所得税资产和递延所得税负债不确认的情况。

6.国际领域内对所得税会计处理有何异同？

7.网上调研。债务法是所得税会计处理的重要方法，它又分为利润表债务法和资产负债表债务法，请在网上调查对这两种会计处理方法优劣的讨论。

第七章
补充习题

第八章

外币业务会计

学习目标

通过本章的学习，应达到以下目标：在知识方面，了解外币交易的基本概念；在技能方面，熟练掌握外币交易的会计核算方法；在能力方面，深刻理解外币财务报表折算的原因及方法。

案　例

MGM公司是注册设立于英国伦敦的一家中资公司，该公司主要同西欧和北美一些国家进行纺织品和服装的进出口贸易，欧元是经营活动的功能性货币。2×19年以来，MGM公司对美国和加拿大的出口增长较快，出口主要以美元结算，销售收入采用60~90天的收款期限。2×18年以来，外汇市场美元开始走强，到2×19年下半年变动幅度逐渐加大。在2×19年圣诞节来临之前，MGM公司11月份和12月份对美国和加拿大的服装销售大增，在2×19年12月31日，其资产负债表上尚存数额可观的美元应收账款。如果您是MGM公司的财务总监，在2×19财务年度结束之际，将如何处理其外币交易？如何在资产负债表和利润表上对这些交易进行确认和计量？

本章主要阐述外币交易的基本概念以及外币交易的会计核算方法，并在此基础上较为系统地介绍外币财务报表折算的原因及方法。

第一节　外币交易的基本概念

一、外币交易与功能性货币

（一）外币交易

外币交易（foreign currency transactions）是以外币计量的交易，企业外币交易形式多样，常见的外币交易有：（1）以外币购销商品或劳务而发生的应收应付账款；（2）以外币进行借贷而发生的外币收付；（3）企业作为尚未履行的期汇合同的当事人；（4）企业基于其他原因取得或处理按外币计价的资产，或是承担或清偿以外币表述的负债。

另外，外币是相对于本国货币而言的，如英镑，它对于英国以外的国家是外币，但对于英国的企业来说是本国货币，因此企业的跨国经营活动不一定会发生外币交易。如本国企业与国外企业之间的交易，以企业的本国货币进行结算，就不会发生外币交易。相反，若本国企业之间的交易约定以某一种外国货币结算，那么虽是本国企业之间的交易，也会发生外币交易，所以区分一项交易是否为外币交易，应视其是否用外币进行结算。

（二）功能性货币

对于外币交易，不仅要按交易中实际使用的外币计量和记录，还要折算出该外币的本国货币等值，以作为会计计量的基本尺度。我国将作为会计计量基本尺度的货币称为记账本位币（bookkeeping base currency），我国《企业会计准则第19号——外币折算》第四条规定，企业通常应选择人民币作为记账本位币。业务收支以人民币以外的货币为主的企业，可以按本准则第五条的规定，选定其中一种货币作为记账本位币。“记账本位币”这一概念通俗易懂，但只说明了它是一个计量的基本尺度，却不能明确表达这个计量基本尺度所起的作用。美国财务会计准则委员会将这一计量基本尺度称为功能性货币（functional currency）。

美国财务会计准则委员会对功能性货币作出如下定义：“实体的功能性货币就是说实体在其经营所处的主要经济环境中使用的货币。”通常这种货币也是该实体在其收付现金所处的主要环境中使用的货币。对于一个在特定国家经营、相对独立的经济实体而言，功能性货币常常就是该国的货币，但是一个国外经济实体的功能性货币并不一定就是该实体所在国的货币。例如，国外经营实体仅是总部的直接组成部分或是延伸部分（非独立经济实体）时，总部所在国的货币一般就是国外经营实体的功能性货币，而东道国的货币也就成为非功能性货币的“外币”了。

当功能性货币确定以后，功能性货币就成为计量企业现金流量及经营成果的基本尺度，作为非功能性货币的外币，将承受汇率变动的风险。

功能性货币的意义在于，它不仅能够表达会计计量的基本尺度，而且还能发挥反映计量尺度的作用。不过，功能性货币的选择多少带有一定的主观性。

美国财务会计准则委员会认为，在确定功能性货币时，既应当单独考虑以下各因素，也应当将以下各个因素结合起来考虑，具体因素有：（1）现金流量指标；（2）销售价格指标；（3）销售市场指标；（4）费用指标；（5）融资指标；（6）公司内部交易和协议指标。具体见表8-1。

二、外汇与汇率

（一）外汇

外汇（foreign exchange）的原意是指外国货币，现通常是指外币和以外币表示的可用于国际结算的支付凭证。它主要包括：（1）外币银行存款和库存外币；（2）外币支付凭证，如外币银行存单、外币本票和汇票及邮政储蓄凭证等；（3）外币有价证券，如以外币标示的国库券、政府公债、公司债券和股票等；（4）基础外汇资金，如各种外汇汇款和各种可在国外兑现或流通的凭证等。

（二）外汇汇率

汇率又称为汇价，是以一国货币表示另一国货币的价格，也是一国货币与另一国货币

表8-1　国外主体财务报表所采用的当地货币单位是否为功能性货币的判断标准

判断标准	是	否
现金流量	与国外主体的个别资产和负债有关的现金流量主要为当地货币，且对母公司的现金流量无直接影响	与国外主体的个别资产和负债有关的现金流量直接影响母公司当期现金流量，并随时汇回母公司
销售价格	国外主体的商品或劳务的销售价格主要受当地竞争情况及政府法令规定的影响，而不受短期汇率变动的影响	国外主体的商品或劳务的销售价格主要受短期汇率变动的影响，例如，销售价格受全球性竞争和国际市场价格的影响
销售市场	尽管国外主体的商品大量出口，但在当地仍拥有活跃的销售市场	国外主体的商品的销售市场主要在母公司所在国或销售合同的货币单位主要是母公司货币
费用	国外主体的商品或劳务的人工、原料及其他成本主要在当地发生，尽管也存在从其他国家进口的情况	国外主体的商品或劳务的人工、原料及其他成本主要来自母公司所在国
融资	国外主体的融资行为主要以当地货币进行，并且经营所获资金足以支付目前和正常预期的债务	国外主体的融资主要以母公司货币进行，或其由经营活动获得的资金不足以应付债务及经营的需要，而需要母公司支援。但为扩充子公司经营而支援的额外资金若能由未来扩充后的经营收回者除外
内部交易	国外主体与母公司内部交易量不大，并且彼此经营关系不甚密切。但若国外主体可能依赖母公司或联营公司的竞争优势，如专利和商标，则不在此限	国外主体与母公司的内部交易频繁，且经营关系密切；专门成立国外主体作为工具公司或是仅具有形式的公司，以持有或承担原可列于母公司或其他联营公司账上的投资、债务及无形资产等

之间的比率。汇率是不同货币之间进行兑换时的折算标准，由于不同的作用与需要，汇率可以作不同的分类。

1.外汇汇率的直接标价和间接标价

计算两国货币的汇率，首先需要确定以哪个国家的货币作为折算标准，这被称为汇率的标价方法。根据折算标准的不同，汇率的标价方法分为直接标价法和间接标价法。

（1）直接标价法。直接标价法（direct quote approach），又称为应付标价法，或称为直接汇率，它是以一定数量的外国货币可兑换多少本国货币的金额作为计价标准的汇率。这种标价方法是以本国货币表示外国货币的价格，外国货币的数额固定不变，所折合的本国货币数额随着外国货币与本国货币之间的币值对比情况而变化。我国和世界上绝大多数国家和地区均采用直接标价法。在这种方法下，汇率上升，表示外国货币相对于本国货币升值或本国货币相对于外国货币贬值；汇率下降，表示本国货币相对于外国货币升值或外国货币相对于本国货币贬值。因此，在直接标价法下，汇率的变动与外国货币币值变动成正比，而与本国货币币值的变动成反比。

（2）间接标价法。间接标价法（indirect quote approach），又称为应收标价法，亦称为间接汇率，它是以一定数量的本国货币来表示可兑换多少外国货币的金额作为计价标准的汇率。这种方法是以外国货币表示本国货币的价格，所以也叫本币汇率或本币汇价。采用间接标价法的只有美国和英国。在间接标价法下，汇率上升，表示本国货币相对于外国货币升值或外国货币相对于本国货币贬值；汇率下降，表示外国货币相对于本国货币升值或本国货币相对于外国货币贬值。由此可见，在这种方法下，汇率变动与本国币值的变动成正比，而与外币币值的变动成反比。

2.外汇汇率的其他类别

汇率除了按标价的基础分类以外，还可以根据需要按照不同的标准进行分类。按照汇率的制度划分，有固定汇率和浮动汇率；按银行的外汇买卖划分，有买入汇率和卖出汇率。

（1）固定汇率与浮动汇率。固定汇率（fixed rate）是指一国货币与另一国货币的汇率基本固定，其波动基本限制在一定幅度之内。从20世纪70年代开始，这种汇率随着美元的一再贬值而趋于崩溃。浮动汇率（floating rate）是指一国货币与另一国货币的汇率由外汇市场的供求情况自发决定，国际上按受政府干预与否将浮动汇率分为自由浮动汇率和管理浮动汇率两种。我国实行的是管理浮动汇率。

（2）买入汇率和卖出汇率。经营外汇交易的银行一般公布外汇的买入汇率和卖出汇率。买入汇率是指银行向客户买入外币所使用的汇率，即银行收取外币时愿意支付的价格。卖出汇率是指银行向客户出让外币时所使用的汇率，即银行出让某种外币愿意接受的价格。买入汇率与卖出汇率的平均价称为中间汇率，买入汇率与卖出汇率之间的差额即为经营外汇业务的银行或经纪人的外汇买卖收益。

三、外币交易的折算和汇兑损益

企业发生的外币交易业务，会计上通常采用复币记账，对外币存款的收支及以外币表示的债权、债务的发生和结算，不仅按业务发生时原来使用的外币反映，而且还要用企业主体所在国的本国货币反映，这就产生了外币折算问题。

汇率是两种不同货币的比率，自然就是外币折算的媒介。如果外汇汇率相对稳定，外币折算就非常简单，也就不存在折算汇率的选择问题。然而，目前世界上大多数国家都实行浮动汇率制度，这种浮动汇率在政府的干预下虽有一定的稳定性，但由于影响供求关系的因素极为复杂，所以汇率的波动仍然比较剧烈。

由于汇率处于经常的变动之中，因此，外币业务在会计处理上常常需要对所使用的外汇汇率加以选择，主要有以下几种：其一是现行汇率（current rate），也称结账日汇率（closing rate），是指财务报表日市场上的通行汇率；其二是历史汇率（historical rate），是指最初取得外币资产或外币债务时（也即经济业务发生时）所使用的汇率；其三是平均汇率（average rate），是指一定期间内现行汇率和历史汇率的简单平均或加权平均。

企业在进行外币业务会计处理时，由于采用不同的汇率换算，从而使同样的外币金额在不同时点折合为功能性货币的金额就不相等，从而产生差额，即为汇兑损益（exchange gain and loss）。

汇兑损益根据产生的原因可分为外币交易损益和外币折算损益。外币交易损益是指在外币交易中形成的汇兑损益。会计上的外币交易损益又分为已实现的外币交易损益和未实现的外币交易损益。已实现的外币交易损益是指外币交易事项的发生和结算在本期内全部完成，但由于交易发生时的汇率与结算时的汇率不同而产生的汇兑损益。

【例 8-1】某公司2×19年8月在汇率为1美元=6.72元人民币时借入20 000美元，记账时，20 000美元换算成人民币134 400元，并在账簿中记录这一负债。如果在2×19年11月偿还时的汇率为1美元=6.63元人民币，该公司只需付出人民币132 600元就可清偿20 000美元的债务。这样，年末在财务报表上就发生了人民币1 800元的汇兑收益。

未实现的外币交易损益是指外币交易事项的发生与结算没有在本期内全部完成，由于其交易发生和会计报表编制日的汇率不同而产生的汇兑损益。在上例中，若借入的20 000美元发生在2×19年8月，偿还在2×20年，如果2×19年年末编制财务报表时的汇率为1美元=6.51元人民币，20 000美元借款的人民币等值下降到130 200元人民币，形成了人民币4 200元未实现的汇兑收益。此时还没有实现清偿，直到外币债务实际清偿时，才表现为已实现的损益。这个未实现的汇兑收益，类似于外币财务报表的折算损益，因为它同样源于货币的重新表述过程。

外币财务报表折算损益是指在会计期末，为了编制合并会计报表或重新表述会计报表金额，而将以一种外币计量单位表示的金额转化为以功能性货币计量单位表示的金额换算过程中产生的汇兑损益。

综上所述，汇兑损益的构成可用图8-1来表示。

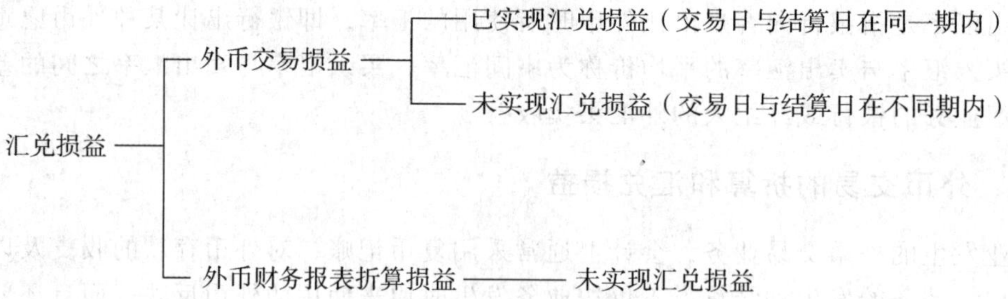

图8-1 汇兑损益的构成

第二节 外币交易的会计处理

企业日常涉及外币交易的业务很多，主要包括商品和劳务的进出口、资金的借贷、红利的支付等。这些业务各不相同，但在会计处理上都将涉及以下4个方面的内容：（1）外币交易发生时的原始记录；（2）外币交易到期结算时的记录；（3）各项汇兑损益的处理；（4）在本期会计报表上如何反映未实现的汇兑损益。

上述问题如何解决，取决于会计处理对外币交易业务的不同理解和所持观点。在会计处理上主要有两种观点，即单项交易观和两项交易观。

一、单项交易观

单项交易观（one transaction theory）是以结算时间为基准，把它作为会计处理的基础，将外币交易的发生及以后的外币结算看作一项经济业务，认为这是一项以外币进行的交易，与其相关的资产与负债在未以外币清算之前，交易就没有结束。所以，单项交易观主张将外币交易同以后的外币结算作为一项交易来处理。在该交易未以外币结算前的期间，凡与该笔交易有关的汇率变动的影响都作为调整该项交易的成本或收入，按此观点，在会计处理中就不能反映出“汇兑损益”。

【例 8-2】2×19 年 12 月 15 日，某中资企业从美国进口 80 000 美元的商品，双方约定以美元结算，货款 30 天付清。12 月 15 日的汇率为 1 : 6.61，12 月 31 日的汇率为 1 : 6.51，2×20 年 1 月 15 日的汇率为 1 : 6.46。在单项交易观下，会计处理如下：

（1）2×19 年 12 月 15 日进口商品时，按当日汇率，商品进口成本为：

6.61×80 000=528 800（元）

会计分录如下：

借：存货	528 800	
贷：应付账款		528 800

（2）12 月 31 日，由于汇率变动，调整存货成本，会计分录如下：

借：应付账款（528 800−6.51×80 000）	8 000	
贷：存货		8 000

（3）2×20 年 1 月 15 日，按结算日汇率折算，将汇率变动的金额视作对暂记数的调整，其会计分录如下：

借：应付账款（6.51×80 000−6.46×80 000）	4 000	
贷：存货		4 000

（4）同时清偿到期货款，会计分录如下：

借：应付账款	516 800	
贷：银行存款		516 800

由以上账务处理可见，单项交易观的会计处理有两个特点：一是以结算日作为会计处理的基础，即以现金的收付来确认经济业务是否完成。这种做法实际上是把初始的购货记录视为暂时的估计数额，等到结算时实际付现（外币的现金等值）确定后，再作调整。二是将汇兑损益视为购销商品的成本或收入，而不单独计列为“汇兑损益”项目。

二、两项交易观

两项交易观（two transaction theory）是以商品购销时间为基准，把它作为确认购货成本或销售收入的基础。两项交易观认为，外币购销和外币账款结算是两项相互独立的交易，进口商或出口商承担的外汇汇率波动风险属于财务决策，而非购销决策。因而，商品购销业务发生至货币结算期间的汇率变动所产生的汇兑损益不应作为购货成本或销售收入的调整，而应单独列示为“汇兑损益”项目。

在两项交易观下，对于已实现汇兑损益，单独在“汇兑损益”账户中反映，并计入当期损益。对未实现的汇兑损益，则存在两种不同的处理方法：第一种方法是将未实现的汇兑损益计入当期损益，简称为“当期确认法”；第二种方法是将未实现的汇兑损益反映在“递延汇兑损益账户”中，不立即确认未实现的汇兑损益，待外币账款结算时，再将递延汇兑损益转入当期损益，简称为“递延法”。具体账务处理如表 8-2 所示。

三、外币交易会计处理方法的比较分析

根据上述分析可以看出，单项交易观与两项交易观所确定的购货成本、汇兑损益等项目存在一定的差异，现将前例处理结果进行比较，具体如表 8-3 所示。

表8-2　　**两项交易观下对汇兑损益处理方法的比较**　　单位：元

日 期	当期确认法	递延法
2×19年12月15日	借：存货　528 800 　贷：应付账款　528 800	同左
2×19年12月31日	借：应付账款　8 000 　贷：汇兑损益　8 000	借：应付账款　8 000 　贷：递延汇兑损益　8 000
2×20年1月15日	借：应付账款　4 000 　贷：汇兑损益　4 000	借：应付账款　4 000 　贷：递延汇兑损益　4 000
	借：应付账款　516 800 　贷：银行存款　516 800	同左
		借：递延汇兑损益　12 000 　贷：汇兑损益　12 000

表8-3　　**不同交易观下的会计处理之区别**　　单位：元

项 目	单项交易观	两项交易观	
		当期确认法	递延法
购货成本	516 800	528 800	528 800
现金支付总额	516 800	516 800	516 800
2×19年12月31日汇兑损益	—	8 000	—
2×20年1月15日汇兑损益	—	4 000	12 000

从表8-3可以看出，这3种会计处理方法均反映汇率的变动，只是在会计报表上反映的时期和项目不同而已。

单项交易观不仅能确认汇兑损益，而且将汇率变动的调整差额作为购货成本或销售收入处理。显然这种方法不符合国际公认的“实现原则”，即收入的实现是在商品销售所有权转移之时而非货款结算之时，另外要将汇兑损益发生额调整原对应账户，手续麻烦，特别是在跨年度的结算业务中，调整原购销账户难度较大。而且，不单独设账户反映汇兑损益，就不能反映外币交易的汇率风险，所以单项交易观逐渐被两项交易观所取代。

两项交易观单独设立“汇兑损益”账户反映汇率变动的差额，而不再调整原来的购货成本或销售收入账户。这样处理符合国际公认的“实现原则”，但对于未实现汇兑损益的处理方法存有争议。主张采用当期确认法的学者认为，在持续经营前提下，企业必须分期确定损益。如果某笔外币交易发生日与结算日分别属于两个不同的会计期间，那么，在报表编制日和结算日汇率变动对该项交易所涉及的外币账户影响分别归属于前后两个会计期间应该是恰当的、合理的。这种论述反映了在汇率单向变动情况下当期确认法的合理性。而主张递延法的学者认为，汇率是有升有跌的，汇率变动不可能永远单向变动。在汇率发生逆向变动时，当期确认法就可能使上一会计期间确认的汇兑损益不可能实现，从而导致前后两个期间的报告收益歪曲。因此，未实现的汇兑损益就不应该计入当期损益，而应将它递延到下个会计期间的结算日。

从上述比较可以看出，在汇率发生逆向变动时，递延法可以在一定程度上减轻汇率波动所引起的收益波动。在汇率单向变动的情况下，如果递延的是未实现汇兑利得，企业可以从中获得纳税（所得税）收益；若递延的是未实现汇兑损失，就会在纳税方面带来不利的影响①。当然，如果未实现汇兑损益的数额不大、时间跨度不长，采用当期确认法、递延法所产生的差异是不大的。

国际会计准则委员会（IASC）在1983年7月发布的《国际会计准则第21号——外币汇率变动影响的会计》中，建议采用两项交易观处理外币交易，并主张在大多数情况下采用当期确认法。美国财务会计准则委员会在1981年12月公布的第52号公告《外币交易与外币财务报表折算的会计处理》中也建议采用两项交易观，并要求采用当期确认法。我国外币交易的会计处理与国际惯例相同。

从目前的情况看，两项交易观是国际通行的会计惯例，对于“未实现的汇兑损益”的处理，多数国家采用当期确认法，主要有英、美、加拿大等40多个国家；允许在递延和不递延之间进行选择的有德国、法国、瑞典、日本、澳大利亚等国；瑞士的会计惯例是采用递延法；荷兰则要求把汇兑损益记作准备直接列入股东权益。

第三节 外币财务报表的折算

在公司集团合并财务报表编制时，如果母公司与其子公司分别使用不同货币进行报表编制，那么必然会产生报表合并时的货币折算问题。

一、为什么要进行外币财务报表折算

外币财务报表的折算（translation），是指从事跨国经营活动的企业采用其报告货币重新表述会计报表中以外币计量的资产、负债、收入和费用的会计程序和方法。

外币财务报表折算的原因很多，但主要是以下两个因素所致：

一是编制合并财务报表的需要。从跨国经营的控股公司及其附属公司的关系来看，它们各自是一个独立的法律实体和会计实体，同时它们又共同组合形成一个经济整体。为了反映这个经济整体的财务状况及经营成果，衡量或评估整体的经济实力和经济业绩，就必须编制合并财务报表。然而，国外附属公司的财务报表往往是以不同国家的货币编制的，这样的财务报表合并时就不能直接相加汇总，而必须把国外附属公司的计量货币加以折算，调整为控股公司货币，才能将控股公司及附属公司的报表进行合并。也就是说，外币财务报表的折算程序是编制跨国公司合并财务报表的前提。

二是为信息使用者提供特种报表，以便其作出合理的预测和决策。随着国际投、融资业务的不断扩大，人们对会计资料在国际交流的要求也越来越多，为此，一个公司的会计资料需要从一个国家或地区传送给另一个国家或地区的报表使用者。如公司打算在国外市场进行投资或进行各种融资行为等，都要求将反映经营情况的各种会计信息传送出去，这样，一个公司就有必要将整体的财务报表换算成以东道国货币表述的财务报表，以便国外投资者和债权人以及其他会计信息使用者阅读和使用财务报表。

① 根据所得税法的一般规定，企业在计算所得税时，不能计入当期未实现的汇兑损益，因而采用递延程序处理比较符合税法的一般规定。

二、外币财务报表折算或重新计量的程序

外币财务报表折算的目的是将以不同货币（当地货币）表述的财务报表，折算为以共同货币（功能性货币）表述的财务报表，而将外币财务报表折算为共同的报告货币的程序，不仅取决于特定国外主体所规定的功能性货币是什么，而且取决于它是否本来就是用功能性货币来进行会计反映的，图8-2列示了外币财务报表折算或重新计量的一般程序。

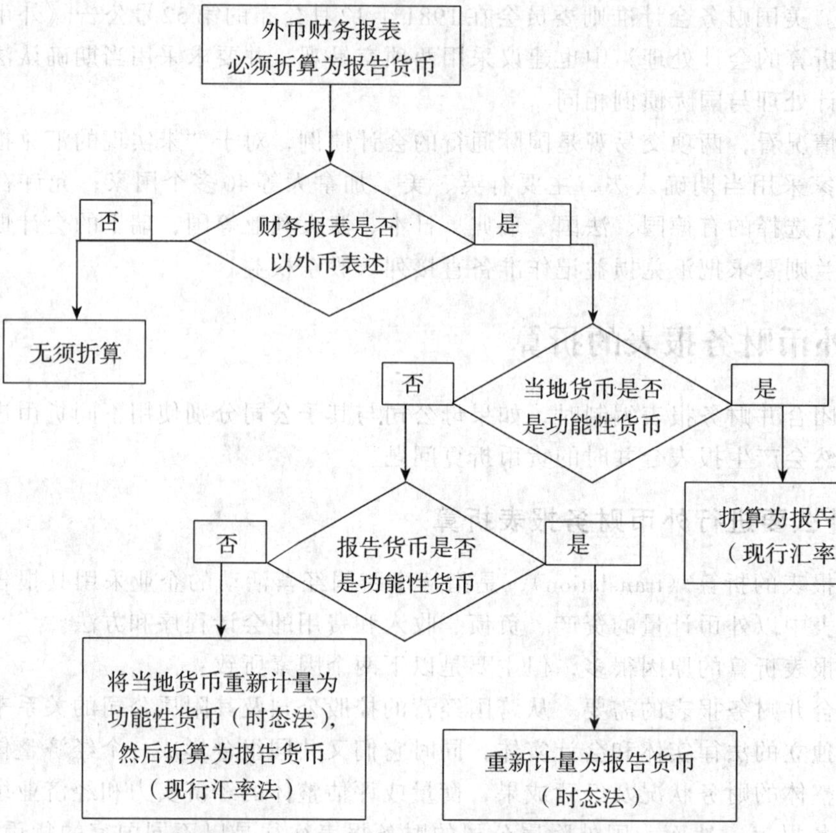

图8-2　外币财务报表折算或重新计量的程序

注：图中的报告货币是指母公司所在国货币，当地货币是指子公司所在国货币。

现举例说明不同情况下外币财务报表的折算或重新计量程序。例如，中国香港的母公司A拥有设在日本的子公司B。B公司对功能性货币的选择、会计记录所使用的货币以及编制合并财务报表时应如何折算或重新计量的情况如表8-4所示。

表8-4　　B公司的功能性货币、会计记录所用的货币及合并时所要求的程序

情形	会计记录所用货币	功能性货币的选择	合并时所要求的程序
1	日元	日元	折算
2	日元	港币	重新计量
3	日元	美元	重新计量再折算

在情形1下，B公司以当地货币日元记账，该公司所选择的功能性货币亦是日元。根据前述折算程序，在这种情况下，B公司应以现行汇率进行折算，其具体程序为：

第一，B公司所有的资产和负债都按资产负债表编制日的现行汇率折算为港币，所有者权益账户按历史汇率折算，若有差额即为外币财务报表折算差额。

第二，收入和费用项目按交易日的现行汇率折算为港币，但为简便起见，通常采用加权平均汇率进行折算。

第三，折算损益应在合并所有者权益中单设“外币折算权益调整数”列示。在让售B公司这一国外主体之前，或是认为这项投资的价值已发生永久性减少之前，这项外币折算调整数都不得记入利润表。

在情形2下，会计记录所使用的货币依旧是日元，但所择定的功能性货币是港币。在这种情况下，B公司的财务报表应按功能性货币（港币）进行重新计量。重新计量的目的在于使其结果能与B公司所有业务在发生时应使用功能性货币进行记录的结果相一致。要达到这一目的，就要对B公司财务报表中的某些项目采用历史汇率进行折算，而另一些项目则采用现行汇率进行折算，并确认所有不以功能性货币表述的资产和负债的汇兑损益。其程序为：

第一，货币性资产和负债按财务报表编制日的现行汇率进行折算，而非货币性项目（包括资本账户）按历史汇率进行折算。

第二，收入和费用项目按当期平均汇率折算，但与非货币性项目有关的那些项目（如销货成本和折旧费用）则按历史汇率进行折算。

第三，折算损益纳入当期收益计算。

在情形3下，B公司会计记录所使用的货币依旧是日元，但所择定的功能性货币为美元，即另一外国货币。在这种情况下，应先将B公司的财务报表按功能性货币美元进行重新计量；然后再将B公司以功能性货币（美元）表述的财务报表按现行汇率折算为港币。重新计量和折算的程序和方法如前所述。

三、外币财务报表折算的方法

外币财务报表的折算要解决两个主要问题：第一是折算汇率的选择，第二是折算损益的处理。折算汇率受币值的变动、外汇供求关系的变化、各国利率以及外汇市场投机等因素的影响。由于选用不同的折算汇率以及对外币财务报表折算采用不同的处理方式，就形成了不同的折算方法，主要有现行汇率法、流动与非流动项目法、货币与非货币项目法和时态法4种。不过，时至今日，世界各国对外币财务报表的折算方法尚未形成统一的惯例[①]。图8-2所列示的仅是美国财务会计准则委员会第52号公告所要求的程序及应选择的方法。

（一）现行汇率法

现行汇率法（current rate method），也称为期末汇率法或单一汇率法。在这种方法下，资产负债表中除资本项目按历史汇率折算外，其他所有项目都按现行汇率折算。利润表中的收入和费用等损益类项目，从理论上应按确认这些项目时的现行汇率换算，但

① 一般认为，在选择折算方法时，应遵循客观性原则、中性原则和一致性原则等。

为简化起见，也可按当期的平均汇率（即交易期现行汇率的简单平均）换算。

现行汇率法实际上就是把外币财务报表上的项目均乘上一个常数（现行汇率），这样它只改变了报表的形式，而不改变报表的性质，更不会改变原报表的结构和比例。

现行汇率法虽简便易行，但亦存有缺陷：第一，这种方法应用的前提是以子公司所在国货币表示的资产和负债项目都要承受汇率变动的影响，这显然是不合理的。第二，在历史成本计量模式下，它把子公司按历史成本反映的资产和负债用现行汇率来换算，在理论上缺乏根据。所以，现行汇率法主要适用于国外独立经营的经济实体及以某种外币为功能性货币的国内企业外币财务报表折算，因为这类公司一般不是母公司经营的有机组成部分，其汇率变动不会直接影响母公司的现金流量，外币财务报表折算的目的主要是便于报表使用者的理解。

（二）流动与非流动项目法

在流动与非流动项目法（current and non-current method）下，将资产和负债按传统的方法分类，划分为流动性项目和非流动性项目两大类，分别采用不同的汇率进行折算。对于流动资产和流动负债，用现行汇率折算；而对于非流动资产和非流动负债，则按历史汇率折算。对利润表项目，除折旧费和长期资产的摊销费按历史汇率折算外，其他项目均按当期平均汇率折算。

流动与非流动项目法在20世纪30年代早期的美国是被广泛使用的一种方法。该方法的理论根据是：非流动项目在短期内不会变现或偿付，所以它们不受现行汇率的影响；而受现行汇率变动影响的只是当期的流动资产和流动负债。

这种折算方法主要的不足表现在：第一，缺乏充分的理论依据来说明为什么流动与非流动项目的划分应在报表折算时采用不同的汇率；第二，按历史汇率折算非流动项目，掩盖了它们所承受的汇率变动的影响；第三，对流动资产中的有些项目以历史成本计量，却以现行汇率折算，这样处理未必恰当。

（三）货币与非货币项目法

货币与非货币项目法（monetary and non-monetary method）是将资产负债表上的资产和负债区分为货币性项目和非货性项目两大类。所谓货币性项目，是指现金和在未来应收取固定金额的外币债权或权益及应偿付固定金额的外币债务（如应收应付款项），按固定金额偿付本息的长期和短期负债，按面值和固定利息、股息获取收益的长期和短期投资等。其余项目则为非货币性项目，如存货、固定资产、无形资产等。在此法下，对于货币性项目按现行汇率折算，非货币性项目则以历史汇率折算。至于利润表上项目的折算方法，基本上与上述流动与非流动项目法相同。

在外币折算中主张放弃流动与非流动项目法，而提出采用货币与非货币项目法，是已故美国密歇根大学教授赫普·沃恩在20世纪50年代提出来的。采用该法的理由是：货币性项目代表一定的外币数额，其本币价值受外汇汇率变化的影响，因此按现行汇率折算。

虽然这一方法较流动与非流动项目法有较大改进，但与其有同样的缺陷，即两者都是将外币财务报表的折算建立在资产、负债分类的基础之上，只不过两者分类的依据不同。从理论上看，外币财务报表折算涉及的是会计计量问题，而非分类问题，所以这种方法同样不能解释这种分类与不同的折算汇率之间的直接联系。

（四）时态法

时态法（temporal method），也称时间性量度法，它是针对货币与非货币项目法而由美国注册会计师协会的研究人员列奥纳德·洛伦森于1972年在其研究报告中提出来的，并于1975年为美国财务会计准则委员会第8号财务会计准则所采用。该方法的实质是依据资产和负债项目的计价时间，分别按历史汇率或现行汇率折算。其基本的程序是：对资产负债表中的货币性项目如现金、应收应付项目（包括流动与非流动）应按现行汇率折算；其他资产和负债项目视其特性，可以采用现行汇率折算，亦可采用历史汇率折算。也就是说，资产和负债项目如果按历史成本计量的，应按历史汇率折算；如果按现行价值计量的，才按现行汇率折算。资本项目按资本取得或发行股份时的历史汇率折算，留存收益列为轧算的平衡数字。利润表项目理论上要按交易发生的实际汇率折算，但由于收入和费用交易是经常且大量发生的，为简化起见，通常用平均汇率予以折算。不过对于折旧费和摊销费，则按有关固定资产和无形资产取得时的历史汇率折算；而销货成本则要对年初存货、本年购货和年末存货按不同的适用汇率折算后算出。外币资产负债表和利润表项目折算过程中形成的折算损益，计入当期损益。

时态法的理论基础是应该在折算后的报表上保留子公司在其自己的资产负债表上对资产和负债所用的计价方法。主张该方法的人认为，外币财务报表的折算过程，本质上是将以外币表述的财务报表转换成另一种货币单位的重新表述过程，在折算过程中，改变的只是各个项目的计量单位，而未改变其计量属性，它以各项资产和负债项目的计量属性作为折算汇率的选择依据。

时态法比较灵活，符合资产和负债的计价基础，特别是与编制合并财务报表的母公司理论相一致。同样，时态法也有缺点：其一是时态法下折算差额计入当期损益，使得跨国公司的合并利润更加多变，从而影响了跨国公司的股票价格。其二是时态法改变了原来外币财务报表中各个项目之间的比例关系。

（五）外币财务报表折算方法比较

上述4种折算方法中，第一种方法是现行汇率法，其在折算时的思路是要保持国外子公司或附属公司原有外币的财务成果和财务关系，报表折算起到的只是语言翻译的作用，而不改变外币财务报表的性质。另外3种折算方法可统称为多种汇率法，这3种折算方法在折算时有一个共同构想：就是要对国外子公司或附属公司的外币财务报表项目，按交易发生日的会计记录，将它们的发生额折算为本国货币等值，因此需要为不同项目选择适当的汇率进行折算，只不过在具体选择时，这3种折算方法考虑问题的角度不同而已。

在不同的折算方法下，外币财务报表项目折算所采用的汇率归纳如下：

1.资产负债表各项目选用的汇率比较

资产负债表各项目选用的汇率比较如表8-5所示。

2.利润表各项目选用的汇率比较

利润表各项目基本上按这些项目确认时的实际汇率折算，但是在收入和费用大量发生时，亦可采用当期平均汇率折算。对利润表中的折旧费和摊销费的折算，除现行汇率法采用现行汇率折算外，另外3种方法都采用历史汇率折算。

表 8-5　　**不同的折算方法下外币资产负债表项目选择的汇率**

项　目	现行汇率法	流动与非流动项目法	货币与非货币项目法	时态法
现金	C	C	C	C
应收款	C	C	C	C
存货				
按成本	C	C	H	H
按市价	C	C	H	C
投资				
按成本	C	H	H	H
按市价	C	H	H	C
固定资产	C	H	H	H
无形资产	C	H	H	H
应付款	C	C	C	C
长期负债	C	H	C	C
实收资本	H	H	H	H
留存收益	*	**	**	**

注：C表示现行汇率；H表示历史汇率。

*收益和留存收益表折算结果，再通过平衡轧算法算出累计折算调整额；**平衡轧算的数额。

（六）应用举例

【例 8-3】2×19年12月31日，总部设在中国香港的某贸易公司，在美国芝加哥设立了子公司——巴乔贸易公司。巴乔贸易公司从中国香港母公司获取资本1 000 000美元，并从当地银行借入长期借款300 000美元，立即开业。巴乔贸易公司以500 000美元购买土地及房屋一栋，购买存货400 000美元，支付现金200 000美元，余款暂欠。各项业务登记入账后，巴乔贸易公司的资产负债表如表8-6所示。

表 8-6　　**2×19年12月31日巴乔公司资产负债表**　　单位：美元

资产		负债及股东权益	
现金	600 000	应付账款	200 000
存货	400 000	长期借款	300 000
土地及房屋	500 000	股本	1000 000
合计	1 500 000	合计	1 500 000

为便于说明情况，假设巴乔贸易公司在2×20年没有发生任何交易，这样2×20年12月31日以当地货币（美元）表述的巴乔贸易公司的资产负债表（历史成本基础）与2×19年12月31日的报表数字完全相同。表8-7列示了上述4种折算方法下巴乔贸易公司的资产负债表是如何折算的。

表8-7　**资产负债表项目：各种折算方法的不同结果**

2×20年12月31日 巴乔公司资产负债表（美元）		现行汇率法		流动与非流动项目法		货币与非货币项目法		时态法	
		适用汇率	折算金额（港币）	适用汇率	折算金额（港币）	适用汇率	折算金额（港币）	适用汇率	折算金额（港币）
现金	600 000	7.82	4 692 000	7.82	4 692 000	7.82	4 692 000	7.82	4 692 0000
存货	400 000	7.82	3 128 000	7.82	3 128 000	7.76	3 104 000	7.76	3 104 0000
土地及房屋	500 000	7.82	3 910 000	7.76	3 880 000	7.76	3 880 000	7.76	3 880 0000
资产总计	1 500 000		11 730 000		11 700 000		11 676 000		11 676 000
应付账款	200 000	7.82	1 564 000	7.82	1 564 000	7.82	1 564 000	7.82	1 564 000
长期借款	300 000	7.82	2 346 000	7.76	2 328 000	7.82	2 346 000	7.82	2 346 000
股本	1 000 000	7.76	7 760 000	7.76	7 760 000	7.76	7 760 000	7.76	7 760 0000
折算损益			60 000		48 000		6 000		6 000
负债及股东权益总计	1 500 000		11 730 000		11 700 000		11 676 000		11 676 000

注：①2×19年12月31日的汇率为1美元=7.76港币；②2×20年12月31日的汇率为1美元=7.82港币。

从表8-7可以看出，时态法和货币与非货币项目法的折算结果相同，因为时态法是对货币与非货币项目法的改进。当外币财务报表的所有非货币性项目都是以历史成本计量时，两者的外币财务报表折算是完全一样的，同时两者的折算损益尽管是最小的，但并不能据此认定它们是最好的折算方法。

四、外币财务报表折算的国际比较

随着全球经济一体化和资本国际化进程的加快，国际投资业务不断扩大，跨国公司在整个世界经济中所发挥的作用和所占的比例也越来越大，使得作为跨国公司合并财务报表编制前提的外币财务报表折算显得越发重要。目前国际上在外币财务报表折算中折算汇率的选择和折算差额的处理上，尚未形成一致的国际惯例，使得外币财务报表折算成为当今世界各国会计实务的主要差异所在。

（一）美国

美国财务会计准则委员会第52号公告规定，外币折算应达到以下两项目标：①在合并财务报表中反映按照每一个被合并的主体从事经营的主要通货（它的功能性货币）所计量的财务结果和财务关系；②提供一般与汇率变动对企业的现金流量和业主权益的预期经营影响相一致的信息。这两项目标无疑是以功能性货币的择定为前提的，它反映财务报表被合并的子公司在经营管理上所持的货币观念。某一国外主体的功能性货币是它从事经营活动和创造现金流量的主要经济环境内的通货。国外主体按其经营所处的环境不同，分为“母公司的有机组成部分”和“自主经营的国外主体”两类。前者所指的是国外子公司被视为母公司在境外经营的延伸，其功能性货币通常为美元，采用时态法对外币财务报表进行重新计量。所谓重新计量，是指将国外子公司记账用的货币折算成功能性货币。后者是指在生产经营和财务决策上有较大的自主权，并与国外经济环境融为一体的经济实体，其功能性货币一般非母公司的报告货币（美元）。如其功能性货币为子公司所在国的货币，此时采用现行汇率法对国外子公司的外币财务报表进行折算；如其功能性货币为第三国货币，则先采用时态法将其按子公司所在国货币记账的财务报表重新按第三国货币计量，再采用现行汇率法折算成美元表述。另外，值得注意的是，当国外子公司处于高度通货膨胀经济环境（指3年内累计通货膨胀率接近或超过100%）时，则应以母公司的报告货币作为功能性货币，用时态法把当地货币重新计量为母公司的报告货币。

（二）英国

英国的《标准实务公告第20号——外币折算会计》与美国财务会计准则委员会第52号公告的有关要求基本一致，不同之处在于：①对自主经营的国外实体因采用现行汇率法产生的折算损益，记入类似准备性质的“暂记项目”，以备抵未来期间可能发生的折算损益；而由于借款净额引起的损益，则计入当期损益。②在现行汇率法下，对利润表项目既允许采用美国做法，即按整个报告期的加权平均汇率折算，也允许按编表日的现行汇率折算。这主要是为了更好地保持现行汇率法下国外子公司原有报表所反映的财务状况和金额比例关系不被破坏。③对处在恶性通货膨胀环境下的自主经营的国外实体，要求在折算前先进行物价变动影响的调整，然后再采用现行汇率法对外币财务报表进行折算。

（三）国际会计准则委员会

国际会计准则委员会的《国际会计准则公告第21号——汇率变动的影响》与美国财务会计准则委员会第52号公告的见解十分类似，它从国外经营与报告企业之间的融资和经营关系的特点出发，把国外经营分为“构成报告企业经营整体组成部分的国外经营”和“国外实体”两种，并且认为，对它们的外币财务报表所采用的折算方法，应该适合它们的不同特征。这样，对前者应当采用时态法，对后者则应当采用现行汇率法。对于以恶性通货膨胀环境中的货币编报的“国外实体”的财务报表，国际会计准则第21号公告的规定类似于英国，认为该报表在折算成报告企业的报告货币之前，应按《国际会计准则第20号——恶性通货膨胀经济中的财务报告》的要求进行重述，然后再按现行汇率法折算。

（四）加拿大

加拿大的外币财务报表折算方法也与美国财务会计准则委员会第52号公告的要求基本一致，主要区别在于长期货币性项目的外币交易损益和外币折算损益要递延，在有关项目的存续期内予以摊销。此外，递延所得税按历史汇率折算，而美国则按现行汇率折算。

（五）荷兰

荷兰基本上是采用现行汇率法折算外币财务报表，但对固定资产项目及其折旧费按历史汇率折算，折算损益转入准备账户，以备抵未来期间可能发生的折算损益。但有的公司，如菲利浦公司则将当期折算损失不足以用前期累计的折算利得冲减的部分直接计入当期损益。

（六）日本

日本的外币财务报表折算方法，结合了时态法和流动与非流动项目法两者的特点。具体来说，在采用时态法时，对长期货币性负债项目按历史汇率折算，折算差额在资产负债表中作为有关资产或负债的调整项目。另外，允许在非正常的货币环境下从事经营活动的子公司，采用其他合理的折算方法。

五、外币财务报表折算损益的处理

由于汇率的变动，在编制合并财务报表时，把国外子公司或分支机构以所在国货币编制的财务报表折算成以功能性货币表示的财务报表时，因为报表项目采用不同的汇率折算，会产生外币财务报表折算汇兑损益。这是一种未实现的汇兑损益，对于这部分报表折算汇兑损益，有3种不同的处理方法：其一是计入当期损益；其二是予以递延；其三是作为股东权益的调整。

（一）外币财务报表折算差额计入当期损益

主张将外币财务报表的折算差额计入当期损益的理由是：汇率的变动会影响外币资产与负债的价值，从而影响净资产的变动。会计上通常把损益定义为净资产的变动，因而，外币财务报表折算形成的差异应作为利润表项目。采用时态法折算外币财务报表，通常将报表折算损益列入当期损益，因为时态法折算的结果同报告企业自行交易的结果相同。持该观点的人认为，采用时态法是基于与外国子公司的密切关系，子公司的货币项目似乎为母公司直接持有，汇率变动所形成的差异直接影响营业收益，因而应列入当期利润表。美国财务会计准则委员会第52号公告要求，以时态法按功能性货币重述子公司编制所在国的财务报表时，重述所产生的损益应计入当期损益。国际会计准则委员会第21号公告要求采用时态法对国外经营的财务报表进行折算，折算差额应计入当期损益。然而，这种意见并不为会计实务人员所喜欢，由于汇率变动，报表折算损益对公司集团损益的影响可能很大，甚至是利润表中的最大项目。为了减少对损益的影响，有人主张将报表折算损益列为利润表的线下项目，作为非常项目处理。

（二）外币财务报表折算差额予以递延

主张将外币财务报表折算差额予以递延的意见认为，外币财务报表的折算损益只是对子公司以外币计价的资产和负债，以母公司报告货币重新表述过程中产生的调整数额，这种折算损益是未实现的损益，只是账面上的损益，并未导致现金的真正流动，不能汇回母公司也不能用于再投资。另外，外汇汇率处于不断的变化之中，本期表现为外币财务报表折算利得，下期也可能转化为外币财务报表折算损失，若汇率大幅度变化则会引起巨额损益。这些折算结果若计入当期损益，必然对损益产生重大影响，引起报表使用者的误解，因而主张递延。还有人提出，采用递延法应以实现原则为依据，外币财务报表折算损益应在相关的资产或负债项目中，按不同项目进行系统摊销，直至对该项目进行处置为止。但这种方法在实际应用中会导致计算上的许多工作，不符合会计上的成本效益原则。

（三）外币财务报表折算差额作为股东权益的调整项目

为了避免外币财务报表的折算差额计入当期损益对损益产生重大影响，另一种意见主张将外币财务报表的折算差额列入资产负债表的股东权益部分，作为股东权益的调整项目，即作为折算后资产负债表的轧平项目。美国财务会计准则委员会第52号公告要求对国外子公司的外币财务报表采用现行汇率法折算时，产生的外币财务报表折算损益不能列入损益，而是直接列入股东权益之下，作为股东权益的调整项目。国际会计准则委员会第21号公告提出对于国外实体财务报表的折算采用现行汇率法，要求将折算差额列为股东权益项目。

观念应用8-1

单项交易观是将交易涉及的外币结算作为会计处理的基础，将外币交易的发生及以后的外币结算看作一项经济业务。单项交易观的支持者认为，从国外购货所记录的初始账面价值只是一个估计值，当知道了购货所花费的确切金额时，原来的记录就应做相应调整。因此，单项交易观强调的是交易的现金支付方面，而不是约定价格方面。两项交易观是以商品购销业务完成的时间作为会计处理的基础，支持者认为，以外币计价的商品购销交易和外币结算业务是两笔独立的交易，第一笔交易是购买商品，第二笔交易是获得所需外币以清偿因购买商品而产生的负债。支持者还认为，进口商或出口商关于外币汇率波动的风险假设是融资决策，而不是购买决策。理由是，外币交易中购买和融资两个方面的可分离性是不容否定的事实。在向国外购货的交易中，进口商延期支付货款时就已经考虑了汇率波动的风险，这种风险假设在支付货款的时候（或在财务报表的编制日）以外币交易损益来计量。

本章小结

外币是相对于本国的货币而言的，而外汇的原意是指外国货币，现通指外币和以外币表示的可用于国际结算的支付凭证。外汇汇率可以根据实际业务的需要，按照不同的标准进行分类。按汇率制度可分为固定汇率和浮动汇率，按银行的外汇买卖可分为买入汇率和卖出汇率。企业在进行外币业务会计处理时，由于采用不同的汇率换算，从而使同样的外币金额在不同时点折合为功能性货币的金额就不相等，从而产生差额，这个差额即为汇兑损益。对企业发生的外币交易事项产生的汇兑损益如何处理存在两种不同的观点：单项交易观和两项交易观。外币财务报表折算需要解决两个问题：一是折算汇率的选择；二是折算损益的处理。由于汇率的变化以及对折算汇兑损益采用不同的处理方法，在外币财务报表折算的历史发展中就衍生出不同的方法，主要有现行汇率法、流动与非流动项目法、货币与非货币项目法、时态法4种。

主要概念和观念

外汇　汇率 直接标价法　间接标价法　固定汇率　浮动汇率　买入汇率　卖出汇率　功能性货币　汇兑损益　单项交易观　两项交易观　外币财务报表折算　现行汇率法　流动与非流动项目法　货币与非货币项目法　时态法

基本训练

知识题

1.从会计的角度看，外币与外汇概念有何区别？

2.功能性货币的概念和作用是什么？

3.什么是直接标价法？什么是间接标价法？两者有何不同？

4.什么是汇兑损益？它有哪些基本类型？

5.什么是单项交易观和两项交易观？它们在会计处理中有什么不同？

6.外币财务报表的折算目的是什么？

7.外币财务报表折算的主要会计问题是什么？

8.试述现行汇率法的基本原理及利弊。

9.试述流动与非流动项目法的基本原理及利弊。

10.试述货币与非货币项目法的基本原理，它与流动与非流动项目法相比存在哪些异同点?

11.试述时态法的基本原理，它与货币与非货币项目法相比存在哪些异同点?

12.外币财务报表折算损益有哪些处理方法?

技能题

Walker公司是一家按月编制财务报表的美国公司，2018年7月5日以100 000欧元的价格向德国Pfau公司订购了一台机器（属厂房资产），该日的即期销售汇率为1.1415美元。2018年7月17日Pfau公司将机器运出，并要求Walker公司支付100 000欧元的货款，当日欧元的即期销售汇率为1.1728美元。Walker公司于2018年8月10日支付了100 000欧元的支票，当日欧元的即期销售汇率为1.1411美元。

请做分录记录Walker公司上述交易和事项。

能力题

国际会计准则理事会（IASB）和美国财务会计准则委员会都成立于1973年。迄今为止，国际会计准则理事会已发布了41项国际会计准则，而美国财务会计准则委员会则发布了160多项财务会计准则公告。

要求：您是否赞成美国财务会计准则委员会继续发布公告，而大部分公告至少在某些方面和国际会计准则理事会发布的准则不一致，或者，您是否赞成美国财务会计准则委员会推荐使用国际会计准则理事会发布的准则？请从哪种行为能最有效地促进世界范围内统一会计准则的形成这一角度，谈谈您的看法。

第九章

租赁会计

学习目标

通过本章的学习，应达到以下目标：在知识方面，理解租赁的定义以及与租赁相关的若干基本概念、租赁识别的标准；在技能方面，掌握承租人和出租人的会计处理方法以及售后租回交易的会计处理等；在能力方面，能正确运用租赁会计的处理方法，联系企业实际发生的相关业务进行分析、判断和处理，提供有助于使用者决策的租赁会计信息。

案　例

经过四十余年的探索发展，特别是近十年的快速发展，我国融资租赁行业在机构体系、规模数量、行业覆盖率与渗透率以及专业化、国际化、差异化等方面都取得了长足的进步，国民经济地位日益提高。根据商务部《中国融资租赁业发展报告》和银保监会相关资料估计，我国融资租赁企业资产总额已达5万亿元左右，形成了包括金融租赁、厂商租赁以及独立第三方租赁的功能完备的业态体系，产业覆盖国民经济的主要行业，设备投资渗透率不断提高。有的租赁公司除传统飞机、船舶租赁外，还创造了基础设施、三农、小微企业、绿色租赁和保税租赁等模式，产生了良好的自身效益和社会效益；有的租赁公司积极进入境内外金融市场，开展不同层级、形式多样的资本运作，建立了可持续的资本补充机制，快速做强做大；有的租赁公司着力产业融合，延伸产业链增值服务，建立起专业化的盈利和风控模式；还有的租赁公司积极拓展ABS、ABN等资产证券化模式，拓宽了融资渠道。融资租赁已经成为国民经济日益重要的金融业态。融资租赁行业与新时代国家发展战略高度契合。从“一带一路”建设到中国制造2025，从服务“三农”到普惠金融，国民经济对融资租赁的需求和租赁业务的身影无处不在。

本章就租赁会计问题进行阐述。

第一节　租赁概述

租赁活动古即有之，租赁业发展到今天，已经形成了一个专门的行业。在现代经济活动中租赁的作用越来越重要。

一、租赁的概念及特征

国际会计准则理事会（IASB）于2016年1月修订发布的《国际财务报告准则第16号——租赁》（IFRS16）中，将租赁定义为“让渡在一段时间内使用资产（标的资产）的权利以换取对价的合同或合同的一部分”。我国于2018年12月发布了新修订的《企业会计准则第21号——租赁》（以下简称新租赁准则），将租赁定义为：“租赁，是指在一定期间内，出租人将资产的使用权让与承租人以获取对价的合同。”我国的新租赁准则借鉴了IFRS16的做法，保持了与国际财务报告准则持续全面趋同。IFRS16和我国的新租赁准则都要求，在合同开始日，企业就应该评估合同是否为租赁或者包含租赁，如果合同中一方让渡了在一定期间内控制一项或多项已识别资产使用的权利以换取对价，则该合同为租赁或者包含租赁。可见，“是否让渡在一段时间内控制被识别资产使用的权利，即客户是否在一段时间内控制被识别资产的使用”是租赁的主要特征。如果客户在一段时间内控制被识别资产的使用，则合同包含租赁；如果客户能对该资产的使用作出重要决定，而该决定的决策方式与其使用自有资产的决策方式类似，则属于此种情形。在这种情形下，客户（承租人）已获得资产的使用权（使用权资产），应将其计入资产负债表。

由于所有合同都会导致合同各方获得一定权利并承担一定义务，因此，对于租赁而言，租赁导致的权利和义务既会形成承租人的资产和负债（如使用标的资产的权利、支付租赁付款额的义务），也会形成出租人的资产和负债（如租赁应收款、标的资产的留存权利）。

此外，在把握租赁的特点时，还应该将其与服务合同和资产的销售或采购区别开。

（1）租赁与服务合同。在租赁合同中，承租人在标的资产可供其使用时，获得和控制了使用权资产，当提供标的资产供承租人使用时，出租人已履行向承租人转移使用该项资产权利的义务，承租人现在控制了该项使用权，因此，承租人承担了就该项使用权无条件支付款项的义务。而在典型的服务合同中，如劳务合同、运输合同、保管合同、仓储合同等，客户并未在合同开始时获得其控制的资产，而是仅在服务提供时才获得该服务，是供应商控制了用于提供服务的资产的使用，因此，客户通常承担仅就截至目前所提供的服务而支付付款额的无条件义务。此外，虽然履行服务合同通常要求使用资产，但履行服务合同通常并不要求提供这些资产供客户在整个合同期内使用。

（2）租赁与资产的销售或采购。在资产的销售或采购合同中，资产的控制权从合同一方转移给另一方，只有在购买方取得商品或服务的控制权时，销售方才能获得收取对价的权利。虽然在部分融资租赁合同中，包含租赁期届满时转移资产的所有权或给予承租人购买选择权等条款，但承租人的主要目的不是获得资产的所有权，租赁合同的重点和核心是有偿让渡标的资产的使用权，这是租赁与资产销售或采购的显著区别。新租赁准则适用于转移了在一段时间内使用标的资产的权利的合同，而不适用于将标的资产控制权转移给某一主体的交易，此类交易属于其他会计准则（如收入准则）范围内的销售或采购。

二、与租赁会计相关的概念界定

与租赁会计相关的一些概念包括：与租赁时间有关的概念、与租赁计量和计算有关的概念及其他方面的概念。

1.租赁开始日

租赁开始日是指租赁合同签署日与租赁各方就主要租赁条款作出承诺日中的较早者。租赁开始日可能早于租赁期开始日。

2.租赁期开始日

租赁期开始日是指出租人提供租赁资产使其可供承租人使用的起始日期。在租赁期开始日，而不是租赁开始日，承租人应当对租赁确认使用权资产和租赁负债。

3.使用权资产

使用权资产是指承租人可在租赁期内使用租赁资产的权利，即代表承租人在租赁期内使用标的资产的权利的资产。标的资产是指作为租赁对象的资产，出租人向承租人提供了使用该项资产的权利。

4.租赁期

租赁期是指承租人有权使用租赁资产且不可撤销的期间。承租人有续租选择权，即有权选择续租该资产，且合理确定将行使该选择权的，租赁期还应当包含续租选择权涵盖的期间。承租人有终止租赁选择权，即有权选择终止租赁该资产，但合理确定将不会行使该选择权的，租赁期应当包含终止租赁选择权涵盖的期间。

5.租赁激励

租赁激励是指出租人为达成租赁向承租人提供的优惠，包括出租人向承租人支付的与租赁有关的款项、出租人为承租人偿付或承担的成本等。

6.初始直接费用

初始直接费用是指为达成租赁所发生的增量成本，若企业不取得该租赁则不会发生该成本，如佣金、印花税等。无论是否实际取得租赁都会发生的支出，不属于初始直接费用，例如，为评估是否签订租赁合同而发生的差旅费、法律费用等。生产商或经销商出租人为取得融资租赁发生的此类成本，应当在租赁期开始日计入当期损益，不作为初始直接费用。

7.租赁付款额

租赁付款额是指承租人向出租人支付的与在租赁期内使用租赁资产的权利相关的款项，包括：

（1）固定付款额及实质固定付款额，存在租赁激励的，扣除租赁激励相关金额；

（2）取决于指数或比率的可变租赁付款额，该款项在初始计量时根据租赁期开始日的指数或比率确定；

（3）购买选择权的行权价格，前提是承租人合理确定将行使该选择权；

（4）行使终止租赁选择权需支付的款项，前提是租赁期反映出承租人将行使终止租赁选择权；

（5）根据承租人提供的担保余值预计应支付的款项。

8.实质固定付款额

实质固定付款额是指在形式上可能包含变量但实质上无法避免的付款额。

9.可变租赁付款额

可变租赁付款额是指承租人为取得在租赁期内使用租赁资产的权利，向出租人支付的因租赁期开始日后的事实或情况发生变化（而非时间推移）而变动的款项。取决于指数或比率的可变租赁付款额包括与消费者价格指数挂钩的款项、与基准利率挂钩的款项和为反映市场租金费率变化而变动的款项等。

10. 担保余值

担保余值是指与出租人无关的一方向出租人提供担保，保证在租赁结束时租赁资产的价值至少为某指定的金额。

11. 未担保余值

未担保余值是指租赁资产余值中，出租人无法保证能够实现或仅由与出租人有关的一方予以担保的部分。

12. 租赁内含利率

租赁内含利率是指使出租人的租赁收款额的现值与未担保余值的现值之和等于租赁资产公允价值与出租人的初始直接费用之和的利率。

13. 承租人增量借款利率

承租人增量借款利率是指承租人在类似经济环境下为获得与使用权资产价值接近的资产，在类似期间以类似抵押条件借入资金须支付的利率。

14. 短期租赁

短期租赁是指在租赁期开始日，租赁期不超过12个月的租赁。包含购买选择权的租赁不属于短期租赁。

15. 低价值资产租赁

低价值资产租赁是指单项租赁资产为全新资产时价值较低的租赁。低价值资产租赁的判定仅与资产的绝对价值有关，不受承租人规模、性质或其他情况影响。承租人转租或预期转租租赁资产的，原租赁不属于低价值资产租赁。

16. 转租赁

转租赁是指在原出租人与原承租人之间的租赁（“原租赁”）仍然有效的情况下，原承租人（“中间出租人”）将标的资产转租给第三方的交易。

17. 融资租赁

融资租赁是指实质上转移了与租赁资产所有权有关的几乎全部风险和报酬的租赁。其所有权最终可能转移，也可能不转移。

18. 经营租赁

经营租赁是指除融资租赁以外的其他租赁，即实质上没有转移与租赁资产所有权有关的全部风险和报酬的租赁。

19. 租赁投资净额

租赁投资净额是指未担保余值和租赁期开始日尚未收到的租赁收款额（两者之和为租赁投资总额）按照租赁内含利率折现的现值之和。出租人对应收融资租赁款进行初始计量时，应当以租赁投资净额作为应收融资租赁款的入账价值。

20. 租赁收款额

租赁收款额是指出租人因让渡在租赁期内使用租赁资产的权利而应向承租人收取的款项，包括：

（1）承租人需支付的固定付款额及实质固定付款额，存在租赁激励的，扣除租赁激励相关金额；

（2）取决于指数或比率的可变租赁付款额，该款项在初始计量时根据租赁期开始日的指数或比率确定；

（3）购买选择权的行权价格，前提是合理确定承租人将行使该选择权；

（4）承租人行使终止租赁选择权需支付的款项，前提是租赁期反映出承租人将行使终止租赁选择权；

（5）由承租人、与承租人有关的一方以及有经济能力履行担保义务的独立第三方向出租人提供的担保余值。

第二节 租赁的识别、分拆与合并

一、租赁的识别

在合同开始日，企业应当评估合同是否为租赁或者包含租赁。根据前文租赁的定义，如果合同中一方让渡了在一定期间内控制一项或多项已识别资产使用的权利以换取对价，则该合同为租赁或者包含租赁。一项合同要被分类为租赁，必须满足三个要素：一是存在一定期间（这里的“一定期间”也可以表述为已识别资产的使用量，例如，使用某一设备生产的产量）；二是存在已识别资产；三是资产供应方向客户转移已识别资产使用权的控制。如果客户仅在合同期内的部分期间有权控制被识别资产的使用，则合同包含一项在该部分合同期间的租赁。

需要注意的是，接受商品或服务的合同可能由合营安排或合营安排的代表签订。在这种情况下，企业评估合同是否包含一项租赁时，应将整个合营安排视为该合同的客户，评估该合营安排是否在使用期间有权控制已识别资产的使用。

（一）已识别资产

1.对资产的指定

企业通常通过合同中的明确规定来识别（指定）一项资产，也可以通过在该资产可供客户使用时的隐含规定来指定。

【例9-1】客户X与供应商Y签订了为期5年的合同，使用专为客户X设计的轨道车辆，用于运输客户X生产过程中使用的材料，未经重大改造不适合其他客户。合同没有明确指定轨道车辆（例如，通过序列号），但是供应商Y仅拥有一辆适合客户X使用的轨道车辆。如果轨道车辆不能正常工作，合同要求供应商Y修理或更换轨道车辆。

分析：本例中，虽然未在合同中明确指定轨道车辆，但是其被隐含指定，因为供应商Y仅拥有一辆适合客户使用的轨道车辆，必须使用其来履行合同。因此，轨道车辆是一项被识别资产。

【例9-2】客户X与供应商Y签订了为期5年的一辆汽车使用合同，合同中规定了汽车的规格（品牌、类型、颜色、配置等）。在合同开始时，汽车还没有制造完成。

分析：虽然在合同开始时不能识别该汽车，但很显然，在租赁期开始时其是可以被识别的。在汽车可供客户使用时（即在生效日期）通过隐含指定的规格来识别该汽车。因此，该汽车是一项被识别资产。

2.实质性替换权

即使合同已对资产进行指定，如果资产的供应方在整个使用期间拥有对该资产的实质性替换权，则该资产不属于已识别资产，此时，客户没有使用该已识别资产的权利。其原因在于，如果资产供应方在整个使用期间均能自由替换合同资产，那么实际上，合同只规定了满足客户需求的一类资产，而不是被唯一识别出的一项或几项资产。也就是说，在这种情况下，合同资产并未和资产供应方的同类其他资产明确区分开来，并未被识别出来。

同时符合下列条件时，表明供应方拥有资产的实质性替换权：

（1）资产供应方拥有在整个使用期间替换资产的实际能力。

例如，客户无法阻止供应方替换资产，且用于替换的资产对于市场供应方而言易于获得或者可以在合理的期间内取得。

（2）资产供应方通过行使替换资产的权利将获得经济利益，即替换资产的预期经济利益将超过替换资产所需成本。

需要注意的是，如果合同仅赋予资产供应方在特定日期或者特定事件发生日或之后拥有替换资产的权利和义务，考虑到资产供应方没有在整个使用期间替换资产的实际能力，资产供应方的替换权不具有实质性。

企业在评估资产供应方的替换权是否为实质性权利时，应基于合同开始日的事实和情况，而不应考虑在合同开始日企业认为不可能发生的未来事件，例如：①未来某个客户为使用该资产同意支付高于市场的价格；②引入了在合同开始时尚未实质开发的新技术；③客户对于资产的实际使用或资产实际性能与在合同开始日认为可能的使用和性能存在重大差异；④使用期间资产市价与合同开始日认为可能的市价存在重大差异。

与资产位于资产供应方所在地相比，如果资产位于客户所在地或其他位置，替换资产所需要的成本更有可能超过其所能获取的利益。市场供应方在资产运行结果不佳或者进行技术升级的情况下，因修理和维护而替换资产的权利和义务不属于实质性替换权。

企业难以确定供应方是否拥有对该资产的实质性替换权的，应当视为供应方没有对该资产的实质性替换权。

【例9-3】甲公司是一家便利店运营企业，与某机场运营商乙公司签订了使用机场内某处商业区域销售商品的3年期合同。合同规定了商业区域的面积，商业区域可以位于机场内的任意登机区域，乙公司有权在整个使用期间随时调整分配给甲公司的商业区域位置。甲公司使用易于移动的自有售货亭销售商品。机场内有许多符合合同规定的区域可供甲公司使用。

分析：本例中，（1）乙公司在整个使用期间有变更甲公司使用的商业区域的实际能力。机场内有许多符合合同规定的商业区域，乙公司有权随时将甲公司使用的商业区域的位置变更至其他区域而无须甲公司同意。（2）乙公司通过替换商业区域将获得经济利益。因为售货亭易于移动，所以乙公司变更甲公司所使用商业区域的成本极小。乙公司能够根据情况变化最有效地利用机场登机区域，因此乙公司能够通过替换机场内的商业区域获益。甲公司控制的是自有的售货亭，而合同约定的是机场内的商业区域，乙公司可随时变更该商业区域，因此乙公司有替换甲公司所使用商业区域的实质性权利。

基于以上两方面考虑，尽管合同具体规定了甲公司使用的商业区域的面积，但合同中不存在已识别资产。

【例9-4】某客户与供应商签订了使用一架指定飞机的两年期合同，合同详细规定了飞机的内、外部规格。合同规定，供应商在两年合同期内可以随时替换飞机，在飞机出现故障时则必须替换飞机；无论哪种情况下，所替换的飞机必须符合合同中规定的内、外部规格。在供应商的机队中配备符合该客户要求规格的飞机所需成本高昂。

分析：本例中，合同明确指定了飞机，尽管合同允许供应商替换飞机，但配备另一架符合合同要求规格的飞机会发生高昂的成本，供应商不会因替换飞机而获益，因此供应商的替换不具有实质性。本例中存在已识别资产。

【例9-5】情形1：假设某电子数据存储供应商通过一个集中数据中心提供服务，使用一种特定的服务器（9号服务器）。供应商在单一可访问的位置维护着许多相同的服务器，并在合同开始时确定其得到允许可在使用期间直接替换另一服务器而无须客户同意。而且，该供应商将通过替换资产取得经济利益，因为替换资产使得该供应商仅以名义成本便可优化其网络的性能。此外，该供应商明确表示已经将这一替换权作为一项重要权利进行谈判，替换权影响了该安排的定价。

分析：在这种情形下，客户没有使用被识别资产的权利，因为在合同开始时，供应商具备替换服务器的实际能力且会从替换中取得经济利益。然而，如果客户不能直接确定供应商是否拥有实质性替换权（例如，供应商的业务透明度不足），客户将假定该替换权不具有实质性，并判定存在已识别资产。

情形2：假设除了9号服务器是定制化的且供应商不具备在整个使用期间替换该资产实际能力以外，其他事实与情形1相同。此外，并不清楚该供应商是否会因为替换相似的资产而取得经济利益。

分析：在这种情形下，因为供应商不具备替换资产的实际能力，且没有证据表明供应商可通过替换资产取得经济利益，所以该替换权不具有实质性，9号服务器属于已识别资产。在这种情况下，替换权的两个条件均未得到满足。请注意，在两个条件均得到满足的前提下，供应商才具备实质性替换权。

3.物理可区分

如果资产的部分产能在物理上可区分（例如，建筑物的一层），则该部分产能属于已识别资产。如果资产的某部分产能与其他部分在物理上不可区分（例如，光缆的部分容量），则该部分不属于已识别资产，除非其实质上代表该资产的全部产能，从而使客户获得使用该资产所产生的几乎全部经济利益的权利。

【例9-6】情形1：甲公司（客户）与乙公司（公用设施公司）签订了一份为期15年的合同，以取得连接A、B城市光缆中三条指定的物理上可区分的光纤使用权。若光纤损坏，乙公司应负责修理和维护，乙公司拥有额外的光纤，但仅可因修理、维护或故障等原因替换指定给甲公司使用的光纤。

分析：在这种情形下，合同明确指定了三条光纤，并且这些光纤与光缆中的其他光纤在物理上可区分，乙公司不可因修理、维护或故障以外的原因替换光纤，因此这种情形下存在三条已识别光纤。

情形2：甲公司与乙公司签订了一份为期15年的合同，以取得连接A、B城市光缆中约定带宽的光纤使用权。甲公司约定的带宽相当于使用光缆中三条光纤的全部传输容量（乙公司光缆包括15条传输容量相近的光纤）。

分析：在这种情形下，甲公司仅使用光缆的部分传输容量，提供给甲公司使用的光纤与其余光纤在物理上不可区分，且不代表光缆的几乎全部传输容量，因此这种情形下不存在已识别资产。

（二）客户是否控制已识别资产使用权的判断

为确定合同是否让渡了在一定期间内控制已识别资产使用的权利，企业应当评估合同中的客户是否有权获得在使用期间内因使用已识别资产所产生的几乎全部经济利益，并有权在该使用期间主导已识别资产的使用。

1.客户是否有权获得因使用资产所产生的几乎全部经济利益

为了控制已识别资产的使用，客户需具备获得在整个使用期间使用资产（例如，在整个使用期间独家使用资产）所产生的几乎全部经济利益的权利。客户可通过多种方式直接或间接获得由于使用资产所产生的经济利益，例如，通过使用、持有或转租资产获得经济利益。使用资产所产生的经济利益包括资产的主要产出和副产品（包括来源于这些项目的潜在现金流量）以及通过与第三方之间的商业交易实现的其他经济利益。

在评估客户是否有权获得因使用已识别资产所产生的几乎全部经济利益时，企业应当在约定的客户权利范围内考虑其所产生的经济利益。例如：（1）如果某合同规定，在使用期间，汽车仅限于在某一特定区域使用，则企业应考虑的仅为在该区域内使用汽车所产生的经济利益，而不包括在该区域外使用汽车所产生的经济利益。（2）如果合同规定，在使用期间，客户仅可在特定里程范围内驾驶汽车，则企业应考虑的仅为在允许的里程范围内使用汽车所产生的经济利益，而不包括超出该里程范围使用汽车所产生的经济利益。

如果合同规定客户应向供应商或另一方支付由于使用资产所产生的现金流量的一部分作为对价，则作为对价支付的该现金流量应视为客户因使用资产而获得的经济利益的一部分。例如，如果客户由于使用零售区域而需向供应商支付零售销售收入的一定比例作为使用该零售区域的对价，则该规定并不阻止客户拥有获得使用零售区域所产生的几乎全部经济利益的权利。因为销售收入所产生的现金流量被视为客户因使用零售区域而获得的经济利益，而客户支付给供应商的部分现金流量是使用零售区域的权利的对价。

2.客户是否有权主导资产的使用

存在下列情况之一的，可视为客户有权主导对已识别资产在整个使用期间内的使用：

（1）客户有权在整个使用期间主导已识别资产的使用目的和使用方式；

（2）已识别资产的使用目的和使用方式在使用期开始前已预先确定，并且客户有权在整个使用期间自行或主导他人按照其确定的方式运营该资产，或者客户设计了已识别资产（或资产的特定方面）并在设计时已预先确定了该资产在整个使用期间的使用目的和使用方式。

对于上述第（1）种情况，如果在合同规定的使用权利范围内，客户可以在整个使用期间变更资产的使用目的和使用方式，则视为客户有权主导资产的使用目的和使用方式。在判断客户是否有权在整个使用期间主导已识别资产的使用目的和使用方式时，企业应当考虑与在整个使用期间内变更资产的使用目的和使用方式最为相关的决策权。相关决策权是指对使用资产所产生的经济利益产生影响的决策权。最为相关的决策权可能因不同的合同而异，这取决于资产的性质以及合同的条款和条件。此类例子包括：①变更资产产出类型的权利。例如，决定将集装箱用于运输商品还是存储商品，或者决定在零售区域销售的产品组合。②变更资产的产出时间的权利。例如，决定机器或发电厂的运行时间。③变更资产的产出地点的权利。例如，决定卡车或船舶的目的地或者决定设备的使用地点。④变更资产是否产出以及产出数量的权利。例如，决定是否使用发电厂发电以及发电量的多少。

某些决策权并未授予客户改变资产的使用目的和使用方式的权利，例如，在资产的使用目的和使用方式未预先确定的情况下，客户仅拥有运行或维护资产的权利。这些决策权对于资产的高效使用通常是必要的，但它们往往取决于有关资产的使用目的和使用方式，而并非主导资产的使用目的和使用方式的权利。

【例9-7】客户与供应方就使用一辆卡车在一周时间内将货物从A地运至B地签订了合同。根据合同，供应方只提供卡车、发运及到货的时间和站点，客户负责派人驾车自A地到B地。合同中明确指定了卡车，并规定在合同期内该卡车只允许用于运输合同中指定的货物，供应方没有替换权。合同规定了卡车可行驶的最大里程。客户可在合同规定的范围内，选择具体的行驶速度、路线、停车休息地点等。客户在指定路程完成后无权继续使用这辆卡车。

分析：本例中，合同明确指定了一辆卡车，且供应方无权替换，因此合同存在已识别资产。合同预先确定了卡车的使用目的和使用方式，即在规定时间内将指定货物从A地运至B地。客户有权在整个使用期间操作卡车（例如，决定行驶速度、路线、停车休息地点），因此客户主导了卡车的使用，客户通过控制卡车的操作，在整个使用期间全权决定卡车的使用。

对于上述第（2）种情况，与资产使用目的和使用方式相关的决策，可以通过很多方式预先确定，例如，通过设计资产或者在合同中对资产的使用作出限制来预先确定相关决策。

【例9-8】甲公司（客户）与乙公司（供应方）签订了购买某一新太阳能电厂20年生产的全部电力的合同。合同明确指定了太阳能电厂，且乙公司没有替换权。太阳能电厂的产权归乙公司所有，乙公司不能通过其他电厂向甲公司供电。太阳能电厂在建造之前由甲公司设计，甲公司聘请的太阳能专家协助其确定太阳能电厂的选址和设备工程。乙公司负责按照甲公司的设计建造太阳能电厂，并负责电厂的运行和维护。关于是否发电、发电时间和发电量无须再进行决策，该项资产在设计时已经预先确定了这些决策。

分析：本例中合同明确指定了太阳能电厂，且乙公司无权替换，因此合同存在已识别资产。由于太阳能电厂使用目的和使用方式等相关决策在太阳能电厂设计时已预先确定，因此，尽管太阳能电厂的运行由乙公司负责，但是该电厂由甲公司设计这一事实赋予了甲公司主导电厂使用的权利，甲公司在整个20年使用期内有权主导太阳能电厂的使用。

在评估客户是否有权主导资产的使用时，除非资产（或资产的特定方面）由客户设计，企业应仅考虑在使用期间对资产使用作出决策的权利。例如，如果客户仅能够在使用期之前指定资产的产出而没有与资产使用相关的任何其他决策权，则客户享有的权利与任何购买商品或服务的其他客户享有的权利并无不同。

【例9-9】甲公司（客户）与电信公司乙公司（供应方）签订了两年期的网络服务合同，合同要求乙公司提供约定传输速度和质量的网络服务。为了提供这项服务，乙公司在甲公司处安装并配置了服务器；在保证约定的甲公司在网络上使用服务器传输数据的速度和质量的前提下，乙公司有权决定使用服务器传输数据的方式（包括服务器接入的网络)、是否重新配置服务器以及是否将服务器用于其他用途。甲公司并不操作服务器或对其使用作出任何重大决定。

分析：乙公司是使用期间唯一可就服务器的使用作出相关决策的一方。尽管甲公司可以在使用期开始前决定网络的服务水平（网络服务的传输速度和质量），但其不能直接影响网络服务的配置，也不能决定服务器的使用方式和使用目的，因此甲公司在使用期间不能主导服务器的使用。

小提示9-1

合同可能包含一些条款和条件，旨在保护供应商在已识别资产或其他资产中的权益、保护供应商的工作人员，或者确保供应商不因客户使用租赁资产而违反法律法规的条款和条件。这些是保护性权利。例如，合同可能规定资产使用的最大工作量，限制客户使用资产的地点或时间，要求客户遵守特定的操作惯例，或者要求客户在变更资产使用方式时通知资产供应方。这些权利虽然对客户使用资产权利的范围作出了限定，但是其本身不足以否定客户拥有主导资产使用的权利。

【例9-10】客户X和供应商Y签订了一份三年期的车辆使用合同。合同对车辆进行了定义。供应商Y不得以另一车辆替代指定车辆，除非指定车辆不可用（例如，发生故障）。根据合同：①客户X运营该车辆（即驾驶该车辆）或主导他人运营该车辆（例如，聘请司机）。②客户X决定该车辆的使用方式。例如，客户X决定该车辆在整个使用期间内的行驶目的地、使用时间或使用与否，以及使用目的。客户X还可在整个使用期间内改变上述决定。③供应商Y禁止该车辆的某些使用行为（例如，移动至国外）以及对该车辆的改装，目的在于保护其对该资产的权益。

分析：因为客户X有权改变该车辆的使用方式、使用时间或使用与否，行驶目的地以及使用目的，所以，客户X有权在整个使用期间内主导被识别资产的使用。供应商Y对该车辆的某些使用行为和改装的限制被视为保护性权利，该权利明确了客户X对该资产的使用范围，但不影响有关客户X是否主导该资产的使用的评估。

综上分析，在合同开始日，企业评估合同是否为租赁或是否包括租赁，可以通过图9-1来评估判断。尽管评估大多数安排是否属于租赁或包含租赁是直截了当的，然而，在对某些安排应用租赁的定义时可能需要进行判断。

最后需要注意的是，除非合同条款和条件发生变化，企业无须重新评估合同是否为租赁或者包含租赁。合同条款和条件的变化不包括行使或未能行使合同中包含的选择权（如续租选择权）。

二、租赁的分拆与合并

（一）租赁的分拆

如果合同中同时包含多项单独租赁的，承租人和出租人应当将合同予以分拆，并分别各项单独租赁进行会计处理。如果合同中同时包含租赁和非租赁部分的，承租人和出租人应当将租赁和非租赁部分进行分拆，租赁部分应当按照租赁准则进行会计处理，非租赁部分应当按照其他适用的会计准则进行会计处理。但是，为简化处理，承租人可以按照租赁资产的类别选择是否分拆合同包含的租赁和非租赁部分，承租人选择不分拆的，应当将各租赁部分及与其相关的非租赁部分分别合并为租赁，按照租赁准则进行会计处理。

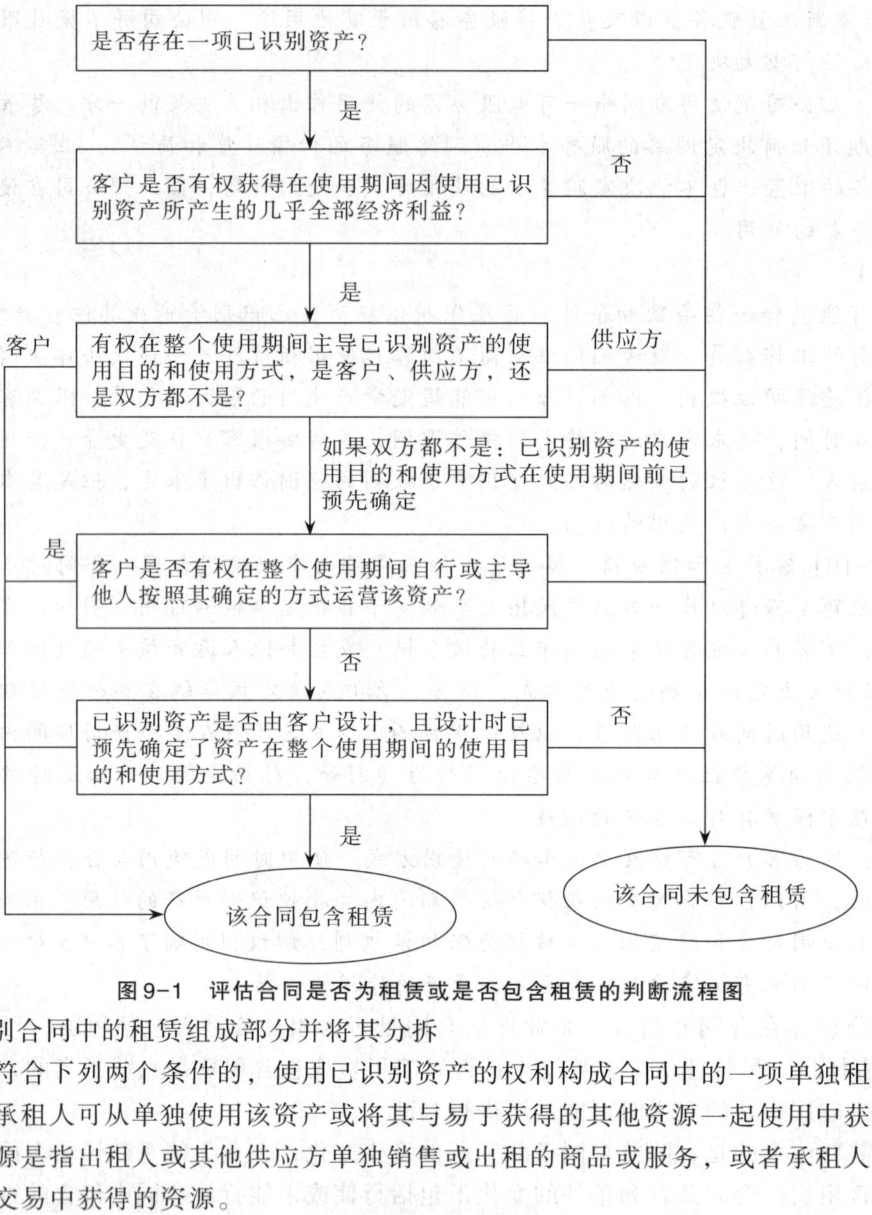

图9-1　评估合同是否为租赁或是否包含租赁的判断流程图

1.识别合同中的租赁组成部分并将其分拆

同时符合下列两个条件的，使用已识别资产的权利构成合同中的一项单独租赁：

（1）承租人可从单独使用该资产或将其与易于获得的其他资源一起使用中获利。易于获得的资源是指出租人或其他供应方单独销售或出租的商品或服务，或者承租人已从出租人或其他交易中获得的资源。

（2）该资产与合同中的其他资产不存在高度依赖或高度关联关系。例如，若承租人租入资产的决定不会对承租人使用合同中的其他资产的权利产生重大影响，则表明该项资产与合同中的其他资产不存在高度依赖或高度关联关系。

如果未满足上述两个条件，或仅满足条件之一，则应将多项资产的使用权视作单一的租赁组成部分。另外，在租赁合同中，出租人可能要求承租人承担某些款项，却并未向承租人转移商品或服务，例如，出租人可能将管理费或与租赁相关的其他成本计入应付金额，而并未向承租人转移商品或服务。此类应付金额不构成合同中单独的组成部分，而应视为总对价的一部分，分摊至单独识别的合同组成部分。

【例9-11】情形1：假设承租人签订了一项有关仓库和周边停车场的租赁合同，用于存放产品和停放货车。承租人是一家当地汽车货运公司，计划将该仓库作为船运业务中心。

分析：在这种情形下，对于承租人，该合同包含一项租赁组成部分。如果不同时使用停车场，承租人将无法从使用仓库中获益。因此，仓库空间依赖于停车场。

情形2：假设与情形1中的事实相同，合同另外还让渡了与停车场毗邻的额外土地的使用权。承租人可对这块土地进行开发以作其他用途（例如，建造货车维修设施）。

分析：在这种情形下，对于承租人，该合同包含两项租赁组成部分：仓库（连同停车场）租赁和毗邻土地租赁。由于可在不依赖该仓库和停车场的情况下，对毗邻土地进行开发以作其他用途，因此承租人能够从单独使用毗邻土地中获益，或将其与易于取得的其他资源结合在一起获益。承租人还能够从单独使用该仓库和停车场中受益，或将其与易于取得的其他资源结合在一起获益。

2.识别并将租赁与合同中的非租赁组成部分分拆

许多合同包含一项结合购买或出售其他商品或服务的协议（非租赁组成部分）的租赁。应根据其他会计准则识别非租赁组成部分，并将其与租赁组成部分区分开来进行会计处理。例如，非租赁组成部分可由承租人（客户）作为未生效的安排进行会计处理，或由出租人（供应商）作为适用收入准则的合同进行会计处理。

某些合同包含与出租人向承租人转移商品或服务无关的项目（例如，出租人向承租人收取的费用或管理成本）。这类项目不能被视为单独租赁或非租赁组成部分，因此承租人和出租人不将合同对价分配至这类项目。然而，如果出租人提供服务，例如，维护、提供公用设施，包括经营标的资产（例如，船只包租、飞机湿租[①]），则合同通常包含非租赁组成部分。

对一些维护活动（包括常规维护，例如清洁建筑物大堂、为员工和客户停车场除雪）以及已转移至承租人的其他商品或服务（例如，提供公用设施和处理垃圾）的付款额被视为非租赁组成部分，原因在于其为承租人提供了服务。

在某些租赁中，承租人还可能就与未向承租人转移商品或服务的活动或成本相关的租赁资产补偿出租人（或代表其支付某些付款额）（例如，无论租赁与否，无论承租人是谁，出租人均需支付的不动产税；保障出租人对资产的投资以及房主能够收到一切索赔款项的保险付款额）。由于此类成本不代表商品或服务付款额，因此不属于单独的合同组成部分，而是作为被分配至单独识别的合同组成部分（即租赁组成部分和非租赁组成部分）的总对价的一部分。此外，主体还需评价此类付款额属于固定（或实质固定）的租赁付款额还是可变租赁付款额。

【例9-12】情形1：承租人签订了一份三年期的设备租赁合同，其中年度固定付款额为12 000元，具体包括：租金9 000元、维护费2 500元以及管理费用500元。

分析：这种情形下，该合同包含两项组成部分——租赁组成部分（设备租赁）和非租赁组成部分（维护）。所支付的管理费用金额并未向承租人转移商品或服务。因此，将三年的36 000元的合同总对价分配至租赁组成部分（设备）和非租赁组成部分

① 湿租是航空公司之间的一种特殊租赁方式，由一家航空公司（出租人）向另一家航空公司提供飞机和整套机组人员、维修和保险，承租人只经营使用，向出租人支付租金。湿租是干租的对称，干租只涉及飞机的租赁，不包括机组人员和备件，不承担运输过程中发生的各种费用，只收取固定租赁费。

（维护）。

情形2：假定事实情形与情形1相同。此外，该合同要求承租人为设备的原始条件支付补偿。

分析：这种情形下，该合同仍包含两项组成部分——租赁组成部分（设备租赁）和非租赁组成部分（维护）。与所支付的管理费用金额类似，该补偿并未向承租人转移商品或服务，因为这仅在租赁期结束时履行。因此，合同总对价将分配至租赁组成部分（设备）和非租赁组成部分（维护）。

3.确定并分配合同对价——承租人

在分拆合同包含的租赁和非租赁合同时，承租人应当按照各项租赁部分的单独价格及非租赁部分的单独价格之和的相对比例分摊合同对价。如前文所述，为简化处理，承租人可以按照租赁资产的类别选择是否分拆合同包含的租赁和非租赁部分，承租人选择不分拆的，应当将各租赁部分及与其相关的非租赁部分分别合并为租赁（但对于满足金融工具确认和计量准则相关条件应分拆的嵌入衍生工具，承租人不应将其与租赁部分合并进行会计处理）。对于承租人而言，租赁合同中的对价包含所有付款额；任何固定付款额（例如，月度服务费）或实质固定付款额；与指数或比率挂钩的、使用在租赁期开始日的指数或比率进行初始计量的任何可变付款额，减去已付或应付承租人的任何激励措施，不包括租赁付款额中包含的激励措施。租赁和非租赁部分的相对单独价格，应当根据出租人或类似资产供应方就该部分或类似部分向企业单独收取的价格确定。如果可观察的单独价格不易获得，承租人应当最大限度地利用可观察的信息估计单独价格。

【例9-13】甲公司从乙公司租赁一台推土机、一辆卡车和一台长臂挖掘机用于采矿业务，租赁期为4年。乙公司同意在整个租赁期内维护各项设备。合同固定对价为300万元，按年分期支付，每年支付75万元。合同对价包含了各项设备的维护费用。

分析：甲公司未采用简化处理，而是将非租赁部分（维护服务）与租入的各项设备分别进行会计处理。甲公司认为租入的推土机、卡车和长臂挖掘机分别属于单独租赁，原因是：(1) 甲公司可以单独使用这三项设备中的每一项，或将其与易于获得的其他资源一起使用而从中获利（例如，甲公司易于租入或购买其他卡车或挖掘机用于其采矿业务）；(2) 尽管甲公司租入这三项设备只有一个目的（即从事采矿业务），但这些设备不存在高度依赖性或高度关联关系。因此，甲公司得出结论，合同中存在三个租赁部分和对应的三个非租赁部分（维护服务）。甲公司将合同对价分摊至三个租赁部分和非租赁部分。

另外，市场上有多家供应方提供类似推土机和卡车的维护服务，因此，这两项租入设备的维护服务存在可观察的单独价格。假设其他供应方的支付条款与甲、乙公司签订的合同条款相似，甲公司能够确定推土机和卡车维护服务的可观察单独价格分别为16万元和8万元。长臂挖掘机是高度专业化机械，其他供应方不出租类似挖掘机或为其提供维护服务。乙公司对从本公司购买相似长臂挖掘机的客户提供4年的维护服务，可观察对价为固定金额28万元，分4年支付。因此，甲公司估计长臂挖掘机维护服务的单独价格为28万元。甲公司观察到乙公司在市场上单独出租租赁期为4年的推土机、卡车和长臂挖掘机的价格分别为90万元、58万元和120万元。

甲公司将合同固定对价300万元分摊至租赁和非租赁部分的情况如表9-1所示。

表9-1　　甲公司分摊合同固定对价至租赁和非租赁部分计算表　　金额单位：元

合同固定对价		3 000 000			
		推土机	卡车	长臂挖掘机	合计
可观察的单独价格	租赁	900 000	580 000	1 200 000	2 680 000
	非租赁	160 000	80 000	280 000	520 000
	合计				3 200 000
分摊率（%）		93.75			
对价分摊结果	租赁	843 750	543 750	1 125 000	2 512 500
	非租赁	150 000	75 000	262 500	487 500
	合计				3 000 000

注：甲公司（承租人）按照推土机、卡车、长臂挖掘机这三个租赁部分的单独价格（900 000元、580 000元、1 200 000元）和非租赁部分的单独价格之和520 000元的相对比例来分摊合同对价。分拆后，推土机、卡车和长臂挖掘机的租赁付款额（折现前）分别为843 750元、543 750元和1 125 000元。非租赁部分按其他会计准则进行处理。

4.确定并分配合同对价——出租人

如果合同包含一个租赁组成部分以及额外的一个或多个租赁或非租赁组成部分，则出租人需要根据收入准则的有关规定，基于相对单独售价在合同中的租赁和非租赁组成部分之间分配合同对价，包括合同对价的任何后续变动。单独售价为主体向客户单独销售承诺商品或服务的价格。当单独售价不可直接观察时，出租人需估计单独售价。相关内容可参见本套教材一般业务部分的第12章“收益的确定”的有关阐述。

（二）租赁的合并

企业与同一交易方或其关联方在同一时间或相近时间订立的两份或多份包含租赁的合同，在符合下列条件之一时，应当合并为一份合同进行会计处理：

（1）该两份或多份合同基于总体商业目的而订立并构成一揽子交易，若不作为整体考虑则无法理解其总体商业目的。

（2）该两份或多份合同中的某份合同的对价金额取决于其他合同的定价或履行情况。

（3）该两份或多份合同让渡的资产使用权合起来构成一项单独租赁。

上述这些条件的规定可以保证企业在对多项合同进行单独会计处理时能如实反映合并交易的实质。两份或多份合同合并为一份合同进行会计处理的，仍然需要区分该一份合同中的租赁部分和非租赁部分。

第三节　租赁期

租赁期是指承租人有权使用租赁资产且不可撤销的期间。承租人有续租选择权，即有权选择续租该资产，且合理确定将行使该选择权的，租赁期还应当包含续租选择权涵盖的期间；承租人有终止租赁选择权，即有权选择终止租赁该资产，但合理确定将不会行使该选择权的，租赁期应当包含终止租赁选择权涵盖的期间。

一、租赁期开始日

租赁期自租赁期开始日起计算，并包括出租人为承租人提供的免租期。租赁期开始日是指出租人提供租赁资产使其可供承租人使用的起始日期。如果承租人在租赁协议约定的起租日或租金起付日之前，已获得对租赁资产使用权的控制，则表明租赁期已经开始。租赁协议中对起租日或租金支付时间的约定，并不影响租赁期开始日的判断。

【例9-14】在某商铺的租赁安排中，出租人于2×20年1月1日将房屋钥匙交付承租人，承租人在收到钥匙后就可以自主安排对商铺的装修布置，并安排搬迁。合同约定有2个月的免租期，起租日为2×20年3月1日，承租人自起租日开始支付租金。

分析：在此交易中，由于承租人是2×20年1月1日起就已拥有对商铺使用权的控制，因此，租赁期开始日为2×20年1月1日，即租赁期包含出租人给予承租人的免租期。

小资料9-1　　租赁开始日与租赁期开始日

《国际财务报告准则第16号——租赁》要求承租人在租赁期开始日（即出租人向承租人提供标的资产以供其使用的日期）对使用权资产和租赁负债进行初始确认和计量。在租赁期开始日确认租赁产生的资产和负债与承租人会计模型一致。在该模型下，承租人就其在租赁期内使用标的资产的权利确认一项资产，同时就其支付租赁付款额的义务确认一项负债。在租赁期开始日之前，承租人未获得和控制使用标的资产的权利，出租人也尚未履行合同。尽管承租人自租赁开始日起可能有以支付租赁付款额换取使用权资产的权利和义务，但在资产可供其使用之前，承租人不太可能有义务支付租赁付款额。IASB认为，如果以支付租赁付款额换取使用权资产的条款对承租人不利，则该义务可能导致亏损。在此情形下，承租人可能在租赁期开始日前有亏损性合同负债。该负债的会计处理应与采用《国际会计准则第37号——准备、或有负债和或有资产》对其他亏损性合同进行的会计处理一致。

IASB注意到，其关于使用权资产和租赁负债初始计量的意图是该计量应反映交易的性质以及租赁的条款和条件。这要求承租人审视其在租赁开始日（可能早于租赁期开始日）达成的合同条款和条件。然而，若租赁开始日被视为初始计量日，则可能造成承租人在租赁期开始，确认租赁资产和租赁负债时，确认与租赁开始日和租赁期开始日之间的变化相关的利得或损失。因此，IASB决定将使用权资产和租赁负债的确认日期与初始计量日期保持一致。IASB认为这种方法有下列益处：

（1）明确了承租人初始确认使用权资产和租赁负债不应产生利得或损失。

（2）消除了就如何对租赁开始日和租赁期开始日之间租赁条款和条件发生改变或计量使用权资产和租赁负债所用的假设发生的变动进行会计处理增加规定（因而可能增加复杂性）的需要。在租赁期开始日对使用权资产和租赁负债进行初始计量时，应将租赁开始日后、租赁期开始日前发生的租赁变动纳入考虑。

（3）与其他交易（如购买不动产、厂场和设备）的计量日期更加一致。

二、不可撤销期间

在确定租赁期和评估不可撤销租赁期间时，企业应根据租赁条款约定确定可强制执行合同的期限。如果承租人和出租人双方均有权在未经另一方许可的情况下终止租赁，且罚款金额不重大，则该租赁不再可强制执行。如果只有承租人有权终止租赁，则在确定租赁期时，企业应将该项权利视为承租人可行使的终止租赁选择权予以考虑。如果只有出租人有权终止租赁，则不可撤销的租赁期包括终止租赁选择权所涵盖的期间。例如，某承租人与出租人签订了一份租赁合同，约定自租赁期开始日一年内不可撤销，如果撤销，双方将支付重大罚金，一年期满后经双方同意可再延长一年，如有一方不同意，将不再续期，且没有罚款。假设承租人对租赁资产并不具有重大依赖，那么在这种情况下，自租赁期开始日起的第一年有强制的权利和义务，是不可撤销期间；而此后一年的延长期并非不可撤销期间，因为承租人或出租人均可单方面选择不续约，而无须支付任何罚款。

三、续租选择权和终止租赁选择权

在租赁期开始日，企业应评估承租人是否合理确定将行使续租或购买标的资产的选择权，或者将不行使终止租赁选择权。在评估时，企业应考虑对承租人行使或者不行使这些选择权带来经济利益的所有相关事实和情况，包括自租赁期开始日至选择权行使日之间的事实和情况的预期变动。需考虑的因素包括但不限于以下方面：

（1）与市价相比，选择权期间的合同条款和条件。例如：选择权期间内为使用租赁资产而需支付的租金；可变租赁付款额或其他或有款项，如因终止租赁罚款和余值担保导致的应付款项；初始选择权期间后可行使的其他选择权的条款和条件，如续租期结束时可按低于市场的价格行使购买选择权。

（2）在合同期内，承租人进行或预期进行重大租赁资产改良的，在可行使续租选择权、终止租赁选择权或者购买租赁资产选择权时，预期能为承租人带来的重大经济利益。

（3）与终止租赁相关的成本。例如，谈判成本、搬迁成本、寻找与选择适合承租人需求的替代资产所发生的成本、将新资产融入运营所发生的整合成本、终止租赁的罚款、将租赁资产恢复至租赁条款约定状态的成本、将租赁资产归还至租赁条款约定地点的成本等。

（4）租赁资产对承租人运营的重要程度。例如，租赁资产是否为一项专门资产、租赁资产位于何地以及是否可获得合适的替换资产等。

（5）与行使选择权相关的条件及满足相关条件的可能性。例如，租赁条款约定仅在满足一项或多项条件时方可行使选择权，此时还应考虑相关条件及满足相关条件的可能性。

租赁的不可撤销期间的长短会影响对承租人是否合理确定将行使或不行使选择权的评估。通常，租赁的不可撤销期间越短，承租人行使续租选择权或不行使终止选择权的可能性就越大，因为不可撤销期间越短，获取替代资产的相对成本就越高。此外，评估承租人是否合理确定将行使或不行使选择权时，如果承租人对以往曾经使用过特定类型的租赁资产或自有资产，则可以参考承租人使用该类资产的通常期限及原因。例如，承租人通常在特定时期内使用某类资产，或承租人时常对某类租赁资产行使选择权，则承租人应考虑以往这些做法的原因，以评估是否合理确定将对此类租赁资产行使选择权。

续租选择权或终止租赁选择权可能与租赁的其他条款相结合。例如，无论承租人是否行使选择权，均保证向出租人支付基本相等的最低或固定现金，在此情形下，应假定承租人合理确定将行使续租选择权或不行使终止租赁选择权。又如，同时存在原租赁和转租赁时，转租赁期限超过原租赁期限，如原租赁包含5年的不可撤销期间和2年的续租选择权，而转租赁的不可撤销期限为7年，此时应考虑转租赁期限及相关租赁条款对续租选择权评估的可能影响。

购买选择权的评估方式应与续租选择权或终止租赁选择权的评估方式相同，购买选择权在经济上与将租赁期延长至租赁资产全部剩余经济寿命（经济寿命是指从经济角度看，某项资产预期可为一个或多个使用者使用的期间；或者一个或多个使用者预期可从该资产获得的产量或类似计量单位的数量）的续租选择权类似。

【例9-15】情形1：某承租人签订了一份设备租赁合同，包括4年不可撤销期限和2年期固定价格续租选择权，续租选择权期间的合同条款和条件与市场接近，没有终止罚款或其他因素表明承租人合理确定将行使续租选择权。因此，在此情形下，在租赁期开始日应确定的租赁期为4年。

情形2：某承租人签订了一份建筑租赁合同，包括4年不可撤销期限和2年按照市价行使的续租选择权。在搬入该建筑之前承租人花费了大量资金对租赁建筑进行了改良，预计在4年结束时租赁资产改良仍将具有重大价值，且该价值仅可通过继续使用租赁资产实现。在此情形下，承租人合理确定将行使续租选择权，因为如果在4年结束时放弃该租赁资产改良，将蒙受重大经济损失。因此，在租赁开始时，承租人确定租赁期为6年。

四、租赁期和相应选择权的重新评估

发生承租人可控范围内的重大事件或变化，且影响承租人是否合理确定将行使相应选择权的，承租人应当对其是否合理确定将行使续租选择权、购买选择权或不行使终止租赁选择权进行重新评估，并根据重新评估结果修改租赁期。承租人可控范围内的重大事件或变化包括但不限于下列情形：

（1）在租赁期开始日未预计到的重大租赁资产改良，在可以行使续租选择权、终止租赁选择权或购买选择权时，预期将给承租人带来重大经济利益。

（2）在租赁期开始日未预计到的租赁资产的重大改动或定制化调整。

（3）承租人作出的与行使或不行使选择权直接相关的经营政策。例如，决定续租互补性资产、处置可替代的资产或处置包含相关使用权资产的业务。

如果不可撤销的租赁期发生变化，企业应当修改租赁期。例如，在下述情况下，不可撤销的租赁期将发生变化：①承租人实际行使了选择权，但该选择权在之前企业确定租赁期时未涵盖；②承租人未实际行使选择权，但该选择权在之前企业确定租赁期时已涵盖；③某些事件的发生，导致根据合同规定承租人有义务行使选择权，但该选择权在之前企业确定租赁期时未涵盖；④某些事件的发生，导致根据合同规定禁止承租人行使选择权，但该选择权在之前企业确定租赁期时已涵盖。

由于承租人需要在发生在承租人控制范围内的重大事件或重大情况变化时重新评估租赁期，因此在这种情况下租赁期的修改通常在实际执行选择权之前进行。此外，如果重新评估租赁期或行使购买选择权导致评估结果发生变化，承租人将在重新评估日根据修改后的输入值（例如，折现率）重新计量租赁负债，并调整使用权资产。然而，如果使用权资产减少至零，承租人应将任何剩余金额计入当期损益。详见本章第四节相关内容的阐述。

在租赁期和购买选择权重新评估的情况下，出租人应修改租赁期以对承租人为延长或终止租赁或购买标的资产而行使的选择权进行会计处理。

第四节 承租人的会计处理

在租赁期开始日，承租人应当对租赁确认使用权资产和租赁负债。该要求通常应适用于所有的租赁，但承租人选择应用短期租赁和/或低价值资产租赁进行简化处理的除外。如果企业选择应用简化处理的，可以不确认使用权资产和租赁负债，但应进行相关披露。

一、初始计量

(一) 租赁负债的初始计量

租赁负债应当按照租赁期开始日尚未支付的租赁付款额的现值进行初始计量。识别应纳入租赁负债的相关付款项目是计量租赁负债的关键。

1.租赁付款额

租赁付款额是指承租人向出租人支付的与在租赁期内使用租赁资产的权利相关的款项，具体包括以下五项内容：

(1) 固定付款额及实质固定付款额，存在租赁激励的，扣除租赁激励相关金额。

实质固定付款额是指在形式上可能包含变量但实质上无法避免的付款额。实质固定租赁付款额可能存在于下列情形：

①付款额设定为可变租赁付款额，但该可变条款几乎不可能发生，没有真正的经济实质。例如，付款额仅需在租赁资产经证实能够在租赁期间正常运行时支付，或者仅需在不可能不发生的事件发生时支付。又如，付款额初始设定为与租赁资产使用情况相关的可变付款额，但其潜在可变性将于租赁期开始日之后的某个时点消除，在可变性消除时，该类付款额成为实质固定付款额。

【例9-16】甲公司是一家知名零售商，从乙公司处租入已成熟开发的零售场所开设一家商店。根据租赁合同，甲公司在正常工作时间内必须经营该商店，且甲公司不得将商店闲置或进行分租。合同中关于租赁付款额的条款为：如果甲公司开设的这家商店没有发生销售，则甲公司应付的年租金为100元；如果这家商店发生了任何销售，则甲公司应付的年租金为1 000 000元。

分析：本例中，因为甲公司是一家知名零售商，根据租赁合同，甲公司应在正常工作时间内经营该商店，所以甲公司开设的这家商店不可能不发生销售。该租赁包含每年1 000 000元的实质固定付款额，该金额不是取决于销售额的可变付款额。

②承租人有多套付款额方案，但其中仅有一套是可行的。在此情况下，承租人应采用该可行的付款额方案作为租赁付款额。

【例9-17】承租人甲公司签订了一份为期5年的卡车租赁合同。合同中关于租赁付款额的条款为：如果该卡车在某月份的行驶里程不超过1万千米，则该月应付的租金为10 000元；如果该卡车在某月份的行驶里程超过1万千米但不超过2万千米，则该月应付的租金为16 000元；该卡车1个月内的行驶里程最高不能超过2万千米，否则承租人需支付巨额罚款。

分析：本例中，租赁付款额中包含基于使用情况的可变性，且在某些月份里确实可避免支付较高租金，然而，月付款额10 000元是不可避免的。因此，月付款额10 000元属于实质固定付款额，应被纳入租赁负债的初始计量中。

③承租人有多套可行的付款额方案，但必须选择其中一套。在此情况下，承租人应采用总折现金额最低的一套作为租赁付款额。

【例9-18】承租人甲公司租入一台预计使用寿命为5年的机器，不可撤销的租赁期为3年。在第3年年末，甲公司必须以20 000元购买该机器，或者必须将租赁期延长2年，如延长，则在续租期内每年年末支付10 500元。

分析：甲公司在租赁期开始时评估认为，不能合理确定在第3年年末将是购买该机器，还是将租赁期延长2年。如果甲公司单独考虑购买选择权或续租选择权，那么在租赁期开始时，购买选择权的行权价格与续租期内的应付租金都不会被纳入租赁负债中。然而，该安排在第3年年末包含一项实质固定付款额。这是因为，甲公司必须行使上述两种选择权中的其中一个，且不论在哪种选择权下，甲公司都必须进行付款。因而在该安排中，实质固定付款额的金额是购买选择权的行权价格（20 000元）的现值与续租期内付款额（每年年末支付10 500元）的现值这两项金额中的较低者。

此外，存在租赁激励的，承租人在确定租赁付款额时应扣除租赁激励相关金额。租赁激励是指出租人为达成租赁向承租人提供的优惠，包括出租人向承租人支付的与租赁有关的款项、出租人为承租人偿付或承担的成本等。

（2）取决于指数或比率的可变租赁付款额。

可变租赁付款额是指承租人为取得在租赁期内使用租赁资产的权利，向出租人支付的因租赁期开始日后的事实或情况发生变化（而非时间推移）而变动的款项。取决于指数或比率的可变租赁付款额可能与下列各项指标或情况挂钩：

①由于市场比率或指数数值变动导致的价格变动。例如，基准利率或消费者价格指数变动可能导致租赁付款额调整。

②承租人源自租赁资产的绩效。例如，零售业不动产租赁可能会要求基于使用该不动产取得的销售收入的一定比例确定租赁付款额。

③租赁资产的使用。例如，车辆租赁可能要求承租人在超过特定里程数时支付额外的租赁付款额。

需要注意的是，可变租赁付款额中，仅取决于指数或比率的可变租赁付款额纳入租赁负债的初始计量中，包括与消费者价格指数挂钩的款项、与基准利率挂钩的款项和为反映市场租金费率变化而变动的款项等。此类可变租赁付款额应当根据租赁期开始日的指数或比率确定。除了取决于指数或比率的可变租赁付款额之外，其他可变租赁付款额均不纳入租赁负债的初始计量中。

【例9-19】承租人甲公司签订了一项为期10年的不动产租赁合同，每年的租赁付款额为50 000元，于每年年初支付。合同规定，租赁付款额在租赁期开始日后每两年基于过去24个月消费者物价指数的上涨进行上调。租赁期开始日的消费者物价指数为125。

分析：甲公司在初始计量租赁负债时，应基于租赁期开始日的消费者物价指数确定租赁付款额，无须对后续年度因消费者物价指数变动而导致的租金变动作出估计。因此，在租赁期开始日，甲公司应以每年50 000元的租赁付款额为基础计量租赁负债。

（3）承租人合理确定将行使购买选择权的行权价格。

在租赁期开始日，承租人应评估是否合理确定将行使购买标的资产的选择权。如果承租人合理确定将行使购买选择权，则应将行权价格包含在租赁付款额中。在评估时，承租人应考虑对其行使或不行使购买选择权产生经济激励的所有相关事实和情况。

【例9-20】承租人甲公司与出租人乙公司签订了一份不可撤销的5年期设备租赁合同。合同规定，甲公司可以选择在租赁期结束时以5 000元购买这台设备。已知该设备应用于不断更新、迅速变化的科技领域，租赁期结束时其公允价值可能出现大幅波动，估计在4 000元至9 000元之间，在5年租赁期内可能会有更好的替代产品出现。

分析：在租赁期开始日，甲公司对于其是否将行使购买选择权的经济动机作出全面评估，并最终认为不能合理确定将行使购买选择权。该评估包括：租赁期结束时该设备公允价值的重大波动性，以及在租赁期间内可能出现更好替代产品的可能性等。评估甲公司是否合理确定将行使购买选择权可能涉及重大判断。假设甲公司租赁设备时，约定更短的租赁期限（例如，1年或2年）或设备所处环境不同（例如，租赁设备并非应用于不断更新的科技领域，而是应用于相对稳定的行业，并且其未来的公允价值能够可靠预测和估计），则甲公司是否行使购买选择权的判断可能不同。

（4）承租人合理确定将行使终止租赁选择权所需支付的款项。

在租赁期开始日，承租人应评估是否合理确定将行使终止租赁的选择权。如果承租人合理确定将行使终止租赁选择权，则租赁付款额中应包含行使终止租赁选择权需支付的款项，并且租赁期不应包含终止租赁选择权涵盖的期间。如果可合理确定承租人不会终止租赁，则在假设不会行使终止选择权的情况下确定租赁期，且租赁付款额中不包含任何终止罚款，否则，应将租赁终止罚款记为租赁付款额。在评估时，承租人应考虑对其行使或不行使终止租赁选择权产生经济激励的所有相关事实和情况。

【例9-21】承租人甲公司租入某办公楼的一层楼，为期10年。甲公司有权选择在第5年后提前终止租赁，并以相当于6个月的租金作为罚金。每年的租赁付款额为固定金额120 000元。该办公楼是全新的，并且在周边商业园区的办公楼中处于技术领先水平。上述租赁付款额与市场租金水平相符。

分析：在租赁期开始日，甲公司评估后认为，6个月的租金对于甲公司而言金额重大，同等条件下，也难以按更优惠的价格租入其他办公楼，可以合理确定不会选择提前终止租赁，因此其租赁负债不应包括提前终止租赁时需支付的罚金，租赁期确定为10年。

（5）根据承租人提供的担保余值预计应支付的款项。

承租人可能会向出租人提供担保，即其在租赁结束时向出租人退还的标的资产的价值至少为某指定金额。这类担保为承租人签订合同后将承担的强制性义务。承租人对出租人的担保余值方面的不确定性影响义务的计量而非义务的存在与否。担保余值是指与出租人无关的一方向出租人提供担保，保证在租赁结束时租赁资产的价值至少为某指定的金额。如果承租人提供了对余值的担保，则租赁付款额应包含该担保下预计应支付的款项，它反映了承租人预计将支付的金额，而不是承租人担保余值下的最大敞口。如果根据担保余值预计应付的金额发生变动，承租人需要重新计量租赁负债。

【例9-22】承租人甲公司与出租人乙公司签订了汽车租赁合同，租赁期为5年。合同中就担保余值的规定为：如果标的汽车在租赁期结束时的公允价值低于40 000元，则甲公司需向乙公司支付40 000元与汽车公允价值之间的差额，因此，甲公司在该担保余值下的最大敞口为40 000元。

分析：在租赁期开始日，甲公司预计标的汽车在租赁期结束时的公允价值为40 000元，即甲公司预计在担保余值下将支付的金额为零。因此，甲公司在计算租赁负债时，与担保余值相关的付款额为零。

【例9-23】承租人甲公司签订了租赁合同并担保出租人乙公司可在租赁期结束时通过将该资产出售给另一方而变现15 000元。租赁开始时，根据甲公司对标的资产余值的估计，甲公司预计在租赁期结束时应付6 000元。

分析：因为根据担保余值预计应向出租人支付6 000元，甲公司应将该金额记为租赁付款额。

最后需要注意的是，企业不能将不取决于指数或比率且非实质固定的可变租赁付款额计入租赁付款额，如基于标的资产业绩（销售额百分比）或使用情况（例如，使用小时数、产品件数）的金额。相反，在触发可变租赁付款额的事件发生时，将这些成本计入损益等。租赁付款额不包含分配至合同中非租赁组成部分的付款额；然而，租赁付款额包括在承租人选择将租赁和非租赁组成部分作为单独租赁组成部分进行会计处理的会计政策的情况下将被分配至合同非租赁组成部分的金额。

2.折现率

租赁负债应当按照租赁期开始日尚未支付的租赁付款额的现值进行初始计量。在计算租赁付款额的现值时，承租人应当采用租赁内含利率作为折现率；无法确定租赁内含利率的，应当采用承租人增量借款利率作为折现率。

租赁内含利率是指使出租人的租赁收款额的现值与未担保余值的现值之和等于租赁资产公允价值与出租人的初始直接费用之和的利率。其中，未担保余值是指租赁资产余值中出租人无法保证能够实现或仅由与出租人有关的一方予以担保的部分。初始直接费用是指为达成租赁所发生的增量成本。增量成本是指若企业不取得该租赁则不会发生的成本，如佣金、印花税等。无论是否实际取得租赁都会发生的支出不属于初始直接费用，例如，为评估是否签订租赁而发生的差旅费、法律费用等，此类费用应当在发生时计入当期损益。

【例9-24】承租人甲公司与出租人乙公司签订了一份车辆租赁合同，租赁期为5年。在租赁开始日，该车辆的公允价值为100 00元，乙公司预计在租赁结束时其公允价值（即未担保余值）为10 000元。租赁付款额为每年23 000元，于年末支付。乙公司发生的初始直接费用为5 000元。乙公司计算租赁内含利率r的方法如下：

$$23\,000\times(P/A,\ r,\ 5)+10\,000\times(P/F,\ r,\ 5)=100\,000+5\,000$$

本例中，计算得出的租赁内含利率r为5.79%。

承租人增量借款利率是指承租人在类似经济环境下为获得与使用权资产价值接近的资产，在类似期间以类似抵押条件借入资金须支付的利率。该利率与下列事项相关：（1）承租人自身情况，即承租人的偿债能力和信用状况；（2）“借款”的期限，即租赁期；（3）“借入”资金的金额，即租赁负债的金额；（4）“抵押条件”，即租赁资产的性质和质量；（5）经济环境，包括承租人所处的司法管辖区、计价货币、合同签订时间等。

在具体操作时，承租人可以先根据所处经济环境，以可观察的利率作为确定增量借款利率的参考基础，然后根据承租人自身情况、标的资产情况、租赁期和租赁负债金额等租赁业务具体情况对参考基础进行调整，得出适用的承租人增量借款利率。企业应当对确定承租人增量借款利率的依据和过程做好记录。

实务中，承租人增量借款利率常见的参考基础包括承租人同期银行贷款利率、相关租赁合同利率、承租人最近一期类似资产抵押贷款利率、与承租人信用状况相似的企业发行的同期债券利率等，但承租人还需根据上述事项在参考基础上相应进行调整。

【例9-25】2×20年1月1日，承租人A公司签订了一份为期10年的不动产租赁协议，并拥有5年的续租选择权。每年的租赁付款额固定为人民币900 000元，于每年年末支付。在租赁期开始日，A公司评估后认为不能合理确定将行使续租选择权，因此将租赁期确定为10年。A公司无法确定租赁内含利率，需采用增量借款利率作为折现率来计算租赁付款额的现值。

A公司现有的借款包括以下两笔：一笔是为期6个月的短期借款，金额为500 000元，借款起始日为2×19年10月1日，到期日为2×20年3月31日，利率为4.0%，每季末支付利息，到期时一次性偿还本金，无任何抵押；另一笔是为期15年的债券，金额为50 000 000元，发行日为2×18年1月1日，到期日为2×32年12月31日，票面利率为9.0%，每年末支付利息，到期时一次性偿还本金，无任何抵押。

分析：为确定该租赁的增量借款利率，A公司需要找到类似期限（即租赁期10年）、类似抵押条件（即以租赁资产作为抵押）、类似经济环境下（例如，借入时点是租赁期开始日，偿付方式是每年等额偿付900 000元，10年后拥有与续租权类似的借款选择权），借入与使用权资产价值接近的资金（即人民币9 000 000元）须支付的固定利率。由于无法直接获取满足上述全部条件的利率，A公司以其现有的借款利率以及市场可参考信息（如相同期限的国债利率等）作为基础，估计该租赁的增量借款利率。

以可观察的借款利率作为参考基础确定增量借款利率时，通常需要考虑的调整事项包括但不限于：①本息偿付方式不同，例如，作为参考基础的借款是每年付息且到期一次性偿还本金而不是每年等额偿付本息；②借款金额不同，例如，作为参考基础的借款金额远高于租赁负债；③借款期限不同，例如，作为参考基础的借款期限短于或长于租赁期；④抵押、担保情况不同，例如，作为参考基础的借款为无抵押借款；⑤资金借入时间不同，例如，作为参考基础的债券是2年前发行的，而市场利率水平在2年内发生了较大变化；⑥提前偿付或其他选择权的影响；⑦借款币种不同，例如，作为参考基础的借款为人民币借款，但租赁付款额的币种为美元等。

本例可以区分以下三种情形来分别确定该租赁的增量借款利率：

情形1：A公司发行的债券有公开市场

当A公司发行的债券有公开市场时，通常需考虑该债券的市场价格及市场利率，因为其反映了A公司的现有信用状况以及债权投资者所要求的现时回报率。A公司结合其自身情况判断后认为，以自己发行的15年期债券利率作为估计增量借款利率的起点最为恰当。

A公司在15年期债券利率的基础上执行了如下步骤，以确定该租赁的增量借款利率：

第一步，确定15年期债券的市场利率。A公司根据该债券的市场价格和剩余13年的还款情况（即每年末根据票面利率支付利息、到期一次性偿还本金），计算该债券的市场利率。该市场利率反映了A公司的现有信用状况以及债权投资者所要求的现时回报率，A公司无须因该债券的发行时间（即2年前）而进行额外调整。

第二步，调整借款金额的不同。15年期债券的金额为50 000 000元，租赁付款总额为9 000 000元。A公司根据估计日市场情况考虑上述借款金额的不同是否影响借款利率并相应进行调整。

第三步，调整本息偿付方式的不同。该租赁是每年支付固定的租赁付款额，而15年期债券是每年末付息并到期一次性偿还本金。A公司应考虑该事项对借款利率的影响并作相应调整。

第四步，调整借款期间的不同。该租赁的租赁期为10年，而15年期债券的剩余期间为13年。A公司应考虑该事项对借款利率的影响并作相应调整。

第五步，调整抵押情况的不同。在确定增量借款利率时，租赁合同被视为以租赁资产作为抵押而获得借款，而15年期债券无任何抵押。A公司应考虑该事项对借款利率的影响并作相应调整。

情形2：A公司发行的债券没有公开市场

当A公司发行的债券没有公开市场，但A公司存在可观察的信用评级时，可考虑以与A公司信用评级相同的企业所发行的公开交易的债券利率为基础，确定上述第一步的参考利率。

当A公司发行的债券没有公开市场，且A公司没有可观察的信用评级时，在市场利率水平和A公司信用状况在债券发行日至增量借款利率估计日期间没有发生重大变化的情况下，可考虑以该15年期债券发行时的实际利率为基础，作为估计增量借款利率的起点。

确定参考利率后，将其调整为增量借款利率的步骤与情形1基本相同。

情形3：A公司没有任何借款

当A公司没有任何借款时，可考虑通过银行询价的方式获取同期借款利率，并进行适当调整后确定其增量借款利率；或者，可考虑聘用第三方评级机构获取其信用评级，参考情形1下的方法确定其增量借款利率。

（二）使用权资产的初始计量

使用权资产是指承租人可在租赁期内使用租赁资产的权利。在租赁期开始日，使用权资产应当按照成本进行初始计量。该成本包括以下四项：

（1）租赁负债的初始计量金额（如前文所述）。

（2）在租赁期开始日或之前支付的租赁付款额；存在租赁激励的，应扣除已享受的租赁激励相关金额。

（3）承租人发生的初始直接费用。

（4）承租人为拆卸及移除租赁资产、复原租赁资产所在场地或将租赁资产恢复至租赁条款约定状态预计将发生的成本（为生产存货发生的成本除外）。承租人在租赁期开始日或由于在特定期间使用标的资产而有义务承担这些成本。

其中，上述第（4）项中，承租人须将拆卸、移除和复原成本作为使用权资产的一部分进行确认，其前提是该使用权资产的使用产生需承担此类成本的义务。此类成本可能在租赁期开始时或因特定期间内对标的资产的使用而产生。而对于在特定期间内由于使用了使用权资产生产存货而产生的成本应根据存货准则进行会计处理。承租人应当按照或有事项准则对第（4）项与拆卸、移除和复原相关成本的支付义务进行确认和计量。

小提示9-2

在某些情况下，承租人可能在租赁期开始前就发生了与标的资产相关的经济业务或事项。例如：租赁合同双方经协商在租赁合同中约定，标的资产需经建造或重新设计后方可供承租人使用；根据合同条款与条件，承租人需支付与资产建造或设计相关的成本。承租人如发生与标的资产建造或设计相关的成本，应适用其他相关准则（如固定资产准则）进行会计处理。但是，与标的资产建造或设计相关的成本不包括承租人为获取标的资产使用权而支付的款项，此类款项无论在何时支付，均属于租赁付款额。

【例9-26】承租人甲公司就某栋建筑物的某一层楼与出租人乙公司签订了为期10年的租赁协议，并拥有5年的续租选择权。有关资料如下：（1）初始租赁期内的不含税租金为每年50 000元，续租期间为每年55 000元，所有款项应于每年年初支付；（2）为获得该项租赁，甲公司发生的初始直接费用为20 000元，其中，15 000元为向该楼层前任租户支付的款项，5 000元为向促成此租赁交易的房地产中介支付的佣金；（3）作为对甲公司的激励，乙公司同意补偿甲公司5 000元的佣金；（4）在租赁期开始日，甲公司评估后认为，不能合理确定将行使续租选择权，因此，将租赁期确定为10年；（5）甲公司无法确定租赁内含利率，其增量借款利率为每年5%，该利率反映的是甲公司以类似抵押条件借入期限为10年、与使用权资产等值的相同币种的借款而必须支付的利率。

为简化处理，假设不考虑相关税费影响。

分析：承租人甲公司的会计处理如下：

第一步，计算租赁期开始日租赁付款额的现值，并确认租赁负债和使用权资产。

在租赁期开始日，甲公司支付第1年的租金50 000元，并以剩余9年租金（每年50 000元）按5%的年利率折现后的现值计量租赁负债。计算租赁付款额现值的过程如下：

剩余9期租赁付款额=50 000×9=450 000（元）

租赁负债=剩余9期租赁付款额的现值=50 000×（P/A，5%，9）=355 391（元）

未确认融资费用=剩余9期租赁付款额-剩余9期租赁付款额的现值

=450 000-355 391=94 609（元）

借：使用权资产　　405 391

　　租赁负债——未确认融资费用　　94 609

　贷：租赁负债——租赁付款额　　450 000

　　　银行存款（第1年的租赁付款额）　　50 000

第二步，将初始直接费用计入使用权资产的初始成本。

借：使用权资产　　20 000

　贷：银行存款　　20 000

第三步，将已收的租赁激励相关金额从使用权资产入账价值中扣除。

借：银行存款　　5 000

　贷：使用权资产　　5 000

综上，甲公司使用权资产的初始成本为：

405 391+20 000-5 000=420 391（元）

二、后续计量

（一）租赁负债的后续计量

1.计量基础

在租赁期开始日之后，承租人应当按以下原则对租赁负债进行后续计量：

（1）确认租赁负债的利息时，增加租赁负债的账面金额；

（2）支付租赁付款额时，减少租赁负债的账面金额；

（3）因重估或租赁变更等原因导致租赁付款额发生变动时，重新计量租赁负债的账面价值。

承租人应当按照固定的周期性利率计算租赁负债在租赁期内各期间的利息费用，并计入当期损益，但按照借款费用等其他准则规定应当计入相关资产成本的，从其规定。

此处的周期性利率，是指承租人对租赁负债进行初始计量时所采用的折现率，或者因租赁付款额发生变动或因租赁变更而需按照修订后的折现率对租赁负债进行重新计量时，承租人所采用的修订后的折现率。

【例9-27】承租人甲公司与出租人乙公司签订了为期7年的商铺租赁合同。每年的租赁付款额为450 000元，在每年年末支付。甲公司无法确定租赁内含利率，其增量借款利率为5.04%。

分析：在租赁期开始日，甲公司按租赁付款额的现值所确认的租赁负债为2 600 000元。在第1年年末，甲公司向乙公司支付第1年的租赁付款额450 000元，其中，131 040元（2 600 000×5.04%）是当年的利息，318 960元（450 000-131 040）是本金，即租赁负债的账面价值减少318 960元。

甲公司的账务处理为：

借：租赁负债——租赁付款额	450 000	
贷：银行存款		450 000
借：财务费用——利息费用	131 040	
贷：租赁负债——未确认融资费用		131 040

未纳入租赁负债计量的可变租赁付款额，即并非取决于指数或比率的可变租赁付款额，应当在实际发生时计入当期损益，但按照存货等其他准则规定应当计入相关资产成本的，从其规定。

【例9-28】沿用【例9-27】，除固定付款额外，合同还规定租赁期间甲公司商铺当年销售额超过1 000 000元的，当年应再支付按销售额的2%计算的租金，于当年年末支付。

分析：由于该可变租赁付款额与未来的销售额挂钩，而并非取决于指数或比率的变动，因此不应被纳入租赁负债的初始计量中。假设在租赁的第3年，该商铺的销售额为1 500 000元，甲公司在第3年年末应支付的可变租赁付款额为30 000元（1 500 000×2%），在实际发生时计入当期损益。甲公司的账务处理为：

借：营业成本（或销售费用）	30 000	
贷：银行存款等		30 000

2.租赁负债的重新计量

在租赁期开始日之后，当发生下列几种情形时，承租人应当按照变动后的租赁付款额的现值重新计量租赁负债，并相应调整使用权资产的账面价值。使用权资产的账面价值已调减至零，但租赁负债仍需进一步调减的，承租人应当将剩余金额计入当期损益：

（1）实质固定付款额发生变动。

如果租赁付款额最初是可变的，但在租赁期开始日后的某一时点转为固定，那么，在潜在可变性消除时，该付款额成为实质固定付款额，应纳入租赁负债的计量中。承租人应当按照变动后租赁付款额的现值重新计量租赁负债。在该情形下，承租人采用的折现率不变，即采用租赁期开始日确定的折现率。

【例 9-29】承租人甲公司签订了一份为期10年的机器租赁合同。租金于每年年末支付，并按以下方式确定：第1年，租金是可变的，根据该机器在第1年下半年的实际产能确定；第2至10年，每年的租金根据该机器在第1年下半年的实际产能确定，即租金将在第1年年末转变为固定付款额。在租赁期开始日，甲公司无法确定租赁内含利率，其增量借款利率为5%。假设在第1年年末，根据该机器在第1年下半年的实际产能所确定的租赁付款额为每年20 000元。

分析：本例中，在租赁期开始时，由于未来的租金尚不确定，因此甲公司的租赁负债为零。在第1年年末，租金的潜在可变性消除，成为实质固定付款额（即每年20 000元），因此甲公司应基于变动后的租赁付款额重新计量租赁负债，并采用不变的折现率（即5%）进行折现。在支付第1年的租金之后，甲公司后续年度需支付的租赁付款额为180 000元（20 000×9），租赁付款额在第1年年末的现值为142 156元（20 000×（P/A，5%，9）），未确认融资费用为37 844元（180 000-142 156）。甲公司在第1年年末的相关账务处理如下：

支付第1年租金：

借：制造费用等　　20 000

　贷：银行存款　　20 000

确认使用权资产和租赁负债：

借：使用权资产　　142 156

　　租赁负债——未确认融资费用　　37 844

　贷：租赁负债——租赁付款额　　180 000

（2）担保余值下预计的应付金额发生变动。

在租赁期开始日之后，承租人应对其在担保余值下预计支付的金额进行估计。该金额发生变动的，承租人应当按照变动后租赁付款额的现值重新计量租赁负债。在该情形下，承租人采用的折现率不变。

【例 9-30】沿用【例 9-22】，在租赁期开始日后，承租人甲公司对该汽车在租赁期结束时的公允价值进行监测。假设在第1年年末，甲公司预计该汽车在租赁期结束时的公允价值为30 000元，那么，甲公司应将该担保余值下预计应付的金额10 000元（40 000-30 000）纳入租赁付款额，并使用不变的折现率来重新计量租赁负债。

（3）用于确定租赁付款额的指数或比率变动。

在租赁期开始日之后，因浮动利率的变动而导致未来租赁付款额发生变动的，承租人应当按照变动后租赁付款额的现值重新计量租赁负债。在该情形下，承租人应采用反映利率变动的修订后的折现率进行折现。

在租赁期开始日后，因用于确定租赁付款额的指数或比率（浮动利率除外）的变动而导致未来租赁付款额发生变动的，承租人应当按照变动后租赁付款额的现值重新计量租赁负债。在该情形下，承租人采用的折现率不变。

需要注意的是，仅当现金流量发生变动时，即租赁付款额的变动生效时，承租人才应重新计量租赁负债，以反映变动后的租赁付款额。承租人应基于变动后的合同付款额，确定剩余租赁期内的租赁付款额。

【例9-31】沿用【例9-19】，假设在租赁第3年年初的消费者价格指数为135，甲公司在租赁期开始日采用的折现率为5%。在第3年年初，在对因消费者价格指数变化而导致未来租赁付款额的变动进行会计处理以及支付第3年的租赁付款额之前，租赁负债为339 320元（50 000+50 000×（P/A，5%，7））。经消费者价格指数调整后的第3年租赁付款额为54 000元（50 000×135÷125）。

分析：本例中，因用于确定租赁付款额的消费者价格指数的变动而导致未来租赁付款额发生变动，甲公司应当于第3年年初重新计量租赁负债，以反映变动后的租赁付款额，即租赁负债应当以每年54 000元的租赁付款额（剩余8笔）为基础进行重新计量。

在第3年年初，甲公司按以下金额重新计量租赁负债：每年54 000元的租赁付款额按不变的折现率（即5%）进行折现，为366 466元（54 000+54 000×（P/A，5%，7））。因此，甲公司的租赁负债将增加27 146元，即重新计量后的租赁负债（366 466元）与重新计量前的租赁负债（339 320元）之间的差额。不考虑其他因素，甲公司相关账务处理如下：

借：使用权资产	27 146	
租赁负债——未确认融资费用	4 854	
贷：租赁负债——租赁付款额		32 000

（4）续租选择权或终止租赁选择权、购买选择权的评估结果或实际行使情况发生变化。

如前文第三节所述，发生承租人可控范围内的重大事件或变化，且影响承租人是否合理确定将行使相应选择权的，承租人应当对其是否合理确定将行使续租选择权、购买选择权或不行使终止租赁选择权进行重新评估，并根据重新评估结果修改租赁期。因此，在租赁期开始日之后，发生该类重大事件或变化的，承租人应当重新确定租赁付款额，并按变动后租赁付款额和修订后的折现率计算的现值重新计量租赁负债。

①发生承租人可控范围内的重大事件或变化，且影响承租人是否合理确定将行使续租选择权或终止租赁选择权的，承租人应当对其是否合理确定将行使相应选择权进行重新评估。选择权的评估结果发生变化的，承租人应当根据新的评估结果重新确定租赁期和租赁付款额。如果是由于续租选择权或终止租赁选择权的实际行使情况与原评估结果不一致等导致租赁期变化的，也应当根据新的租赁期重新确定租赁付款额。

②发生承租人可控范围内的重大事件或变化，且影响承租人是否合理确定将行使购买选择权的，承租人应当对其是否合理确定将行使购买选择权进行重新评估。评估结果发生变化的，承租人应根据新的评估结果重新确定租赁付款额。

上述两种情形下，承租人在计算变动后租赁付款额的现值时，应当采用剩余租赁期间的租赁内含利率作为折现率；无法确定剩余租赁期间的租赁内含利率的，应当采用重估日的承租人增量借款利率作为折现率。

【例9-32】承租人甲公司租入一层办公楼，为期10年，并拥有可续租5年的选择权。初始租赁期间10年的租赁付款额为每年50 000元，可选续租期间5年的租赁付款额为每年55 000元，均在每年年初支付。在租赁期开始日，甲公司评估后认为，不能合理确定将会行使续租选择权，因此确定租赁期为10年。甲公司无法确定租赁内含利率，其增量借款利率为5%。在租赁期开始日，甲公司支付第1年的租赁付款额50 000元，并确认租赁负债355 390元（50 000×（P/A，5%，9））。在第5年至第6年，甲公司的业务显著增长，其日益壮大的人员规模意味着需要扩租办公楼。为了最大限度地降低成本，甲公司额外签订了一份为期8年、在同一办公楼内其他楼层的租赁合同，在第7年年初起租。

分析：将扩张的人员安置到在同一办公楼内其他楼层的决定在甲公司的可控范围内，并影响其是否合理确定将行使现有租赁合同下的续租选择权。如果在其他办公楼中租入一个类似的楼层，甲公司可能会产生额外的费用，因为其人员将处于两栋不同的办公楼中，而将全部人员搬迁到其他办公楼的费用可能会更高。在第6年年末，甲公司重新评估后认为，其合理确定将行使现有租赁合同下的续租选择权，因此该租赁的租赁期由10年变为15年。在对租赁期的变化进行会计处理前，即基于10年租赁期时，甲公司在第6年年末的租赁负债（支付前6年的付款额后）为186 160元（50 000+50 000×（P/A，5%，3））。

在第6年年末，甲公司重新评估后的租赁期为15年，因此应将剩余租赁期（第7年至第15年）内的租赁付款额（共9笔）纳入租赁负债，并采用修订后的折现率进行折现。假设甲公司无法确定剩余租赁期间的租赁内含利率，其第6年年末的增量借款利率为4.5%。因此，甲公司重新计量后的租赁负债为399 030元（50 000+50 000×（P/A，4.5%，3）+55 000×（P/A，4.5%，5）×（P/F，4.5%，3））。

【例9-33】承租人甲公司与出租人乙公司签订了一份为期5年的设备租赁合同。甲公司计划开发自有设备以替代租赁资产，自有设备计划在5年内投入使用。甲公司拥有在租赁期结束时以5000元购买该设备的选择权。每年的租赁付款额固定为10 000元，于每年年末支付。甲公司无法确定租赁内含利率，其增量借款利率为5%。在租赁期开始日，甲公司对行使购买选择权的可能性进行评估后认为不能合理确定将行使购买选择权。因为甲公司已计划开发自有设备，继而在租赁期结束时替代租赁资产。

分析：在租赁期开始日，甲公司确认的租赁负债为43 300元（10 000×（P/A，5%，5））。租赁负债将按以下方法摊销，如表9-2所示：

表9-2　**甲公司租赁负债摊销表**　单位：元

年度	租赁负债年初金额	利息	租赁付款额	租赁负债年末金额
	①	②=①×5%	③	④=①+②-③
1	43 300*	2 165	10 000	35 465
2	35 465	1 773	10 000	27 238
3	27 238	1 362	10 000	18 600
4	18 600	930	10 000	9 530
5	9 530	470**	10 000	—

注：*为便于计算，本例中年金现值系数取两位小数。**第5年的利息费用为470=10 000-9 530。

假设在第3年年末，甲公司作出削减开发项目的战略决定，包括上述替代设备的开发。该决定在甲公司的可控范围内，并影响其是否合理确定将行使购买选择权。此外，甲公司预计该设备在租赁期结束时的公允价值为20 000元。甲公司重新评估其行使购买选择权的可能性后认为，其合理确定将行使该购买选择权。因为，在租赁期结束时不大可能有可用的替代设备，并且该设备在租赁期结束时的预期市场价值（20 000元）远高于行权价格（5 000元）。因此，甲公司应在第3年年末将购买选择权的行权价格纳入租赁付款额中。

假设甲公司无法确定剩余租赁期间的租赁内含利率，其第3年年末的增量借款利率为5.5%。在第3年年末，甲公司重新计量租赁负债以涵盖购买选择权的行权价格，并采用修订后的折现率5.5%进行折现。重新计量后的租赁负债（支付前3年的付款额后）为22 960元（10 000×（P/F，5.5%，1）+（10 000+5 000）×（P/F，5.5%，2））。此后，租赁负债将按表9-3中所示进行后续计量。

表9-3 **甲公司修订后的租赁负债摊销表** 单位：元

年度	租赁负债年初金额	利息	租赁付款额	租赁负债年末金额
	①	②=①×5.5%	③	④=①+②-③
4	22 960	1 263	10 000	14 223
5	14 223	777*	15 000	—

注：*第5年的利息费用为777=10 000+5 000-14 223（行权价格）。

【例9-34】承租人甲公司与出租人乙公司签订了一份办公楼租赁合同，每年的租赁付款额为50 000元，于每年年末支付。甲公司无法确定租赁内含利率，其增量借款利率为5%。不可撤销租赁期为5年，并且合同约定在第5年年末甲公司有权选择以每年50 000元续租5年，也有权选择以1 000 000元购买该房产。甲公司在租赁期开始时评估认为，可以合理确定将行使续租选择权，而不会行使购买选择权，因此将租赁期确定为10年。

分析：在租赁期开始日，甲公司确认的租赁负债和使用权资产为386 000元（50 000×（P/A，5%，10））。租赁负债将按表9-4中所示进行后续计量。

表9-4 **甲公司租赁负债摊销表** 单位：元

年度	租赁负债年初金额	利息	租赁付款额	租赁负债年末金额
	①	②=①×5%	③	④=①+②-③
1	386 000*	19 300	50 000	355 300
2	355 300	17 765	50 000	323 065
3	323 065	16 155	50 000	289 255
4	289 255	14 465	50 000	253 765
5	253 765	12 690	50 000	216 490
6	216 490	10 825	50 000	177 325
7	177 325	8 865	50 000	136 165
8	136 165	6 810	50 000	93 010
9	93 010	4 650	50 000	47 650
10	47 650	2 350	50 000	—

注：*为便于计算，本例中年金现值系数取两位小数。

在租赁期开始日，甲公司的账务处理为：

借：使用权资产　　386 000

　　租赁负债——未确认融资费用（500 000–386 000）　　114 000

　贷：租赁负债——租赁付款额　　500 000

在第4年，该房产所在地房价显著上涨，甲公司预计租赁期结束时该房产的市价为2 000 000元，甲公司在第4年年末重新评估后认为，能够合理确定将行使上述购买选择权，而不会行使上述续租选择权。该房产所在地区的房价上涨属于市场情况发生的变化，不在甲公司的可控范围内。因此，虽然该事项导致购买选择权及续租选择权的评估结果发生变化，但甲公司不需要重新计量租赁负债。

在第5年年末，甲公司实际行使了购买选择权。截至该时点，使用权资产的原值为386 000元，累计折旧为193 000元（386 000×5/10）；支付了第5年租赁付款额之后，租赁负债的账面价值为216 490元，其中，租赁付款额为250 000元，未确认融资费用为33 510元（250 000–216 490）。甲公司行使购买选择权的会计分录为：

借：固定资产——办公楼　　976 510

　　使用权资产累计折旧　　193 000

　　租赁负债——租赁付款额　　250 000

　贷：使用权资产　　386 000

　　　租赁负债——未确认融资费用　　33 510

　　　银行存款　　1 000 000

（二）使用权资产的后续计量

1.计量基础

在租赁期开始日后，承租人应当采用成本模式对使用权资产进行后续计量，即以成本减累计折旧及累计减值损失计量使用权资产。承租人按照前文所述的准则有关规定重新计量租赁负债的，应当相应调整使用权资产的账面价值。使用权资产的账面价值已调减至零，但租赁负债仍需进一步调减的，承租人应当将剩余金额计入当期损益。

2.使用权资产的折旧

承租人应当参照固定资产准则的有关折旧规定，自租赁期开始日起对使用权资产计提折旧。使用权资产通常应自租赁期开始的当月计提折旧，当月计提确有困难的，为便于实务操作，企业也可以选择自租赁期开始的下月计提折旧，但应对同类使用权资产采取相同的折旧政策。计提的折旧金额应根据使用权资产的用途，计入相关资产的成本或者当期损益。

承租人在确定使用权资产的折旧方法时，应当根据与使用权资产有关的经济利益的预期实现方式作出决定。通常，承租人按直线法对使用权资产计提折旧，其他折旧方法更能反映使用权资产有关经济利益预期实现方式的，应采用其他折旧方法。

承租人在确定使用权资产的折旧年限时，应遵循以下原则：承租人能够合理确定租赁期届满时取得租赁资产所有权的，应当在租赁资产剩余使用寿命内计提折旧；承租人无法合理确定租赁期届满时能够取得租赁资产所有权的，应当在租赁期与租赁资产剩余使用寿命两者孰短的期间内计提折旧。如果使用权资产的剩余使用寿命短于前两者，则应在使用权资产的剩余使用寿命内计提折旧。

3.使用权资产的减值

在租赁期开始日后，承租人应当按照资产减值准则的规定，确定使用权资产是否发生减值，并对已识别的减值损失进行会计处理。使用权资产发生减值的，按应减记的金额，借记“资产减值损失”科目，贷记“使用权资产减值准备”科目。使用权资产减值准备一旦计提，不得转回。承租人应当按照扣除减值损失之后的使用权资产的账面价值进行后续折旧。

【例9-35】承租人甲公司签订了一份为期10年的机器租赁合同，用于甲公司生产经营。相关使用权资产的初始账面价值为100 000元，按直线法在10年内计提折旧，年折旧费为10 000元。在第5年年末，确认该使用权资产发生的减值损失20 000元，计入当期损益。该使用权资产在减值前的账面价值为50 000元（100 000×5/10）。计提减值损失之后，该使用权资产的账面价值减至30 000元（50 000-20 000），之后每年的折旧费也相应减至6 000元（30 000÷5）。

三、租赁变更的会计处理

租赁变更是指原合同条款之外的租赁范围、租赁对价、租赁期限的变更，包括增加或终止一项或多项租赁资产的使用权，延长或缩短合同规定的租赁期等。如果租赁经过变更，则承租人需要评估变更后的合同以确定其是否为租赁合同或包含租赁。这里需要注意的是，行使现有的购买选择权或续租选择权或改变对是否合理确定行使这些选择权的评估不属于租赁变更（见上文“租赁负债的重新计量”部分所述），但也可能导致对租赁负债和使用权资产的重新计量。

（一）租赁变更作为一项单独租赁的会计处理

租赁发生变更且同时符合下列条件的，承租人应当将该租赁变更作为一项单独租赁进行会计处理：

（1）该租赁变更通过增加一项或多项租赁资产的使用权而扩大了租赁范围；

（2）增加的对价与租赁范围扩大部分的单独价格按该合同情况调整后的金额相当。

如果同时满足以上两个条件，则租赁变更产生了两个单独租赁，即未经修改的原租赁和一项单独租赁。承租人以与其他新租赁相同的方式对包含租赁的单独合同进行会计处理。如果不满足其中一个条件，则租赁变更不作为一项单独租赁进行会计处理。

【例9-36】承租人甲公司与出租人乙公司就2 000平方米的办公场所签订了一项为期10年的租赁合同。在第6年年初，甲公司和乙公司同意对原租赁合同进行变更，以扩租同一办公楼内3 000平方米的办公场所。扩租的场所于第6年第二季度末可供甲公司使用。增加的租赁对价与新增3 000平方米办公场所的当前市价（根据甲公司获取的扩租折扣进行调整后的金额）相当。扩租折扣反映了乙公司节约的成本，即若将相同场所租赁给新租户，乙公司将会发生的额外成本（如营销成本）。

分析：本例中，甲公司应当将该变更作为一项单独的租赁，与原来的10年期租赁分别进行会计处理。因为，该租赁变更通过增加3 000平方米办公场所的使用权而扩大了租赁范围，并且增加的租赁对价与新增使用权的单独价格按该合同情况调整后的金额相当。据此，在新租赁的租赁期开始日（即第6年第二季度末），甲公司确认与新增3 000平方米办公场所租赁相关的使用权资产和租赁负债。甲公司对原有2 000平方米办公场所租赁的会计处理不会因为该租赁变更而进行任何调整。

(二)租赁变更未作为一项单独租赁的会计处理

租赁变更未作为一项单独租赁进行会计处理的，在租赁变更生效日（是指双方就租赁变更达成一致的日期），承租人应当按照前文有关租赁分拆的规定对变更后合同的对价进行分摊；按照前文有关租赁期的规定确定变更后的租赁期；按照变更后租赁付款额和修订后的折现率计算的现值重新计量租赁负债。

在计算变更后租赁付款额的现值时，承租人应当采用剩余租赁期间的租赁内含利率作为折现率；无法确定剩余租赁期间的租赁内含利率的，应当采用租赁变更生效日的承租人增量借款利率作为折现率。

对于未作为一项单独的租赁进行会计处理的租赁变更，承租人应区分以下情形对租赁负债的重新计量进行会计处理：

(1) 租赁变更导致租赁范围缩小或租赁期缩短的，承租人应当相应调减使用权资产的账面价值，以反映租赁的部分终止或完全终止，并将部分终止或完全终止租赁的相关利得或损失计入当期损益。

(2) 其他租赁变更导致租赁负债重新计量的，承租人应当相应调整使用权资产的账面价值。

【例9-37】承租人甲公司与出租人乙公司就5 000平方米的办公场所签订了10年期的租赁合同。年租赁付款额为100 000元，在每年年末支付。甲公司无法确定租赁内含利率。在租赁期开始日，甲公司的增量借款利率为6%，相应的租赁负债和使用权资产的初始确认金额均为736 000元（100 000×（P/A，6%，10））。在第6年年初，甲公司和乙公司同意对原租赁合同进行变更，即自第6年年初起，将原租赁场所缩减至2 500平方米。每年的租赁付款额（第6年至第10年）调整为60 000元。承租人在第6年年初的增量借款利率为5%。

分析：在租赁变更生效日（即第6年年初），甲公司基于以下情况对租赁负债进行重新计量：①剩余租赁期为5年；②年付款额为60 000元；③采用修订后的折现率5%进行折现。据此，计算得出租赁变更后的租赁负债为259 770元（60 000×（P/A，5%，5））。

甲公司应基于原使用权资产部分终止的比例（即缩减的2 500平方米占原使用权资产的50%）来确定使用权资产账面价值的调减金额。在租赁变更之前，原使用权资产的账面价值为368 000元（736 000×5/10），50%的账面价值为184 000元；原租赁负债的账面价值为421 240元（100 000×（P/A，6%，5）），50%的账面价值为210 620元。因此，在租赁变更生效日（第6年年初），甲公司终止确认50%的原使用权资产和原租赁负债，并将租赁负债减少额与使用权资产减少额之间的差额26 620元（210 620−184 000）作为利得计入当期损益。其中，租赁负债的减少额210 620元包括：租赁付款额的减少额250 000元（100 000×50%×5），以及未确认融资费用的减少额39 380元（250 000−210 620）。

甲公司终止确认50%的原使用权资产和原租赁负债的账务处理为：

借：租赁负债——租赁付款额	250 000	
贷：租赁负债——未确认融资费用		39 380
使用权资产		184 000
资产处置损益		26 620

此外，甲公司将剩余租赁负债210 620元与变更后重新计量的租赁负债259 770元之间的差额49 150元相应调整使用权资产的账面价值。其中，租赁负债的增加额49 150元包括两部分：租赁付款额的增加额50 000元（（60 000−100 000×50%）×5），以及未确认融资费用的增加额850元（50 000−49 150）。

甲公司调整现使用权资产价值的账务处理为：

借：使用权资产　49 150

　　租赁负债——未确认融资费用　850

　贷：租赁负债——租赁付款额　50 000

（注：100 000×（P/A，6%，10）=736 010（元），为便于计算，本例中作尾数调整，取736 000元）

【例9-38】承租人甲公司与出租人乙公司就5 000平方米的办公场所签订了一项为期10年的租赁。年租赁付款额为100 000元，在每年年末支付。甲公司无法确定租赁内含利率。甲公司在租赁期开始日的增量借款利率为6%。在第7年年初，甲公司和乙公司同意对原租赁合同进行变更，即将租赁期延长4年。每年的租赁付款额不变（即在第7年至第14年的每年年末支付100 000元）。甲公司在第7年年初的增量借款利率为7%。

分析：在租赁变更生效日（即第7年年初），甲公司基于下列情况对租赁负债进行重新计量：①剩余租赁期为8年；②年付款额为100 000元；③采用修订后的折现率7%进行折现。据此，计算得出租赁变更后的租赁负债为597 130元（100 000×（P/A，7%，8））。租赁变更前的租赁负债为346 510元（100 000×（P/A，6%，4））。甲公司将变更后租赁负债的账面价值与变更前的账面价值之间的差额250 620元（597 130−346 510）相应调整使用权资产的账面价值。

四、短期租赁和低价值资产租赁

如本节前文所述，在租赁期开始日，承租人应当对租赁确认使用权资产和租赁负债。但对于短期租赁和低价值资产租赁，企业可以选择不确认使用权资产和租赁负债。作出该选择的，承租人应当将短期租赁和低价值资产租赁的租赁付款额，在租赁期内各个期间按照直线法或其他系统合理的方法计入相关资产成本或当期损益。其他系统合理的方法能够更好地反映承租人的受益模式的，承租人应当采用该方法。

（一）短期租赁

短期租赁是指在租赁期开始日，租赁期不超过12个月的租赁。包含购买选择权的租赁不属于短期租赁。对于短期租赁，承租人可以按照租赁资产的类别作出采用简化会计处理的选择。租赁资产的类别是指对主体运营中性质和用途类似的标的资产进行的分组。如果承租人对某类租赁资产作出了简化会计处理的选择，则未来该类资产下所有的短期租赁都应采用简化会计处理。

在确定租赁是否符合短期租赁时，承租人以与所有其他租赁相同的方式评估租赁期。也就是说，租赁期包括租赁的不可撤销期间、延长租赁的选择权所涵盖的期间（承租人合理确定将行使该选择权的情况下），以及终止租赁的选择权所涵盖的期间（承租人合理确定将不行使该选择权的情况下）。此外，要符合短期租赁条件，租赁不能包括购买标的资产的选择权。

租赁期开始日符合短期租赁的租赁如果发生租赁变更或承租人对租赁期的评估发生变

化（例如，承租人行使之前确定租赁期时未考虑的选择权），则承租人应当将其视为一项新的租赁，并重新按照上述原则判断该项新租赁是否可以选择简化会计处理。

【例9-39】情形1：假设承租人签订了一份具有9个月不可撤销期间的租赁，包含可将租赁期延长4个月的选择权。在租赁期开始日，承租人判定可以合理确定将行使续租选择权，因为续租期的月租赁付款额明显低于市场价格。

分析：在此情况下，承租人应该确定的租赁期为13个月，超过12个月。因此，承租人不可将该租赁作为短期租赁进行会计处理。

情形2：假设其他事实与情形1相同，但在租赁期开始日，承租人判定不能合理确定将行使续租选择权，因为可选续租期的月租赁付款额是承租人预期的市场价格，不存在其他可合理确定将行使续租选择权的因素。

分析：在此情况下，承租人应该确定的租赁期为9个月。因此，承租人可以（根据其会计政策，按照标的资产类别）对在短期租赁豁免下的该租赁进行会计处理，即承租人采用直线法或其他系统合理方法在租赁期内确认与此类租赁相关的租赁付款额，且不在其资产负债表上确认租赁负债或使用权资产。

（二）低价值资产租赁

低价值资产租赁是指单项租赁资产为全新资产时价值较低的租赁。也就是说，承租人在判断是否是低价值资产租赁时，应基于租赁资产的全新状态下的价值进行评估，不应考虑资产已被使用的年限（例如，由于一辆全新的汽车通常价值不低，因此，汽车租赁不能按照低价值资产进行处理）；同时，低价值资产租赁的判定仅与资产的绝对价值有关，不受承租人规模、性质等影响，也不考虑该资产对于承租人或相关租赁交易的重要性。因此，对于一项特定的标的资产是否为低价值资产，不同的承租人应得出相同的结论。常见的低价值资产的例子包括平板电脑、普通办公家具、电话等小型资产。

此外，低价值资产还应同时满足以下两个条件：①只有承租人能够从单独使用该低价值资产或将其与承租人易于获得的其他资源一起使用中获利；②该项资产与其他租赁资产没有高度依赖或高度关联关系。这时，承租人才能对该资产租赁选择进行简化会计处理。例如，某企业可能租赁一辆卡车用于其经营，且该租赁包括使用卡车上的轮胎。为将轮胎用于指定目的，其仅能与卡车一起使用，因此这些轮胎高度依赖或与卡车高度关联。因此，这些轮胎无法满足低价值资产豁免。

需要注意的是，如果承租人已经或者预期要把相关资产进行转租，则不能将原租赁按照低价值资产租赁进行简化会计处理。另外，符合低价值资产租赁的，也并不代表承租人若采取购入方式取得该资产时就不能将该资产按照固定资产的条件来确认。

【例9-40】承租人与出租人签订了一份租赁合同，约定的租赁资产包括：（1）IT设备，包括供员工个人使用的笔记本电脑、台式电脑、平板电脑、桌面打印机和手机等；（2）服务器，其中包括增加服务器容量的单独组件，这些组件根据承租人需要陆续添加到大型服务器以增加服务器存储容量；（3）办公家具，如桌椅和办公隔断等；（4）饮水机。

通常，办公笔记本电脑全新时的单独价格不超过人民币10 000元，台式电脑、平板电脑、桌面打印机和手机全新时的单独价格不超过人民币5 000元，普通办公家具的单独价格不超过人民币10 000元，饮水机的单独价格不超过人民币1 000元，服务器单个组件的单独价格不超过人民币10 000元。

分析：上述租赁资产中，各种IT设备、办公家具、饮水机都能够单独使承租人获益，且与其他租赁资产没有高度依赖或高度关联关系。通常情况下，符合低价值资产租赁的资产全新状态下的绝对价值应低于人民币40 000元。本例中，承租人将IT设备、办公家具、饮水机作为低价值租赁资产，选择按照简化方法进行会计处理。对于服务器中的组件，尽管单个组件的单独价格较低，但由于每个组件都与服务器中的其他部分高度相关，承租人若不租赁服务器就不会租赁这些组件，不构成单独的租赁部分，因此不能作为低价值租赁资产进行会计处理。

小资料9-2

《国际财务报告准则第16号——租赁》采用单一承租人会计模型，该模型认为资产负债表中确认的所有租赁均提供了融资。而美国财务会计准则委员会决定采用双重承租人会计模型，其要求承租人按类似于之前的美国公认会计准则规定的方法将租赁分类为经营租赁和资本租赁。根据美国财务会计准则委员会的承租人会计模型，承租人：

（1）对融资租赁（即之前被分类为资本租赁的租赁）按照类似于IASB模型的方式进行会计处理。

（2）按照下列要求对经营租赁进行会计处理：

①确认使用权资产和租赁负债；

②按与《国际财务报告准则第16号——租赁》规定相同的方式对租赁负债进行计量，但无须重估可变租赁付款额；

③在租赁期内通常按直线法确认单一的租赁费用；

④在现金流量表中将支付的现金总额归入经营活动列报。

第五节 出租人的会计处理

一、出租人的租赁分类

（一）融资租赁与经营租赁分类概述

出租人应当在租赁开始日（而不是租赁期开始日）将租赁分为融资租赁和经营租赁。租赁开始日是指租赁合同签署日与租赁各方就主要租赁条款作出承诺日中的较早者。一项租赁属于融资租赁还是经营租赁取决于交易的实质，而不是合同的形式。如果一项租赁实质上转移了与租赁资产所有权有关的几乎全部风险和报酬，出租人应当将该项租赁分类为融资租赁；除融资租赁以外的其他租赁分类为经营租赁。

对于出租人而言，租赁分类是以租赁转移与标的资产所有权相关的风险和报酬的程度为依据的。风险包括由于生产能力的闲置或技术陈旧可能造成的损失，以及由于经济状况的改变可能造成的回报变动。报酬可以表现为预期在标的资产的经济寿命期间内对经营的盈利以及因增值或残值变现可能产生的利得。

转租出租人应当基于原租赁产生的使用权资产，而不是原租赁的标的资产（如作为租赁对象的固定资产），对转租赁进行分类。但是，原租赁为短期租赁，且转租出租人对原租赁进行简化处理的，转租出租人应当将该转租赁分类为经营租赁。

（二）融资租赁的分类标准

一项租赁存在下列一种或多种情形的，通常分类为融资租赁：

（1）在租赁期届满时，租赁资产的所有权转移给承租人。如果在租赁协议中已经约定，或者根据其他条件，在租赁开始日就可以合理地判断，租赁期届满时出租人会将资产的所有权转移给承租人，那么该项租赁通常分类为融资租赁。

（2）承租人有购买租赁资产的选择权，所订立的购买价款与预计行使选择权时租赁资产的公允价值相比足够低，因而在租赁开始日就可以合理确定承租人将行使该选择权。

（3）资产的所有权虽然不转移，但租赁期占租赁资产使用寿命的大部分。实务中，这里的“大部分”一般指租赁期占租赁开始日租赁资产使用寿命的75%以上（含75%）。需要说明的，这里的量化标准只是指导性标准，企业在具体运用时必须以准则规定的相关条件进行综合判断。这条标准强调的是租赁期占租赁资产使用寿命的比例，而非租赁期占该项资产全部可使用年限的比例。如果租赁资产是旧资产，在租赁前已使用年限超过资产自全新时起算可使用年限的75%以上时，则这条判断标准不适用，不能使用这条标准确定租赁的分类。

（4）在租赁开始日，租赁收款额的现值几乎相当于租赁资产的公允价值。实务中，这里的“几乎相当于”，通常掌握在90%以上。需要说明的是，这里的量化标准也只是指导性标准，企业在具体运用时必须以准则规定的相关条件进行综合判断。

（5）租赁资产性质特殊，如果不作较大改造，只有承租人才能使用。租赁资产由出租人根据承租人对资产型号、规格等方面的特殊要求专门购买或建造的，具有专购、专用性质。这些租赁资产如果不作较大的重新改制，其他企业通常难以使用。这种情况下，通常也分类为融资租赁。

一项租赁存在下列一项或多项迹象的，也可能分类为融资租赁：

（1）若承租人撤销租赁，撤销租赁对出租人造成的损失由承租人承担。

（2）资产余值的公允价值波动所产生的利得或损失归属于承租人。例如，租赁结束时，出租人以相当于资产销售收益的绝大部分金额作为对租金的退还，说明承租人承担了租赁资产余值的几乎所有风险和报酬。

（3）承租人有能力以远低于市场水平的租金继续租赁至下一期间。

值得注意的是，出租人判断租赁类型时，上述情形和迹象并非总是决定性的，而是应综合考虑经济激励的有利方面和不利方面。若有其他特征充分表明，租赁实质上没有转移与租赁资产所有权相关的几乎全部风险和报酬，则该租赁应分类为经营租赁。例如，若租赁资产的所有权在租赁期结束时是以相当于届时其公允价值的可变付款额转让至承租人，或者因存在可变租赁付款额导致出租人实质上没有转移几乎全部风险和报酬，就可能出现这种情况。

（三）租赁分类的重新评估

租赁开始日后，除非发生租赁变更，出租人无须对租赁的分类进行重新评估。租赁资产预计使用寿命、预计余值等会计估计变更或发生承租人违约等情况变化的，出租人不对租赁进行重分类。

租赁合同可能包括因租赁开始日与租赁期开始日之间发生的特定变化而需对租赁付款额进行调整的条款与条件（例如，出租人标的资产的成本发生变动，或出租人对该租赁的融资成本发生变动)，在此情况下，出于租赁分类目的，此类变动的影响均视为在租赁开始日已发生。

二、出租人对融资租赁的会计处理

（一）初始计量

在租赁期开始日，出租人应当对融资租赁确认应收融资租赁款，并终止确认融资租赁资产。出租人对应收融资租赁款进行初始计量时，应当以租赁投资净额作为应收融资租赁款的入账价值。

租赁投资净额为未担保余值和租赁期开始日尚未收到的租赁收款额按照租赁内含利率折现的现值之和。租赁内含利率是指使出租人的租赁收款额的现值与未担保余值的现值之和（即租赁投资净额）等于租赁资产公允价值与出租人的初始直接费用之和的利率。因此，出租人发生的初始直接费用（除了生产商或经销商出租人发生的初始直接费用外）包括在租赁投资净额中，也即包括在应收融资租赁款的初始入账价值中。

租赁收款额是指出租人因让渡在租赁期内使用租赁资产的权利而应向承租人收取的款项，包括：

（1）承租人需支付的固定付款额及实质固定付款额，存在租赁激励的，扣除租赁激励相关金额；

（2）取决于指数或比率的可变租赁付款额，该款项在初始计量时根据租赁期开始日的指数或比率确定；

（3）购买选择权的行权价格，前提是合理确定承租人将行使该选择权；

（4）承租人行使终止租赁选择权需支付的款项，前提是租赁期反映出承租人将行使终止租赁选择权；

（5）由承租人、与承租人有关的一方以及有经济能力履行担保义务的独立第三方向出租人提供的担保余值。

【例9-41】2×19年12月1日，甲公司与乙公司签订了一份租赁合同，从乙公司租入塑钢机一台。租赁合同主要条款如下：

（1）租赁资产：全新塑钢机。

（2）租赁期开始日：2×20年1月1日。

（3）租赁期：2×20年1月1日至2×25年12月31日，共72个月。

（4）固定租金支付：自2×20年1月1日，每年年末支付租金160 000元。如果甲公司能够在每年年末的最后一天及时付款，则给予减少租金10 000元的奖励。

（5）取决于指数或比率的可变租赁付款额：租赁期限内，如遇中国人民银行贷款基准利率调整，出租人将对租赁利率作出同方向、同幅度的调整。基准利率调整日之前各期和调整日当期租金不变，从下一期租金开始按调整后的租金金额收取。

（6）租赁开始日租赁资产的公允价值：该机器在2×19年12月31日的公允价值为700 000元，账面价值为600 000元。

（7）初始直接费用：签订租赁合同过程中乙公司发生可归属于租赁项目的手续费、佣金10 000元。

（8）承租人的购买选择权：租赁期届满时，甲公司享有优惠购买该机器的选择权，购买价为20 000元，估计该日租赁资产的公允价值为80 000元。

(9) 取决于租赁资产绩效的可变租赁付款额：2×21年和2×22年两年，甲公司每年按该机器所生产的产品——塑钢窗户的年销售收入的5%向乙公司支付。

(10) 承租人的终止租赁选择权：甲公司享有终止租赁选择权。在租赁期间，如果甲公司终止租赁，需支付的款项为剩余租赁期间的固定租金支付金额。

(11) 担保余值和未担保余值均为0。

(12) 全新塑钢机的使用寿命为7年。

根据以上条款，出租人乙公司可以按以下程序进行分析判断并作出相应的会计处理：

第一，判断租赁类型。

本例存在优惠购买选择权，优惠购买价20 000元远低于行使选择权日租赁资产的公允价值80 000元，因此在2×19年12月31日就可合理确定甲公司将会行使这种选择权。另外，在本例中，租赁期6年，占租赁开始日租赁资产使用寿命的86%（占租赁资产使用寿命的大部分）。同时，乙公司综合考虑其他各种情形和迹象，认为该租赁实质上转移了与该项设备所有权有关的几乎全部风险和报酬，因此，将这项租赁认定为融资租赁。

第二，确定租赁收款额。

(1) 承租人的固定付款额为考虑扣除租赁激励后的金额，即（160 000–10 000）×6=900 000（元）。

(2) 取决于指数或比率的可变租赁付款额。

该款项在初始计量时根据租赁期开始日的指数或比率确定，因此本例在租赁期开始日不作考虑。

(3) 承租人购买选择权的行权价格。

租赁期届满时，甲公司享有优惠购买该机器的选择权，购买价为20 000元，估计该日租赁资产的公允价值为80 000元。优惠购买价20 000元远低于行使选择权日租赁资产的公允价值，因此在2×19年12月31日就可合理确定甲公司将会行使这种选择权。因此，租赁付款额中应包括承租人购买选择权的行权价格20 000元。

(4) 终止租赁的罚款。

虽然甲公司享有终止租赁选择权，但若终止租赁，甲公司需支付的款项为剩余租赁期间的固定租金支付金额。因此，根据上述条款，可以合理确定甲公司不会行使终止租赁选择权。

(5) 由承租人向出租人提供的担保余值：甲公司向乙公司提供的担保余值为0。

综上所述，租赁收款额为：

900 000+20 000=920 000（元）

第三，确认租赁投资总额。

租赁投资总额=在融资租赁下出租人应收的租赁收款额+未担保余值

本例中：

租赁投资总额=920 000+0=920 000（元）

第四，确认租赁投资净额的金额和未实现融资收益。

租赁投资净额在金额上等于租赁资产在租赁期开始日公允价值加上出租人发生的租赁初始直接费用，即：

700 000+10 000=710 000（元）

未实现融资收益=租赁投资总额-租赁投资净额=920 000-710 000=210 000（元）

第五，计算租赁内含利率。

租赁内含利率是使租赁投资总额的现值（即租赁投资净额）等于租赁资产在租赁开始日的公允价值与出租人的初始直接费用之和的利率。

本例中，通过计算得到租赁的内含利率为7.82%。计算公式为：

150 000×（P/A，r，6）+20 000×（P/F，r，6）=710 000

第六，作出相关账务处理。

2×20年1月1日：

借：应收融资租赁款——租赁收款额	920 000	
贷：银行存款		10 000
融资租赁资产		600 000
资产处置损益		100 000
应收融资租赁款——未实现融资收益		210 000

若某融资租赁合同必须以收到租赁保证金为生效条件，出租人收到承租人交来的租赁保证金，借记“银行存款”科目，贷记“其他应收款——租赁保证金”科目。承租人到期不交租金，以保证金抵作租金时，借记“其他应收款——租赁保证金”科目，贷记“应收融资租赁款”科目。承租人违约，按租赁合同或协议规定没收保证金时，借记“其他应收款——租赁保证金”科目，贷记“营业外收入”等科目。

（二）融资租赁的后续计量

出租人应当按照固定的周期性利率计算并确认租赁期内各个期间的利息收入。该周期性利率是前文所述计算租赁投资净额时按照准则规定所采用的折现率或经修订后的折现率。

【例9-42】承接【例9-41】，出租人计算租赁期内各期间的利息收入并作相应的会计处理。

第一，计算租赁期内各期的利息收入，如表9-5所示。

表9-5　乙公司租赁期内各期的利息收入计算表　单位：元

日期	租金	确认的利息收入	租赁投资净额余额
①	②	③=期初④×7.82%	期末④=期初④-②+③
2×20年1月1日	150 000		710 000
2×20年12月31日	150 000	55 522	615 522
2×21年12月31日	150 000	48 134	513 656
2×22年12月31日	150 000	40 168	403 824
2×23年12月31日	150 000	31 579	285 403
2×24年12月31日	150 000	22 319	157 722
2×25年12月31日	150 000	12 278*	20 000
2×25年12月31日	20 000		
合计	920 000	210 000	

注：*作尾数调整：12 278=150 000+20 000-157 7220。

第二，作出相关会计分录：

2×20年12月31日收到第一期租金时：

借：银行存款　150 000

　贷：应收融资租赁款——租赁收款额　150 000

借：应收融资租赁款——未实现融资收益　55 522

　贷：租赁收入　55 522

2×21年12月31日收到第二期租金时：

借：银行存款　150 000

　贷：应收融资租赁款——租赁收款额　150 000

借：应收融资租赁款——未实现融资收益　48 134

　贷：租赁收入　48 134

需要注意的是，纳入出租人租赁投资净额的可变租赁付款额只包含取决于指数或比率的可变租赁付款额。在初始计量时，应当采用租赁期开始日的指数或比率进行初始计量。出租人应定期复核计算租赁投资总额时所使用的未担保余值。若预计未担保余值降低，出租人应修改租赁期内的收益分配，并立即确认预计的减少额。

出租人取得的未纳入租赁投资净额计量的可变租赁付款额，如与资产的未来绩效或使用情况挂钩的可变租赁付款额，应当在实际发生时计入当期损益。

【例9-43】仍承接【例9-41】，假设2×21年和2×22年甲公司分别实现塑钢窗户年销售收入1 000 000元和1 500 000元。根据租赁合同，乙公司2×21年和2×22年应向甲公司收取的与销售收入挂钩的租金分别为50 000元和75 000元。乙公司作如下会计分录：

2×21年：

借：银行存款（或应收账款）　50 000

　贷：租赁收入　50 000

2×22年：

借：银行存款（或应收账款）　75 000

　贷：租赁收入　75 000

【例9-44】仍承接【例9-41】，租赁期届满时，承租人行使购买权。

借：银行存款　20 000

　贷：应收融资租赁款——租赁收款额　20 000

此外，关于融资租赁的后续计量，出租人还应当按照金融工具有关准则的规定，对应收融资租赁款的终止确认和减值进行会计处理。将应收融资租赁款或其所在的处置组划分为持有待售类别的，应当按照持有待售的非流动资产、处置组和终止经营准则进行会计处理。租赁期开始后，除非发生以下情况之一，否则无须重新计量租赁投资净额：①租赁被修改（即租赁范围改变或不属于租赁原始条款和条件的租赁对价改变），而且修改后的租赁不可作为单独合同进行会计处理（见下文所述）；②当不可撤销租赁的期间改变时，租赁期被修订。

（三）融资租赁变更的会计处理

如前文第四节所述，租赁变更是指原合同条款之外的租赁范围、租赁对价、租赁期限的变更，包括增加或终止一项或多项租赁资产的使用权，延长或缩短合同规定的租赁期等。如果融资租赁被变更，则应当评估变更后的租赁以确定其属于租赁还是包含租赁。如果租赁继续存在，则融资租赁的变更可能导致：一项单独的租赁；或者现有租赁（即并非一项单独的租赁）会计处理的变更。

1.融资租赁的变更作为一项单独的租赁

如果融资租赁发生变更且同时符合下列条件，出租人应当将该变更作为一项单独租赁进行会计处理：

（1）该变更通过增加一项或多项租赁资产的使用权而扩大了租赁范围；

（2）增加的对价与租赁范围扩大部分的单独价格按该合同情况调整后的金额相当。

【例9-45】承租人就某套机器设备与出租人签订了一项为期5年的租赁，构成融资租赁。在第2年年初，承租人和出租人同意对原租赁进行修改，再增加1套机器设备用于租赁，租赁期也为5年。扩租的设备从第2年第二季度末时可供承租人使用。租赁总对价的增加额与新增的该套机器设备的当前出租市价扣减相关折扣相当。其中，折扣反映了出租人节约的成本，即若将同样设备租赁给新租户出租人会发生的成本，如营销成本等。

分析：在这种情况下，该变更通过增加一项或多项租赁资产的使用权而扩大了租赁范围，增加的对价与租赁范围扩大部分的单独价格按该合同情况调整后的金额相当，应将该变更作为一项新的租赁。

2.融资租赁的变更未作为一项单独的租赁

如果融资租赁的变更未作为一项单独租赁进行会计处理的，出租人应当分别下列情形对变更后的租赁进行处理：

（1）假如变更在租赁开始日生效，该租赁会被分类为经营租赁的，出租人应当自租赁变更生效日开始将其作为一项新租赁进行会计处理，并以租赁变更生效日前的租赁投资净额作为租赁资产的账面价值。

【例9-46】承租人就某套机器设备与出租人签订了一项为期5年的租赁，构成融资租赁。合同规定，每年末承租人向出租人支付租金10 000元，租赁期开始日，出租资产公允价值为37 908元。按照公式10 000×（P/A，r，5）=37 908，计算得出租赁内含利率为10%，租赁收款额为50 000元，未确认融资收益为12 092元。在第2年年初，承租人和出租人同意对原租赁进行修改，缩短租赁期限到第3年年末，每年支付租金时点不变，租金总额从50 000元变更到33 000元。假设本例中不涉及未担保余值、担保余值、终止租赁罚款等。

分析：本例中，如果原租赁期限设定为3年，在租赁开始日，租赁类别被分类为经营租赁，那么，在租赁变更生效日，即第2年年初，出租人将租赁投资净额余额31 699元（37 908+37 908×10%-10 000）作为该套机器设备的入账价值，并从第2年年初开始，作为一项新的经营租赁（2年租赁期，每年年末收取租金11 500元）进行会计处理。

第2年年初会计分录如下：

借：固定资产　　31 699

　　应收融资租赁款——未确认融资收益（12 092-37 908×10%）　　8 301

　贷：应收融资租赁款——租赁收款额（50 000-10 000）　　40 000

（2）假如变更在租赁开始日生效，该租赁会被分类为融资租赁的，出租人应当按照金融工具确认和计量准则中关于修改或重新议定合同的规定进行会计处理。

如果融资租赁的变更未作为一项单独租赁进行会计处理，且满足假如变更在租赁开始日生效，该租赁会被分类为融资租赁条件的，出租人应当按照金融工具确认和计量准则中关于修改或重新议定合同的规定进行会计处理，即修改或重新议定租赁合同，未导致应收融资租赁款终止确认，但导致未来现金流量发生变化的，应当重新计算该应收融资租赁款的账面余额，并将相关利得或损失计入当期损益。重新计算应收融资租赁款账面余额时，应当根据重新议定或修改的租赁合同现金流量按照应收融资租赁款的原折现率或按照套期会计准则的有关规定重新计算的折现率（如适用）折现的现值确定。对于修改或重新议定租赁合同所产生的所有成本和费用，企业应当调整修改后的应收融资租赁款的账面价值，并在修改后的应收融资租赁款的剩余期限内进行摊销。

【例9-47】承租人就某套机器设备与出租人签订了一项为期5年的租赁，构成融资租赁。合同规定，每年年末承租人向出租人支付租金10 000元，租赁期开始日租赁资产公允价值为37 908元（如【例9-46】中计算），租赁内含利率为10%。在第2年年初，承租人和出租人因为设备适用性等原因同意对原租赁进行修改，从第2年开始，每年支付租金额变为9 500元，租金总额从50 000元变更到48 000元。

分析：如果此付款变更在租赁开始日生效，租赁类别仍被分类为融资租赁，那么，在租赁变更生效日——第2年年初，按10%原租赁内含利率重新计算租赁投资净额为30 114元（9 500×（P/A，10%，4）），与原租赁投资净额账面余额31 699元的差额1 585元（其中“应收融资租赁款——租赁收款额”减少2 000元，“应收融资租赁款——未确认融资收益”减少415元）计入当期损益。

第2年年初会计分录如下：

借：租赁收入　　1 585

　　应收融资租赁款——未确认融资收益　　415

　贷：应收融资租赁款——租赁收款额　　2 000

三、出租人对经营租赁的会计处理

（一）租金的处理

在租赁期内各个期间，出租人应当采用直线法或其他系统合理的方法，将经营租赁的租赁收款额确认为租金收入。如果其他系统合理的方法能够更好地反映因使用租赁资产所产生经济利益的消耗模式的，出租人应当采用该方法。

（二）出租人对经营租赁提供激励措施

出租人提供免租期的，出租人应将租金总额在不扣除免租期的整个租赁期，按直线法或其他合理的方法进行分配，免租期内应当确认租金收入。出租人承担了承租人某些费用的，出租人应将该费用自租金收入总额中扣除，按扣除后的租金收入余额在租赁期内进行分配。

（三）初始直接费用

出租人发生的与经营租赁有关的初始直接费用应当资本化至租赁标的资产的成本，在租赁期内按照与租金收入相同的确认基础分期计入当期损益。

（四）折旧和减值

对于经营租赁资产中的固定资产，出租人应当采用类似资产的折旧政策计提折旧；对于其他经营租赁资产，应当根据该资产适用的企业会计准则，采用系统合理的方法进行摊销。

出租人应当按照资产减值准则的规定，确定经营租赁资产是否发生减值，并对已识别的减值损失进行会计处理。

（五）可变租赁付款额

出租人取得的与经营租赁有关的可变租赁付款额，如果是与指数或比率挂钩的，应在租赁期开始日计入租赁收款额；除此之外的，应当在实际发生时计入当期损益。

（六）经营租赁的变更

经营租赁发生变更的，出租人应自变更生效日开始，将其作为一项新的租赁进行会计处理，与变更前租赁有关的预收或应收租赁收款额视为新租赁的收款额。

第六节 特殊租赁业务的会计处理

一、转租赁

（一）转租赁的含义

转租赁是指在原出租人与原承租人之间的租赁（“原租赁”）仍然有效的情况下，原承租人（“中间出租人”）将标的资产转租给第三方的交易。承租人通常在原租赁合同生效时，签订将租赁资产转租给第三方的安排。在这些安排中，一方同时作为同一标的资产的承租人和出租人。原来的租赁通常被称为原租赁，原承租人通常被称为中间出租人或转租出租人，而最终承租人通常被称为转租承租人。在某些情况下，转租是一项单独的租赁协议；在其他情况下，第三方承担原始租赁，但原始承租人仍然是原始租赁的首要义务人。

（二）中间出租人的会计处理

转租情况下，原租赁合同和转租赁合同通常都是单独协商的，交易对手也是第三方企业，即标的资产是由承租人重新租给第三方，且原始承租人保留了原租赁下的主要义务。因此，原承租人通常仍然作为承租人对原始租赁（原租赁）进行会计处理，同时还作为出租人（中间出租人）对转租进行会计处理。

1.中间出租人对转租赁的分类

中间出租人在对转租赁进行分类时，应当基于原租赁产生的使用权资产，而不是原租赁的标的资产（例如，作为租赁对象的不动产或设备）对转租赁进行分类。因为原租赁资产不归中间出租人所有，原租赁资产也未计入其资产负债表，因此，中间出租人应基于其控制的资产（即使用权资产）进行会计处理。但是，如果原租赁为短期租赁，且中间出租人按照前文所述的准则规定对原租赁进行简化处理的，中间出租人应当将该转租赁分类为经营租赁。

【例9-48】A公司（原承租人/中间出租人）租赁一幢建筑物5年。该建筑物的经济寿命为30年。A公司转租该建筑物4年。

分析：转租赁是参考原租赁的使用权资产（而不是相关建筑物）进行分类。因此，本例中在评估使用寿命标准时，是将4年的转租期与原租赁中的5年使用权资产进行比较，而不是与该建筑物的30年经济寿命进行比较，这可能导致转租赁被分类为融资租赁。

2.中间出租人对转租赁进行会计处理方法

（1）如果转租赁被分类为经营租赁，原承租人继续对原租赁（如同其他任何租赁）上的租赁负债和使用权资产进行会计处理。如果原租赁上的使用权资产的剩余账面总额超过预期转租赁收入，这可能表明与原租赁相关的使用权资产发生减值。

（2）如果转租赁被分类为融资租赁，原承租人将在转租期开始日终止确认原租赁上的使用权资产，并根据承租人会计模型继续对原租赁负债进行会计处理。原始承租人作为转租出租人，确认转租赁的投资净额，并对其进行减值评估。

出租人应采用租赁内含利率计量租赁投资净额。在转租赁的情况下，若转租赁的内含利率无法直接确定，则中间出租人可采用原租赁所使用的折现率（根据与转租赁有关的初始直接费用进行调整）计量转租赁投资净额。

此外，当原租赁合同与转租赁合同是在同一时间或接近同一时间签订时，中间出租人必须考虑合并合同的标准（例如，当合同是作为具有单一商业目标的一揽子协议进行协商时，或当一个合同中待支付的对价取决于另一个合同的价格或履约时）。如果合同需要进行合并，中间出租人将原租赁和转租赁作为单一合并交易进行会计处理。

最后，如果承租人转租一项资产，或者预期将转租一项资产，则原租赁不能按照低值资产租赁进行处理。

【例9-49】甲企业（原租赁承租人、中间出租人）与乙企业（原租赁出租人）就5 000平方米办公场所签订了一项为期5年的租赁（原租赁）。在第3年年初，甲企业将该5 000平方米办公场所转租给丙企业，期限为原租赁的剩余3年时间（转租赁）。假设不考虑初始直接费用。

分析：本例中，甲企业应基于原租赁形成的使用权资产对转租赁进行分类。由于转租赁的期限覆盖了原租赁的所有剩余期限，综合考虑其他因素，甲企业判断其实质上转移了与该项使用权资产有关的几乎全部风险和报酬，甲企业将该项转租赁分类为融资租赁。

甲企业的会计处理为：(1) 终止确认与原租赁相关且转给丙企业（转租承租人）的使用权资产，并确认转租赁投资净额；(2) 将使用权资产与转租赁投资净额之间的差额确认为损益；(3) 在资产负债表中保留原租赁的租赁负债，该负债代表应付原租赁出租人的租赁付款额。在转租赁期间，中间出租人既要确认转租赁的融资收益，也要确认原租赁的利息费用。

【例9-50】甲企业（原租赁承租人、中间出租人）与乙企业（原租赁出租人）就5 000平方米办公场所签订了一项为期5年的租赁（原租赁）。在原租赁的租赁期开始日，甲企业将该5 000平方米办公场所转租给丙企业，期限为2年（转租赁）。

分析：本例中，甲企业基于原租赁形成的使用权资产对转租赁进行分类，考虑各种因素后，将其分类为经营租赁。签订转租赁合同时，中间出租人在其资产负债表中继续保留与原租赁相关的租赁负债和使用权资产。在转租赁期间，甲企业一方面确认使用权资产的折旧费用和租赁负债的利息，同时还要确认转租赁的租赁收入。

二、生产商或经销商出租人的融资租赁会计处理

生产商或经销商通常为客户提供购买或租赁其产品或商品的选择。如果生产商或经销

商出租其产品或商品构成融资租赁，则该交易产生的损益应相当于按照考虑适用的交易量或商业折扣后的正常售价直接销售标的资产所产生的损益。构成融资租赁的，生产商或经销商出租人在租赁期开始日应当按照租赁资产公允价值与租赁收款额按市场利率折现的现值两者孰低确认收入，并按照租赁资产账面价值扣除未担保余值的现值后的余额结转销售成本，收入和销售成本的差额作为销售损益。

由于取得融资租赁所发生的成本主要与生产商或经销商赚取的销售利得相关，生产商或经销商出租人应当在租赁期开始日将其计入损益，即与其他融资租赁出租人不同，生产商或经销商出租人取得融资租赁所发生的成本不属于初始直接费用，因此不计入租赁投资净额。

【例9-51】甲公司是一家设备生产商，与乙公司（生产型企业）签订了一份租赁合同，向乙公司出租所生产的设备，合同主要条款如下：(1) 租赁资产：设备A。(2) 租赁期：2×20年1月1日至2×22年12月31日，共3年。(3) 租金支付：自2×20年起每年年末支付年租金1 000 000元。(4) 租赁合同规定的利率：5%（年利率），与市场利率相同。(5) 该设备于2×20年1月1日的公允价值为2 700 000元，账面价值为2 000 000元。(6) 甲公司取得该租赁发生的相关成本为5 000元。(7) 该设备于2×20年1月1日交付乙公司，预计使用寿命为8年，无残值；租赁期届满时，乙公司可以100元价格购买该设备，预计租赁到期日该设备的公允价值不低于1 500 000元，乙公司对此金额提供担保；租赁期内该设备的保险、维修等费用均由乙公司自行承担。假设不考虑其他因素和各项税费影响。

本例中，甲公司应作如下分析判断和会计处理：

第一，判断租赁类型。本例中租赁期满乙公司可以远低于租赁到期日租赁资产公允价值的金额购买租赁资产，甲公司认为其可以合理确定乙公司将行使购买选择权，综合考虑其他因素，与该项资产所有权有关的几乎所有风险和报酬已实质转移给乙公司，因此甲公司将该租赁认定为融资租赁。

第二，计算租赁期开始日租赁收款额按市场利率折现的现值，确定收入金额。

租赁收款额=租金×期数+购买价格=1 000 000×3+100=3 000 100（元）

租赁收款额按市场利率折现的现值=1 000 000×（P/A，5%，3）+100×（P/F，5%，3）=2 723 286（元）

按照租赁资产公允价值与租赁收款额按市场利率折现的现值两者孰低的原则，确认收入为2 700 000元。

第三，计算租赁资产账面价值扣除未担保余值的现值后的余额，确定销售成本金额。

销售成本=账面价值-未担保余值的现值=2 000 000-0=2 000 000（元）

第四，作出相关会计分录：

2×20年1月1日（租赁期开始日）：

借：应收融资租赁款——租赁收款额	3 000 100	
贷：营业收入		2 700 000
应收融资租赁款——未实现融资收益		300 100
借：营业成本	2 000 000	
贷：存货		2 000 000
借：销售费用	5 000	
贷：银行存款		5 000

由于甲公司在确定营业收入和租赁投资净额（即应收融资租赁款）时，是基于租赁资产的公允价值，因此，甲公司需要根据租赁收款额、未担保余值和租赁资产公允价值重新计算租赁内含利率。

1 000 000×（P/A，r，3）+100×（P/F，r，3）=27 000 000

r=5.4606%≈5.46%

计算租赁期内各期分摊的融资收益如表9-6所示。

表9-6　**甲公司租赁期内各期分摊的融资收益计算表**　单位：元

日期	收取租赁款项	确认的融资收入	应收租赁款减少额	应收租赁款净额
	①	②=期初④×5.4606%	③=①-②	期末④=期初④-③
2×20年1月1日				2 700 000
2×20年12月31日	1 000 000	147 436	852 564	1 847 436
2×21年12月31日	1 000 000	100 881	899 119	948 317
2×22年12月31日	1 000 000	51 783*	948 217*	100
2×22年12月31日	100		100	
合计	3 000 100	300 100	2 700 000	

注：*作尾数调整：51 783=1 000 000－948 217；948 217=948 317–100。

2×20年12月31日会计分录：

借：应收融资租赁款——未实现融资收益　147 436

　贷：租赁收入　147 436

借：银行存款　1 000 000

　贷：应收融资租赁款——租赁收款额　1 000 000

2×21年12月31日和2×22年12月31日会计分录略。

【例9-52】甲公司是一家设备生产商，与乙公司（生产型企业）签订了一份租赁合同，向乙公司出租所生产的设备，合同主要条款如下：（1）租赁资产：设备A。（2）租赁期：2×20年1月1日至2×26年12月31日，共7年。（3）租金支付：自2×20年起每年年末支付年租金475 000元。（4）租赁合同规定的利率：6%（年利率），与市场利率相同。（5）该设备于2×20年1月1日的公允价值为2 700 000元，账面价值为2 000 000元，甲公司认为租赁到期时该设备余值为72 800元，乙公司及其关联方未对余值提供担保。（6）甲公司取得该租赁发生的相关成本为5 000元。（7）该设备于2×20年1月1日交付乙公司，预计使用寿命为7年；租赁期内该设备的保险、维修等费用均由乙公司自行承担。假设不考虑其他因素和各项税费影响。

本例中，甲公司应作如下分析判断和会计处理（注意比较与上例的差异）：

第一，判断租赁类型。

本例中租赁期与租赁资产预计使用寿命一致，另外，租赁收款额的现值为2 651 600元（计算过程见后），约为租赁资产公允价值的98%，综合考虑其他因素，甲公司认为与该项资产所有权有关的几乎所有风险和报酬已实质转移给乙公司，所以将该租赁认定为融资租赁。

第二，计算租赁期开始日租赁收款额按市场利率折现的现值，确定收入金额。

租赁收款额=租金×期数=475 000×7=3 325 000（元）

租赁收款额按市场利率折现的现值=475 000×（P/A，6%，7）=2 651 600（元）

按照租赁资产公允价值与租赁收款额按市场利率折现的现值两者孰低的原则，确认收入为2 651 600元。

（注：475 000×（P/A，6%，7）=2 651 640（元），为便于计算，作尾数调整，取2 651 600元）

第三，计算租赁资产账面价值扣除未担保余值的现值后的余额，确定销售成本金额。

未担保余值的现值=72 800×（P/F，6%，7）=48 400（元）

（注：72 800×（P/F，6%，7）=48 412（元），为便于计算，作尾数调整，取48 400元）

销售成本=账面价值-未担保余值的现值=2 000 000 -48 400 =1 951 600（元）

第四，作出相关会计分录：

2×20年1月1日（租赁期开始日）：

借：应收融资租赁款——租赁收款额	3 325 000	
贷：营业收入		2 651 600
应收融资租赁款——未实现融资收益		673 400
借：营业成本	1 951 600	
应收融资租赁款——未担保余值	72 800	
贷：存货		2 000 000
应收融资租赁款——未实现融资收益		24 400
借：销售费用	5 000	
贷：银行存款		5 000

由于甲公司在确定营业收入和租赁投资净额（即应收融资租赁款）时，是基于租赁收款额按市场利率折现的现值，因此，甲公司无须重新计算租赁内含利率。甲公司按上述折现率6%计算租赁期内各期分摊的融资收益如表9-7所示。

表9-7　**甲公司租赁期内各期分摊的融资收益计算表**　单位：元

日期	收取租赁款项 ①	确认的融资收入* ②=期初④×6%	应收租赁款减少额 ③=①-②	应收租赁款净额 期末④=期初④-③
2×20年1月1日				2 700 000
2×20年12月31日	475 000	162 000	313 000	2 387 000
2×21年12月31日	475 000	143 220	331 780	2 055 220
2×22年12月31日	475 000	123 313	351 687	1 703 533
2×23年12月31日	475 000	102 212	372 788	1 330 745
2×24年12月31日	475 000	79 845	395 155	935 590
2×25年12月31日	475 000	56 135	418 865	516 725
2×26年12月31日	475 000	31 075**	443 925**	72 800
2×26年12月31日			72 800	
合计	3 325 000	697 800	2 700 000	

注：* 包括未实现融资收益的摊销和未担保余值产生的利息两部分。**作尾数调整：31 075 =475 000-443 925；443 925 =516 725 -72 800（假定租赁资产余值估计一直未变）。

2×20年12月31日会计分录：

借：应收融资租赁款——未实现融资收益 159 096

——未担保余值 2 904

贷：租赁收入 162 000

借：银行存款 475 000

贷：应收融资租赁款——租赁收款额 475 000

2×21年度至2×25年度会计分录略。

假设2×26年12月31日，乙公司到期归还租赁资产，甲公司将该资产处置，取得处置款72 800元，会计分录如下：

借：应收融资租赁款——未实现融资收益 26 931

——未担保余值 4 144

贷：租赁收入 31 075

借：银行存款 475 000

贷：应收融资租赁款——租赁收款额 475 000

借：融资租赁资产 72 800

贷：应收融资租赁款——未担保余值 72 800

借：银行存款 72 800

贷：融资租赁资产 72 800

有时为吸引客户，生产商或经销商出租人会以较低利率报价，使用该利率将会导致出租人在租赁期开始日确认的收入偏高。在这种情况下，生产商或经销商出租人应当将销售利得限制为采用市场利率所能取得的销售利得。

最后，需要注意的是，相对于以上融资租赁情形下的会计处理，生产商或经销商出租人不应该对经营租赁确认销售利润，因为经营租赁不等同于销售。

三、售后租回交易的会计处理

售后租回交易是一种特殊形式的租赁业务。售后租回交易涉及由企业（卖方兼承租人）将资产转移至另一企业（买方兼出租人）以及卖方兼承租人对同一资产的租回。若企业（卖方兼承租人）将资产转让给其他企业（买方兼出租人），并从买方兼出租人租回该项资产，则卖方兼承租人和买方兼出租人均应按照售后租回交易的规定进行会计处理。

（一）评估资产转让是否属于销售

企业应当按照收入准则中何时满足履约义务的规定，评估确定售后租回交易中的资产转让是否属于销售，并区别进行会计处理。

在标的资产的法定所有权转移给出租人并将资产租赁给承租人之前，承租人可能会先获得标的资产的法定所有权。但是，是否具有标的资产的法定所有权本身并非会计处理的决定性因素。如果承租人在资产转移给出租人之前已经取得对标的资产的控制，则该交易属于售后租回交易。然而，如果承租人未能在资产转移给出租人之前取得对标的资产的控制，那么即便承租人在资产转移给出租人之前先获得标的资产的法定所有权，该交易也不属于售后租回交易。也就是说，如果对标的资产的控制权移交给买方兼出租人，则交易被视为资产的销售和购买以及租赁；如果不是，卖方兼承租人和买方兼出租人均将该交易作为融资交易进行会计处理。

如何判断客户是否已取得商品的控制权，企业应当考虑相关的迹象，具体可参见本套教材一般业务分册第十二章“收益的确定”的相关内容或收入准则的有关规定，此处不再赘述。

（二）资产转让属于销售

售后租回交易中的资产转让属于销售的，卖方兼承租人应当按原资产账面价值中与租回获得的使用权有关的部分，计量售后租回所形成的使用权资产，并仅就转让至买方出租人的权利确认相关利得或损失；买方兼出租人应当根据其他适用的企业会计准则对资产购买进行会计处理，并对资产出租进行会计处理。

如果销售对价的公允价值与资产的公允价值不同，或者出租人未按市场价格收取租金，企业应当进行以下调整：

（1）销售对价低于市场价格的款项作为预付租金进行会计处理；

（2）销售对价高于市场价格的款项作为买方兼出租人向卖方兼承租人提供的额外融资进行会计处理。

同时，承租人按照公允价值调整相关销售利得或损失，出租人按市场价格调整租金收入。

在进行上述调整时，企业应当按以下两者中比较容易确定者进行：

（1）销售对价的公允价值与资产的公允价值的差异；

（2）合同付款额的现值与按市场租金计算的付款额的现值的差异。

【例9-53】甲公司（卖方兼承租人）以货币资金40 000 000元的价格向乙公司（买方兼出租人）出售一栋建筑物，交易前该建筑物的账面原值是24 000 000元，累计折旧是4 000 000元。与此同时，甲公司与乙公司签订了合同，取得了该建筑物18年的使用权（全部剩余使用年限为40年），年租金为2 400 000元，于每年年末支付。根据交易的条款和条件，甲公司转让建筑物符合收入准则中关于销售成立的条件。假设不考虑初始直接费用和各项税费的影响。该建筑物在销售当日的公允价值为36 000 000元。

分析：本例中，由于该建筑物的销售对价并非公允价值，甲公司和乙公司分别进行了调整，以按照公允价值计量销售收益和租赁应收款。超额售价4 000 000元（40 000 000-36 000 000）作为乙公司向甲公司提供的额外融资进行确认。

甲、乙公司均确定租赁内含年利率为4.5%。年付款额现值为29 183 980元（年付款额2 400 000元，共18期，按每年4.5%进行折现），其中4 000 000元与额外融资相关，25 183 980元与租赁相关（分别对应年付款额328 948元和2 071 052元），具体计算过程如下：

年付款额现值=2 400 000×（P/A，4.5%，18）=29 183 980（元）

额外融资年付款额=4 000 000/29 183 980×2 400 000=328 948（元）

租赁相关年付款额=2 400 000-328 948 =2071 052（元）

根据上述资料和分析，甲、乙公司对该交易的会计处理如下：

（1）甲公司（卖方兼承租人）的会计处理如下：

①租赁期开始日。

第一，按租回获得的使用权部分占该建筑物的原账面金额的比例计算售后租回所形成的使用权资产。

使用权资产=（24 000 000-4 000 000）（注1）×（25 183 980（注2）÷36 000 000（注3））=13 991 100（元）

注1：该建筑物的账面价值；

注2：18年使用权资产的租赁付款额现值；

注3：该建筑物的公允价值。

第二，计算与转让至乙公司的权利相关的利得。

出售该建筑物的全部利得=36 000 000-20 000 000 =16 000 000（元）

其中：

（a）与该建筑物使用权相关的利得=16 000 000×（25 183 980÷36 000 000）=11 192 880（元）

（b）与转让至乙公司的权利相关的利得=16 000 000-11 192 880=4 807 120（元）

第三，会计分录：

（a）与额外融资相关：

借：货币资金	4 000 000	
贷：长期应付款		4 000 000

（b）与租赁相关：

借：货币资金	36 000 000	
使用权资产	13 991 100	
固定资产——建筑物——累计折旧	4 000 000	
租赁负债——未确认融资费用	12 094 956	
贷：固定资产——建筑物——原值		24 000 000
租赁负债——租赁付款额（注）		37 278 936
资产处置损益		4 807 120

注：该金额为甲公司年付款额2 400 000元中的2 071 052元×18。

②租赁期开始日之后。

后续甲公司支付的年付款额2 400 000元中2 071 052元作为租赁付款额处理，328 948元作为以下两项进行会计处理：一是结算金融负债4 000 000元而支付的款项；二是利息费用。会计分录以第1年年末为例：

借：租赁负债——租赁付款额	2 071 052	
长期应付款（注）	148 948	
利息费用（注）	1 313 279	
贷：租赁负债——未确认融资费用		1 133 279
银行存款		2 400 000

注：利息费用=25 183 980×4.5%+4 000 000×4.5%=1 133 279+180 000=1 313 279（元）

长期应付款减少额=328 948 -180 000=148 948（元）

（2）乙公司（买方兼出租人）的会计处理如下：

综合考虑租期占该建筑物剩余使用年限的比例等因素，乙公司将该建筑物的租赁分类为经营租赁。

①租赁期开始日。

借：固定资产——建筑物	36 000 000	

借：长期应收款　　4 000 000

　贷：货币资金　　40 000 000

②租赁期开始日之后。

乙公司将从甲公司处年收款额2 400 000元中的2 071 052元作为租赁收款额进行会计处理，从甲公司处年收款额中的其余328 948元作为以下两项进行会计处理：一是结算金融资产4 000 000元而收到的款项；二是利息收入。会计分录以第1年年末为例：

借：银行存款　　2 400 000

　贷：租赁收入　　2 071 052

　　利息收入　　180 000

　　长期应收款　　148 948

（三）资产转让不属于销售

售后租回交易中的资产转让不属于销售的，卖方兼承租人应当继续确认被转让资产，同时确认一项与转让收入等额的金融负债，并按照金融工具确认和计量准则对该金融负债进行会计处理；买方兼出租人不确认被转让资产，但应当确认一项与转让收入等额的金融资产，并按照上述规定对该金融资产进行会计处理。

【例9-54】甲公司（卖方兼承租人）以货币资金24 000 000元的价格向乙公司（买方兼出租人）出售一栋建筑物，交易前该建筑物的账面原值是24 000 000元，累计折旧是4 000 000元。与此同时，甲公司与乙公司签订了合同，取得了该建筑物18年的使用权（全部剩余使用年限为40年），年租金为2 000 000元，于每年年末支付，租赁期满时，甲公司将以100元购买该建筑物。根据交易的条款和条件，甲公司转让建筑物不满足收入准则中关于销售成立的条件。假设不考虑初始直接费用和各项税费的影响。该建筑物在销售当日的公允价值为36 000 000元。

根据上述资料，在租赁期开始日，甲、乙公司对该交易的会计处理如下：

甲公司（卖方兼承租人）：

借：货币资金　　24 000 000

　贷：长期应付款　　24 000 000

乙公司（买方兼出租人）：

借：长期应收款　　24 000 000

　贷：货币资金　　24 000 000

观念应用9-1

企业出于融资的需要，常常将固定资产用于售后租回交易。售后租回交易既是一种特殊的销售方式，也是一种特殊形式的租赁业务。通过售后租回交易，资产的原所有者（即销售方和承租方）在保留资产的占有权、使用权和控制权的前提下，将固定资本转为货币资本，在出售时可取得全部价款的货币资金，而租金则是分期支付的，从而获得了所需的资金；而资产新的所有者（即购买方和出租人）通过售后租回交易，找到了一个风险小、回报有保障的投资机会。

第七节 租赁的列报与披露

一、承租人的列报与披露

(一) 列报

承租人应当在资产负债表中单独列示使用权资产和租赁负债。其中，租赁负债通常分别非流动负债和1年内到期的非流动负债（即资产负债表日后12个月内租赁负债预期减少的金额）列示。

在利润表中，承租人应当分别列示租赁负债的利息费用与使用权资产的折旧费用。租赁负债的利息费用在财务费用项目列示。

在现金流量表中，偿还租赁负债本金和利息所支付的现金应当计入筹资活动现金流出，支付的按租赁准则第三十二条简化处理的短期租赁付款额和低价值资产租赁付款额以及未纳入租赁负债计量的可变租赁付款额应当计入经营活动现金流出。

(二) 附注中的信息披露

承租人应当在附注中披露与租赁有关的下列信息：

(1) 各类使用权资产的期初余额、本期增加额、期末余额以及累计折旧额和减值金额；

(2) 租赁负债的利息费用；

(3) 计入当期损益的按租赁准则第三十二条简化处理的短期租赁费用和低价值资产租赁费用；

(4) 未纳入租赁负债计量的可变租赁付款额；

(5) 转租使用权资产取得的收入；

(6) 与租赁相关的总现金流出；

(7) 售后租回交易产生的相关损益；

(8) 其他按照《企业会计准则第37号——金融工具列报》应当披露的有关租赁负债的信息。

承租人应用租赁准则第三十二条对短期租赁和低价值资产租赁进行简化处理的，还应当披露这一事实。

此外，承租人应当根据理解财务报表的需要，披露有关租赁活动的其他定性和定量信息。此类信息包括：

(1) 租赁活动的性质，如对租赁活动基本情况的描述；

(2) 未纳入租赁负债计量的未来潜在现金流出；

(3) 租赁导致的限制或承诺；

(4) 售后租回交易除上述信息披露中第 (7) 条“售后租回交易产生的相关损益”之外的其他信息；

(5) 其他相关信息。

二、出租人的列报与披露

（一）列报

出租人应当根据资产的性质，在资产负债表中列示经营租赁资产。

（二）附注中的信息披露

1.与融资租赁有关的信息

出租人应当在附注中披露与融资租赁有关的下列信息：

（1）销售损益、租赁投资净额的融资收益以及与未纳入租赁投资净额的可变租赁付款额相关的收入；

（2）资产负债表日后连续五个会计年度每年将收到的未折现租赁收款额，以及剩余年度将收到的未折现租赁收款额总额；

（3）未折现租赁收款额与租赁投资净额的调节表。

2.与经营租赁有关的信息

出租人应当在附注中披露与经营租赁有关的下列信息：

（1）租赁收入，并单独披露与未计入租赁收款额的可变租赁付款额相关的收入；

（2）将经营租赁固定资产与出租人持有自用的固定资产分开，并按经营租赁固定资产的类别提供《企业会计准则第4号——固定资产》要求披露的信息；

（3）资产负债表日后连续五个会计年度每年将收到的未折现租赁收款额，以及剩余年度将收到的未折现租赁收款额总额。

此外，出租人应当根据理解财务报表的需要，披露有关租赁活动的其他定性和定量信息。此类信息包括：

（1）租赁活动的性质，如对租赁活动基本情况的描述；

（2）对其在租赁资产中保留的权利进行风险管理的情况；

（3）其他相关信息。

本章小结

我国新租赁准则借鉴了IFRS16的做法，将租赁定义为在一定期间内出租人将资产的使用权让与承租人以获取对价的合同，并要求在合同开始日，企业就应该评估合同是否为租赁或者包含租赁，如果合同中一方让渡了在一定期间内控制一项或多项已识别资产使用的权利以换取对价，则该合同为租赁或者包含租赁。是否让渡在一段时间内控制被识别资产使用的权利，即客户是否在一段时间内控制被识别资产的使用，是租赁的主要特征。

合同中同时包含多项单独租赁的，承租人和出租人应当将合同予以分拆，并分别各项单独租赁进行会计处理；合同中同时包含租赁和非租赁部分的，承租人和出租人通常应当将租赁和非租赁部分进行分拆，分别进行会计处理。企业与同一交易方或其关联方在同一时间或相近时间订立的两份或多份包含租赁的合同，在符合一定条件时，应当合并为一份合同进行会计处理。

承租人应采用单一的会计处理模式，不区分经营租赁和融资租赁，除采用简化处理的短期租赁和低价值资产租赁外，对所有租赁均确认使用权资产和租赁负债，并参照固定资产准则对使用权资产计提折旧，采用固定的周期性利率确定每期利息费用。出租人租赁分为融资租赁和经营租赁两大类，分别采用不同的会计处理方法。若企业将资产转让给其他企业，并从买方兼出租人租回该项资产，则卖方兼承租人和买方兼出租人均应按照售后租回交易的规定进行会计处理；企业应当按照收入准则的规定，评估确定售后租回交易中的资产转让是否属于销售，并区别进行会计处理。

主要概念和观念

租赁　已识别资产　租赁的分拆　租赁的合并　租赁期　租赁期开始日　不可撤销期间　续租选择权　终止租赁选择权　购买选择权　使用权资产　租赁负债　租赁付款额　租赁变更　短期租赁　低价值资产租赁　融资租赁　经营租赁　转租赁　售后租回交易

基本训练

知识题

1.什么是租赁？如何识别租赁？

2.如何判断客户是否控制了已识别资产使用权？

3.什么是租赁期？确定租赁期时要考虑哪些因素？

4.什么是租赁付款额？租赁付款额包括哪些项目？

5.什么是使用权资产？使用权资产的初始计量成本包括哪些项目？

6.在计算租赁付款额的现值时，承租人应当如何确定折现率？

7.什么是租赁变更？租赁变更应该如何进行会计处理？

8.如何判断一项租赁是低价值资产租赁？

9.如何判断一项租赁是融资租赁？

10.什么是租赁收款额？租赁收款额包括哪些项目？

11.售后租回交易中的资产转让属于销售的，应当如何进行会计处理？

技能题

1.资料：承租人就某栋建筑物的某一层楼签订了为期10年的租赁合同，具有5年的续租选择权。初始租赁期内租赁付款额为每年50 000元，选择权期间为每年55 000元，所有款项应在每年年初支付。为获得该项租赁，承租人发生的初始直接费用为20 000元，其中，15 000元为向该楼层前任租户支付的款项，5 000元为向安排此租赁的房地产中介支付的佣金。作为对签署此项租赁的承租人的激励，出租人同意为承租人报销5 000元的佣金，以及7 000元的装修费。

在租赁期开始日，承租人得出结论认为不能合理确定将行使续租选择权，因此，将租赁期确定为10年。

租赁内含利率无法直接确定。承租人的增量借款利率为每年5%，该利率反映的是承租人以类似抵押条件借入期限为10年、与使用权资产等值的相同币种的借款而必须支付的固定利率。

在租赁的第6年，承租人收购了主体A。主体A在另一建筑物中租了一层楼。主体A签订的租赁合同包含可由主体A行使的终止租赁选择权。收购主体A之后，承租人由于员工人数增加而需在合适的建筑物中租赁两个楼层。为使成本最小化，承租人在其租赁的建筑物中单独就另一楼层签订了为期8年的租赁合同，该楼层在第7年年末时可供使用，同时自第8年年初提前终止了主体A签订的租赁合同。

第6年年末时，承租人的增量借款利率为6%，该利率反映的是承租人以类似抵押条件借入期限为9年、与使用权资产等值的相同币种的借款而必须支付的固定利率。承租人预计在整个租赁期内平均地消耗该使用权资产的未来经济利益，因此按直线法对使用权资产计提折旧。

要求：（1）作出承租人租赁期开始日的会计处理；

（2）计算第1至第6年的使用权资产和租赁负债；

（3）作出第6年年末由于租赁期变动导致的承租人对使用权资产进行相应调整的会计处理；

（4）计算第7至第15年的使用权资产和租赁负债。

2.资料：承租人A公司与出租人B公司签订了一份建筑物租赁合同，每年的租赁付款额为60 000元，于每年年末支付。A公司无法确定租赁内含利率，其增量借款利率为5.5%。不可撤销租赁期为5年，并且合同约定在第5年年末A公司有权选择以每年60 000元续租5年，也有权选择以1 200 000元购买该建筑物。A公司在租赁期开始时评估认为，可以合理确定将行使续租选择权，而不会行使购买选择权，因此将租赁期确定为10年。

假设在第4年，该建筑物所在地房价显著上涨，A公司预计租赁期结束时该建筑物的市价为2 100 000元，A公司在第4年年末重新评估后认为，能够合理确定将行使上述购买选择权，而不会行使上述续租选择权。在第5年年末，甲公司实际行使了购买选择权。

要求：分析并作出A公司在租赁期开始日以及第1至第5年年末的会计处理。

3.A公司（卖方兼承租人）以货币资金2 000 000元的价格向B公司（买方兼出租人）出售一栋建筑物，交易前该建筑物的账面成本是1 000 000元。与此同时，A公司与B公司签订了合同，取得了该建筑物18年的使用权，年租金为120 000元，于每年年末支付。根据交易的条款和条件，A公司转让建筑物符合收入准则中关于销售成立的条件。因此，A、B公司将交易作为售后租回交易进行会计处理。假设不考虑初始直接费用和各项税费的影响。该建筑物在销售当日的公允价值为800 000元。

A公司可直接确定租赁内含年利率为4.5%。年付款额现值（18期付款额120 000元按每年4.5%进行折现）为1 459 200元，其中，200 000元与额外融资相关，1 259 200元与租赁相关（分别对应18期付款额16 447元和103 553元）。

B公司将该建筑物的租赁分类为经营租赁。

要求：分析并分别作出A公司和B公司的会计处理。

能力题

1.评估合同是否为租赁或包含租赁的流程是怎样的？

2.根据我国《企业会计准则第21号——租赁》（2018），承租人不再将租赁区分为融资租赁和经营租赁，而是要求采用统一的会计处理模型，对所有租赁（短期租赁和低价值资产租赁除外）确认使用权资产和租赁负债，并分别计提折旧和利息费用。这样规定对财务报表会产生怎样的影响？

3.虽然新租赁准则中对出租人会计处理没有大的变化，但经营租赁资产的入表会导致承租人重新度量“买”或“租”决策，会给租赁企业业务带来一定影响。同时，新租赁准则规定售后租回业务中，资产转让不属于销售的，应当按融资而非租赁进行会计处理（更符合经济实质，减少“通道”业务），对融资租赁企业的售后租回业务有一定影响。请对此进行分析。

第十章

持有待售的非流动资产、处置组与终止经营

学习目标

通过本章的学习，应达到以下目标：在知识方面，了解有关企业会计准则的相关规定，掌握持有待售类别分类的基本原则；技能方面，掌握持有待售的确认与计量原则；在能力方面，能运用持有待售类别分类的基本原则对持有待售资产进行确认。

案　例

上海医药集团股份有限公司（以下简称上海医药）（港交所股票代号：02607；上交所股票代号：601607）2014年年报披露有关持有待售非流动资产情况如表10-1所示。

表10-1　　上海医药2014年有关持有待售非流动资产情况　　单位：元

2014年12月31日	账面价值	公允价值	预计处置费用	预计处置时间
持有待售非流动资产 其中：投资性房地产	10 723 975.38	18 648 000.00	691 709.94	2015年

说明：2014年11月15日，本公司与第三方签订不可撤销的协议，将本公司持有的一项投资性房地产进行拍卖，该转让交易预计在2015年内完成。上述将被转让的投资性房地产符合持有待售条件，在资产负债表中单独列示。

思考：持有待售类别如何划分？如何计量？如何列报？

第一节　持有待售的非流动资产和处置组

一、持有待售类别的分类

（一）持有待售类别分类的基本要求

1.分类原则

企业主要通过出售而非持续使用一项非流动资产或处置组收回其账面价值的，应当将其划分为持有待售类别。处置组，是指在一项交易中作为整体通过出售或其他方式一并处

置的一组资产，以及在该交易中转让的与这些资产直接相关的负债。处置组中可能包含企业的任何资产和负债，如流动资产、流动负债、非流动资产和非流动负债。按照《企业会计准则第8号——资产减值》的规定，企业合并中取得的商誉应当按照合理的方法分摊至相关的资产组或资产组组合，如果处置组即为该资产组或者包括在该资产组或资产组组合中，处置组也应当包含分摊的商誉。

对于符合持有待售类别划分条件但仍在使用的非流动资产或处置组，由于通过该资产或处置组的使用收回的价值相对于通过出售收回的价值是微不足道的，资产的账面价值仍然主要通过出售收回，因此企业不应当因持有待售的非流动资产或处置组仍在产生零星收入而不将其划分为持有待售类别。

非流动资产或处置组划分为持有待售类别，应当同时满足两个条件：

（1）可立即出售。根据类似交易中出售此类资产或处置组的惯例，在当前状况下即可立即出售。为满足该条件，企业应当具有在当前状态下出售该非流动资产或处置组的意图和能力。为了符合类似交易中出售此类资产或处置组的惯例，企业应当在出售前做好相关准备，例如，按照惯例允许买方在报价和签署合同前对资产进行尽职调查等。需要特别指出的是，上文所述“出售”包括具有商业实质的非货币性资产交换。如果企业以非货币性资产交换形式换出非流动资产或处置组，且该交易具有商业实质，那么企业应当考虑相关非流动资产或处置组是否符合划分为持有待售类别的条件。

【例10-1】企业G在X市区繁华地段拥有一栋办公大楼，企业的主要业务部门均在该大楼内办公。由于发展战略发生改变，企业G计划整体搬迁至Y市。企业G与H企业签订了办公大楼转让合同，附带约定条款。

情形一：企业G将在腾空办公大楼后将其交付给H企业，且腾空办公大楼所需时间是正常且符合交易惯例的。

情形二：企业G将在Y市兴建的新办公大楼竣工前继续使用现有办公大楼，竣工后将X市办公大楼交付H企业。

分析：情形一，在出售建筑物前将其腾空属于出售此类资产的惯例，且腾空只占用常规所需时间，因此，即使企业G的办公大楼当前尚未腾空，也并不影响其满足在当前状况下即可立即出售的条件。

情形二，“在Y市兴建的新办公大楼竣工前继续使用现有办公大楼”的条件不属于类似交易中出售此类资产的惯例，使得办公大楼在当前状况下不能立即出售，在新办公大楼竣工前企业G虽然已取得确定的购买承诺，办公大楼仍然不符合持有待售类别的划分条件。

【例10-2】由于经营范围发生改变，企业F计划将生产D产品的全套生产线出售，企业F尚有一批积压的未完成客户订单。情形一：企业F决定在出售生产线的同时，将尚未完成的客户订单一并移交给买方。情形二：企业F决定在完成所积压的客户订单后再将生产线转让给买方。

分析：情形一，由于在出售日移交未完成客户订单不会影响对该生产线的转让时间，可以认为该生产线符合在当前状况下可立即出售的条件。

情形二，由于生产线在完成积压订单后方可出售，在完成所有积压的客户订单前，该生产线在当前状态下不能立即出售，不符合划分为持有待售类别的条件。

（2）出售极可能发生。出售极可能发生，即企业已经就一项出售计划作出决议且获得确定的购买承诺，预计出售将在一年内完成。有关规定要求企业相关权力机构或者监管部门批准后方可出售的，应当已经获得批准。具体来说，“出售极可能发生” 应当包含以下几层含义：一是企业出售非流动资产或处置组的决议一般需要由企业相应级别的管理层作出，如果有关规定要求企业相关权力机构或者监管部门批准后方可出售，应当已经获得批准。二是企业已经获得确定的购买承诺，确定的购买承诺是企业与其他方签订的具有法律约束力的购买协议，该协议包含交易价格、时间和足够严厉的违约惩罚等重要条款，使协议出现重大调整或者撤销的可能性极小。三是预计自划分为持有待售类别起一年内，出售交易能够完成。

2.延长一年期限的例外条款

有些情况下，由于发生一些企业无法控制的原因，可能导致出售未能在一年内完成。如果涉及的出售是关联方交易，不允许放松一年期限条件。如果涉及的出售不是关联方交易，且有充分证据表明企业仍然承诺出售非流动资产或处置组，允许放松一年期限条件，企业可以继续将非流动资产或处置组划分为持有待售类别。企业无法控制的原因包括：

（1）意外设定条件。买方或其他方意外设定导致出售延期的条件，企业针对这些条件已经及时采取行动，且预计能够自设定导致出售延期的条件起一年内顺利化解延期因素，即企业在初始对非流动资产或处置组进行分类时，能够满足划分为持有待售类别的所有条件，但此后买方或是其他方提出一些意料之外的条件，且企业已经采取措施应对这些条件，预计能够自设定这些条件起一年内满足条件并完成出售，那么即使出售无法在最初一年内完成，企业仍然可以维持原持有待售类别的分类。

【例10-3】E企业计划将整套钢铁生产厂房和设备出售给F企业，E企业和F企业不存在关联关系，双方已于2×19年9月16日签订了转让合同。因该厂区的污水排放系统存在缺陷，对周边环境造成污染。

情形一：E企业不知晓土地污染情况，2×19年11月6日，F企业在对生产厂房和设备进行检查过程中发现污染，并要求E企业进行补救。E企业立即着手采取措施，预计至2×20年10月底环境污染问题能够得到成功整治。

情形二：E企业知晓土地污染情况，在转让合同中附带条款，承诺将自2×19年10月1日起开展污染清除工作，清除工作预计将持续8个月。

情形三：E企业知晓土地污染情况，在协议中标明E企业不承担清除污染义务，并在确定转让价格时考虑了该污染因素，预计转让将于9个月内完成。

分析：情形一，在签订转让合同前，买卖双方并不知晓影响交易进度的环境污染问题，属于符合延长一年期限的例外事项，在2×19年11月6日发现延期事项后，E企业预计将在一年内消除延期因素，因此仍然可以将处置组划分为持有待售类别。

情形二，虽然买卖双方已经签订协议，但在污染得到整治前，该处置组在当前状态下不可立即出售，不符合划分为持有待售类别的条件。

情形三，由于卖方不承担清除污染义务，转让价格已将污染因素考虑在内，该处置组于协议签署日即符合划分为持有待售类别的条件。

（2）发生罕见情况。发生罕见情况，导致持有待售的非流动资产或处置组未能在一年内完成出售，企业在最初一年内已经针对这些新情况采取必要措施且重新满足了持有待售类别的划分条件，即非流动资产或处置组在初始分类时满足了持有待售类别的所有条件，但在最初一年内，出现罕见情况导致出售将被延迟至一年之后。如果企业针对这些新情况在最初一年内已经采取必要措施，而且该非流动资产或处置组重新满足了持有待售类别的划分条件，也就是在当前状况下可立即出售且出售极可能发生，那么即使原定的出售计划无法在最初一年内完成，企业仍然可以维持原持有待售类别的分类。这里的“罕见情况”主要指因不可抗力引发的情况、宏观经济形势发生急剧变化等不可控情况。

【例 10-4】A企业拟将一栋原自用的写字楼转让，于 2×17 年 12 月 6 日与 B 企业签订了房产转让协议，预计将于 10 个月内完成转让，假定该写字楼于签订协议当日符合划分为持有待售类别的条件。2×18 年发生全球金融危机，市场状况迅速恶化，房地产价格大跌，B 企业认为原协议价格过高，决定放弃购买，并于 2×18 年 9 月 21 日按照协议约定缴纳了违约金。A 企业决定在考虑市场状况变化的基础上降低写字楼售价，并积极开展市场营销，于 2×18 年 12 月 1 日与 C 企业重新签订了房产转让协议，预计将于 9 个月内完成转让，A 企业和 B 企业不存在关联关系。

分析：A 企业与 B 企业之间的房产转让交易未能在一年内完成，原因是发生市场恶化、买方违约的罕见事件。在将写字楼划分为持有待售类别的最初一年内，A 企业已经重新签署转让协议，并预计将在 2×18 年 12 月 1 日开始的一年内完成，使写字楼重新符合了持有待售类别的划分条件。因此，A 企业仍然可以将该资产继续划分为持有待售类别。

3.不再继续符合划分条件的处理

持有待售的非流动资产或处置组不再继续满足持有待售类别划分条件的，企业不应当继续将其划分为持有待售类别。部分资产或负债从持有待售的处置组中移除后，如果处置组中剩余资产或负债新组成的处置组仍然满足持有待售类别划分条件，企业应当将新组成的处置组划分为持有待售类别，否则应当将满足持有待售类别划分条件的非流动资产单独划分为持有待售类别。

【例 10-5】假设在【例 10-4】中，A 企业尽管降低了写字楼售价并积极开展市场营销，但始终没有找到合适买家，企业也没有将该写字楼用于经营出租的计划。

分析：写字楼不再符合持有待售类别的划分条件，A 企业应当根据实际情况，重新将该写字楼作为固定资产或者投资性房地产处理。

（二）某些特定持有待售类别分类的具体应用

1.专为转售而取得的非流动资产或处置组

对于企业专为转售而新取得的非流动资产或处置组，如果在取得日满足“预计出售将在一年内完成”的规定条件，且短期（通常为3个月）内很可能满足划分为持有待售类别的其他条件，企业应当在取得日将其划分为持有待售类别。这些“其他条件”包括：根据类似交易中出售此类资产或处置组的惯例，在当前状况下即可立即出售；企业已经就一项出售计划作出决议且获得确定的购买承诺。有关规定要求企业相关权力机构或者监管部门批准后方可出售的，应当已经获得批准。

2.持有待售的长期股权投资

有些情况下，企业因出售对子公司的投资等原因导致其丧失对子公司的控制权，出售后企业可能保留对原子公司的部分权益性投资，也可能丧失所有权益。无论企业是否保留非控制的权益性投资，都应当在拟出售的对子公司投资满足持有待售类别划分条件时，在母公司个别财务报表中将对子公司投资整体划分为持有待售类别，而不是仅将拟处置的投资划分为持有待售类别；在合并财务报表中将子公司所有资产和负债划分为持有待售类别，而不是仅将拟处置的投资对应的资产和负债划分为持有待售类别。但是，无论对子公司的投资是否划分为持有待售类别，企业始终应当按照《企业会计准则第33号——合并财务报表》的规定确定合并范围，编制合并财务报表。

企业出售对子公司投资后保留的部分权益性投资，应当区分以下情况处理：(1) 如果企业对被投资企业施加共同控制或重大影响，在编制母公司个别财务报表时，应当按照《企业会计准则第2号——长期股权投资》有关成本法转权益法的规定进行会计处理，在编制合并财务报表时，应当按照《企业会计准则第33号——合并财务报表》的有关规定进行会计处理；(2) 如果企业对被投资企业不具有控制、共同控制或重大影响，应当按照《企业会计准则第22号——金融工具确认和计量》的有关规定进行会计处理。按照《企业会计准则第2号——长期股权投资》的规定，对联营企业或合营企业的权益性投资全部或部分分类为持有待售资产的应当停止权益法核算，对于未划分为持有待售资产的剩余权益性投资，应当在划分为持有待售的那部分权益性投资出售前继续采用权益法进行会计处理。

【例10-6】G企业集团拟出售持有的部分长期股权投资，假设拟出售的股权符合持有待售类别的划分条件。

情形一：G企业集团拥有子公司100 %的股权，拟出售全部股权。

情形二：G企业集团拥有子公司100 %的股权，拟出售55 %的股权，出售后将丧失对子公司的控制权，但对其具有重大影响。

情形三：G企业集团拥有子公司100 %的股权，拟出售25 %的股权，仍然拥有对子公司的控制权。

情形四：G企业集团拥有子公司55 %的股权，拟出售6 %的股权，出售后将丧失对子公司的控制权，但对其具有重大影响。

情形五：G企业集团拥有联营企业35%的股权，拟出售30 %的股权，G持有剩余的5%股权，且对被投资方不具有重大影响。

情形六：G企业集团拥有合营企业50 %的股权，拟出售35%的股权，G持有剩余的15%股权，且对被投资方不具有共同控制或重大影响。

分析：情形一，G企业集团应当在母公司个别财务报表中将拥有的子公司全部股权划分为持有待售类别，在合并财务报表中将子公司所有资产和负债划分为持有待售类别。

情形二，G企业集团应当在母公司个别财务报表中将拥有的子公司全部股权划分为持有待售类别，在合并财务表中将子公司所有资产和负债划分为持有待售类别。

情形三，由于G企业集团仍然拥有对子公司的控制权，该长期股权投资并不是“主要通过出售而非持续使用收回其账面价值”的，因此不应当将拟处置的部分股权划分为持有待售类别。

情形四，与情形二类似，G企业集团应当在母公司个别财务报表中将拥有的子公司55 %的股权划分为持有待售类别，在合并财务报表中将子公司所有资产和负债划分为持有待售类别。

情形五，G企业集团应当将拟出售的30 %股权划分为持有待售类别，不再按权益法核算，剩余5%的股权在前述30%的股权处置前，应当采用权益法进行会计处理，在前述

30%的股权处置后，应当按照《企业会计准则第22号——金融工具确认和计量》的有关规定进行会计处理。

情形六，与情形五类似，G企业集团应当将拟出售的35%股权划分为持有待售类别，不再按权益法核算，剩余15%的股权在前述35%的股权处置前，应当采用权益法进行会计处理，在前述35%的股权处置后，应当按照《企业会计准则第22号——金融工具确认和计量》的有关规定进行会计处理。

3.拟结束使用而非出售的非流动资产或处置组

非流动资产或处置组可能因为种种原因而结束使用，且企业并不会将其出售，或仅获取其残值，例如，因已经使用至经济寿命期结束而将某机器设备报废，因技术进步而将某子公司关停或转产。由于对该非流动资产或处置组的使用几乎贯穿其整个经济使用寿命期，其账面价值并非主要通过出售收回，企业不应当将其划分为持有待售类别。对于暂时停止使用的非流动资产，不应当认为其拟结束使用，也不应当将其划分为持有待售类别。

【例10-7】H企业拥有一条生产某类布料的生产线，由于市场需求变化，该类布料的销量锐减，H企业决定暂停该生产线的生产，但仍然对其进行定期维护，待市场转好时重启生产。

分析：由于生产线属于暂停使用，H企业不应当将其划分为持有待售类别。

二、持有待售类别的计量

对于持有待售的非流动资产（包括处置组中的非流动资产）的计量，应当区分不同情况：（1）采用公允价值模式进行后续计量的投资性房地产，适用《企业会计准则第3号——投资性房地产》；（2）采用公允价值减去出售费用后的净额计量的生物资产，适用《企业会计准则第5号——生物资产》；（3）职工薪酬形成的资产，适用《企业会计准则第9号——职工薪酬》；（4）递延所得税资产，适用《企业会计准则第18号——所得税》；（5）由金融工具相关会计准则规范的金融资产，适用金融工具相关会计准则；（6）由保险合同相关会计准则规范的保险合同所产生的权利，适用保险合同相关会计准则；（7）除上述各项外的其他持有待售的非流动资产，按照下文所述的方法计量。

对于持有待售的处置组的计量，只要处置组中包含了上述第（7）项所述的非流动资产（以下简称适用本章计量规定的非流动资产），就应当采用下文所述的方法计量整个处置组。处置组中的流动资产、上述第（1）至（6）项所述的非流动资产（以下简称适用其他准则计量规定的非流动资产）和所有负债的计量适用相关会计准则。

（一）划分为持有待售类别前的计量

企业将非流动资产或处置组首次划分为持有待售类别前，应当按照相关会计准则规定计量非流动资产或处置组中各项资产和负债的账面价值。例如，按照《企业会计准则第4号——固定资产》的规定，对固定资产计提折旧；按照《企业会计准则第6号——无形资产》的规定，对无形资产进行摊销。按照《企业会计准则第8号——资产减值》的规定，企业应当在资产负债表日判断资产是否存在可能发生减值的迹象，如果资产已经或者将被闲置、终止使用或者计划提前处置，表明资产可能发生了减值。对于拟出售的非流动资产或处置组，企业应当在划分为持有待售类别前考虑进行减值测试。

【例10-8】A企业拥有一座仓库，原价为120万元，年折旧额为12万元，至2×19年12月31日已计提折旧60万元。2×20年1月31日，A企业与B企业签署不动产转让协议，拟在6个月内将该仓库转让，假定该不动产满足划分为持有待售类别的其他条件，且不动产价值未发生减值。

分析：2×20年1月31日，A企业应当将仓库资产划分为持有待售类别，并按照《企业会计准则第4号——固定资产》对该固定资产计提1月份折旧1万元。2×20年1月31日，该仓库在划分为持有待售类别前的账面价值为59万元，此后不再计提折旧。

（二）划分为持有待售类别时的计量

对于持有待售的非流动资产或处置组，企业在初始计量时，应当按照相关会计准则规定计量流动资产、适用其他准则计量规定的非流动资产和负债。如果持有待售的非流动资产或处置组整体的账面价值低于其公允价值减去出售费用后的净额，企业不需要对账面价值进行调整；如果账面价值高于其公允价值减去出售费用后的净额，企业应当将账面价值减记至公允价值减去出售费用后的净额，减记的金额确认为资产减值损失，计入当期损益，同时计提持有待售资产减值准备。

企业应当按照《企业会计准则第39号——公允价值计量》的有关规定确定非流动资产或处置组的公允价值。具体来说，企业应当参考所获得的确定的购买承诺中的交易价格，确定持有待售的非流动资产或处置组的公允价值，交易价格应当考虑可变对价、合同中存在的重大融资成分、非现金对价、应付客户对价等因素的影响。如果企业尚未获得确定的购买承诺，例如，对于专为转售而取得的非流动资产或处置组，企业应当对其公允价值作出估计，优先使用市场报价等可观察输入值。

出售费用是企业发生的可以直接归属于出售资产或处置组的增量费用，出售费用直接由出售引起，并且是企业进行出售所必需的，如果企业不出售资产或处置组，该费用将不会产生。出售费用包括为出售发生的特定法律服务、评估咨询等中介费用，也包括相关的消费税、城市维护建设税、土地增值税和印花税等，但不包括财务费用和所得税费用。有些情况下，公允价值减去出售费用后的净额可能为负值，持有待售的非流动资产或处置组中资产的账面价值应当以减记至零为限。是否需要确认相关预计负债，应当按照《企业会计准则第13号——或有事项》的规定进行会计处理。

【例10-9】企业P拟将下属子公司Q出售给企业R，双方已签订了转让协议，预计将在5个月内完成转让，子公司Q满足划分为持有待售类别的条件。子公司Q与银行T之间存在未决诉讼，子公司Q可能败诉。由于不符合预计负债的确认条件，企业P仅在报表附注中披露了或有负债。

分析：在确定子公司Q的公允价值减去出售费用后的净额时，需要考虑尚未确认的或有负债的公允价值，子公司Q的账面价值未确认该项或有负债，因此子公司Q的公允价值减去出售费用后的净额低于其账面价值，应当确认持有待售资产减值损失，计入当期损益。

对于取得日划分为持有待售类别的非流动资产或处置组，企业应当在初始计量时比较假定其不划分为持有待售类别情况下的初始计量金额和公允价值减去出售费用后的净额，以两者孰低计量。非同一控制下的企业合并中新取得的非流动资产或处置组划分为持有待售类别的，应当按照公允价值减去出售费用后的净额计量；同一控制下的企业合并中非流动资产或处置组划分为持有待售类别的，应当按照合并日被合并方的账面价值与公允价值减去出售费用后的净额孰低计量。除企业合并中取得的非流动资产或处置组外，由以公允价值减去出售费用后的净额作为非流动资产或处置组初始计量金额而产生的差额，应当计入当期损益。

【例10-10】2×17 年 3 月 1 日，公司L购入公司M全部股权，支付价款1 600万元。购入该股权之前，公司L的管理层已经作出决议，一旦购入公司M，将在一年内将其出售给公司N，公司M当前状况下即可立即出售。预计公司L还将为出售该子公司支付12万元的出售费用。公司L与公司N计划于2×17 年 3 月 31 日签署股权转让合同。

情形一：公司L与公司N初步议定股权转让价格为1 620万元。

情形二：公司L尚未与公司N议定转让价格，购买日股权公允价值与支付价款一致。

分析：情形一，公司M是专为转售而取得的子公司，其不划分为持有待售类别情况下的初始计量金额应当为1 600万元，当日公允价值减去出售费用后的净额为1 608万元，按照二者孰低计量。公司L 2×17 年 3 月 1 日的账务处理如下：

借：持有待售资产——长期股权投资	16 000 000	
贷：银行存款		16 000 000

情形二，公司M是专为转售而取得的子公司，其不划分为持有待售类别情况下的初始计量金额为1 600万元，当日公允价值减去出售费用后的净额为1 588万元，按照二者孰低计量。公司L 2×17年3月1日的账务处理如下：

借：持有待售资产——长期股权投资	15 880 000	
资产减值损失	120 000	
贷：银行存款		16 000 000

（三）划分为持有待售类别后的计量

1.持有待售的非流动资产的后续计量

企业在资产负债表日重新计量持有待售的非流动资产时，如果其账面价值高于公允价值减去出售费用后的净额，应当将账面价值减记至公允价值减去出售费用后的净额，减记的金额确认为资产减值损失，计入当期损益，同时计提持有待售资产减值准备。如果后续资产负债表日持有待售的非流动资产公允价值减去出售费用后的净额增加，以前减记的金额应当予以恢复，并在划分为持有待售类别后非流动资产确认的资产减值损失金额内转回，转回金额计入当期损益，划分为持有待售类别前确认的资产减值损失不得转回。

持有待售的非流动资产不应计提折旧或摊销。

【例10-11】承【例10-10】，2×17 年3月31 日，公司L与公司N签订合同，转让所持有公司M的全部股权，转让价格为1 607万元，公司L预计还将支付 8 万元的出售费用。

情形一：2×17年3月31日，公司L持有的公司M的股权公允价值减去出售费用后的净额为1 599万元，账面价值为1 600 万元，以二者孰低计量，公司L 2×17 年3月31日的账务处理如下：

借：资产减值损失	10 000	
贷：持有待售资产减值准备——长期股权投资		10 000

情形二：2×17年3月31日，公司L持有的公司M的股权公允价值减去出售费用后的净额为1 599万元，账面价值为1 588 万元，以二者孰低计量，公司L不需要进行账务处理。

2.持有待售的处置组的后续计量

企业在资产负债表日重新计量持有待售的处置组时，应当首先按照相关会计准则规定计量处置组中的流动资产、适用其他准则计量规定的非流动资产和负债的账面价值。例如，处置组中的金融工具，应当按照《企业会计准则第22号——金融工具确认和计量》的规定计量。

在进行上述计量后，企业应当比较持有待售的处置组整体账面价值与公允价值减去出售费用后的净额，如果账面价值高于其公允价值减去出售费用后的净额，应当将账面价值减记至公允价值减去出售费用后的净额，减记的金额确认为资产减值损失，计入当期损益，同时计提持有待售资产减值准备。

对于持有待售的处置组确认的资产减值损失金额，如果该处置组包含商誉，应当先抵减商誉的账面价值，再根据处置组中适用本章计量规定的各项非流动资产账面价值所占比重，按比例抵减其账面价值。确认的资产减值损失金额应当以处置组中包含的适用本章计量规定的各项资产的账面价值为限，不应分摊至处置组中包含的流动资产或适用其他准则计量规定的非流动资产。

如果后续资产负债表日持有待售的处置组公允价值减去出售费用后的净额增加，以前减记的金额应当予以恢复，并在划分为持有待售类别后适用本章计量规定的非流动资产确认的资产减值损失金额内转回，转回金额计入当期损益，且不应当重复确认适用其他准则计量规定的非流动资产和负债按照相关准则规定已经确认的利得。已抵减的商誉账面价值，以及适用本章计量规定的非流动资产在划分为持有待售类别前确认的资产减值损失不得转回。对于持有待售的处置组确认的资产减值损失后续转回金额，应当根据处置组中除商誉外适用本章计量规定的各项非流动资产账面价值所占比重，按比例增加其账面价值。

【例10-12】A企业拥有一个销售门店，2×17年6月15日，该门店的部分科目余额如表10-2所示。当日，A企业与B企业签订转让协议，将该门店整体转让，转让初定价格为1 900 000元。转让协议同时约定，对于门店2×17年6月10日购买的一项作为其他权益工具投资核算的债券投资，其转让价格以转让完成当日市场报价为准。假设该门店满足划分为持有待售类别的条件，但不符合终止经营的定义。

表10-2　2×17年6月15日门店部分科目余额表（考虑持有待售会计处理前）　单位：元

科目名称	借方余额	贷方余额
库存现金	310 000	
应收款项	270 000	
坏账准备		10 000
库存商品	300 000	
存货跌价准备		100 000
其他权益工具投资	380 000	
固定资产	1 100 000	
累计折旧		30 000
固定资产减值准备		15 000
无形资产	950 000	
累计摊销		14 000
无形资产减值准备		5 000
商誉	200 000	
应付账款		310 000
其他应付款		560 000
预计负债		250 000

截至2×17年6月15日，固定资产还应当计提折旧5 000元，无形资产还应当计提摊销1 000元，固定资产和无形资产均用于管理用途。2×17年6月15日，其他权益工具投资公允价值降至360 000元，固定资产可收回金额降至1 020 000元。2×17年6月15日，该门店的公允价值为1 900 000元，A企业预计为转让门店还需支付律师和注册会计师专业咨询费共计70 000元。假设A企业不存在其他持有待售的非流动资产或处置组，不考虑税收影响。

2×17年6月30日，该门店尚未完成转让，A企业作为其他权益工具投资核算的债券投资市场报价上升至370 000元，假设其他资产价值没有变化。B企业在对门店进行检查时发现一些资产轻微破损，A企业同意修理，预计修理费用为5 000元，A企业还将律师和注册会计师咨询费预计金额调整至40 000元。当日，门店处置组整体的公允价值为1 910 000元。

分析：（1）2×17年6月15日，A企业首次将该处置组划分为持有待售类别前，应当按照适用的会计准则计量各项资产和负债的账面价值。其账务处理如下：

借：管理费用　　6 000

　贷：累计折旧　　5 000

　　累计摊销　　1 000

借：其他综合收益　　20 000

　贷：其他权益工具投资　　20 000

借：资产减值损失　　30 000

　贷：固定资产减值准备　　30 000

经上述调整后，2×17年6月15日该门店各资产和负债的账面价值见表10-3。

表10-3　**2×17年6月15日门店资产和负债账面价值**　单位：元

项目	账面价值
持有待售资产：	
库存现金	310 000
应收款项	260 000
存货	200 000
其他权益工具投资	360 000
固定资产	1 020 000
无形资产	930 000
商誉	200 000
持有待售资产小计	3 280 000
持有待售负债：	
应付账款	（310 000）
其他应付款	（560 000）
预计负债	（250 000）
持有待售负债小计	（1 120 000）
合计	2 160 000

（2）2×17年6月15日，A企业将该门店处置组划分为持有待售类别时，其账务处理如下：

借：持有待售资产——库存现金	310 000	
——应收账款	270 000	
——库存商品	300 000	
——其他权益工具投资	360 000	
——固定资产	1 020 000	
——无形资产	930 000	
——商誉	200 000	
坏账准备	10 000	
存货跌价准备	100 000	
固定资产减值准备	45 000	
累计折旧	35 000	
累计摊销	15 000	
无形资产减值准备	5 000	
贷：持有待售资产减值准备——坏账准备		10 000
——存货跌价准备		100 000
库存现金		310 000
应收账款		260 000
库存商品		300 000
其他权益工具投资		360 000
固定资产		1 100 000
无形资产		950 000
商誉		200 000
借：应付账款	310 000	
其他应付款	560 000	
预计负债	250 000	
贷：持有待售负债——应付账款		310 000
——其他应付款		560 000
——预计负债		250 000

（3）2×17年6月15日，由于该处置组的账面价值2 160 000元高于公允价值减去出售费用后的净额1 900 000−70 000 = 1 830 000（元），A企业应当以1 830 000元计量处置组，并计提持有待售资产减值准备2 160 000−1 830 000 = 330 000（元），计入当期损益。

持有待售资产的减值损失应当先抵减处置组中商誉的账面价值200 000元，剩余金额130 000元再根据固定资产、无形资产账面价值所占比重，按比例抵减其账面价值。2×17年6月15日，各项资产和负债分摊持有待售资产减值损失及抵减减值损失后的账面价值见表10－4。

表10-4　　2×17年6月15日门店资产和负债分摊持有待售资产减值损失及抵减减值损失后的账面价值

单位：元

项目	2×17年6月15日抵减减值损失前账面价值	减值损失分摊	2×17年6月15日抵减减值损失后账面价值
库存现金	310 000	—	310 000
应收款项	260 000	—	260 000
存货	200 000	—	200 000
其他权益工具投资	360 000	—	360 000
固定资产	1 020 000	-68 000*	952 000
无形资产	930 000	-62 000**	868 000
商誉	200 000	-200 000	0
应付账款	-310 000	—	-310 000
其他应付款	-560 000	—	-560 000
预计负债	-250 000	—	-250 000
合计	2 160 000	-330 000	1 830 000

*130 000÷（1 020 000 + 930 000）×1 020 000

**130 000÷（1 020 000 + 930 000）×930 000

A企业的账务处理如下：

借：资产减值损失　　330 000

　贷：持有待售资产减值准备——固定资产　　68 000

　　　　　　　　　　　　——无形资产　　62 000

　　　　　　　　　　　　——商誉　　200 000

（4）2×17年6月30日，A企业按照适用的会计准则计量其他权益工具投资，账务处理如下：

借：持有待售资产——其他权益工具投资　　10 000

　贷：其他综合收益　　10 000

当日，该处置组的账面价值为1 840 000元（包含其他权益工具投资已经确认的利得10 000元），预计出售费用为5 000 + 40 000 = 45 000（元），公允价值减去出售费用后的净额为1 910 000−45 000 = 1 865 000（元），高于账面价值。

处置组的公允价值减去出售费用后的净额后续增加的，应当在原已确认的持有待售资产减值损失范围内转回，但已抵减的商誉账面价值200 000元和划分为持有待售类别前已计提的资产减值准备不得转回，因此，转回金额应当以130000元（68 000 + 62 000）为限。根据上述分析，A企业可转回已经确认的持有待售资产减值损失25 000元（（1 865 000−10 000）− 1 830 000），根据固定资产、无形资产账面价值所占比重，按比例转回其账面价值。资产减值损失转回金额的分摊见表10-5。

表 10 -5 **2×17 年 6 月 30 日门店资产和负债减值损失转回后的账面价值** 单位：元

项目	2×17 年 6 月 15 日抵减减值后账面价值	2×17 年 6 月 30 日按照其他适用准则重新计量	2×17 年 6 月 30 日重新计量后的账面价值	减值损失转回的分摊	2×17 年 6 月 30 日减值损失转回后账面价值
持有待售资产：					
库存现金	310 000		310 000		310 000
应收款项	260 000		260 000		260 000
存货	200 000		200 000		200 000
其他权益工具投资	360 000	10 000	370 000		370 000
固定资产	952 000		952 000	13 077*	965 077
无形资产	868 000		868 000	11 923**	879 923
商誉	0		0		0
持有待售资产小计	2 985 000				2 985 000
持有待售负债：					
应付账款	-310 000		-310 000		-310 000
其他应付款	-560 000		-560 000		-560 000
预计负债	-250 000		-250 000		-250 000
持有待售负债小计	-1 120 000				-1 120 000
合计	1 830 000	10 000	1 840 000	25 000	1 865 000

*25 000÷（952 000 + 868 000）×952 000

**25 000÷（952 000 + 868 000）×868 000

借：持有待售资产减值准备——固定资产 13 077

——无形资产 11 923

贷：资产减值损失 25 000

A企业在2×17年6月30日的资产负债表中应当分别以“持有待售资产”和“持有待售负债”列示2 985 000元和1 120 000元。由于处置组不符合终止经营定义，持有待售资产确认的资产减值损失应当在利润表中以持续经营损益列示。企业同时应当在附注中进一步披露该持有待售处置组的相关信息。持有待售的处置组中的非流动资产不应计提折旧或摊销，持有待售的处置组中的负债和适用其他准则计量规定的非流动资产的利息或租金收入、支出以及其他费用应当继续予以确认。

【例10-13】F企业拟将拥有的核电站转让给H企业，双方已签订了转让协议。由于核电站主体设备核反应堆将对当地生态环境产生一定影响，在核电站最初建造完成并交付使用时，F企业考虑到设备使用期满后将其拆除并整治污染的弃置费用，确认了38.55万元的预计负债，并按照每年10％的实际利率对该弃置费用逐期确认利息费用。

分析：F企业将核电站划分为持有待售类别后，该预计负债应当作为持有待售负债，且该资产弃置义务产生的利息费用应当继续确认。

（四）不再继续划分为持有待售类别的计量

非流动资产或处置组因不再满足持有待售类别划分条件而不再继续划分为持有待售类别或非流动资产从持有待售的处置组中移除时，应当按照以下两者孰低计量：（1）划分为持有待售类别前的账面价值，按照假定不划分为持有待售类别情况下本应确认的折旧、摊销或减值等进行调整后的金额；（2）可收回金额。这样处理的结果是，原来划分为持有待售的非流动资产或处置组在重新分类后的账面价值，与其从未划分为持有待售类别情况下的账面价值相一致。由此产生的差额计入当期损益，可以通过"资产减值损失"科目进行会计处理。

（五）终止确认

持有待售的非流动资产或处置组在终止确认时，企业应当将尚未确认的利得或损失计入当期损益。

【例10-14】承【例10-10】和【例10-11】，2×17年6月25日，公司L为转让公司N的股权支付律师费5万元。6月29日，公司L完成对公司N的股权转让，收到价款1 607万元。

情形一：公司L 2×17年6月25日支付出售费用的账务处理如下：

借：投资收益	50 000	
贷：银行存款		50 000

公司L 2×17年6月29日的账务处理如下：

借：持有待售资产减值准备——长期股权投资	10 000	
银行存款	16 070 000	
贷：持有待售资产——长期股权投资		16 000 000
投资收益		80 000

情形二：公司L 2×17年6月25日支付出售费用的账务处理如下：

借：投资收益	50 000	
贷：银行存款		50 000

公司L 2×17年6月29日的账务处理如下：

借：银行存款	16 070 000	
贷：持有待售资产——长期股权投资		15 880 000
投资收益		190 000

【例10-15】承【例10-12】，2×17年9月19日，该门店完成转让，A企业以银行存款分别支付维修费用5 000元和律师、注册会计师专业咨询费37 000元。当日A企业作为其他权益工具投资核算的债券投资市场报价为374 000元，B企业以银行存款支付所有转让价款1 914 000元。

分析：A企业账务处理如下：

借：资产处置损益	5 000	
贷：银行存款		5 000
借：资产处置损益	37 000	
贷：银行存款		37 000

借：银行存款　　1 914 000
　　持有待售资产减值准备——坏账准备　　10 000
　　　　　　　　　　　　——存货跌价准备　　100 000
　　　　　　　　　　　　——固定资产　　54 923
　　　　　　　　　　　　——无形资产　　50 077
　　　　　　　　　　　　——商誉　　200 000
　　持有待售负债——应付账款　　310 000
　　　　　　　　——其他应付款　　560 000
　　　　　　　　——预计负债　　250 000
　贷：持有待售资产——库存现金　　310 000
　　　　　　　　　——应收账款　　270 000
　　　　　　　　　——库存商品　　300 000
　　　　　　　　　——其他权益工具投资　　370 000
　　　　　　　　　——固定资产　　1 020 000
　　　　　　　　　——无形资产　　930 000
　　　　　　　　　——商誉　　200 000
　　资产处置损益　　49 000
借：资产处置损益　　10 000
　贷：其他综合收益　　10 000
同时或资产负债表日，账务处理如下：
借：本年利润　　3 000
　贷：资产处置损益　　3 000

三、持有待售类别的列报

持有待售资产和负债不应当相互抵销。"持有待售资产"和"持有待售负债"应当分别作为流动资产和流动负债列示。对于当期首次满足持有待售类别划分条件的非流动资产或划分为持有待售类别的处置组中的资产和负债，不应当调整可比会计期间资产负债表，即不对其符合持有待售类别划分条件前各个会计期间的资产负债表进行项目的分类调整或重新列报。企业还应当在附注中披露有关持有待售的非流动资产或处置组的相关信息。

非流动资产或处置组在资产负债表日至财务报告批准报出日之间满足持有待售类别划分条件的，应当作为资产负债表日后非调整事项进行会计处理，并在附注中披露相关信息。

第二节　终止经营

一、终止经营的定义

终止经营，是指企业满足下列条件之一的、能够单独区分的组成部分，且该组成部分已经处置或划分为持有待售类别：（1）该组成部分代表一项独立的主要业务或一个单独的主要经营地区；（2）该组成部分是拟对一项独立的主要业务或一个单独的主要经营地区进行处置的一项相关联计划的一部分；（3）该组成部分是专为转售而取得的子公司。

终止经营的定义包含以下三方面含义：

（1）终止经营应当是企业能够单独区分的组成部分。该组成部分的经营和现金流量在企业经营和编制财务报表时是能够与企业的其他部分清楚区分的。企业组成部分可能是一个资产组，也可能是一组资产组组合，通常是企业的一个子公司、一个事业部或事业群。

（2）终止经营应当具有一定的规模。终止经营应当代表一项独立的主要业务或一个单独的主要经营地区，或者是拟对一项独立的主要业务或一个单独的主要经营地区进行处置的一项相关联计划的一部分。专为转售而取得的子公司也是企业的组成部分，但不要求具有一定规模。

并非所有处置组都符合终止经营的定义，企业需要运用职业判断确定终止经营。如果企业主要经营一项业务或主要在一个地理区域内开展经营，企业的一个主要产品或服务线也可能满足终止经营定义中的规模条件。有些专为转售而取得的重要的合营企业或联营企业，也可能因为符合有关组成部分的第（1）和（2）项条件而符合终止经营的定义。

【例10-16】A快餐企业在全国拥有500家零售门店，A企业决定将其位于Z市的8家零售门店中的一家门店C出售，并于2×20年8月13日与B企业正式签订了转让协议，假设该门店C符合持有待售类别的划分条件。判断C是否构成A企业的终止经营。

分析：尽管门店C是一个处置组，也符合持有待售类别的划分条件，但由于它只是一个零售点，不能代表一项独立的主要业务或一个单独的主要经营地区，也不构成拟对一项独立的主要业务或一个单独的主要经营地区进行处置的一项相关联计划的一部分，因此该处置组并不构成企业的终止经营。

（3）终止经营应当满足一定的时点要求。符合终止经营定义的组成部分应当属于以下两种情况之一：

①组成部分在资产负债表日之前已经处置，包括已经出售、结束使用（如关停或报废等）。多数情况下，如果组成部分的所有资产和负债均已处置，产生收入和发生成本的来源消失，这时确定组成部分“处置”的时点是较为容易的。但在有些情况下，组成部分的资产仍处于出售或报废过程中，仍可能发生清理费用，企业需要根据实际情况判断组成部分是否已经处置，从而符合终止经营的定义。

【例10-17】企业集团C拥有一家经营药品批发业务的子公司H，药品批发构成C的一项独立的主要业务，且子公司H在全国多个城市设立了营业网点。由于经营不善，企业集团C决定停止子公司H的所有业务。至2×20年10月13日，已处置了该子公司所有存货并辞退了所有员工，但仍有一些债权等待收回，部分营业网点门店的租约尚未到期，仍需支付租金费用。判断子公司H是否构成企业集团C的终止经营。

分析：由于子公司H原药品批发业务已经停止，收回债权、处置租约等尚未结算的未来交易并不构成上述业务的延续，因此该子公司的经营已经终止，应当认为2×20年10月13日后该子公司符合终止经营的定义。

②组成部分在资产负债表日之前已经划分为持有待售类别。有些情况下，企业对一项独立的主要业务或一个单独的主要经营地区进行处置的一项相关联计划持续数年，并非组成部分中所有的资产组或资产组组合能够同时满足持有待售类别的划分条件。随着处置计

划的进行，组成部分中的一些资产组或资产组组合可能先满足持有待售类别划分条件且构成企业的终止经营，其他资产组或资产组组合可能在未来满足持有待售类别的划分条件，应当适时将其作为终止经营处理。

【例 10-18】企业集团F决定出售其专门从事酒店管理的下属子公司R，酒店管理构成企业集团F的一项主要业务。子公司R管理一个酒店集团和一个连锁健身中心。为获取最大收益，企业集团F决定允许将酒店集团和连锁健身中心出售给不同买家，但酒店和健身中心的转让是相互关联的，即两者或者均出售，或者均不出售。企业集团F于2×20年12月6日与企业S就转让连锁健身中心正式签订了协议，假设此时连锁健身中心符合持有待售类别的划分条件，但酒店集团尚不符合持有待售类别的划分条件。判断酒店集团和连锁健身中心是否构成企业集团F的终止经营。

分析：处置酒店集团和连锁健身中心构成一项相关联的计划，虽然酒店集团和连锁健身中心可能出售给不同买家，但分别属于对一项独立的主要业务进行处置的一项相关联计划的一部分，因此连锁健身中心符合终止经营的定义，酒店集团在未来符合持有待售类别划分条件时也符合终止经营的定义。

二、终止经营的列报

企业应当在利润表中分别列示持续经营损益和终止经营损益。下列不符合终止经营定义的持有待售的非流动资产或处置组所产生的相关损益，应当在利润表中作为持续经营损益列报：(1) 企业初始计量或在资产负债表日重新计量持有待售的非流动资产或处置组时，因账面价值高于其公允价值减去出售费用后的净额而确认的资产减值损失。(2) 后续资产负债表日持有待售的非流动资产或处置组公允价值减去出售费用后的净额增加，因恢复以前减记的金额而转回的资产减值损失。(3) 持有待售的非流动资产或处置组的处置损益。

终止经营的相关损益应当作为终止经营损益列报，列报的终止经营损益应当包含整个报告期间，而不仅包含认定为终止经营后的报告期间。相关损益具体包括：(1) 终止经营的经营活动损益，如销售商品、提供服务的收入、相关成本和费用等。(2) 企业初始计量或在资产负债表日重新计量符合终止经营定义的持有待售的处置组时，因账面价值高于其公允价值减去出售费用后的净额而确认的资产减值损失。(3) 后续资产负债表日符合终止经营定义的持有待售处置组的公允价值减去出售费用后的净额增加，因恢复以前减记的金额而转回的资产减值损失。(4) 终止经营的处置损益。(5) 终止经营处置损益的调整金额，可能引起调整的情形包括：最终确定处置条款，如与买方商定交易价格调整额和补偿金；消除与处置相关的不确定因素，如确定卖方保留的环保义务或产品质量保证义务；履行与处置相关的职工薪酬支付义务等。

企业在处置终止经营的过程中可能附带产生一些增量费用，如果不进行该项处置就不会产生这些费用，企业应当将这些增量费用作为终止经营损益列报。

【例 10-19】企业集团A拥有子公司B，并为其专门租入一栋写字楼作为办公场所，现企业集团A决定将子公司B转让给F企业，转让完成后，子公司B将整体搬迁至F企业的自有写字楼。由于子公司B目前办公所在地的租期未满，企业集团A必须承担将办公楼低于原租金转租或者提前终止租赁合同的损失。假设子公司B符合持有待售类别的划分条件和终止经营的定义。

分析：尽管如果不出售子公司B，与租赁办公楼相关的损失就不会发生，但对于出售子公司B本身而言，该损失并不是必不可少的，不是与出售子公司B直接相关的增量成本。因此，在对子公司B以账面价值和公允价值减去出售费用后的净额孰低计量时，不应当将办公楼低于原租金转租或者提前终止租赁合同的损失作为出售费用处理，但应当在利润表中将其列示在“终止经营净利润”中，并在附注中作为终止经营费用的一部分披露。

拟结束使用而非出售的处置组满足终止经营定义中有关组成部分的条件的，应当自停止使用日起作为终止经营列报。列报的终止经营损益应当包含整个报告期间，而不仅包含认定为终止经营后的报告期间。如果因出售对子公司的投资等原因导致企业丧失对子公司的控制权，且该子公司符合终止经营定义的，应当在合并利润表中列报相关终止经营损益。从财务报表可比性出发，对于当期列报的终止经营，企业应当在当期财务报表中，将原来作为持续经营损益列报的信息重新作为可比会计期间的终止经营损益列报。这意味着对于可比会计期间的利润表，作为终止经营列报的不仅包括在可比会计期间即符合终止经营定义的处置组，还包括在当期首次符合终止经营定义的处置组。由于后者的存在，处置组在可比会计期间出售商品、提供劳务的收入和相关成本、费用，以及相关资产按照《企业会计准则第8号——资产减值》的规定确认的资产减值损失等也应当作为终止经营损益列报。

企业还应当在附注中披露有关终止经营的相关信息。

终止经营不再满足持有待售类别划分条件的，企业应当在当期财务报表中，将原来作为终止经营损益列报的信息重新作为可比会计期间的持续经营损益列报，并在附注中说明这一事实。

三、特殊事项的列报

（一）企业专为转售而取得的持有待售子公司的列报

如果企业专为转售而取得的子公司符合持有待售类别的划分条件，应当按照持有待售的处置组和终止经营的有关规定进行列报，但适当简化其资产负债表列示和附注披露。除非企业是投资性主体并将该子公司按照公允价值计量且其变动计入当期损益，否则应当按照《企业会计准则第33号——合并财务报表》的规定，将该子公司纳入合并范围。

在合并资产负债表中，允许采用简便方法处理，将企业专为转售而取得的持有待售子公司的全部资产和负债分别作为持有待售资产和持有待售负债项目列示。在合并利润表中，企业专为转售而取得的持有待售子公司的列示要求与其他终止经营一致，即将该子公司净利润与其他终止经营净利润合并列示在“终止经营净利润”项目中。企业在附注中披露的信息也可以更为简化。

（二）不再继续划分为持有待售类别的列报

对于非流动资产或处置组，如果其不再继续划分为持有待售类别或非流动资产从持有待售的处置组中移除，在资产负债表中，企业应当将原来分类为持有待售类别的非流动资产或处置组重新作为固定资产、无形资产等列报，并调整其账面价值。在当期利润表中，企业应当将账面价值调整金额作为持续经营损益列报。企业还应在附注中披露相关信息。对于企业的子公司、共同经营、合营企业、联营企业以及部分对合营企业或联营企业的投资，按照《企业会计准则第2号——长期股权投资》的规定，持有待售的对联营企业或合营企业的权益性投资不再符合持有待售类别划分条件的，应当自划分为持有待售类别日起采用权益法进行追溯调整。持有待售的对子公司、共同经营的权益性投资不再符合持有待售类别划分条件的，同样应当自划分为持有待售类别日起追溯调整。上述情况下，划分为持有待售类别期间的财务报表应当作相应调整。

本章小结

企业主要通过出售而非持续使用一项非流动资产或处置组收回其账面价值的，应当将其划分为持有待售类别。处置组，是指在一项交易中作为整体通过出售或其他方式一并处置的一组资产，以及在该交易中转让的与这些资产直接相关的负债。处置组中可能包含企业的任何资产和负债，如流动资产、流动负债、非流动资产和非流动负债。按照《企业会计准则第8号——资产减值》的规定，企业合并中取得的商誉应当按照合理的方法分摊至相关的资产组或资产组组合，如果处置组即为该资产组或者包括在该资产组或资产组组合中，处置组也应当包含分摊的商誉。

对于符合持有待售类别划分条件但仍在使用的非流动资产或处置组，由于通过该资产或处置组的使用收回的价值相对于通过出售收回的价值是微不足道的，资产的账面价值仍然主要通过出售收回，因此企业不应当因持有待售的非流动资产或处置组仍在产生零星收入而不将其划分为持有待售类别。本章讲述了持有待售的非流动资产或处置组的分类、计量和列报，以及终止经营的列报。

主要概念和观念

持有待售　处置组　终止经营

基本训练

知识题

1. 简述持有待售类别的划分原则。

2. 如何确认、计量持有待售的非流动资产或处置组？

3. 何为终止经营？如何列报？

技能题

1. 2×18年9月1日甲公司将一项处置组转移给乙公司，该处置组包括一项固定资产和一项预计负债。当日，固定资产的账面价值为800万元，预计负债为300万元；甲公司签订协议约定的处置价款为400万元，预计不发生出售费用。假定至2×18年年末，处置组的公允价值与出售费用均未发生变化。

要求：计算分析甲公司2×18年年末持有待售相关项目资产负债表中列报的项目及金额。

2. A公司拥有一个销售门店，2×18年6月1日，该门店的部分科目余额为：库存现金31万元、应收账款26万元、库存商品30万元、存货跌价准备10万元、固定资产110万元、累计折旧3万元、固定资产减值准备2万元、无形资产95万元、累计摊销14万元、商誉20万元、应付账款31万元、应付职工薪酬56万元、预计负债25万元。当日，A公司与

B公司签订转让协议，将该门店整体转让，转让初定价格为165万元。假设该门店满足划分为持有待售类别的条件，但不符合终止经营的定义。

要求：(1) 不考虑其他因素，计算A公司将该门店划分为持有待售类别的处置组时应计提的资产减值损失金额。

(2) 编制相关会计分录。

能力题

甲公司近年来发生如下业务：

1.2017年1月1日与乙公司签订不可撤销的销售协议，约定5月1日将A设备销售给乙公司；

2.2015年12月1日与丙公司签订不可撤销的销售协议，约定2017年1月1日将B设备销售给丙公司；

3.计划将2016年11月1日达到预定用途的设备C于2017年2月1日销售给丁公司；

4.2017年1月1日与戊公司签订不可撤销的销售协议，约定于12月31日将D设备销售给戊公司。

要求：分析说明甲公司的上述各项业务中涉及的设备，哪些应划分为持有待售资产，为什么？

第十一章

企业合并会计

学习目标

通过本章的学习，应达到以下目标：在知识方面，了解企业合并的方式、动机，理解和掌握同一控制下的企业合并和非同一控制下的企业合并；在技能方面，掌握企业合并的会计处理方法——购买法、权益结合法；在能力方面，注意对合并对价、或有对价的断定与计算，能够根据不同企业合并的方式，选择适合的会计处理方法并准确予以反映与披露。

案　例

1999年6月，清华同方采用股权交换的方式吸收合并鲁颖电子，这是中华人民共和国成立以来首起以股权交换方式进行的企业合并活动。清华同方向鲁颖电子股东定向发行人民币普通股，按照1∶1.8的换股比例（即1股清华同方普通股换取1.8股鲁颖电子股份），换取鲁颖电子股东所持有的全部股份，鲁颖电子的法人地位消失。合并后，清华同方原有股东占存续公司（即合并后的清华同方）91.63%的股份，鲁颖电子占8.37%。清华同方将以鲁颖电子经评估后的净资产出资、与其他企业共同投资设立新注册的山东清华同方鲁颖电子有限公司，仍在原地（即山东沂南县）注册，新注册的公司成为清华同方控股的子公司。根据1999年6月12日《吸收合并公告书》中的模拟合并资产负债表和模拟合并利润表，可判断本次合并的会计处理方法实际上采用了权益结合法。

企业合并会计方法的选择，主要依赖于会计规定及管理当局对所涉及合并业务实质的判断，即通常所说的“合并的经济实质决定其适用的会计方法”。那么，清华同方换股吸收合并鲁颖电子的会计处理方法为什么采用权益结合法?这一合并业务所选择的会计方法是否合理?

资料来源　陈信元，董华.企业合并的会计方法选择：一项案例研究［J］.会计研究，2000（2）.

现代大公司、企业集团的形成往往与企业合并活动密不可分，用来揭示企业集团相关信息的合并财务报表与企业合并有一定的联系，但是两者并不是必然的关系。企业合并可能导致合并财务报表问题的出现，但并非所有类型的企业合并都需要编制合并财务报表，所以，我们首先必须了解企业合并及其相关会计问题。本章将主要介绍企业合并的相关概念，以及我国企业合并的主要会计处理方法。

第一节 企业合并概述

一、企业合并的含义

《国际财务报告准则第3号》（IFRS 3）中认为，企业合并是指“将单独的主体或业务集合成为一个报告主体”。我国《企业会计准则第20号——企业合并》（以下简称企业合并准则）中认为，企业合并是指“将两个或者两个以上单独的企业（主体）合并形成一个报告主体的交易或事项”。以上企业合并的会计定义，并不以法律主体的解散作为企业合并的必然条件，而是从经济实质重于法律形式的原则出发，强调“一个报告主体”。

从我国的企业合并准则角度看，对于“企业合并”的定义，可以从三个方面理解：一是“单独的企业（主体）”，既是独立的法人主体，独立从事各项经济业务行为，也是独立的报告主体，定期提供单独的财务会计报告。二是“合并形成一个报告主体”，是指多个企业合并后形成的合并体作为一个会计报告主体，它应该是经济意义上的一个整体，而从法律意义上看可能是一个法人主体，也可能是多个法人主体。三是“交易或事项”，是企业合并的定性，企业合并如果是一项交易，将涉及公允价值的使用；企业合并如果仅仅是对参与合并各方资产、负债重新组合的经济事项，则只能使用账面价值进行确认与计量。

从会计理论角度看，企业合并本质上是一种购买行为，但其不同于单项资产的购买，而是一组有内在联系、为了某一既定的生产经营目的存在的多项资产组合或是多项资产、负债构成的净资产的购买。企业合并的结果通常是一个企业取得了对一个或多个业务的控制权。也就是说，要形成会计意义上的“企业合并”，前提是被合并的企业的资产或资产负债组合要形成“业务”。业务是指企业内部某些生产经营活动或资产负债的组合，该组合具有投入、加工处理过程和产出能力，能够独立计算其成本费用或所产生的收入。因此，所构成的业务，不需要有关资产、负债的组合一定要构成一个企业，或是具有某一具体法律形式。实务中，虽然也有企业只经营单一业务，但一般情况下企业的分公司、独立的生产车间、不具有独立法人资格的分部等也会构成业务。如果一个企业取得了对另一个或多个企业的控制权，而被合并的企业并不构成业务，则该交易或事项不形成企业合并。对一组资产或资产、负债的组合是否构成业务，要看正常的市场条件，从一定的商业常识和行业惯例等出发，看有关的资产或资产、负债的组合能否被作为一项具有内在关联度的生产经营目的整合起来使用。不是看其在出售方手中如何经营，也不是看购买方在购入该部分资产或资产、负债组合后准备如何使用。

此外，如果企业合并是一次交换交易实现的合并，则交易日与合并日（购买日）一致；如果企业合并是多次交换交易实现的合并，则交易日是各单项投资在投资方财务报表中确认之日，合并日（购买日）则是获得控制权之日。

二、企业合并的动机

面对市场竞争的巨大压力，企业会像在内部采取新产品和项目计划那样采用兼并和收购战略[①]。从19世纪末开始，以美国为代表的西方国家兴起了以并购（M&A）为主的资产重组，从那以来，共经历了5次大的并购浪潮。这5次浪潮都是以技术革命为推动力的，都是从传统产业向新兴产业转化，特别是20世纪90年代兴起的以信息技术革命为推动力的全球并购热潮，在西方国家反垄断法律法规的监督下，依然势头不减。

关于企业合并的动机，西方经济学界和管理学界经过几十年的研究，形成了许多理论，如效率理论、信息与信号理论、代理问题与管理主义、市场力量理论、税收理论等，这些理论是基于以美国为代表的西方制度环境与资本市场研究得出的。中国的制度环境与西方国家差别较大，主要表现在国家所有制和政府对企业的行政干预，因而企业合并呈现出不同于西方企业的特点[②]。根据相关的文献资料，可以将企业合并动机概括为以下几个主要的方面：

（一）管理协同效应

管理协同理论认为，倘若一家企业拥有一支高效率的管理团队，其管理能力超过了企业日常管理的要求，它就可以收购一家管理效率低的企业来使其额外的管理资源得以充分利用，从而将被收购企业的非管理性组织成本与收购企业过剩的管理成本有机组合到一起。该假说可以解释横向合并的动机问题，而相关的实证研究则证明其用于解释混合合并的动机就过于牵强了。

（二）财务协同效应

财务协同理论基于一个有累积税收损失和税收减免的企业可以与有正收益的企业进行合并，从而实现合法避税的目的。该理论隐含的假设前提是合并活动产生的税收节约大于企业的合并成本，但是这只在特定的情况下才会存在，随着税收政策的不断变化，这种理论不足以解释大多数企业的合并动机。此外，因会计处理惯例、内部资本市场需求和证券交易等因素的作用也可以产生财务协同效应。

（三）规模效应

规模经济理论认为，通过实现规模经济，可以达到降低成本、提高技术开发能力和生产效率的目的，该理论从规模经济的角度解释了几乎所有类型的合并动机问题。

（四）多元化战略

资产组合理论认为，市场环境存在不确定性，企业通常采用混合合并的方式实现多元化经营，以降低和分散风险。

（五）市场竞争理论

该理论认为，企业合并的动机是市场竞争的需要。一方面，通过合并活动，可以有效地降低进入新行业的障碍，通过利用目标企业的资产、销售渠道、人力资源等优势，能实现企业低成本、低风险的扩张；另一方面，通过合并活动，将关键性的投入、产出关系纳入企业控制的范围，借助合并活动减少竞争对手，从而提高行业集中度，增强对企业经营环境的控制，提高市场占有率。

（六）交易费用理论

交易费用理论认为，节约交易费用是企业合并活动的唯一动机，企业合并实质上是企

---

① 这是指企业的内部扩张和外部扩张，并购活动应该在企业的一般战略性策划过程中进行。战略的主题是并购分析的中心，因为它提供了制定正确的并购决策所需的框架。

② 谭劲松，黎文靖，谭燕．企业合并：政府主导下的多方利益博弈——来自10起换股合并案例的检验［J］．管理世界，2005（2）．

业组织对市场的替代，是为了减少生产经营活动的交易费用。一方面，它用“资产专用性”解释纵向合并；另一方面，它又用“微型资本市场”解释混合合并。

（七）代理成本理论

代理成本理论认为，与股东关心利润相比，管理者更关心自身的权利、收入、社会声望和职位的稳定性。管理者通过合并来扩大企业规模，借此来增加自己的收入并提高职业的保障程度。

（八）投机理论

投机理论认为，当合并企业发现由于通货膨胀等原因造成目标企业的股票市场价值低于重置成本时，或者由于合并企业知道一些外部市场所不知道的信息而认为目标企业价值被低估时，就会采取合并手段，取得对目标企业的控制权。

不同国家和地区的经济环境和发展水平有所不同，企业合并的动机当然会有差异；随着客观经济环境的发展变化，企业合并的动机必然也会发生新的变化。

三、企业合并的形式

正如对企业合并的动机存在各种不同的认识一样，企业合并的形式从不同的角度看也有不同的分类。如按照支付方式，可划分为现金合并、股票合并和杠杆合并等；按照合并的意愿，可划分为善意合并和恶意合并，针对恶意合并，被合并的企业可以采取一系列反并购防御策略，如“毒丸”计划、“白衣骑士”和“焦土”策略等。下面是几种比较常见的企业合并分类方式：

（一）按所涉及的行业，划分为横向合并、纵向合并和混合合并

横向合并，是指生产和销售同类产品或生产工艺相近的、具有竞争关系的企业之间的合并行为。其目的是发展规模经济、实现规模效益、优势互补，提高竞争能力。横向合并是20世纪初期最早出现的合并形式，也是西方企业第一次并购浪潮中的主要形式。

纵向合并，也称垂直合并，是指生产过程或经营环节相互联系的企业之间，或具有纵向协作关系的专业化企业之间发生的合并。其目的是保证生产经营活动的配套、产供销各环节的畅通。纵向合并又分为前向合并（与下游企业的合并）和后向合并（与上游企业的合并）。在20世纪20年代，纵向合并是西方企业第二次并购浪潮中的主要形式。

混合合并，是指在彼此没有相关市场或生产过程、既非竞争对手又非现实中或者潜在客户或供应商公司之间进行的合并行为。按其行为动机又可分为三种类型：产品扩张型合并（同心圆式合并）、地域市场扩张型合并和纯粹混合合并，其目的一般是分散经营风险。混合合并是20世纪50年代西方企业第三次并购浪潮中的主要形式。

（二）按合并后企业组织的法律形式，划分为吸收合并、新设合并和控股合并

吸收合并（statutory merger），也称兼并，是指两个或两个以上的企业合并成一个企业。吸收合并后，参与合并的企业通常只有其中一家继续保留其法人地位，其他企业则在合并后丧失法人地位，不复存在。吸收合并的结果是主并企业作为保留下来的单一经济主体和法律主体处理其会计事务，接受参与合并的各企业的资产并承担其债务。其特征可以用图11-1来说明。

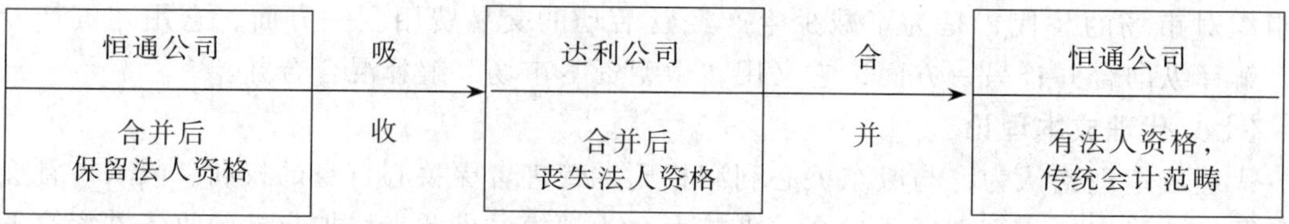

图 11-1　吸收合并

新设合并（statutory consolidation），也称创立合并，是指两个或两个以上企业通过协商或者契约创建一个新企业。原有的各家企业均不复存在，丧失法人资格，在参加合并的企业的基础上成立一个新的企业。新设合并的结果是新设企业作为保留下来的单一经济主体和法律主体处理其会计事务，拥有丧失法人地位的各被合并企业的资产并承担其债务。其特征可以用图11-2来说明。

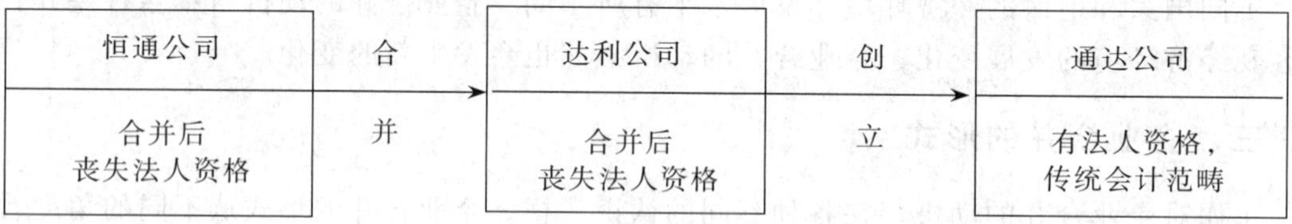

图 11-2　新设合并

控股合并（acquisition common stock），是指一个企业买入或取得了另一个企业有投票表决权的股份，并且达到控制权的状态。参与合并的企业保留法人资格，并组成企业集团。控制的标志是有权决定一个企业的财务和经营政策，并能据以从该企业的经营活动中获取收益。控股的实施途径是一个企业直接或间接拥有另一个企业半数以上表决权，或者一个企业拥有另一个企业表决权不足半数但已达到实际控制权。与前两种合并形式不同，控股合并并不是法律意义上的合并，控股企业和被控股企业仍分别为独立的法人。其特征可以用图11-3来说明。

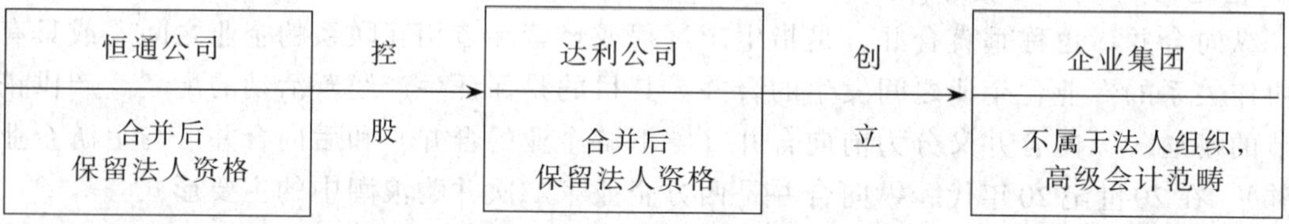

图 11-3　控股合并

（三）按控制对象，即合并企业在合并前后是否受同一方或相同多方的最终控制，划分为同一控制下的企业合并和非同一控制下的企业合并

同一控制下的企业合并，是指所有参与合并的主体或业务在企业合并前、后都受同一方或相同的多方最终控制，并且该控制不是暂时的，通常控制时间在1年或1年以上。非同一控制下的企业合并，是指参与合并的各方在合并前、后不受同一方或相同的多方最终控制。其中，控制是指投资方拥有对被投资方的权利，通过参与被投资方的相关活动而享有可变回报，并且有能力运用对被投资方的权利影响其回报金额。在直接控制的情况下，控制方对被控制方的控制就应该是最终控制；在存在间接控制的情况下，间接控制方拥有对被控制方的最终控制权。

同一控制下的企业合并，由于合并各方在合并前、后的最终控制方没有发生变化，企业合并准则没有把这种合并视为“交易”，只是当作一个经济事项。因此，相应的会计处理中采用账面价值进行计量。非同一控制下的企业合并，由于参与合并各方在合并前、后不属于同一方或相同的多方最终控制，这种合并实质上是一种交易——购买方购买被购买方控制权的交易。正因为如此，相应的会计处理需要遵循交易规则，使用自愿交易的、双方都能接受的公允价值。

第二节 企业合并的会计处理

按照我国企业合并准则的相关规定，企业合并的会计处理按照两大基本类型划分，即分为同一控制下企业合并的会计处理与非同一控制下企业合并的会计处理。无论是同一控制下的企业合并还是非同一控制下的企业合并，两类企业合并的结果都包括不形成母子公司关系和形成母子公司关系两种情况；两类企业合并的实施都需要合并方支付合并对价；两类企业合并的进行都有可能发生合并费用。此外，对于企业合并过程中的称谓，两类企业合并有一定区别，表11-1中比较了两类企业合并中比较常见的称谓，后续内容还将具体介绍这些称谓概念与性质。

表11-1 **两类企业合并的称谓比较**

	同一控制下的企业合并	非同一控制下的企业合并
一方实际取得另一方控制权的日期	合并日	购买日
取得其他企业控制权的企业	合并方	购买方
被其他企业取得控制权的企业	被合并方	被购买方

根据我国企业合并准则对同一控制下和非同一控制下的企业合并的会计处理方法的规定，其会计处理方法分别类似于权益结合法和购买法。其中，权益结合法规定企业合并支付的对价必须采取发行股票的方式，而我国同一控制下的企业合并则无这项要求。国际财务报告准则中规定，所有的企业合并只允许采用购买法，即将企业合并看成是一个企业购买另一个企业的股权或净资产的交易行为，而我国由于充分考虑自身产权市场不够成熟、发生的企业合并中同一控制下的企业合并较多等实际情况，将同一控制下的企业合并也纳入企业合并准则的内容范围。因此，本章内容以会计准则国际趋同为前提，以我国企业合并准则为依据，以国际财务报告准则为补充，沿用企业合并的两种会计处理方法——购买法和权益结合法，分别对非同一控制下企业合并的会计处理和同一控制下企业合并的会计处理予以介绍。

一、非同一控制下企业合并的会计处理——购买法

购买法（purchase method）是从合并企业——购买者的角度来看待企业合并的。购买企业购买被购买企业的净资产，并确认已获得的资产、承担的负债以及或有负债，包括那些以前未被被购买企业确认的。这一交易与企业直接从外界购入机器设备、存货等资产并无区别。下面首先介绍与购买法紧密相关的几个概念。

（一）相关概念

（1）购买日，是指购买方实际取得对被购买方控制权的日期，即被购买方净资产或生产经营决策的控制权转移给购买方的日期。同时满足以下条件的，可认定为实现了控制权的转移：①企业合并协议已获股东大会通过；②企业合并事项需要经过国家有关部门实质

性审批的，已取得有关主管部门的批准；③参与合并各方已办理了必要的财产交接手续；④购买方已支付了合并价款的大部分（一般应超过50%），并且有能力支付剩余款项；⑤购买方实际上已经控制了被购买方的财务和经营政策，并享有相应的利益及承担风险。

（2）购买方，与之相对应的就是被购买方。采用购买法要求辨认购买方，特别是在控股合并方式下，企业集团整体的会计信息是由购买方来处理的。购买方的辨认可以依据下列情形来确定：

①在仅通过支付现金或者其他资产，或者仅通过承担负债方式实施的企业合并中，支付现金或者其他资产、承担负债的实体通常情况下作为购买方。

②在通过股权交换方式实施的企业合并中，发行股票的实体通常情况下作为购买方。但是，在特殊的企业合并（一般指反向收购）中，是由被购买实体发行股票。通常情况下，购买方是较大的实体，但在企业合并实例中，也有较小实体购买较大实体的情况。在另外一些企业合并中，合并后的实体沿用被购实体的名称。因此，对于通过交换股权方式进行的企业合并，辨认购买方应当考虑下列因素：第一，合并以后，在合并后实体中具有的相应表决权——在其他条件相同的情况下，如果某合并企业的所有者作为一个整体，保留或收到了合并后实体的多数表决权，则该合并企业就是购买方。在确定哪一方保留或收到多数表决权时，应当考虑所有现存的特别或特殊的表决权安排和选择权、认股权证，或者可转换证券。第二，当任何所有者或所有者群体均未持有多数表决权股权时，在合并后实体中持有的较多的少数表决权股权——在其他条件相同的情况下，如果某合并企业单独的所有者或所有者群体在合并后实体中持有较多的少数表决权股权，则该合并企业就是购买方。第三，合并后实体的权力机构组成——在其他条件相同的情况下，如果某合并企业的所有者或权力机构有能力对合并后实体权力机构进行选举或指派，则该合并企业就是购买方。第四，合并后实体的高级管理层组成——在其他条件相同的情况下，如果某合并企业的高级管理层能够对合并后实体的高级管理层进行控制，则该合并企业就是购买方。高级管理层通常包括董事会主席、首席执行官、首席运营官、首席财务官，以及直接向他们汇报情况的部门负责人，或者执行委员。第五，交换权益性证券的条件——在其他条件相同的情况下，如果某合并企业支付的款项超过了其他一个或几个合并实体权益性证券的市场价值，即支付了溢价，则该合并企业就是购买方。

③一些企业合并涉及两个以上实体，在这种情况下辨认购买方，应当考虑是哪一个实体发起了企业合并，以及合并中某一方的资产、收入和盈利是否显著超过了其他方。

④如果企业合并后成立了一个新的实体并且发行股权，那么，就应当在证据确凿的基础上，将现有合并实体中的某一方确定为购买方。确定时应当遵循前面三个条件。

（3）合并成本，是被合并企业的产权转让价格，一般以被合并企业的可辨认资产和负债及或有负债的公允价值为基础，由合并各方最后谈判确定。

（4）公允价值，是指在公平交易中，熟悉情况的当事人自愿据以进行资产交换或者负债清算的金额。

（5）非同一控制下的企业合并中取得被购买方可辨认资产和负债及或有负债公允价值的确定，首先要核查被合并的企业账面记录的正确性、账实相符性并核实债权债务等；其次按照以下规定来确定各项目的公允价值能可靠计量：

①货币资金，按照购买日被购买方的原账面价值确定。

②有活跃市场的股票、债券、基金等金融工具，按照购买日活跃市场中的市场价值确定；不存在活跃市场的金融工具，如权益性投资等，应当参照《企业会计准则第22号——金融工具确认和计量》等，采用估值技术确定其公允价值。

③应收款项，短期应收款项因其折现后的价值与名义金额相差不大，可以直接运用其名义金额作为公允价值；对于收款期在3年以上的长期应收款项，应以适当的现行利率折现后的现值确定其公允价值。在确定应收款项的公允价值时，要考虑发生坏账的可能性及收款费用。

④存货，产成品和商品按其估计售价减去估计的销售费用、相关税费以及购买方通过自身的努力在销售过程中对于类似的产成品或商品可能实现的利润确定；在产品按完工产品的估计售价减去至完工仍将发生的成本、预计销售费用、相关税费以及基于同类或类似产成品的基础上估计可能实现的利润确定；原材料按现行重置成本确定。

⑤固定资产，存在活跃市场的，应以购买日的市场价格确定其公允价值；本身不存在活跃市场，但同类或类似固定资产存在活跃市场的，应参照同类或类似固定资产的市场价格确定其公允价值；同类或类似固定资产也不存在活跃市场，无法取得有关市场信息的，应按照一定的估值技术确定其公允价值。

⑥无形资产，存在活跃市场的，参考市场价格确定其公允价值；不存在活跃市场的，应当基于可获得的最佳信息，以估计熟悉情况的双方在公平的市场交易中为取得该项资产应支付的金额作为其公允价值。

⑦应付账款、应付票据、应付职工薪酬、应付债券、长期应付款，对于短期债务，因其折现后的价值与名义金额相差不大，可以名义金额作为公允价值；对于长期债务，应以适当的折现率折现后的现值作为其公允价值；取得的被购买方的或有负债，其公允价值在购买日能够可靠计量的，应单独确认为预计负债，此项负债应当按照假定第三方愿意代购买方承担该项义务，就其所承担义务需要购买方支付的金额计量。

⑧递延所得税资产和递延所得税负债，对于企业合并中取得的被购买方各项可辨认资产、负债及或有负债的公允价值与其计税基础之间存在差额的，应当按照《企业会计准则第18号——所得税》的规定确认相应的递延所得税资产或递延所得税负债，所确认的递延所得税资产或递延所得税负债的金额不应折现。

上述各项取得的资产、负债及或有负债，如果采用估值技术确定的公允价值估计数的变动区间很小，或者在公允价值估计数变动区间内，各种用于确定公允价值估计数的概率能够合理确定的，视为公允价值能够可靠计量。

（6）商誉（goodwill）①，指由企业合并产生于无法单独区分和不能分开辨认的其他资产的未来经济利益。它应确认为一项资产，须定期进行减值测试。

购买方在取得的可辨认资产和负债及或有负债的公允价值中的利益超过合并成本的部

① 商誉被普遍界定为某一主体具有“能获得超过正常投资报酬率的能力和信誉”，是一种不可辨认的无形资产，不能独立于企业而存在。在实务中，只确认外购商誉，不确认自创商誉。确认的外购商誉只限于在企业合并中形成的“合并商誉”。

对合并商誉的会计处理，主要有3种方法：确认为一项资产，并在有效期内摊销；合并时即注销，冲减留存收益；作为永久资产。

长期以来，商誉被确认为无形资产而后进行系统摊销，在美国、加拿大、墨西哥、日本、澳大利亚等国是占优势的会计惯例，但在计算应税收益时，税法不允许将商誉摊销作为扣减项目。不把商誉确认为无形资产而后摊销，而是主张从合并股东权益中立即注销商誉，则是欧洲国家的会计惯例。德国、西班牙、法国和荷兰等多数欧洲国家，从合并股东权益中立即注销商誉仍是占优势的惯例，但也允许把商誉确认为资产而后摊销。英国过去也是如此，到1989年7月才在发布的第22号标准会计惯例公告（SSAP 22）中，只允许把商誉作为应摊销资产项目。原来，还有些国家把商誉作为不予摊销的永久性资产，至20世纪90年代，这种惯例已绝无仅有了。参见常勋．也谈商誉会计［J］．会计之友，2005（2）．

分是利得（即廉价购买），不能在资产负债表中确认为负商誉[①]。但是，在确认为利得之前，购买企业应对合并成本和归属于被购买企业的可辨认资产、负债和或有负债的公允价值进行重新评估。

合并成本的分配与商誉的关系，可以用图11-4总结如下：

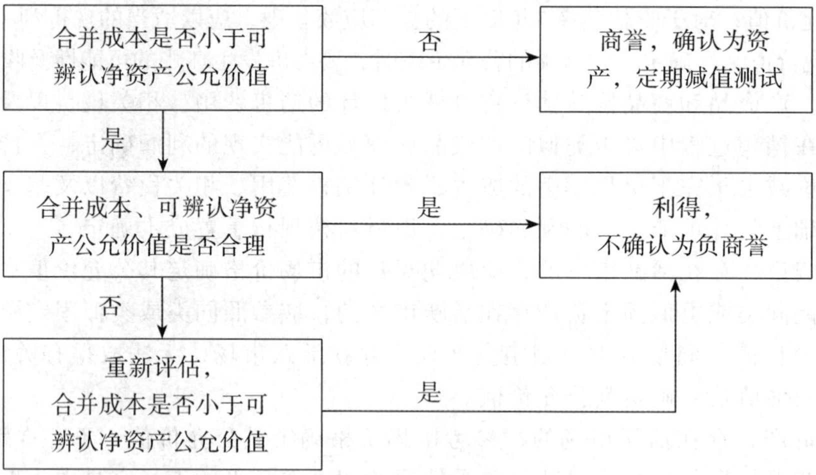

图11-4　合并成本分配与商誉的关系

（二）会计处理

（1）在吸收合并和新设合并下，购买方取得被购买方的可辨认净资产（即可辨认资产、负债和或有负债），按公允价值分别入账；在控股合并下，购买方取得被购买方的股权（达到控制权），无须考虑持股比例，按照合并成本直接入账。

（2）在购买日，购买方为取得对被购买方的控制权而付出的资产、承担的负债以及发行的权益性证券的公允价值计入合并成本。为进行企业合并发生的相关直接费用，包括审计、法律服务、评估咨询等中介费用以及其他相关管理费用，应当于发生时计入当期损益；而购买方作为合并对价发行的权益性证券或债务性证券的交易费用，应当冲减权益性证券或债务性证券的初始确认金额。

（3）在合并合同或协议中，对可能影响合并成本的未来事项作出约定的，购买日如果估计未来事项很可能发生并且对合并成本的影响金额能够可靠计量的，购买方应当将此或有对价计入合并成本。购买方应当将合并合同或协议约定的或有对价作为企业合并转移对价的一部分，按照其在购买日的公允价值计入企业合并成本。或有对价符合权益工具和金融负债定义的，购买方应当将支付或有对价的义务确认为一项权益或负债；符合资产定义并满足资产确认条件的，购买方应当将符合合并合同或协议约定条件的、可收回的部分已支付合并对价的权利确认为一项资产。购买日后12个月内出现对购买日已存在情况的新的

① 当合并成本低于它所取得的净资产的公允价值时，事实上已经出现了负商誉。那么，所谓负商誉的性质如何界定?著名会计学家亨德里克森在其所著的《会计理论》中认为，假使认为商誉是企业不可辨认的有利属性并可以与可辨认资产分离，则很难想象出现负的情况；另一种持否定观点的学者认为，商誉的实质是资产，负商誉就只能是负资产，而负资产与商誉是超额收益的定性不符，现实中也不会有负资产存在。持肯定观点的人认为，如果从计量角度出发来描述商誉和负商誉的关系，则负商誉是属于商誉这个概念下的一种概念，“负商誉仍是商誉”；另外还有人认为，负商誉的存在是因为被购买企业存在账面上未反映的隐性成本或隐性负债，这些不利因素将导致企业未来资产贬值和经济利益减少。上述两种观点也有理由不充分之处，此处不再赘述。那么，产生的差额如何处理?过去，存在3种不同的方法：第一，全部列作递延收益；第二，在合并日的财务报表中记录为权益的增加；第三，将资产价值超过成本的部分先等比例冲销企业购入的各项非货币性资产的价值后，将其余额列作递延收益，在规定的有效期限内平均摊销（这是IASB的规定，FASB则认为应该调整非流动性资产的价值）。现在，普遍接受的处理方法是在对被购买企业净资产公允价值确认无误的情况下，将产生的差额确认为当期非常利得。

或进一步证据需要调整或有对价的，应当予以确认并对原计入合并商誉的金额进行调整；其他情况下发生的或有对价变化或调整，应当区分情况进行会计处理：①或有对价为权益性质的，不进行会计处理；②或有对价为资产或负债性质的，如果属于会计准则规定的金融工具，应当采用公允价值计量，公允价值变动视有关金融工具的分类计入当期损益或其他综合收益。如果不属于会计准则规定的金融工具，则应按或有事项等准则的规定处理。

（4）购买方对合并成本与取得的被购买方可辨认净资产或股权的公允价值之间的差额，分以下几种情况予以处理：①由于股权的公允价值按照合并成本直接入账，因此购买方的合并成本与取得的被购买方股权的公允价值之间不存在差额；②购买方的合并成本小于取得的被购买方可辨认净资产的公允价值的差额，计入当期损益（营业外收入）；③购买方的合并成本大于取得的被购买方可辨认净资产的公允价值的差额，确认为合并商誉。对于商誉的确认时点，不同合并类型各不相同：在吸收合并和新设合并下，购买方在购买日企业合并的账务处理中就应直接确认商誉，从而合并后的企业的个别资产负债表中能够单独列示反映商誉；在控股合并下，由于购买方在企业合并的账务处理中，以合并成本作为长期股权投资的初始入账的成本中已经包含商誉的价值，因而合并后的企业的个别资产负债表中未能单独列示反映商誉，而应在编制合并资产负债表中通过抵销处理单独列示反映商誉。

（5）企业合并发生在期末，且相关的合并成本和公允价值只能暂时确定，购买方应当以所确定的暂时价值进行确认和计量。

下面举例说明在购买法下，非同一控制下企业合并的会计处理。

【例11-1】2×19年12月31日，恒通公司以银行存款100 000元购买（吸收合并）达利公司全部资产并承担其全部债务，同时发生与合并业务相关的直接费用10 000元。购买时达利公司的资产负债表的账面金额和公允价值见表11-2。

表11-2　**达利公司2×19年12月31日的资产负债表**　单位：元

项目	账面金额	公允价值
货币资金	11 000	11 000
存货	10 000	15 000
固定资产（净额）	50 000	60 000
资产总计	71 000	86 000
应付账款	21 000	21 000
股本（每股面值1元）	1 000	
资本公积	9 000	
留存收益	40 000	
负债和股东权益总计	71 000	

达利公司被吸收合并丧失法人资格，恒通公司保留法人资格，并继续进行生产经营活动。恒通公司应该做如下账务处理：

合并成本100 000元与所取得的净资产的公允价值65 000元（86 000-21 000）之间的差额35 000元确认为商誉（以后的会计期间须定期做商誉减值测试），相关直接费用10 000元计入当期损益，恒通公司记录购买达利公司净资产的会计分录如下：

借：货币资金　　11 000
　　存货　　15 000
　　固定资产　　60 000
　　商誉　　35 000
　贷：应付账款　　　　21 000

贷：银行存款　100 000
借：管理费用　10 000
贷：银行存款　10 000

注意：在实务操作中，上述会计分录的借贷方应以会计科目的形式列示。因此，在结合被购买方资产负债表的相关项目和金额的基础上，应同时确认各项目对应的会计账户和账户金额，并依次确定相应会计科目和记账金额。下同。

【例11-2】承接【例11-1】，假设恒通公司以银行存款40 000元购买（吸收合并）达利公司全部净资产并承担其全部债务，同时恒通公司对合并成本和达利公司的可辨认资产、负债的公允价值进行重新评估，确定达利公司的资产总额的公允价值为81 000元（其中，存货的公允价值为10 000元，其他资产的公允价值不变）。其他资料不变。

合并成本40 000元比所取得的净资产的公允价值60 000元（81 000–21 000）少20 000元，这一差额不能确认为负商誉，应确认为当期非常利得。相关直接费用10 000元计入当期损益。该公司的账务处理如下：

借：货币资金　11 000
　　存货　10 000
　　固定资产　60 000
　贷：应付账款　21 000
　　　银行存款　40 000
　　　营业外收入　20 000
借：管理费用　10 000
　贷：银行存款　10 000

以上根据吸收合并的情形介绍了购买法的具体会计处理，这也适合处理新设合并的情形，不同之处只在于进行企业合并会计处理的会计主体。但是在控股合并方式下，购买方通过借记“长期股权投资”处理后，不必再转到各资产和负债项目，由于长期股权投资的初始成本是以合并成本入账，在合并业务的会计处理中，取得的股权的公允价值与合并成本之间不产生差额，因此会计分录不会由此形成借贷差额。只是在编制合并资产负债表时，通过抵销“长期股权投资”（合并成本的分配）才还原为被购买公司各项净资产和商誉，有关抵销处理将在后面的章节中详细介绍。

【例11-3】承接【例11-1】，假设恒通公司在2×19年年末通过发行60 000股普通股的方式取得（控股合并）达利公司90%的表决权，发行的股票每股面值1元、市场价格1.5元；另支付10 000元的股票发行手续费。其他资料不变。

合并成本90 000元（60 000×1.5）与所取得的净资产的公允价值65 000元（86 000–21 000）之间的差额25 000元应确认为商誉，但是，由于长期股权投资是以合并成本作为初始入账成本，其中已经包含商誉价值，因此合并业务中无须单独确认商誉，持股比例也无须考虑。恒通公司取得达利公司90%的表决权，对其实施控制，但达利公司在法律意义上仍然具有独立的法人资格，独立进行会计核算，因此达利公司的资产、负债无须并入恒通公司。发行股票支付的手续费10 000元应当计入权益性证券的初始确认金额，抵减权益性证券溢价收入。相关直接费用10 000元计入当期损益。该公司的账务处理如下：

借：长期股权投资　90 000

贷：股本 60 000
　　资本公积——股本溢价 20 000
　　银行存款 10 000
借：管理费用 10 000
贷：银行存款 10 000

二、同一控制下企业合并的会计处理——权益结合法

对于同一控制下的企业合并，参加合并的各个企业将其资产和权益“融合”到一起，联合控制了它们全部的或实际上全部的净资产和经营权，在合并后共同承担合并后主体的风险和收益，并且继续共同承担合并之前就存在的风险和利益，这种企业合并称为权益结合，或者叫权益联营。

权益结合从本质上讲不属于企业间的买卖，会计处理时保持以前的会计基础不变，继续按原来的账面价值记录，不存在合并商誉；不论企业合并发生在会计年度的哪一天，参加合并企业全年度实现的利润，都并入合并后的企业；同理，参加合并企业的留存利润也统统予以合并；企业合并发生的直接费用、间接费用以及或有对价，不计入合并成本。美国会计原则委员会（1973年由财务会计基金会组建的财务会计准则委员会取代）于1970年发布的《会计原则委员会第16号意见书——企业合并》中规定了采用权益结合法处理企业合并的12项条件[①]。

按权益结合法处理时，首先需注意以下事项：①权益结合法虽然要求按账面价值记账，但合并时仍需要对参加合并企业的资产和负债等项目加以分析确认，合并谈判时，也应当进行价值评估，考虑公允价值以确定换股比例；②参与合并的企业可能在合并前使用不同的会计政策，合并后为实现一致的会计政策所做的调整，应在合并后企业的会计报表附注中揭示。

（1）在控股合并情况下：合并方以支付现金资产、转让非现金资产、承担债务方式支付合并对价的，支付的合并对价按照账面价值计量；合并方以发行债券或发行权益性证券方式支付合并对价的，按发行债券的面值或发行股票的面值作为账面价值，对合并对价进行计量。同时，应在合并日按取得的被合并方净资产账面价值的份额作为长期股权投资的入账成本计量。

（2）在吸收合并和新设合并情况下：合并方以支付现金资产、转让非现金资产、承担债务方式支付合并对价的，支付的合并对价按照账面价值计量；合并方以发行债券或发行权益性证券方式支付合并对价的，按发行债券的面值或发行股票的面值作为账面价值，对合并对价进行计量。同时，应在合并日按取得的被合并方资产和负债的原账面价值作为入账价值计量。合并方相关资产和负债所采用的会计政策和被合并方不一致的，应当对取得的资产和负债进行调整，按调整后的账面价值进行计量。

（3）合并方支付的合并对价的账面价值与取得被合并方长期股权投资、资产和负债的账面价值之间的差额，根据差额大小调整合并方的所有者权益：①合并方支付的合并对价

---

① 美国财务会计准则委员会于1999年4月21日发布消息：全体委员一致投票表决取消权益结合法。2001年7月1日《美国财务会计准则第141号——企业合并》正式生效，该准则取代了《会计原则委员会第16号意见书——企业合并》。美国财务会计准则委员会回避了在企业合并经济实质上的争论，主要从技术规则方面列举了拒绝权益结合法的种种理由，详细内容可以参阅有关“企业合并会计方法问题与争论”的研究文献。

的账面价值大于取得的长期股权投资、资产和负债的账面价值的差额，先冲减资本公积，再冲减留存收益（即盈余公积和未分配利润）；②合并方支付的合并对价的账面价值小于取得的长期股权投资、资产和负债的账面价值的差额，直接调增资本公积。

（4）企业合并发生的审计费用、评估费用、法律服务费用等各项直接相关费用，应当于发生时计入当期损益。为企业合并发行的债券或承担其他债务支付的手续费、佣金等，应当冲减所发行债券及其他债务的初始计量金额；企业合并中发行权益性证券发生的手续费、佣金等，应当冲减权益性证券溢价收入，溢价收入不足冲减的，冲减留存收益。对于或有对价，应按或有事项等准则的规定，判断是否应就或有对价确认预计负债或者确认资产；确认预计负债或资产的，该项金额与后续或有对价结算金额的差额不影响当期损益，应当调整资本公积，资本公积不足冲减的，调整留存收益。

（5）对于同一控制下的控股合并，参与合并各方在合并以前期间实现的留存收益应体现为合并财务报表中的留存收益，因此，在后续编制合并财务报表的抵销分录时，应以合并方的资本公积为上限，将被合并方在合并日以前实现的留存收益中按持股比例计算归属于合并方的部分，自资本公积转入留存收益。该部分的抵销分录将在后续章节予以介绍。

对于同一控制下的吸收合并和新设合并，按照权益结合法的原理，在进行合并业务时，应当对合并前被合并方的留存收益进行调整。由于被合并方在吸收合并和新设合并时已经注销了账面留存收益，而在合并前双方就被视为一个经济整体，合并方需将被合并方合并前留存收益调整回来，并在贷记“留存收益”相关科目的同时以合并方股本溢价余额上限借记“资本公积”。在我国的企业合并准则中，并未对此操作进行具体规定，因此，在后续例题操作中将不予考虑。

上述的会计处理与非同一控制下企业合并的会计处理在相关项目的计算方面各有异同，图11-5列出了两类合并的不同计算判断。

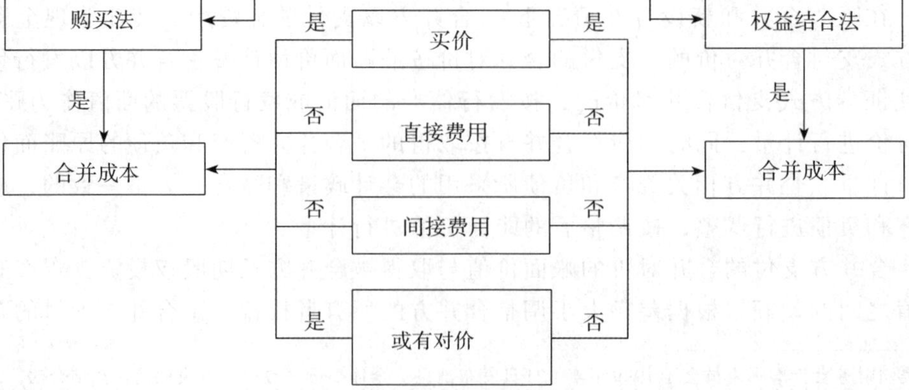

图11-5　两类企业合并的计算判断

【例11-4】承接【例11-1】，假设恒通公司和达利公司在合并前后同时受到甲公司控制。恒通公司以每股面值3元、每股市价55元的本公司股票，采用1股换1.25股的方式，换取达利公司全部的资产和负债，达利公司被吸收合并后予以注销。其他资料不变。

恒通公司对达利公司实施吸收合并，根据例题中的资料，恒通公司需要用800股、股本为2 400元的股票交换达利公司1 000股、股本为1 000元的股票。恒通公司的账务处理如下：

借：货币资金　　11 000
　　存货　　10 000
　　固定资产（净额）　　50 000
　贷：应付账款　　21 000
　　　股本（每股面值3元）　　2 400
　　　资本公积　　47 600

【例11-5】承接【例11-1】和【例11-4】，恒通公司通过发行股票，采用换股方式，实现对达利公司90%的控股合并。其他资料不变。

恒通公司对达利公司实施控股合并，根据例题中的资料，恒通公司需要用800股、股本为2 400元的股票交换达利公司1 000股、股本为1 000元的股票。取得的被合并方净资产的账面价值的份额为45 000元（（71 000-21 000）×90%）。恒通公司的账务处理如下：

借：长期股权投资　　45 000
　贷：股本（每股面值3元）　　2 400
　　　资本公积　　42 600

三、购买法与权益结合法的比较

由于购买法与权益结合法对企业合并行为的认识不同，其会计计价基础不同，从而影响会计处理后所报告的合并企业的财务状况和经营成果。表11-3将企业合并会计处理的购买法与权益结合法进行简单比较。通过将这两种会计处理适用的前提、核算过程及经济后果进行比较，我们不难对本章开头的清华同方吸收合并鲁颖电子的案例给出答案。

表11-3　**购买法与权益结合法的比较**

项目	购买法	权益结合法
企业合并类型	非同一控制下企业合并	同一控制下企业合并
计价基础	公允价值	调整后的账面价值
商誉	记录合并商誉	不记录合并商誉
相关费用	确认为当期损益	确认为当期损益
被合并公司合并前的利润	不包括在本年度利润中	包括在本年度利润中
被合并公司合并前的留存收益	不计入	计入
对以后会计期间利润的影响	面值与市值差额按期摊销，合并商誉定期做减值测试	依据面值摊销

四、信息披露

无论是非同一控制下的企业合并还是同一控制下的企业合并，在合并当期期末，会计主体仍需要编制财务报表。如果为吸收合并和新设合并，合并后的会计主体亦为法律主体，其编制的财务报表，即为单独企业的财务报表。如果为控股合并，合并后形成母子公司关系，母公司和其控制的子公司，均具有独立的法人资格，均需要独立进行会计核算，其各自编制的财务报表，即为单独企业的个别财务报表。同时，母公司和子公司构成的企业集团，作为一个会计主体，仍需在期末编制财务报表，此编制的财务报表，即为企业集团的合并财务报表。

对于合并财务报表编制的相关内容，将在后续章节予以介绍。而企业合并当期期末，如果是吸收合并和新设合并，单独企业仅包括购买方或合并方，则其编制财务报表时，应在报表附注中披露企业（购买方或合并方）有关信息。如果是控股合并，购买方（或合并方）以及被购买方（或被合并方）均存在，则其编制个别财务报表时，应根据各自企业的情况在报表附注中披露有关信息。

（一）非同一控制下的企业合并

购买方（或被购买方）应当在合并当期报表附注中根据企业各自情况，披露与企业合并有关的信息：

（1）参与合并企业的基本情况。

（2）购买日的确定依据。

（3）合并成本的构成及其账面价值、公允价值及公允价值的确定方法。

（4）被购买方各项可辨认资产、负债在上一会计期间资产负债表日及购买日的账面价值和公允价值。

（5）合并合同或协议约定将承担被购买方或有负债的情况。

（6）被购买方自合并日起至报告期末的收入、净利润、现金流量等情况。

（7）商誉的金额及其确定方法。

（8）因合并成本小于合并中取得的被购买方可辨认资产、负债公允价值的份额计入当期损益的金额。

（9）合并后已处置或拟处置被购买方资产、负债的账面价值、处置价格等。

（二）同一控制下的企业合并

合并方（或被合并方）应当在合并当期报表附注中根据企业各自性质，披露与企业合并有关的信息：

（1）参与合并企业的基本情况。

（2）属于同一控制下企业合并的判断依据。

（3）合并日的确定依据。

（4）以支付现金、转让非现金资产以及承担债务作为合并对价的，所支付对价在合并日的账面价值；以发行权益性证券作为合并对价的，合并中发行权益性证券的数量及定价原则，以及参与合并各方交换有表决权股份的比例。

（5）被合并方的资产、负债在上一会计期间资产负债表日及合并日的账面价值；被合并方自合并当期期初至合并日的收入、净利润、现金流量等情况。

（6）合并合同或协议约定将承担被合并方或有负债的情况。

（7）被合并方采用的会计政策与合并方不一致所作调整情况的说明。

（8）合并后已处置被合并方资产、负债的账面价值、处置价格等。

第三节 企业合并中特殊问题的处理

一、通过多次交换交易实现的企业合并

如果企业合并不是通过一次交换交易实现，而是通过多次交换交易分步实现，则企业在每一单项交易发生时，应确认对被投资单位的投资。该项企业合并，一般出现于控股合并的过程中，投资企业在持有被投资单位的部分股权后，一般会通过增加持股比例等方式达到对被投资单位的控制。其本质为交易日和购买日的不统一。账务处理上，主要涉及长期股权投资的核算过程中公允价值计量或权益法转换为成本法。有关的账务处理内容，在本套教材一般业务分册的相关章节已经予以介绍，在此只从企业合并角度进行相应介绍。

多次交易分步实现的非同一控制下企业合并，购买方对于购买日之前持有的被购买方的股权，按照该股权在购买日的公允价值进行重新计量，公允价值与其账面价值的差额计入当期投资收益。购买日之前持有的被购买方的股权在购买日的公允价值，与购买日新购入股权所支付对价的公允价值之和，作为合并成本。比较该项合并成本与购买日被购买方可辨认资产、负债公允价值的份额的差额，若前者大于后者，确认为商誉；若前者小于后者，计入当期损益。购买方对于购买日之前持有的被购买方股权涉及公允价值变动损益或其他综合收益的，与其相关的公允价值变动损益或其他综合收益应当转为购买日所属当期投资收益。

多次交易分步实现的同一控制下企业合并，合并日按照取得被合并方净资产账面价值的份额作为长期股权投资的初始投资成本，合并日长期股权投资初始投资成本，与达到合并前的长期股权投资账面价值加上合并日取得股份新支付对价的账面价值之和的差额，调整资本公积，资本公积不足冲减的，冲减留存收益。合并日之前持有的被合并方的股权涉及其他综合收益的，直接转入资本公积。

二、反向购买的处理

（一）反向购买的会计处理

非同一控制下的企业合并，以发行权益性证券交换股权的方式进行的，通常发行权益性证券的一方为购买方。但在某些企业合并中，发行权益性证券一方因其生产经营决策在合并后被参与合并的另一方所控制的，发行权益性证券一方虽然为法律上的母公司，但其为会计上的被购买方，该类企业合并通常被称为反向购买。

反向购买中，法律上的子公司（购买方）的企业合并成本是指其如果以发行权益性证券的方式为获取在合并后报告主体的股权比例，应向法律上母公司（被购买方）的股东发行的权益性证券数量与其公允价值计算的结果。购买方的权益性证券在购买日存在可靠公开报价的，通常应以公开报价作为其公允价值；购买方的权益性证券在购买日不存在可靠公开报价的，应参照购买方的公允价值和被购买方的公允价值两者之中有更为明显证据支

持的一个作为基础，确定购买方假定应发行权益性证券的公允价值。

【例 11-6】M上市公司于2×19年6月30日通过定向增发本公司普通股对N公司进行合并，取得N公司100%股权。假设不考虑所得税影响。M公司与N公司在合并前的简化资产负债表如表11-4所示。

表 11-4　　　　M公司与N公司合并前简化资产负债表　　　　单位：万元

项目	M公司	N公司
流动资产	2 000	8 500
非流动资产	18 000	50 000
资产总额	20 000	58 500
流动负债	1 200	2 200
非流动负债	3 000	5 200
负债总额	4 200	7 400
股本	2 000	1 000
资本公积		
盈余公积	1 300	17 100
未分配利润	12 500	33 000
所有者权益总额	15 800	51 100

其他资料：（1）2×19年6月30日，M公司通过定向增发本公司普通股，以3股换1股的比例自N公司原股东处取得了N公司全部股权。M公司与N公司每股普通股的面值为1元。M公司共发行了3 000万股普通股以取得N公司全部1 000万股普通股。

（2）M公司每股普通股在2×19年6月30日的公允价值为10元，N公司每股普通股当日公允价值为30元。

（3）2×19年6月30日，M公司所有资产、负债项目的公允价值与其账面价值相同。

（4）假定M公司与N公司在合并前不存在任何关联方关系。

计算该项合并中N公司的合并成本：

对于该项合并，虽然在合并中发行权益性证券的一方为M公司，但因其生产经营决策的控制权在合并后由N公司原股东控制，N公司应为购买方，M公司为被购买方。

M公司在该项合并中向N公司原股东增发了3 000万股普通股，M公司的普通股股数变为5 000万股（3 000+2 000÷1），合并后N公司原股东持有M公司的股权比例为60%（3 000÷5 000×100%）。如果假定N公司发行本公司普通股在合并后主体享有同样的股权比例，则N公司应当发行的普通股股数为666.67万股（1 000÷60%－1 000），其公允价值为20 000万元（666.67×30），则N公司的合并成本为20 000万元。

（二）非上市公司购买上市公司股权的会计处理

非上市公司以所持有的对子公司投资等资产为对价取得上市公司的控制权，构成反向购买的，上市公司应当区别以下情况处理：

（1）交易发生时，上市公司未持有任何资产、负债或仅持有现金、交易性金融资产等不构成业务的资产或负债的，购买企业应按照权益性交易的原则进行处理，不得确认商誉或确认计入当期损益。

（2）交易发生时，上市公司保留的资产、负债构成业务的，对于形成非同一控制下企业合并的，企业合并成本与取得的上市公司可辨认净资产公允价值份额的差额应当确认为商誉或确认计入当期损益。

非上市公司取得上市公司的控制权，构成反向购买的，上市公司在其个别财务报表中应当按照资产取得原则确定入账价值。

本章小结

企业合并是实现企业外部扩张战略的重要手段，通过企业合并可以实现企业经营协同、财务协同，形成规模效益，增强企业竞争力。企业合并本质上是一种购买行为，但其不同于单项资产的购买，而是一组有内在联系、为了某一既定的生产经营目的存在的多项资产组合或是多项资产、负债构成的净资产的购买。企业合并的结果通常是一个企业取得了对一个或多个业务的控制权。

企业合并的形式不同，会计处理方法也有区别。特别是在我国，同一控制下的企业合并的会计处理要求使用账面价值来处理，从准则的规定来看，其方法类似于西方企业合并会计处理中已经禁止使用的权益结合法，这一点与非同一控制下的企业合并的购买法有很大的区别。非同一控制下的企业合并的会计处理本质上为，购买企业购买被购买企业的净资产，并确认已获得的资产、承担的负债以及或有负债，包括那些以前未被被购买企业确认的。账务处理上，应严格区分两种会计处理方法，辨别直接费用、间接费用以及或有对价，准确计量合并对价（或合并成本），判断合并商誉。在控股合并下，某些核算与之前所学的长期股权投资核算有一定相关性，同时也为后续合并报表处理提供前提。

企业合并中，如果通过多次交换交易实现合并，或者存在反向购买情况的，应明确区分购买方和被购买方，准确判定各项费用，计量相关合并成本。

主要概念和观念

企业合并　吸收合并　新设合并　控股合并　控制　同一控制　非同一控制　购买法　权益结合法　交易日　购买日　合并日　购买方　合并方　被购买方　被合并方　公允价值　合并成本　或有对价　商誉　负商誉　多次交换交易　反向购买

基本训练

知识题

1.企业合并有哪些形式？什么形式的企业合并会引起合并财务报表的编制？

2.为什么要进行企业合并？

3.什么是购买法？什么是权益结合法?两者之间有哪些异同？

4.合并成本如何计量？

5.企业合并中，直接费用和间接费用如何区分，怎样进行计量？

6.或有对价如何确认？

7.一次交换交易实现的合并与多次交换交易实现的合并有哪些异同？

8.反向购买有哪些特点？

技能题

1.A、B公司为同属于一家公司——甲公司控制下的两家子公司，其中B公司是甲公司设立的全资子公司。A公司于2×19年10月10日自母公司（甲公司）取得B公司100%的股权，合并后B公司仍然维持其独立法人资格继续经营。为实现该项企业合并，A公司发行了600万股本公司普通股（每股面值1元）作为对价。假定A、B公司采用的会计政策相同。合并日A公司和B公司的所有者权益构成见表11-5。

表11-5 合并日的所有者权益 单位：万元

项目	A公司	B公司
股本	3 600	600
资本公积	1 000	200
盈余公积	800	400
未分配利润	2 000	800
合计	7 400	2 000

要求：根据上述资料，编制A公司在合并日的会计分录。

2.2×19年12月18日，A公司向B公司的股东定向增发2 500万股普通股（每股面值为1元，市价为11元）对B公司进行吸收合并，并于当日取得B公司净资产。当日A公司和B公司的资产负债情况见表11-6。

表11-6 资产负债表（简表）

2×19年12月18日 单位：万元

项目	A公司	B公司	
	账面价值	账面价值	公允价值
货币资金	300	100	100
应收账款	200	300	300
存货	500	400	500
长期股权投资	1 800	800	800
固定资产	540	600	700
无形资产	560	100	200
商誉	0	0	0
资产总计	3 900	2 300	2 600
短期借款	500	300	300
应付账款	300	150	150
其他负债	100	350	350
负债合计	900	800	800
股本	1 200	700	700
资本公积	500	300	600
盈余公积	600	200	200
未分配利润	700	300	300
所有者权益合计	3 000	1 500	1 800
负债和所有者权益总计	3 900	2 300	2 600

要求：（1）假设A、B公司同时受M公司控制，编制A公司的会计分录。

（2）假设A、B公司在合并前无关联方关系，编制A公司的会计分录。

3.2×19年12月1日，甲公司取得了乙公司10%的股权，甲公司将其指定为以公允价值计量且其变动计入其他综合收益的非交易性权益工具投资，取得时支付现金2 300万元，2×19年12月31日其公允价值为2 350万元。2×20年1月31日，甲公司以定向增发股票的方式购买同一集团内另一企业持有的乙公司45%的股权。为取得该股权，甲公司增发2 000万股普通股，每股面值为1元，每股公允价值为5.3元；支付发行费用50万元，原10%股权在该日公允价值为2 350万元。取得该股权时，相对于最终控制方而言的乙公司可辨认净资产账面价值为23 000万元，其中：股权10 000万元，资本公积4 000万元，盈余公积960万元，未分配利润8 040万元。进一步取得投资后，甲公司能够对乙公司实施控制。假定甲公司和乙公司采用的会计政策、会计期间相同。不考虑所得税因素且甲公司有足够的资本公积账户金额。

要求：编制2×19年12月1日至2×20年1月31日甲公司的相关会计分录。

能力题

1.试述合并商誉。

2.同一控制下企业合并和非同一下企业合并中，合并成本的判断比较。

3.企业如何根据自身发展特点选择合并方式?

4.购买方和被购买方在企业合并中的判断方法。

5.通过多次交换交易实现的控股合并与长期股权投资核算中公允价值计量或权益法转换为成本法之间有怎样的关联性?

第十二章

合并财务报表

学习目标

通过本章的学习，应达到以下目标：在知识方面，了解合并财务报表的种类、局限性以及与投资的关系，理解合并财务报表的编制原则和编制程序；在技能方面，掌握合并范围的确定方法、股权取得日以及股权取得日后不同合并财务报表编制的基本方法；在能力方面，注意对合并财务报表的经济实质、合并范围和合并理论等理论问题的理解，区分不同国家编制合并财务报表方法的异同。

案　例

国务院国资委于2016年8月最后一个星期通过了宝武重组方案，并于9月初上报国务院。合并方案的核心内容是：宝钢将扮演整合者的角色，吸收合并武钢，武钢整体并入宝钢。新成立的集团拟命名"宝武钢铁集团"，原武钢集团成为新集团的子公司，拟更名为"武钢新产业发展公司"。早在2016年6月26日，武钢股份和宝钢股份发布停牌公告，宣布两家上市公司的母公司——武钢集团和宝钢集团正在筹划战略重组事宜。

2019年6月2日马钢股份晚间公告，2019年5月31日，宝武钢铁集团对马钢集团实施重组，安徽省国资委将马钢集团51%股权无偿划转至宝武钢铁集团。通过本次收购，宝武钢铁集团将直接持有马钢集团51%的股权，并通过马钢集团间接控制马钢股份45.54%的股份，并成为马钢股份的间接控股股东。

本次划转前，马钢集团直接持有马钢股份A股35.06亿股，占公司总股本比例约为45.54%，为公司直接控股股东；安徽省国资委持有马钢集团100%股权，为公司实际控制人。本次权益变动完成后，宝武钢铁集团取得马钢集团51%的股权，安徽省国资委持有马钢集团49%的股权，宝武钢铁集团从而间接控制马钢集团所持马钢3 506 467 456股股份，占马钢股份总股本的比例为45.54%，马钢股份实际控制人将由安徽省国资委变更为国务院国资委。

2018年中钢协数据显示，宝武钢铁集团和马钢集团2018年粗钢产量分别为6 742.94万吨和1 964.19万吨，合计达到8 707.13万吨。世界上目前最大的钢铁集团安赛乐米塔尔2018年年报显示，当年粗钢产量为9 250万吨。若整合顺利实施，重组后的宝武钢铁集团与其的产量差距将进一步缩小。而马钢和宝武的合并产量早在2017年就已经超过美国的总钢铁产量。

根据国务院2016年发布的《关于推进钢铁产业兼并重组处置僵尸企业的指导意见》，到2025年，中国钢铁产业前十大企业产能集中度将达60%~70%，其中包括8 000万吨级的钢铁集团三至四家、4 000万吨级的钢铁集团六至八家，以及部分专业化的钢铁集团。

在未来的几年里，国内将会出现一系列的钢铁企业合并活动，这些合并有利于国内钢铁行业去产能，有助于巩固中国在全球钢铁市场上强有力竞争者的地位。但同时，如何客观地反映企业合并会计信息，为企业财务报表使用者提供真实、相关的合并信息，已成为企业界面临的重要会计问题。

资料来源 根据中国钢铁工业协会官网（http：//www.chinaisa.org.cn）有关资料整理。

上一章介绍企业合并的三种方式中，吸收合并与新设合并后形成的经济实体及会计处理皆属于传统会计范畴，而控股合并方式下实施企业合并后形成的是企业集团，这种组织不是法律主体，也不是单一的会计主体。通过有表决权股份的控制形成的企业集团中，购买企业是母公司，被购买企业是购买企业的子公司，母、子公司作为独立的法律主体继续从事生产经营活动，作为会计主体仍然需要披露各自的会计信息。那么，具有控制与被控制关系的母、子公司形成的企业集团的会计信息如何披露?一般来说，合并财务报表是企业集团（包括跨国公司）财务会计信息披露的主要方式。

第一节　合并财务报表概述

一、合并财务报表的概念

合并财务报表最早出现在美国，第一次世界大战期间，美国在税法中强制规定母、子公司合并纳税，使得大部分控股公司开始编制合并财务报表。1940年，美国SEC（Securities and Exchange Commission）更是以法律形式使得编制合并财务报表成为上市公司的法定义务。我国为满足企业集团的发展需要，规范上市公司合并财务报表的编制[①]，财政部于2006年2月颁布了《企业会计准则第33号——合并财务报表》（以下简称我国合并财务报表准则）。

（一）合并财务报表的定义与特点

根据我国合并财务报表准则的解释，合并财务报表是指反映母公司和其全部子公司形成的企业集团整体财务状况、经营成果和现金流量的财务报表。然而，并非每一种合并方式下都需要编制合并财务报表，合并财务报表的编制应考虑企业合并的法律结果。在吸收合并下，合并的两个或多个企业被其中一个企业合并，被合并的企业均不复存在，在合并后只有一个独立的法律主体和会计主体，此时不存在编制合并财务报表的需要；在新设合并下，合并前的两个或多个企业共同组成一个新的企业，之前参与合并的企业均不复存

① 当然，有以下例外情形时母公司可免于编制合并财务报表，如《国际会计准则第27号——合并和独立财务报表》规定，当且仅当母公司满足下列条件时，不需要列报合并财务报表：（1）当母公司本身是全资子公司或当母公司本身是被另一个主体几乎完全拥有的子公司，且其他所有者不反对母公司不列报合并财务报表时；（2）母公司的债务或者权益性工具没有在公开市场上交易；（3）母公司没有为了在公开市场上发行任何种类工具，向SEC或其他监管机构报送过或正在报送财务报表；（4）母公司的最终母公司或者任一中间母公司已经按规定编制了可供公开使用的合并财务报表。

在，此时也不存在编制合并财务报表的需要；只有在控股合并下，参与合并的企业仍保持各自独立的法律主体和会计主体，形成的企业集团并不是一个独立的法律主体，只是在编制合并财务报表时才形成一个报告主体（会计主体）。

与个别财务报表相比，合并财务报表具有下列特点：（1）反映的对象是由母公司和其全部子公司组成的会计主体；（2）编制者是母公司，但所对应的会计主体是由母公司及其控制的所有子公司所构成的企业集团；（3）合并财务报表是站在合并财务报表主体的立场上，以纳入合并范围的企业个别财务报表为基础；（4）采用合并工作底稿这一特殊手段，根据相关资料，对个别财务报表数据进行处理，调整与抵销母公司与子公司、子公司相互之间发生的内部交易，考虑特殊交易事项对合并财务报表的影响，整理出合并数据，旨在反映合并财务报表主体作为一个整体的财务状况、经营成果和现金流量。

由于合并财务报表是以母、子公司的个别财务报表为基础编制的，因此在特定情形下，具有一定的局限性：（1）合并财务报表涉及多个法人主体，多元化经营的企业集团，母公司与子公司经营活动往往跨越不同行业界限。行业与经营范围的差异，必然会影响合并财务报表信息的可理解性和相关性。（2）对于跨国企业集团，由于境外子公司个别财务报表的折算采用的汇率不同，加上各国通货膨胀程度各异，合并财务报表的相关性会受到一定的影响。（3）对于需要了解特定公司特定信息的报表使用者而言，合并财务报表不能提供企业集团中具体个体的偿债能力、获利能力和股利支付能力等有用的信息。针对合并财务报表的局限性，除了完善合并财务报表的编制方法外，更需要依靠分部报告以及关联方关系及其交易的具体披露才能在一定程度上予以弥补。

（二）合并财务报表的分类

1.按编制的时间及目的不同分类

按编制的时间及目的不同，合并财务报表可分为股权取得日的合并财务报表和股权取得日后的合并财务报表。

股权取得日的合并财务报表，是指在取得控股权当天编制的合并财务报表。编制股权取得日的合并财务报表，是企业股权取得日的重要会计事项之一。同一控制下企业合并，母公司在合并日编制的合并财务报表包括合并资产负债表、期初至合并日的合并利润表和合并现金流量表；非同一控制下企业合并，母公司在购买日只编制合并资产负债表。

股权取得日后的合并财务报表，是指股权取得日以后的每一个资产负债表日编制的合并财务报表。同股权取得日相比，股权取得日后各报告期内发生了投资收益确认、内部往来交易、股利分配等许多股权取得日不曾发生的经济事项，因此，除了股权取得日所涉及经济事项需要继续处理编制外，还需要对股权取得日至报告期内发生的内部相关经济事项进行调整和抵销。

2.按反映的具体内容不同分类

按反映的具体内容不同，合并财务报表可分为合并资产负债表、合并利润表、合并所有者权益变动表、合并现金流量表和附注。

合并资产负债表是由母公司编制的、反映企业集团在某一特定日期整体的资产、负债和股东权益情况的报表。合并利润表是由母公司编制的、反映报告期内企业集团整体的经营成果情况的报表。合并所有者权益变动表是由母公司编制的、反映报告期内企业集团整体所有者权益变动情况的报表。合并现金流量表是由母公司编制的、反映报告期内企业集团整体的现金流入、现金流出数量及增减变动情况的报表。

二、合并理论与合并范围

合并财务报表的编制是根据实质重于形式的原则，把企业集团视为单一的会计主体。那么该主体的信息对谁提供?提供这种信息的目的是什么?处理该主体会计信息所采用的方法是否恰当?等等。这些问题的解决，在很大程度上取决于编制合并财务报表所采用的合并理论。依据不同的合并理论，其确定的合并范围和选择的合并方法也各不相同。

（一）合并理论

编制合并财务报表，首先需界定企业集团的范围、确定纳入合并财务报表的被合并企业的范围、明确编制合并报表的方法。由于对合并财务报表使用对象的定位、对子公司净资产的计价、对少数股权[①]的计价与列示、对合并净收益的处理和对未实现内部交易损益的处理等问题的处理方法不同，形成了以下几种主要的合并理论：母公司理论、实体理论和所有权理论。

1.母公司理论

母公司理论是将合并财务报表作为母公司本身的财务报表反映的范围扩大来看待，从母公司角度来考虑合并财务报表的合并范围、选择合并处理方法。母公司理论不强调严格的所有权关系，更看重母公司对子公司净资产的实质控制。它认为合并财务报表的使用和编报对象为母公司股东，子公司的少数股权股东不属于企业集团这一单一主体的股东。在该合并理论指导下编制的合并财务报表有以下特点：

（1）对子公司的同一资产、负债项目按双重标准计量，其中属于母公司权益的部分按购买时的公允价值加以合并，属于少数股东权益的部分仍按子公司账面价值计列。

（2）合并商誉只计列属于母公司的部分，它以应享子公司净资产的公允价值为基础计算得来，属于少数股权股东部分则不予以列示。

（3）企业集团的合并股东权益只属于母公司的股东，子公司少数股权被排除在合并股东权益之外；少数股权通常以账面价值计列在合并资产负债表的负债项目下。

（4）合并净收益归属于母公司股东，少数股东损益被视作一项费用从中扣除。

（5）集团内部交易所发生的未实现损益，若为母公司销往子公司的（顺销），则100%抵销，冲销合并净收益；若为子公司销往母公司的（逆销），按母公司拥有的权益比例进行抵销，属于少数股东的部分，则认为已实现，不予抵销。

这一理论认为合并财务报表主要是为母公司的股东和债权人服务的，是为母公司现实的和潜在的投资者服务的，强调的是母公司股东的利益，忽视了母公司股东以外的少数股东的利润和信息需要。

2.实体理论

实体理论不是简单地从母公司股东和子公司的少数股权股东各自所拥有的子公司的所有权出发，而是把母公司对子公司所拥有的多数股权和子公司的少数股权都视为企业集团这一经济实体的股东权益，它更强调将母子公司视为一个独立的经济实体，认为合并财务

① 少数股权，是指子公司净资产和净损益中不直接归属于母公司，也不通过其他子公司间接归属于母公司的部分。包括少数股东权益和少数股东损益。

报表披露的信息对于所有股东来说都必须是与决策相关的。在编制合并财务报表过程中，实体理论有以下特点：

子公司净资产的总价值计算

(1) 对子公司的同一资产、负债项目，均按购买时的公允价值统一合并。子公司净资产的总价值中归属子公司少数股权股东的部分，是以母公司股东支付的价格估算的。

(2) 合并商誉由子公司全部净资产的公允价值计算形成，并属于所有股东。

(3) 少数股权以公允价值计量，并且与母公司股东权益一样单独列示在合并财务报表的股东权益部分。

(4) 少数股东损益包括在企业集团的合并净损益之中，它是合并净损益分配给子公司少数股权股东的部分。

(5) 集团内部交易所发生的未实现损益，无论顺销还是逆销，均按100%的比例抵销。

这一合并理论，是假定少数股权股东也愿意依据母公司股东购买子公司净资产的报价水平来购买子公司余下的股份，其实子公司的少数股权股东并不一定有真正的购买行为发生。采用该合并理论，有利于企业集团内部管理人员从整体上把握企业集团经营活动的情况，更能够满足企业集团内部管理人员对财务信息的需要。因此，目前国际财务报告准则及我国企业会计准则对于合并财务报表主要以实体理论为基础①。

3.所有权理论

所有权理论也称业主理论，它是一种着眼于母公司在子公司所持有的所有权的合并理论。所有权理论运用于合并财务报表编制时，既不强调企业集团中存在的法定控制关系，也不强调企业集团各成员企业所构成的经济实体，而是强调编制合并财务报表的企业对另一企业的经济活动和财务决策具有重大影响的所有权。按照该理论编制合并财务报表时有以下特点：

(1) 子公司的资产、负债属于母公司的部分，按母公司的购买成本加以合并，属于子公司少数股权股东的资产及负债不包括在合并报表中。

(2) 母公司购买成本高于所获得子公司净资产公允价值的部分确认为商誉，反映在合并报表中。

(3) 子公司报告的收入和费用中母公司所拥有的部分包括在合并报表中，属于子公司少数股权股东的收入和费用不在合并报表中计列。

这一合并理论认为，母公司理论和实体理论都不能解决隶属于两个或两个以上企业集团的企业的合并财务报表编制问题。在这种情况下，其中任何一个投资企业都不能对该投资实施控制，根据母公司理论和实体理论都很难确定该企业的财务报表由哪一个投资企业合并。

所有权理论的产生，也是为了弥补母公司理论和实体理论的不足，特别是对于合营企业（共同控制企业），为了解决共同控制下的合并财务报表的编制问题，一些国家在合并

① 我国合并财务报表准则中，对于合并商誉的计列，仍然采用母公司理论，只计列属于母公司的部分，属于少数股权股东的部分不予列示。因此，严格意义上讲，我国合并财务报表准则是采用以实体理论为主、以母公司理论为辅的合并理论。

财务报表时以所有权理论为依据采用比例合并法，对于其拥有所有权的企业的资产、负债和当期实现的净损益，均按照一定的比例合并计入合并财务报表。

（二）合并范围

合并财务报表的合并范围是指纳入合并财务报表编报的子公司的范围，主要明确哪些被投资单位（或主体）应当纳入合并财务报表范围。在确定合并财务报表的合并范围时，应当以控制为基础。

1.控制的定义和判断

控制，是指投资方拥有对被投资方的权利，通过参与被投资方的相关活动而享有可变回报，并且有能力运用对被投资方的权利影响其回报金额。控制包括直接控制、间接控制以及直接和间接共同控制，分别如图12-1、图12-2和图12-3所示。

恒通公司通过持有达利公司90%的表决权，直接对其控制（如图12-1所示）。

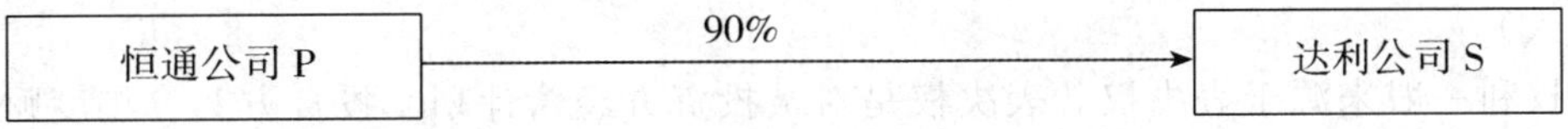

图12-1　直接控制

恒通公司持有达利公司90%的表决权，达利公司持有利邦公司60%的表决权，则恒通公司间接控制利邦公司（如图12-2所示）。

图12-2　间接控制

恒通公司直接持有利邦公司30%的表决权，通过直接持有达利公司90%的表决权，又间接持有利邦公司30%的表决权，则恒通公司直接和间接共同控制利邦公司60%的表决权（如图12-3所示）。

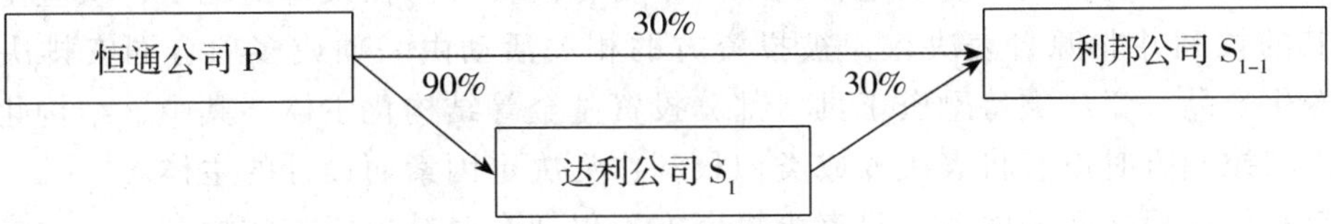

图12-3　直接和间接共同控制

从控制的定义中可以发现，要实现控制，投资方需要同时满足以下要素要求：

（1）通过涉入被投资方的活动享有的是可变回报。

可变回报，是不固定且可能随着被投资方业绩而变化的回报，可以仅是正回报，仅是负回报，或者同时包括正回报和负回报。

可变回报的形式主要包括：股利、被投资方经济利益的其他分配（例如，被投资方发行的债务工具产生的利息）、投资方对被投资方的投资的价值变动；因向被投资方的资产或负债提供服务而得到的报酬、因提供信用支持或流动性支持收取的费用或承担的损失、被投资方清算时在其剩余净资产中所享有的权益、税务利益、因参与被投资方而获得的未来流动性；其他利益持有方无法得到的回报，如投资方将自身资产与被投资方的资产整合以实现规模经济，达到节约成本的目的。

（2）对被投资方拥有权利，并能够运用此权利影响回报金额。

投资方能够主导被投资方的相关活动时，称投资方对被投资方享有权利。在判断投资方是否对被投资方拥有权利时，应注意以下几点：

①相关活动。在判断投资方是否拥有对被投资方的权利时，首先需要识别被投资方的相关活动。相关活动是指对被投资方的回报产生重大影响的活动。对许多企业而言，经营和财务活动通常对其回报产生重大影响。但是不同企业的相关活动可能是不同的，应当根据企业的行业特征、业务特点、发展阶段、市场环境等具体情况进行判断。

②权利是一种实质性权利，而不是保护性权利。实质性权利是指持有人在对相关活动进行决策时，有实际能力行使的可执行权利。保护性权利旨在保护持有这些权利的当事方的权益，而不赋予当事方对这些权利所涉及的主体的权利。仅持有保护性权利的投资方不能对被投资方实施控制，也不能阻止其他方对被投资方实施控制。

③权利是为自己行使的。权利是能够“主导”被投资方相关活动的现时能力，可见，权利是为自己行使的（行使人为主要责任人），而不是代其他方行使权利（行使人为代理人）。

④权利一般来源于表决权。表决权是对被投资方经营计划、投资方案、年度财务预算方案和决算方案、利润分配方案和弥补亏损方案、内部管理机构的设置、聘任或解聘公司经理及确定其报酬、公司的基本管理制度等事项进行表决而持有的权利。

直接或间接持有半数以上表决权的投资方一般拥有对被投资方的权利，但是，在被投资方相关活动被政府、法院、接管人、清算人或监管人等其他方主导时，投资方无法凭借其拥有的表决权主导被投资方的相关活动，因此，投资方此时即使持有被投资方半数以上的表决权，也不拥有对被投资方的权利。直接或间接持有半数或半数以下表决权的投资方，应综合考虑所有相关因素（例如，投资者持股情况，投资者之间相互关系，公司治理结构，潜在表决权等），以判断其持有的表决权是否可以拥有对被投资方的权利。

⑤权利来自表决权以外的其他权利——来自合同安排。在某些情况下，某些主体的投资方对其的权利并非源自表决权，被投资方的相关活动由一项或多项合同安排决定，例如，证券化产品、资产支持融资工具、部分投资基金等结构化主体。其中，结构化主体是指在确定其控制方时没有将表决权或类似权利作为决定因素而设计的主体。

⑥权利与回报之间的联系。只有当投资方不仅拥有对被投资方的权利、通过参与被投资方的相关活动而享有可变回报，并且有能力运用对被投资方的权利来影响其回报的金额时，投资方才控制被投资方。

控制的评估是持续的，当环境或情况发生变化时，投资方需要评估控制的两个基本要素是否发生了变化。实际工作中，投资方在判断其能否控制被投资方时，应综合考虑所有相关事实和情况，以判断是否同时满足控制的两个要素。相关事实和情况主要包括：被投资方的设立目的和设计；被投资方的相关活动以及如何对相关活动作出决策；投资方享有的权利是否使其目前有能力主导被投资方的相关活动；投资方是否通过参与被投资方的相关活动而享有可变回报；投资方是否有能力运用对被投资方的权利影响其回报金额；投资方与其他方的关系。其中，对被投资方的设立目的和设计的分析，贯穿于判断控制的始终，也是分析上述其他事实和情况的基础。如果有任何相关事实或情况表明上述控制的两个基本要素发生了变化，投资方应当重新评估对被投资方是否具有控制。

2.母公司与子公司

企业集团是由母公司和其全部子公司构成的。母公司和子公司是相互依存的，有母公司必然存在子公司，同样，有子公司必然存在母公司。我国合并财务报表准则对母公司和子公司给出了相应定义。

(1) 母公司，是指控制一个或一个以上主体（含企业、被投资单位中可分割的部分，以及企业所控制的结构化主体等，下同）的主体。从母公司的定义可以看出，母公司要求同时具备两个条件：

一是必须有一个或一个以上子公司，即必须满足合并财务报表准则所规定的控制要求。母公司可以只控制一个子公司，也可以同时控制多个子公司。

二是母公司可以是企业，如《公司法》所规定的股份有限公司、有限责任公司以及外商投资企业，也可以是非企业形式的但形成会计主体的其他组织，如基金等。

(2) 子公司，是指被母公司控制的主体。从子公司的定义可以看出，子公司要求同时具备以下三个条件：

一是作为子公司必须被母公司控制，并且只能是一个母公司控制，不能也不允许被两个或多个母公司同时控制。被两个或多个公司共同控制的被投资单位是合营安排，而不是子公司。

二是子公司可以是企业，如《公司法》所规定的股份有限公司、有限责任公司以及外商投资企业，也可以是非企业形式的但形成会计主体的其他组织，如基金以及信托项目等主体等。

三是不论子公司的规模大小、子公司向母公司转移资金能力是否受到严格限制，也不论子公司的业务性质与母公司或企业集团内其他子公司是否有显著差别，只要是能够被母公司施加控制的，都应纳入合并范围。但是，已宣告被清理整顿的或已宣告破产的原子公司，不再是母公司的子公司，不纳入合并财务报表范围。

3.纳入合并范围的特殊情况——对被投资方可分割部分的控制

投资方对被投资方是否控制，通常应当对被投资方的整体进行判断；但在某些特殊情况下，投资方只能对被投资方可分割的部分进行判断。这些情况包括：

(1) 可分割部分的资产是偿付该部分负债或该部分其他利益方的唯一来源，不能用于偿还该部分以外的被投资方的其他负债。

(2) 除与该部分相关的各方外，其他方不享有与该部分资产相关的权利，也不享有与该部分资产剩余现金流量相关的权利。

4.合并范围的豁免——投资性主体

母公司应当将其全部子公司（包括母公司所控制的被投资方可分割的部分）纳入合并范围。但是，如果母公司是投资性主体，则只应将那些为投资性主体的投资活动提供相关服务的子公司纳入合并范围，其他子公司不应予以合并，母公司对其他子公司的投资应当按照公允价值计量且其变动计入当期损益。比如，投资公司，其主要业务为投融资管理活动，并无实质性生产经营业务，应只将为其服务的子公司纳入合并财务报表范围。

当母公司同时满足以下三个条件时，该母公司属于投资性主体：一是该公司以向投资方提供投资管理服务为目的，从一个或多个投资者获取资金；二是该公司的唯一经营目的是通过资本增值、投资收益或两者兼有而让投资者获得回报；三是该公司按照公允价值对几乎所有投资的业绩进行计量和评价。

当母公司由非投资性主体转变为投资性主体时，除仅将为其投资活动提供相关服务的子公司纳入合并财务报表范围编制合并财务报表外，企业自转变日起对其他子公司不应予以合并，其账务处理参照在不丧失控制权的情况下部分处置子公司长期股权投资的相关内容。

当母公司由投资性主体转变为非投资性主体时，应将原未纳入合并财务报表范围的子公司于转变日纳入合并财务报表范围，将转变日视为购买日，原未纳入合并财务报表范围的子公司于转变日的公允价值视为购买的交易对价，按照非同一控制下企业合并的会计处理方法进行账务处理。

三、合并财务报表的编制原则与程序

母公司对子公司的投资通常在其“长期股权投资”账户下反映，而它并不能充分反映母公司真正控制的资产、承担的债务以及由此形成的损益，这时就需要根据母、子公司的个别财务报表来编制合并财务报表。

合并财务报表的编制主体实质上是由一个母公司和它的子公司所组成的企业集团，这一会计主体的概念突破了传统的会计主体的界定。母公司在经济实质上具有经济主体的特性，尽管由它和它控制的子公司组成的企业集团没有成为一个独立的企业法人，但是，由于母公司对企业集团中的各个法律主体资产的控制权和指导使用这些资产的能力，根据实质重于形式的原则，企业集团的所有经济资源和经营活动就如同被拥有一个或几个分支机构或分部的单一会计主体所拥有和支配一样，所以由母公司把具有不同法律地位的主体结合为一个报告主体，对外编报合并财务报表。

（一）合并财务报表的编制原则

合并财务报表是企业集团作为单一的经济实体所提供的财务报表，它的编制除了遵循财务报表编制的一般原则和要求，如真实可靠、全面完整和编报及时等，还应当遵循以下原则和要求：客观性原则、一体性原则和重要性原则等。

1.客观性原则

合并财务报表并不是直接根据母公司和子公司账簿编制的，而是利用母公司和子公司编制的反映各自财务状况和经营成果的财务报表提供的数据，通过合并财务报表的特有方法进行编制。以纳入合并范围的个别财务报表为基础，可以说是客观性原则在合并财务报表编制时的具体体现。

2.一体性原则

在编制合并财务报表时应当将母公司和所有子公司作为整体来看待，视为一个会计主体，母公司和子公司发生的经营活动都应当从企业集团这个整体的角度进行考虑。因此，在编制合并财务报表时，对于母公司与子公司、子公司相互之间发生的经济业务，应当视同同一会计主体内部业务处理，视同同一会计主体之下的不同核算单位的内部业务。

3.重要性原则

有时母公司与子公司的经营活动相差很大，甚至跨越不同行业，此时，合并财务报表要综合反映这样的会计主体的财务状况，必然要涉及重要性的判断问题，特别是在拥有众多子公司的情况下。当母公司与子公司、子公司相互之间发生的经济业务，对整个企业集团财务状况和经营成果影响不大时，为简化合并手续，应根据重要性原则进行取舍，可以不编制抵销分录而直接汇总数据编制合并财务报表。

（二）合并财务报表编制的前期准备事项

合并财务报表的编制涉及多个子公司，有的合并财务报表的合并范围甚至包括数百个子公司。为了使编制的合并财务报表准确、全面地反映企业集团的真实情况，必须做好一系列的前期准备事项。

1.统一母子公司的会计政策

会计政策是企业进行会计核算和编制财务报表时所采用的会计原则、会计程序和会计处理方法，是编制财务报表的基础，统一母公司和子公司的会计政策是保证母子公司财务报表各项目反映内容一致的基础。为此，在编制财务报表前，应当尽可能统一母公司和子公司的会计政策，统一要求子公司所采用的会计政策与母公司保持一致。对一些境外子公司，由于所在国或地区法律、会计准则等方面的原因，确实无法使其采用的会计政策与母公司所采用的会计政策保持一致，则应当要求其按照母公司所采用的会计政策，重新编报财务报表，也可以由母公司根据自身所采用的会计政策对境外子公司报送的财务报表进行调整，以重编或调整编制的境外子公司财务报表，作为编制合并财务报表的基础。

2.统一母子公司的资产负债表日及会计期间

财务报表总是反映一定日期的财务状况和一定会计期间经营成果的，母公司和子公司的个别财务报表只有在反映财务状况的日期和反映经营成果的会计期间一致的情况下才能进行合并。为了编制合并财务报表，必须统一企业集团内所有的子公司的资产负债表日和会计期间，使子公司的资产负债表日和会计期间与母公司的资产负债表日和会计期间保持一致，以便于子公司提供相同资产负债表日和会计期间的财务报表。

3.对子公司以外币表示的财务报表进行折算

对母公司和子公司的财务报表进行合并，其前提必须是母子公司个别财务报表所采用的货币计量单位一致。在我国允许外币业务比较多的企业采用某一外币作为记账本位币，境外企业一般也是采用其所在国或地区的货币作为其记账本位币。在将这些企业的财务报表纳入合并时，则必须将其折算为母公司所采用的记账本位币。有关外币财务报表的具体折算方法，在相关章节已经予以介绍，在此不再重复。

4.收集编制合并财务报表的相关资料

合并财务报表以母公司和其子公司的财务报表以及其他有关资料为依据，由母公司合并有关项目的数额编制。为编制合并财务报表，母公司应当要求子公司及时提供下列有关资料：①子公司相应期间的财务报表；②采用的与母公司不一致的会计政策及其影响金额；③与母公司不一致的会计期间的说明；④与母公司、其他子公司之间发生的所有内部交易的相关资料；⑤所有者权益变动和利润分配的有关资料；⑥母公司编制合并财务报表所需要的其他资料。

（三）合并财务报表的编制程序

合并财务报表的编制是一项极为复杂的工作，不仅涉及本企业会计业务和财务报表，而且还涉及纳入合并范围的子公司的会计业务和财务报表。为了合理安排合并财务报表的编制工作，必须按照一定的程序有步骤地进行。

1.设置合并工作底稿

合并工作底稿的作用是为合并财务报表的编制提供基础。在合并工作底稿中，对母公司和纳入合并范围的子公司的个别财务报表各项目的数额进行汇总和抵销调整处理，最终计算得出合并财务报表各项目的合并数。合并工作底稿的基本格式如表12-1所示。

表12-1 合并工作底稿 单位：元

项目	母公司	子公司1	子公司2	…	合计数	调整分录		抵销分录		少数股东权益	合并数
						借方	贷方	借方	贷方		

2.过入个别财务报表数据

将母公司、纳入合并范围的子公司的个别财务报表数据过入合并工作底稿，并把它们各项目的数据直接加总，形成合计数。

3.编制调整与抵销分录

调整与抵销母公司与子公司、子公司相互之间发生的经济业务对个别报表的影响，并把调整、抵销分录列入合并工作底稿。编制调整与抵销分录，进行调整抵销处理是合并财务报表编制的关键和主要内容，其目的在于将因会计政策及计量基础的差异而对个别财务报表的影响进行调整，以及将个别财务报表各项目的加总合计数据中重复的因素等予以抵销。

4.计算合并数

在母公司和纳入合并范围的子公司个别财务报表各项目加总数额的基础上，分别按照各要素的性质计算财务报表中的各项目的合并数额。

资产、成本、费用类项目合并数＝项目合计数+调整与抵销分录借方金额-调整与抵销分录贷方金额

负债、所有者权益、收益类项目合并数＝项目合计数+调整与抵销分录贷方金额-调整与抵销分录借方金额

5.填列合并财务报表

根据各项目计算出的合并数，填列正式的财务报表，形成企业集团的合并财务报表。

第二节 股权取得日的合并财务报表

企业的控股合并是一项非常复杂的活动，企业控制权发生实质性转移的日期具有随机性。控股合并时股权取得日的界定及会计处理对以后各期的财务报表合并影响很大，它为合并当期期末及以后期间连续编制合并财务报表提供了基础。按照企业合并的分类依据，股权取得日的合并财务报表可以分为非同一控制下企业合并股权取得日的合并财务报表和同一控制下企业合并股权取得日的合并财务报表两种情形。

（一）非同一控制下企业合并的财务报表合并

非同一控制下的企业合并形成母子公司关系，即控股合并情况下，母公司应当编制购买日的合并财务报表，母公司在购买日（股权取得日）只编制合并资产负债表。非同一控制下的企业控股合并之后，合并企业合并（购买）当期的净收益包括合并企业当期实现的净收益以及被合并企业自购买日后当期实现的净收益中相当于合并企业在被合并企业股权份额的部分。这一点决定购买日母公司无须编制股权取得日的合并利润表和合并现金流量

表等动态报表。

股权取得日合并资产负债表的编制要点：

（1）在购买日合并资产负债表里，因企业合并取得的被购买方各项可辨认资产、负债及或有负债，应当以公允价值列示。按照我国合并财务报表准则，无论母公司取得的子公司股权份额是否为100%，合并资产负债表中子公司各项可辨认项目均按公允价值报告。这就意味着，在母公司非全资控股的情况下，合并财务报表中少数股东权益中包含的子公司可辨认项目也按其公允价值列示。

（2）母公司的合并成本大于取得的子公司可辨认资产、负债及或有负债公允价值份额的差额，即母公司对子公司的长期股权投资（按合并成本计量）大于母公司在子公司所有者权益（按净资产的公允价值计量）中所享有的份额的差额，列作商誉。

（3）母公司的合并成本小于取得的子公司可辨认资产、负债及或有负债公允价值份额的差额，即母公司对子公司的长期股权投资（按合并成本计量）小于母公司在子公司所有者权益（按净资产的公允价值计量）中所享有的份额的差额，在购买日合并资产负债表中调整留存收益[①]。

此外，在编制合并资产负债表时，应根据合并理论确认的子公司价值与少数股东持股比例计算被投资公司的少数股东权益。少数股东权益是子公司股东权益中非属母公司所拥有的那部分股权，是相对于多数股权——母公司股权份额而言的。少数股东权益产生于母公司非全资投资子公司，而少数股东权益的报告也只与合并财务报表有关。与少数股东权益相关的另一个重要概念是少数股东损益。少数股东损益是子公司当年实现净损益中少数股东应享有的份额，在金额上相当于子公司当年净损益与少数股东持股比例的乘积。一般情况下，少数股东权益是在编制合并资产负债表中确认；少数股东损益是在编制合并利润表中确认。

下面分别举例介绍股权取得日（购买日）全资子公司和非全资子公司的财务报表合并。

1.全资子公司的财务报表合并

【例12-1】相关资料如下：P公司和S公司均不受第三方控制。2×19年12月31日，P公司合并S公司。此时P公司和S公司的资产负债表的账面金额以及S公司相关项目的公允价值见表12-2。

表12-2　**P公司与S公司2×19年12月31日的资产负债表**　单位：元

项　目	P公司账面金额	S公司账面金额	S公司公允价值
货币资金	150 000	11 000	11 000
存货	285 000	10 000	15 000
固定资产	785 000	50 000	60 000
资产总额	1 220 000	71 000	86 000
应付账款	110 000	21 000	21 000
股本（每股面值1元）	200 000	1 000	
资本公积	500 000	9 000	
留存收益	410 000	40 000	
负债和股东权益总计	1 220 000	71 000	

① 严格意义上讲，该差额应在报表中列作营业外收入项目，但是由于非同一控制下的购买日只需编制合并资产负债表，因此该差额直接对合并资产负债表中的留存收益进行调整。

2×19年12月31日，P公司以银行存款90 000元购买S公司100%有表决权的股份，同时发生与合并业务相关的中介费用10 000元，则购买日P公司的相关账务处理如下：

（1）母公司（P公司）确认长期股权投资。在母公司（P公司）个别账簿上确认对子公司（S公司）投资的会计分录，合并成本包括买价90 000元，中介费用10 000元计入当期损益。

借：长期股权投资　　90 000

　贷：银行存款　　90 000

借：管理费用　　10 000

　贷：银行存款　　10 000

（2）计算合并商誉。

P公司的合并成本=90 000元

S公司净资产的公允价值=资产的公允价值-负债的公允价值=86 000-21 000=65 000（元）

商誉=90 000-65 000=25 000（元）

（3）母公司（P公司）编制调整与抵销分录。

借：股本　　1 000

　　资本公积　　9 000

　　留存收益　　40 000

　　存货　　5 000

　　固定资产　　10 000

　　商誉　　25 000

　贷：长期股权投资　　90 000

（4）合并工作底稿见表12-3。

表12-3　**P公司与S公司的合并工作底稿**　单位：元

项目	母公司P	子公司S	合计数	调整与抵销分录		合并数
				借方	贷方	
货币资金	50 000	11 000	61 000			61 000
存货	285 000	10 000	295 000	5 000		300 000
长期股权投资	90 000		90 000		90 000	0
固定资产	785 000	50 000	835 000	10 000		845 000
商誉				25 000		25 000
资产总计	1 210 000	71 000	1 281 000			1 231 000
应付账款	110 000	21 000	131 000			131 000
股本	200 000	1 000	201 000	1 000		200 000
资本公积	500 000	9 000	509 000	9 000		500 000
留存收益	400 000	40 000	440 000	40 000		400 000
负债与所有者权益总计	1 210 000	71 000	1 281 000			1 231 000

2.非全资子公司的财务报表合并

【例12-2】2×19年12月31日，P公司以银行存款80 000元购买S公司80%有表决权的股份，同时发生与合并业务相关的中介费用10 000元。其他资料见表12-2。

如前文所述，非全资子公司财务报表合并时，因为对合并财务报表使用对象的定位、对子公司净资产的计价、对少数股东权益的计价与列示等问题的认识和处理不同，形成了母公司理论和实体理论两种基本的合并理论，下面依次介绍不同合并理论下非全资子公司财务报表合并的账务处理。

首先，在母公司理论下的财务报表合并：

（1）母公司（P公司）确认长期股权投资。在母公司（P公司）个别账簿上确认对子公司（S公司）投资的会计分录，合并成本为买价80 000元，中介费用10 000元计入当期损益。

借：长期股权投资	80 000	
贷：银行存款		80 000
借：管理费用	10 000	
贷：银行存款		10 000

（2）计算合并商誉和少数股东权益。

P公司的合并成本＝80 000元

S公司净资产的公允价值＝资产的公允价值－负债的公允价值＝86 000－21 000＝65 000（元）

P公司对子公司净资产公允价值享有的份额＝65 000×80%＝52 000（元）

商誉＝80 000－52 000＝28 000（元）

少数股东权益＝少数股东对子公司净资产账面价值享有的份额＝50 000×20%＝10 000（元）

（3）母公司（P公司）编制调整与抵销分录。

借：股本	1 000	
资本公积	9 000	
留存收益	40 000	
存货	4 000	
固定资产	8 000	
商誉	28 000	
贷：长期股权投资		80 000
少数股东权益		10 000

（4）合并工作底稿见表12-4。

表12-4　**P公司与S公司的合并工作底稿**　单位：元

项　目	母公司P	子公司S	合计数	调整与抵销分录		合并数
				借方	贷方	
货币资金	60 000	11 000	71 000			71 000
存货	285 000	10 000	295 000	4 000		299 000
长期股权投资	80 000		80 000		80 000	0
固定资产	785 000	50 000	835 000	8 000		843 000
商誉				28 000		28 000
资产总计	1 210 000	71 000	1 281 000			1 241 000
应付账款	110 000	21 000	131 000			131 000
股本	200 000	1 000	201 000	1 000		200 000
资本公积	500 000	9 000	509 000	9 000		500 000
留存收益	400 000	40 000	440 000	40 000		400 000
少数股东权益					10 000	10 000
负债与所有者权益总计	1 210 000	71 000	1 281 000			1 241 000

其次，在实体理论下的财务报表合并：

（1）母公司（P公司）确认长期股权投资。在母公司（P公司）个别账簿上确认对子公司（S公司）投资的会计分录，合并成本为买价80 000元，中介费用10 000元计入当期损益。

借：长期股权投资　　80 000
　贷：银行存款　　80 000
借：管理费用　　10 000
　贷：银行存款　　10 000

（2）计算合并商誉和少数股东权益。

P公司的合并成本＝80 000元

S公司的总价值＝80 000÷80%＝100 000（元）

S公司净资产的公允价值＝资产的公允价值－负债的公允价值＝86 000－21 000＝65 000（元）

商誉＝100 000－65 000＝35 000（元）

少数股东权益＝少数股东对子公司总价值享有的份额＝100 000×20%＝20 000（元）

（3）母公司（P公司）编制调整与抵销分录。

借：股本　　1 000
　　资本公积　　9 000
　　留存收益　　40 000
　　存货　　5 000
　　固定资产　　10 000
　　商誉　　35 000
　贷：长期股权投资　　80 000
　　　少数股东权益　　20 000

（4）合并工作底稿见表12-5。

表12-5　P公司与S公司的合并工作底稿　单位：元

项目	母公司P	子公司S	合计数	调整与抵销分录		合并数
				借方	贷方	
货币资金	60 000	11 000	71 000			71 000
存货	285 000	10 000	295 000	5 000		300 000
长期股权投资	80 000		80 000		80 000	
固定资产	785 000	50 000	835 000	10 000		845 000
商誉				35 000		35 000
资产总计	1 210 000	71 000	1 281 000			1 251 000
应付账款	110 000	21 000	131 000			131 000
股本	200 000	1 000	201 000	1 000		200 000
资本公积	500 000	9 000	509 000	9 000		500 000
留存收益	400 000	40 000	440 000	40 000		400 000
少数股东权益					20 000	20 000
负债与所有者权益总计	1 210 000	71 000	1 281 000			1 251 000

最后，按照我国合并财务报表准则进行财务报表合并：

(1) 母公司（P公司）确认长期股权投资。在母公司（P公司）个别账簿上确认对子公司（S公司）投资的会计分录，合并成本为买价80 000元（中介费用10 000元计入当期损益）。

借：长期股权投资　80 000

　贷：银行存款　80 000

借：管理费用　10 000

　贷：银行存款　10 000

(2) 计算合并商誉和少数股东权益。

P公司的合并成本＝80 000元

S公司净资产的公允价值＝资产的公允价值－负债的公允价值＝86 000－21 000＝65 000（元）

P公司对子公司净资产公允价值享有的份额＝65 000×80%＝52 000（元）

商誉＝80 000－52 000＝28 000（元）

少数股东权益＝少数股东对子公司净资产公允价值享有的份额＝65 000×20%＝13 000（元）

(3) 母公司（P公司）编制调整与抵销分录。

借：股本　1 000

　　资本公积　9 000

　　留存收益　40 000

　　存货　5 000

　　固定资产　10 000

　　商誉　28 000

　贷：长期股权投资　80 000

　　　少数股东权益　13 000

(4) 合并工作底稿见表12-6。

表12-6　**P公司与S公司的合并工作底稿**　单位：元

项　目	母公司P	子公司S	合计数	调整与抵销分录		合并数
				借方	贷方	
货币资金	60 000	11 000	71 000			71 000
存货	285 000	10 000	295 000	5 000		300 000
长期股权投资	80 000		80 000		80 000	
固定资产	785 000	50 000	835 000	10 000		845 000
商誉				28 000		28 000
资产总计	1 210 000	71 000	1 281 000			1 244 000
应付账款	110 000	21 000	131 000			131 000
股本	200 000	1 000	201 000	1 000		200 000
资本公积	500 000	9 000	509 000	9 000		500 000
留存收益	400 000	40 000	440 000	40 000		400 000
少数股东权益					13 000	13 000
负债与所有者权益总计	1 210 000	71 000	1 281 000			1 244 000

（二）同一控制下企业合并的财务报表合并

同一控制下的企业合并形成母子公司关系的，即控股合并情况下，母公司应当编制合并日的合并财务报表，包括合并资产负债表、合并利润表及合并现金流量表。同一控制下的企业控股合并之后，应当视同被合并企业在合并以前就一直在合并范围内。这一点决定期中合并时也要编制合并日的合并利润表和合并现金流量表等动态报表，也决定了合并当期资产负债表日编制的合并财务报表中，应当对比较报表有关项目的期初数进行调整。

1.合并日合并资产负债表的编制

（1）被合并方的各项资产、负债及或有负债，应按其账面价值计量；如果被合并方采用的会计政策与合并方不一致，应按照合并方采用的会计政策进行调整，以调整后的账面价值计量。也就是说，应对合并方与被合并方的资产、负债及或有负债按照一致会计政策下的账面价值予以合并。

（2）将母公司对子公司的股权投资数额与子公司的股东权益中归属于母公司的份额予以抵销，并确认被投资公司的少数股东权益。

（3）以合并方的资本公积为上限，将被合并方在合并日以前实现的留存收益中按持股比例计算归属于合并方的部分，自资本公积转入留存收益。

由于同一控制下企业合并的股权取得日合并财务报表按照账面价值计量、调整和抵销，因此在合并工作底稿中，调整与抵销分录不产生差额，无须确认合并商誉。

【例12-3】沿用表12-2中的资料，2×19年12月31日P公司发行12 000股面值为1元的普通股，控股合并S公司，取得其100%的表决权。假设P公司和S公司均为同一控制下的企业，两家公司采用相同的会计政策，则合并日P公司相关的账务处理如下：

（1）P公司发行股票合并S公司的会计处理。

借：长期股权投资	50 000	
贷：股本		12 000
资本公积		38 000

（2）P公司合并工作底稿中的调整与抵销分录。

借：股本	1 000	
资本公积	9 000	
留存收益	40 000	
贷：长期股权投资		50 000
借：资本公积	40 000	
贷：留存收益		40 000

其中：第二个分录，应以合并方的资本公积为上限；所调整的留存收益必须是被合并方在合并日以前实现的留存收益中归属于合并方的部分。下同。

（3）合并工作底稿，略。

【例12-4】承接【例12-3】，沿用表12-2中的资料，假定2×19年12月31日P公司发行了9 000股面值为1元的普通股，控股合并S公司，取得其80%的表决权，其他资料不变，则合并日P公司的账务处理如下：

（1）P公司发行股票合并S公司的会计处理。

借：长期股权投资　　　　　　　　　　　　　　　　　　40 000

　贷：股本　　　　　　　　　　　　　　　　　　　　　　9 000

　　　资本公积　　　　　　　　　　　　　　　　　　　　31 000

（2）P公司合并工作底稿中的抵销分录。

借：股本　　　　　　　　　　　　　　　　　　　　　　1 000

　　资本公积　　　　　　　　　　　　　　　　　　　　9 000

　　留存收益　　　　　　　　　　　　　　　　　　　　40 000

　贷：长期股权投资　　　　　　　　　　　　　　　　　　40 000

　　　少数股东权益　　　　　　　　　　　　　　　　　　10 000

借：资本公积　　　　　　　　　　　　　　　　　　　　32 000

　贷：留存收益　　　　　　　　　　　　　　　　　　　　32 000

（3）合并工作底稿，略。

2.合并日合并利润表、合并现金流量表的编制

合并日的合并利润表应当包括参与合并各方自合并当期期初至合并日所发生的收入、费用和利润，即合并日合并利润表要反映本期合并前的实现净利润情况；被合并方在合并前实现的净利润，应当在合并利润表中单列项目反映。合并日的合并现金流量表应当包括参与合并各方自合并当期期初至合并日的现金流量，即合并日合并现金流量表要反映本期合并前的现金流量情况。可以说，合并日的合并利润表和合并现金流量表基本上是合并各方自合并当期期初至合并日的利润表和现金流量表分别汇总。

需要注意的是，由于我国企业合并准则对同一控制下企业合并的会计处理办法的规定类似于权益结合法，这样不论同一控制下的企业合并发生在何时，企业集团均可编制我国合并财务报表准则规定的主要财务报表。其中，由于所有者权益变动表（或股东权益变动表）一般只编制年度报表，因此企业集团的合并所有者权益变动表一般只会在年末进行编制。

第三节　合并资产负债表

企业合并完成后，母公司通过“长期股权投资”账户来反映对子公司的投资，会计期末再根据母、子公司的个别财务报表编制合并财务报表。股权取得日后的合并财务报表编制与股权取得日的合并财务报表编制有许多不同，主要涉及从股权取得日开始之后合并事项对于合并财务报表的影响以及企业集团内部交易事项的调整与抵销等内容。从本节起的后几节，将分别介绍股权取得日后的合并财务报表。

一、按权益法调整对子公司的长期股权投资

企业合并形成的长期股权投资，在初始入账时按企业合并准则的相关规定进行初始入账。由于母公司对子公司实施控股合并，其对子公司具有实际控制权，因此母公司对子公司的长期股权投资的后续计量，即投资企业在持有长期股权投资期间，应采用成本法进行核算。在编制股权取得日后的合并财务报表时，首先应将母公司对子公司长期股权投资由成本法核算的结果调整为权益法核算的结果，使母公司对子公司长期股权投资项目反映其

在子公司所有者权益中所拥有权益的变动情况。

在合并工作底稿中，将对子公司的长期股权投资调整为权益法时，应按照《企业会计准则第2号——长期股权投资》所规定的权益法进行调整。在确认应享有子公司净损益的份额时，对于属于非同一控制下企业合并形成的长期股权投资，应当以在备查簿中记录的子公司各项可辨认资产、负债及或有负债等在购买日的公允价值为基础，对该子公司的净利润进行调整后确认；对于属于同一控制下的企业合并形成的长期股权投资，可以直接以该子公司的净利润进行确认，但是该子公司的会计政策或会计期间与母公司不一致的，仍需要对净利润进行调整。

在合并工作底稿中编制的调整分录为：对于当期该子公司实现净利润，按母公司应享有的份额，借记“长期股权投资”项目，贷记“投资收益”项目；对于当期该子公司发生的净亏损，按母公司应分担的份额，借记“投资收益”项目，贷记“长期股权投资”等项目。对于当期收到的现金股利或利润，借记“投资收益”项目，贷记“长期股权投资”项目。对于子公司除净利润以外所有者权益的其他变动，按母公司应享有的份额，借记“长期股权投资”项目，贷记“其他综合收益”“资本公积”等项目。

合并财务报表准则也允许企业直接在对子公司的长期股权投资采用成本法核算的基础上编制合并财务报表，但是所生成的合并财务报表应当符合合并财务报表准则的相关规定。

二、编制合并资产负债表时应进行抵销处理的项目

合并资产负债表是以母公司和子公司的个别资产负债表为基础编制的。个别资产负债表则是以单个企业为会计主体进行会计核算的结果，它从母公司本身或从子公司本身的角度对自身的财务状况进行反映。这样，对于内部交易，从发生内部交易的企业来看，发生交易的各方都在其个别资产负债表中进行了反映。

编制合并资产负债表时需要进行抵销处理的项目主要有：(1) 母公司对子公司长期股权投资与子公司所有者权益；(2) 母公司与子公司、子公司相互之间产生的内部债权与债务；(3) 存货项目，即内部购进存货成本中包含的未实现内部销售损益；(4) 固定资产项目，即内部购进商品形成的固定资产或内部购进的固定资产成本中包含的未实现内部销售损益；(5) 无形资产项目，即内部购进商品形成的无形资产或内部购进的无形资产成本中包含的未实现内部销售损益；(6) 与抵销的长期股权投资、应收账款、存货、固定资产、无形资产等资产相关的减值准备的抵销。

根据抵销处理的项目的相似性，本章将重点介绍长期股权投资与子公司所有者权益、内部债权与债务、存货内部交易和固定资产内部交易的相关抵销处理，以及流动资产（应收账款）减值准备和非流动资产（长期股权投资）减值准备的抵销处理。

（一）长期股权投资与子公司所有者权益的抵销处理

母公司对子公司的长期股权投资，一方面反映为长期股权投资以外的其他资产的减少，另一方面反映为长期股权投资的增加，在母公司个别资产负债表中作为资产类项目中的长期股权投资列示。子公司接受这一投资时，一方面增加资产，另一方面作为实收资本（或股本，下同）等处理；在其个别资产负债表中一方面反映为实收资本等的增加，另一方面反映为相对应的资产的增加。从企业集团整体来看，母公司对子公司进行的长期股权

投资实际上相当于母公司将资本拨付下属核算单位，并不引起整个企业集团的资产、负债和所有者权益的增减变动。因此，编制合并财务报表时，应当在母公司与子公司财务报表数据简单相加的基础上，将母公司对子公司长期股权投资与子公司所有者权益中母公司所享有的份额予以抵销。

此外，在进行抵销处理时，还应该注意：①所要抵销的与母公司对子公司长期股权投资相关资料，应该是按权益法调整后的数据。由于本套教材一般业务分册和前文已经有相关内容的介绍，考虑到内容的连贯性，在之后的相关例题中，对长期股权投资的金额将不再单独按权益法进行调整，所列金额均默认为已调整完成。②区分相关长期股权投资形成于非同一控制下企业合并还是同一控制下企业合并。两种不同形式形成的企业合并，在进行长期股权投资抵销处理时，会涉及是以公允价值抵销还是以账面价值抵销的问题。③区分母公司对子公司的长期股权投资是全资还是非全资。这一判断，直接决定了在合并工作底稿中进行调整与抵销分录时，是否会产生少数股东权益。

1.非同一控制下企业合并形成的长期股权投资的抵销处理

（1）在子公司为全资子公司的情况下，应当将母公司对子公司长期股权投资的报告金额与子公司所有者权益各项目的账面金额相抵销，同时抵销长期股权投资成本中归属于子公司可辨认资产、负债及或有负债的价值增值（公允价值与账面价值差额）。借贷方差额属于商誉的部分，应借记“商誉”项目。

（2）在子公司为非全资子公司的情况下，应当将母公司对子公司长期股权投资的报告金额与子公司所有者权益中母公司所享有的份额相抵销，同时抵销长期股权投资成本中归属于子公司可辨认资产、负债及或有负债的价值增值（公允价值与账面价值差额）。子公司所有者权益中不属于母公司的份额，即子公司所有者权益中抵销母公司所享有的份额后的余额，在合并财务报表中作为“少数股东权益”处理。其中，借贷方差额属于商誉的部分，应借记“商誉”项目。

从内容上看，上述两个方面抵销处理，与股权取得日的非同一控制下企业合并的财务报表合并的抵销处理基本一致，因此可参见本章第二节的相关例题。

（3）当母公司对子公司的长期股权投资在期末已经计提减值准备时，则母公司的资产负债表中长期股权投资项目反映的金额，应为扣除减值准备后的净值，同时，母公司的利润表中，会增加资产减值损失项目的金额。因此，在抵销处理时，上述项目均应抵销。在下一期期末，由于母公司对子公司的长期股权投资减值准备依然存在，除考虑当期期末是否仍存在减值准备的抵销处理外，应将前一期减值准备影响金额一并抵销。其中，利润表中的资产减值损失项目金额随着跨期而全部转入利润，则前一期资产减值损失抵减的金额，最终将影响到下一期合并所有者权益变动表中的期初未分配利润金额的增加。

【例12-5】2×19年12月31日，J公司支付450万元购买了K公司80%的股权，K公司当日可辨认净资产的公允价值为520万元、账面价值为500万元，假定净资产增值的20万元为固定资产的评估增值，控股合并前后J公司和K公司均不受到第三方控制。表12-7反映的是J公司与K公司组成的企业集团在股权取得日的合并工作底稿。

表 12-7　　**股权取得日的合并工作底稿**　　单位：万元

项　目	母公司 J	子公司 K	合计数	调整与抵销分录		合并数
				借方	贷方	
流动资产	400	200	600			600
固定资产	800	600	1 400	20		1 420
长期股权投资	450		450		450	0
商誉				34		34
负债	600	300	900			900
股本	200	100	300	100		200
资本公积	400	200	600	200		400
盈余公积	150	50	200	50		150
未分配利润	300	150	450	150		300
少数股东权益					104	104

2×20 年年末，J 公司对 K 公司的长期股权投资计提了 15 万元的减值准备，2×21 年年末，J 公司对长期股权投资补提了 10 万元的减值准备。假设除上述业务外，J 公司和 K 公司未发生其他业务，则 J 公司在 2×20 年年末和 2×21 年年末合并工作底稿中的抵销处理如下：

（1）2×20 年年末编制的调整与抵销分录。

借：股本	1 000 000	
资本公积	2 000 000	
盈余公积	500 000	
未分配利润——年末	1 500 000	
固定资产	200 000	
商誉	340 000	
贷：长期股权投资		4 350 000
少数股东权益		1 040 000
资产减值损失		150 000

（2）2×21 年年末编制的调整与抵销分录。

借：股本	1 000 000	
资本公积	2 000 000	
盈余公积	500 000	
未分配利润——年末	1 500 000	
固定资产	200 000	
商誉	340 000	
贷：长期股权投资		4 250 000
少数股东权益		1 040 000
资产减值损失		100 000
未分配利润——年初		150 000

2.同一控制下企业合并形成的长期股权投资的抵销处理

（1）在子公司为全资子公司的情况下，母公司对子公司长期股权投资的账面金额与子公司所有者权益各项目的账面金额应当全额抵销。

商誉减值的介绍

（2）在子公司为非全资子公司的情况下，应当将母公司对子公司长期股权投资的账面金额与子公司所有者权益中母公司所享有的份额相抵销。子公司所有者权益中不属于母公司的份额，即子公司所有者权益中抵销母公司所享有的份额后的余额，在合并财务报表中作为“少数股东权益”处理。

从内容上看，上述两个方面抵销处理，与股权取得日的同一控制下企业合并的财务报表合并的抵销处理基本一致，因此可参见本章第二节的相关例题。

（3）当母公司对子公司的长期股权投资在期末已经计提减值准备时，则母公司的资产负债表中长期股权投资项目反映的账面金额，应为扣除减值准备后的净值，同时，母公司的利润表中，会增加资产减值损失项目的金额。在下一期期末，由于母公司对子公司的长期股权投资减值准备依然存在，除考虑当期期末是否仍存在减值准备的抵销处理外，应将前一期减值准备影响金额一并抵销。其中，资产减值损失项目的金额随着跨期而全部转入利润，则前一期抵销的资产减值损失项目调整为“未分配利润——年初”项目。

【例12-6】2×19年12月31日，J公司支付400万元购买了L公司80%的股权，L公司当日可辨认净资产的账面价值为500万元，控股合并前后J公司和L公司均受到第三方控制。表12-8反映的是J公司与L公司组成的企业集团在股权取得日的合并工作底稿（假设不考虑子公司合并前留存收益的调整）。

表12-8　**股权取得日的合并工作底稿**　单位：万元

项　目	母公司J	子公司L	合计数	调整与抵销分录		合并数
				借方	贷方	
流动资产	450	200	650			650
固定资产	800	600	1 400			1 400
长期股权投资	400		400		400	0
负债	600	300	900			900
股本	200	100	300	100		200
资本公积	400	200	600	200		400
盈余公积	150	50	200	50		150
未分配利润	300	150	450	150		300
少数股东权益					100	100

2×20年年末，J公司对L公司的长期股权投资计提了15万元的减值准备，2×21年年末，J公司对长期股权投资补提了10万元的减值准备。假设除上述业务外，J公司和L公司未发生其他业务，则J公司在2×20年年末和2×21年年末合并工作底稿中的抵销处理如下：

（1）2×20年年末编制的调整与抵销分录。

借：股本　1 000 000

　　资本公积　2 000 000

　　盈余公积　500 000

借：未分配利润——年末　1 500 000
　贷：长期股权投资　3 850 000
　　少数股东权益　1 000 000
　　资产减值损失　150 000

（2）2×21年年末编制的调整与抵销分录。

借：股本　1 000 000
　资本公积　2 000 000
　盈余公积　500 000
　未分配利润——年末　1 500 000
　贷：长期股权投资　3 750 000
　　少数股东权益　1 000 000
　　资产减值损失　100 000
　　未分配利润——年初　150 000

（二）内部债权与债务的抵销处理

母公司与子公司、子公司相互之间的债权和债务项目，是指母公司与子公司、子公司相互之间因销售商品、提供劳务以及发生结算业务等原因产生的应收账款与应付账款、应收票据与应付票据、预付款项与预收款项、其他应收款与其他应付款、债权投资与应付债券等项目。发生在母公司与子公司、子公司相互之间的这些项目，企业集团内部企业的一方在其个别资产负债表中反映为资产，而另一方则在其个别资产负债表中反映为负债。但从企业集团整体角度来看，它只是内部资金运动，既不能增加企业集团的资产，也不能增加负债。因此，为了消除个别资产负债表直接加总中的重复计算因素，在编制合并财务报表时应当将内部债权债务项目予以抵销。需要进行抵销处理的内部债权债务项目主要包括：（1）应收账款与应付账款；（2）应收票据与应付票据；（3）预付款项与预收款项；（4）债权投资与应付债券；（5）应收股利与应付股利；（6）应收利息与应付利息；（7）其他应收款与其他应付款。

1.应收账款与应付账款的抵销处理

（1）初次编制合并财务报表时的抵销处理。

在应收账款采用备抵法核算其坏账损失的情况下，某一会计期间坏账准备的金额是以当期应收账款为基础计提的，编制合并财务报表时随着内部应收账款的抵销，按内部应收账款金额计提的坏账准备也必须抵销。

【例12-7】M公司是N公司的母公司。2×19年年末，M公司个别资产负债表中有内部交易活动形成的应收账款账户余额为50 000元，按这部分应收账款账户余额的0.5%计提坏账准备，本期坏账准备账户余额为250元；N公司个别资产负债表中有应付账款50 000元，为对母公司的应付账款。不考虑其他影响因素。抵销分录如下：

借：应付账款　50 000
　贷：应收账款　50 000
借：应收账款——坏账准备　250
　贷：信用减值损失　250

（2）连续编制合并财务报表时的抵销处理。

从合并财务报表来讲，内部应收账款计提坏账准备的抵销是与抵销当期信用减值损失相对应的，上期抵销的坏账准备的金额，即上期信用减值损失抵减的金额，最终将影响到本期合并所有者权益变动表中的期初未分配利润金额的增加。由于利润表和所有者权益变动表是反映企业一定会计期间经济成果及其分配情况的财务报表，其上期期末未分配利润就是本期所有者权益变动表期初未分配利润（假定不存在会计政策变更和前期差错更正的情况）。本期编制合并财务报表是以本期母公司和子公司当期的个别财务报表为基础编制的，随着上期编制合并财务报表时内部应收账款计提坏账准备的抵销，以此个别财务报表为基础加总得出的期初未分配利润与上一会计期间合并所有者权益变动表中的未分配利润金额之间则将产生差额。为此，编制合并财务报表时，必须将上期因内部应收账款计提坏账准备冲减而抵销的信用减值损失对本期期初未分配利润的影响予以抵销，调整本期期初未分配利润的金额。

与长期股权投资减值准备的抵销相比，应收账款坏账准备的抵销有一定的不同。按照资产减值损失确认与计量的一般原则，对于长期股权投资等长期资产发生减值后，其资产减值损失一经确认，在以后会计期间不得转回。按此原则，无论是当期还是跨期，长期股权投资的资产减值损失项目在抵销处理时，只会出现在贷方。但是，应收账款计提的坏账准备金额，会根据本期期末应收账款金额进行计算，则当期实际计提的坏账准备金额可能增加也可能减少，因此，由坏账准备产生的信用减值损失项目在抵销处理时，可能出现在贷方也可能出现在借方。

在连续编制合并财务报表进行抵销处理时，应按下列程序进行抵销：

首先，将内部应收账款与应付账款予以抵销，即按内部应收账款的金额，借记“应付账款”项目，贷记“应收账款”项目。

其次，应将上期资产减值损失中抵销的内部应收账款计提的坏账准备对本期期初未分配利润的影响予以抵销，即按上期信用减值损失项目中抵销的内部应收账款计提的坏账准备金额，借记“应收账款——坏账准备”项目，贷记“未分配利润——年初”项目。

最后，对于当期个别财务报表中内部应收账款相对应的坏账准备增减变动的金额也应予以抵销，即按照本期个别资产负债表中期末内部应收账款相对应的坏账准备的增加额，借记“应收账款——坏账准备”项目，贷记“信用减值损失”项目；或按照本期个别资产负债表中期末内部应收账款相对应的坏账准备的减少额，借记“信用减值损失”项目，贷记“应收账款——坏账准备”项目。

第一种情况：内部应收账款本期余额等于上期余额时的抵销处理。

【例12-8】承接【例12-7】，假设M公司在2×20年年末个别资产负债表中对N公司的内部应收账款账户余额仍为50 000元，坏账准备账户余额仍为250元。

①内部应收账款与应付账款的抵销。

借：应付账款　　50 000

　　贷：应收账款　　50 000

②根据上期抵销的坏账准备，调整本期期初未分配利润。

借：应收账款——坏账准备　　250

　　贷：未分配利润——年初　　250

第二种情况：内部应收账款本期余额大于上期余额时的抵销处理。

【例12-9】承接【例12-7】，假设M公司在2×20年年末个别资产负债表中对N公司的内部应收账款账户余额为66 000元，坏账准备账户余额为330元。

上期坏账准备的账户余额为250元，随着本期内部应收账款增加16 000元，应在本期补提坏账准备80元。抵销分录如下：

①内部应收账款与应付账款的抵销。

借：应付账款　66 000

　贷：应收账款　66 000

②根据上期抵销的坏账准备，调整本期期初未分配利润。

借：应收账款——坏账准备　250

　贷：未分配利润——年初　250

③抵销本期补提的坏账准备。

借：应收账款——坏账准备　80

　贷：信用减值损失　80

第三种情况：内部应收账款本期余额小于上期余额时的抵销处理。

【例12-10】承接【例12-7】，假设M公司在2×20年年末个别资产负债表中对N公司的内部应收账款账户余额为32 000元，坏账准备账户余额为160元。

上期坏账准备的账户余额为250元，本期内部应收账款净额减少了18 000元，应在本期冲减坏账准备90元。抵销分录如下：

①内部应收账款与应付账款的抵销。

借：应付账款　32 000

　贷：应收账款　32 000

②根据上期抵销的坏账准备，调整本期期初未分配利润。

借：应收账款——坏账准备　250

　贷：未分配利润——年初　250

③抵销本期冲减的坏账准备。

借：信用减值损失　90

　贷：应收账款——坏账准备　90

2.其他债权与债务项目的抵销处理

对于其他应收项目与应付项目，其抵销处理的方式与应收应付账款抵销处理基本一致，同时也应当根据应收项目的坏账准备计提情况，予以相应的抵销处理。对于债权投资与应付债券，在某些情况下，企业投资持有的企业集团成员企业的债券并不是从发行债券的企业直接购进，而是在证券市场上从第三方手中购进的。这种情况下，购买企业的债权投资或其他债权投资项目与发行债券企业的应付债券项目相互抵销时，可能会出现差额，一般情况下，借差记入“财务费用”，贷差记入“投资收益”，即相互抵销产生的差额计入合并利润表的财务费用或投资收益项目。

（三）存货内部交易的抵销处理

在内部购销活动中，销售企业将集团内部销售作为收入确认并计算销售利润。而购买企业则是以支付购货的价款作为其成本入账；在本期内未实现对企业集团外的销售而形成期末存货时，其存货价值中相应地包括两部分内容：一部分为真正的存货成本（即销售企业销售该商品的成本）；另一部分为销售企业的销售毛利（即其销售收入减去销售成本的差额）。对于期末存货价值中包括的这部分销售毛利，从企业集团整体来看，并不是真正实现的利润。因为从整个企业集团来看，集团内部企业之间的商品购销活动实际上相当于企业内部物资调拨活动，既不会产生利润，也不会增加商品的价值。正是从这一意义上来说，将期末存货价值中包括的这部分销售企业作为利润确认的部分，称为未实现内部销售损益。因此，在编制合并资产负债表时，应当将存货价值中包含的未实现内部销售损益予以抵销。

存货内部销售一般有三种类型：①母公司向子公司的销售，称为顺流销售；②子公司向母公司的销售，称为逆流销售；③子公司之间的销售，称为平流销售。按母公司理论和实体理论，对存货内部销售三种类型的处理是不一样的（详见前文合并理论的介绍），这里依据我国合并财务报表准则的规定处理：存货内部交易产生的未实现内部销售损益，不论销售的交易类型，一律全额抵销。

1.当期内部购进商品并形成存货的抵销处理

企业集团内部购进商品等，并且在会计期末形成存货的情况，一方面将销售企业实现的内部销售收入及其对应的销售成本予以抵销，另一方面将内部购进商品并形成的存货价值中包含的企业未实现内部销售损益予以抵销。如果已对内部交易形成的存货计提了存货跌价准备，编制合并财务报表时应将其抵销（该抵销处理与应收账款计提坏账准备的抵销原理相同）。

【例 12-11】假定G公司是H公司的母公司。G公司在2×19年向H公司销售商品10 000元，其销售成本为8 000元，H公司购进该商品当期全部未实现对外销售，形成期末存货，则抵销分录如下：

借：营业收入	10 000	
贷：营业成本		8 000
存货		2 000

如果H公司购进的该商品当期全部实现对外销售，则编制抵销分录如下：

借：营业收入	10 000	
贷：营业成本		10 000

如果H公司购进的商品当期有一半数量实现对外销售，以上面两种情况结合为一例即为这种情况，则抵销分录如下：

借：营业收入	20 000	
贷：营业成本		18 000
存货		2 000

2.连续编制合并财务报表时内部购进商品的抵销处理

对于上期内部购进商品全部实现对外销售的情况，由于不涉及内部存货价值中包含的未实现内部销售损益的抵销处理，在本期连续编制合并财务报表时不涉及对其进行处理。但是，在上期内部购进商品并形成期末存货的情况下，在编制合并财务报表进行抵销处理时，存货价值中包含的未实现内部销售损益的抵销，直接影响上期合并财务报表中合并净利润金额的增减，最终影响合并所有者权益变动表中期末未分配利润金额的增减。图12-4对理解该项经济业务更直观明了。

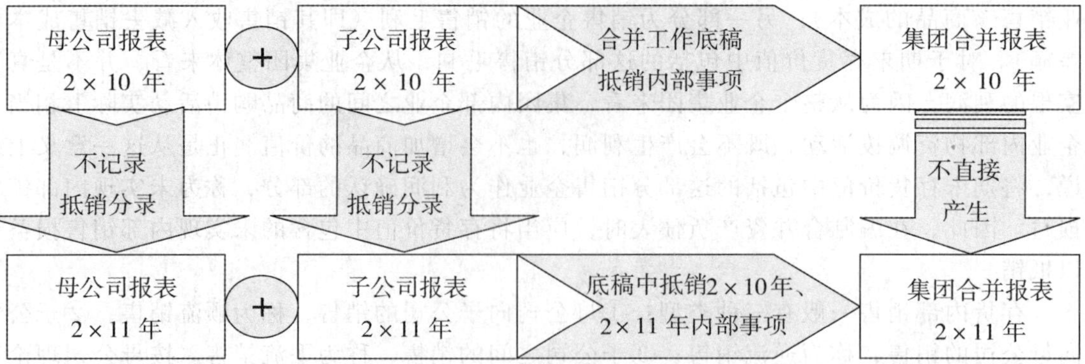

图12-4 连续编制合并财务报表

由于本期合并财务报表的编制是以母、子公司的个别财务报表为基础的，而抵销处理的调整与抵销分录只记录在合并工作底稿中，因此，上期的未实现内部销售损益仍然包括在个别财务报表中，所以，连续编制合并财务报表时必须调整本期的合并期初未分配利润，其具体抵销处理程序和方法如下：

（1）将上期抵销的存货价值中包含的未实现内部销售损益对本期期初未分配利润的影响进行抵销，即按照上期内部购进存货价值中包含的未实现内部销售损益的金额，借记"未分配利润——年初"项目，贷记"营业成本"项目。这一抵销分录可以理解为上期内部购进存货中包含的未实现内部销售损益在本期视同为已实现利润，冲减当期的合并营业成本；在本期末再将所有内部购进存货中包含的未实现内部销售损益全部在本期末抵销。

（2）对于本期发生内部购销活动的，将内部销售收入、内部销售成本及内部购进存货中未实现内部销售损益予以抵销，即按照销售企业内部销售收入的金额，借记"营业收入"项目，贷记"营业成本"项目。

（3）将期末内部购进存货价值中包含的未实现内部销售损益予以抵销。对于期末内部购买形成的存货（包括上期结转形成的本期存货），应按照购买企业期末内部购入存货价值中包含的未实现内部销售损益的金额，借记"营业成本"项目，贷记"存货"项目。

【例12-12】承接【例12-11】，G公司在2×20年再次向H公司销售相同商品15 000元，G公司2×20年毛利率与2×19年相同，均为20%，销售成本为12 000元。H公司2×20年将此商品对集团外销售实现收入18 000元，销售成本为12 600元。期末存货为12 400元（期初存货10 000元+本期购进存货15 000元-本期销售成本12 600元）。抵销分录如下：

①调整期初未分配利润：

借：未分配利润——年初　　　　2 000

　贷：营业成本　　　　2 000

②抵销本期内部销售收入和销售成本：

借：营业收入　　　　15 000

　贷：营业成本　　　　15 000

③抵销期末存货中包含的未实现内部销售损益：

借：营业成本　　2 480

　贷：存货　　2 480

其中：期初的未实现内部销售损益＝10 000×20%＝2 000（元）

期末的未实现内部销售损益=12 400×20%＝2 480（元）

（四）固定资产内部交易的抵销处理

企业集团内部固定资产交易根据企业销售的是商品还是固定资产，可以划分为三种类型：①集团内部企业将自身使用的固定资产变卖给集团内的其他企业作为固定资产使用；②集团内部企业将自身生产的商品销售给集团内的其他企业作为固定资产使用；③集团内部企业将自身使用的固定资产变卖给集团内的其他企业作为商品处理。

第①类交易，即企业集团内部企业将其自用的固定资产出售给集团内部的其他企业，通过抵销后，使其在合并财务报表中该固定资产原价仍然以销售企业的原账面价值反映。在合并工作底稿中编制的抵销分录为：如果销售企业以高出固定资产账面价值的价格出售，按照差额借记“营业外收入”项目，贷记“固定资产——原价”项目；如果销售企业以低于固定资产账面价值的价格出售，按照差额借记“固定资产——原价”项目，贷记“营业外支出”项目。连续编制合并财务报表时的抵销处理与第②类交易相同，参见后续内容。

第③类交易在企业集团内部发生的情况极少，一般情况下发生数量也不大。考虑到第①和第③类内部固定资产交易在内部交易中不具备普遍性和典型性，下面重点讲解第②类内部固定资产交易的抵销处理。

内部固定资产交易编制合并财务报表需注意以下问题：①内部固定资产交易不仅影响当期合并财务报表的编制，还会影响固定资产使用期间的合并财务报表编制，直至固定资产清理结束；②内部交易形成的固定资产通常也必须计提折旧，在编制合并财务报表时不仅要考虑购入固定资产原价中包含的未实现内部销售损益的消除，而且还需要考虑以包含未实现内部销售损益金额入账的固定资产，多计提或者少计提折旧费用对企业集团合并损益的影响。

1.交易发生当期的抵销处理

将内部固定资产交易的销售收入、销售成本以及未实现内部销售损益进行抵销；将内部交易形成的固定资产当期多计提的折旧费用和累计折旧予以抵销。通常内部固定资产交易也和内部存货交易一样有顺流销售、逆流销售和平流销售三种情形，依据我国合并财务报表准则的规定，不区分销售方向做抵销处理。

【例12-13】A、B公司均为母公司的子公司，A公司以500 000元的价格将其生产的产品销售给B公司，销售成本为300 000元。B公司购入该产品作为管理用固定资产使用。假设B公司此项固定资产按5年的使用期限计提折旧费用，净残值为零。

（1）抵销内部销售及未实现利润。

借：营业收入　　500 000

　贷：营业成本　　300 000

　　　固定资产——原价　　200 000

（2）抵销多计提的折旧费用。

B公司以购买价作为固定资产的入账金额，所以当期折旧额为100 000元（500 000÷

5)，当期多计提折旧额为40 000元（100 000-300 000÷5）。

借：固定资产——累计折旧　　40 000

　贷：管理费用　　40 000

通过以上抵销处理，合并财务报表中该固定资产计提的累计折旧金额为60 000元，当期确认的折旧费用为60 000元。此外，按照我国相关准则的规定，当期增加的固定资产，当期不计提折旧，到下一期计提。因此，在进行抵销处理时，需要注意固定资产计提折旧的起始时间以及当期累计折旧抵销金额。而在本例和后续例题中，为了便于抵销处理的介绍，并未考虑起始时间。

2.使用期间的抵销处理

由于在以后的会计期间，内部交易形成的该项固定资产仍在使用，所以连续编制合并财务报表时，首先，根据上期抵销的内部未实现内部销售利润和多计提折旧费用的抵销金额调整期初未分配利润；其次，由于本期仍以购入固定资产原价计提折旧费用，从而与上期一样必须消除多计提的折旧费用。

【例12-14】承接【例12-13】，连续编制合并财务报表时作出内部交易形成的该项固定资产的抵销处理。

（1）第二年编制合并财务报表时，应编制如下抵销分录：

借：未分配利润——年初　　200 000

　贷：固定资产——原价　　200 000

借：固定资产——累计折旧　　40 000

　贷：未分配利润——年初　　40 000

借：固定资产——累计折旧　　40 000

　贷：管理费用　　40 000

（2）第三年编制合并财务报表时，应编制如下抵销分录：

借：未分配利润——年初　　200 000

　贷：固定资产——原价　　200 000

借：固定资产——累计折旧　　80 000

　贷：未分配利润——年初　　80 000

借：固定资产——累计折旧　　40 000

　贷：管理费用　　40 000

（3）第四年编制合并财务报表时，应编制如下抵销分录：

借：未分配利润——年初　　200 000

　贷：固定资产——原价　　200 000

借：固定资产——累计折旧　　120 000

　贷：未分配利润——年初　　120 000

借：固定资产——累计折旧　　40 000

　贷：管理费用　　40 000

3.清理期间的抵销处理

对于销售企业来说，因该内部交易的固定资产实现的利润总是作为未分配利润的一部分结转到以后的会计期间，直到购买企业对该内部交易固定资产进行清理的会计期间。购买企业对内部交易固定资产进行清理的会计期间，在其个别财务报表中表现为固定资产原价和累计折旧的减少，该固定资产清理收入减去该固定资产净值以及有关清理费用后的余额，则在其个别利润表中以营业外收入（支出）项目列示。

固定资产清理可能出现三种情况：期满清理、超期清理和提前清理。下面分这三种情况作抵销处理。

（1）期满清理时的抵销处理。随着内部交易形成的该项固定资产使用期届满并且清理完毕，对购入企业来说，该项固定资产实体就不复存在了，其包含的未实现内部销售损益也就转化成为已实现损益（营业外收入或支出）；对销售企业来说，未实现内部销售损益作为期初未分配利润的一部分结转到固定资产清理的会计期间，因此必须调整期初未分配利润；另外，在固定资产清理期间，购入企业仍然必须计提折旧费用，这就需要抵销多计提的折旧费用。

【例12-15】承接【例12-14】，B公司在第五年对该项固定资产做报废清理，实现固定资产清理净收益50 000元，在清理期间个别利润表中以营业外收入列示。编制合并财务报表时编制如下抵销分录：

借：未分配利润——年初	200 000	
贷：营业外收入		200 000
借：营业外收入	160 000	
贷：未分配利润——年初		160 000
借：营业外收入	40 000	
贷：管理费用		40 000

以上三笔抵销分录可合并为以下一笔抵销分录：

借：未分配利润——年初	40 000	
贷：管理费用		40 000

（2）超期使用及清理的抵销处理。内部交易形成的固定资产超期使用期间的抵销处理，与前例中使用期间的会计处理相同。

【例12-16】承接【例12-14】，该项固定资产在第六年仍然继续使用，则第五年和第六年编制合并财务报表时编制如下抵销分录：

（1）第五年编制的抵销分录：

借：未分配利润——年初	200 000	
贷：固定资产——原价		200 000
借：固定资产——累计折旧	160 000	
贷：未分配利润——年初		160 000
借：固定资产——累计折旧	40 000	
贷：管理费用		40 000

（2）第六年编制的抵销分录：

借：未分配利润——年初	200 000	
贷：固定资产——原价		200 000
借：固定资产——累计折旧	200 000	
贷：未分配利润——年初		200 000

超期使用的内部交易固定资产，在清理期间，其实体已不存在，未实现内部销售损益随固定资产清理转化成为已实现损益。因此，对超期使用的内部交易固定资产清理的会计期间不需要做任何抵销处理。

（3）提前进行清理时的抵销处理。在这种情况下，内部交易固定资产的抵销处理与期满清理期间的抵销处理类似，只不过会计期间缩短而已。此外，如果提前清理的固定资产用于出售等交易，则编制调整与抵销分录时，应将营业外收入和营业外支出项目换成资产处置损益。

【例12-17】承接【例12-14】，假设B公司在第四年对该项固定资产进行报废清理，清理净收益为50 000元。编制抵销分录如下：

借：未分配利润——年初　　200 000

　贷：营业外收入　　200 000

借：营业外收入　　120 000

　贷：未分配利润——年初　　120 000

借：营业外收入　　40 000

　贷：管理费用　　40 000

从上述内容中看出，虽然本部分为编制合并资产负债表进行的抵销处理，但在编制调整与抵销分录时，所涉及的借贷方的项目并不一定仅仅来自于资产负债表的项目，还有来自利润表和所有者权益变动表的项目，因此合并财务报表的编制过程需要同时考虑几张财务报表的项目变动和影响情况，即在编制合并工作底稿时，需要将几张财务报表的项目同时予以调整与抵销。此外，还需要说明两点：一是企业集团内部发生的其他短期资产和长期资产的抵销处理方法，可参照上述内部存货交易和内部固定资产交易的抵销处理；二是企业集团内部交易的其他资产计提减值准备的抵销处理方法，可参照上述长期股权投资减值准备和应收账款坏账准备的抵销处理。

三、合并资产负债表的格式

合并资产负债表的格式综合考虑了企业集团中一般工商企业的财务状况列报的要求，与个别资产负债表的格式基本相同，主要增加了以下项目：

一是在“无形资产”项目之下增加了“商誉”项目，用于反映非同一控制下企业合并中取得的商誉，即在控股合并下母公司对子公司的长期股权投资（合并成本）大于其在购买日子公司可辨认资产、负债及或有负债公允价值份额的差额；

二是在所有者权益项目下增加了“归属于母公司所有者权益合计”项目，用于反映企业集团的所有者权益中归属于母公司所有者权益的部分，包括实收资本（或股本）、其他权益工具、资本公积、库存股、其他综合收益、专项储备、盈余公积、一般风险准备、未分配利润等项目的金额；

三是在所有者权益项目下增加了“少数股东权益”项目，用于反映非全资子公司的所有者权益中不属于母公司的份额。

合并资产负债表的一般格式如表12-9所示。

表12-9　　合并资产负债表（简表）　　会合01表

编制单位：　　年　月　日　　单位：元

资产	期末余额	年初余额	负债和股东权益	期末余额	年初余额
流动资产：			流动负债：		
货币资金			⋮		
⋮			流动负债合计		
流动资产合计			非流动负债：		
非流动资产：			⋮		
⋮			非流动负债合计		
无形资产			负债合计		
开发支出			所有者权益：		
商誉			⋮		
⋮			归属于母公司所有者权益合计		
非流动资产合计			少数股东权益		
			所有者权益合计		
资产总计			负债和股东权益总计		

第四节　合并利润表与合并所有者权益变动表

合并利润表是反映构成企业集团的各组成部分当期的经营成果的财务报表。合并利润表应当以母公司和子公司的利润表为基础，在抵销母公司与子公司、子公司相互之间发生的内部交易对合并利润表的影响后，由母公司合并编制。合并所有者权益变动表（或股东权益变动表）是反映构成企业集团所有者权益的各组成部分当期的增减变动情况的财务报表。合并所有者权益变动表应当以母公司和子公司的所有者权益变动表为基础，在抵销母公司与子公司、子公司相互之间发生的内部交易对合并所有者权益变动表的影响后，由母公司合并编制。合并所有者权益变动表也可以根据合并资产负债表和合并利润表进行编制。

以下分别介绍合并利润表和合并所有者权益变动表。

一、合并利润表

（一）编制合并利润表时应进行抵销处理的项目

利润表作为以单个企业为会计主体进行会计核算的结果，分别从母公司本身和子公司本身反映其在一定会计期间的经营成果。在以其个别利润表为基础计算的收入和费用等项目的加总金额中，也必然包含有重复计算的因素，因此，编制合并利润表时也需要将这些重复的因素予以剔除。

编制合并利润表时需要进行抵销处理的项目主要有：（1）内部营业收入和内部营业成本项目；（2）内部购进商品形成存货、固定资产等项目中包含的未实现内部销售损益；（3）内部销售商品形成固定资产等项目计提折旧中包含的未实现内部销售损益；（4）内部应收款项计提的坏账准备以及内部销售商品形成存货、固定资产等计提的资产减值准备中包含的未实现内部销售损益；（5）内部债权投资的收益和利息费用；（6）内部持有对方长期股权投资的投资收益。其中，前四种抵销处理的项目，参见本章第三节有关“编制合并资产负债表时需要进行抵销处理的项目”的相关内容。本节将主要介绍后两种抵销处理项目。

1.内部债权投资的收益和利息费用的抵销

企业集团内部母公司与子公司、子公司相互之间可能发生相互持有对方债券的内部交易。在编制合并财务报表时，应当在抵销内部购买的债权投资和发行的应付债券等内部债权债务的同时，将内部债权投资和应付债券产生的投资收益（或利息收入）和利息费用相互抵销，借记“投资收益”项目，贷记“财务费用”项目。

在本章第三节曾经介绍，投资方持有的企业集团成员企业的债券并不总是从债券发行方直接购进，而有可能是在证券市场上从第三方手中购进的，在这种情况下，投资方的债权投资或其他债权投资项目与发行方的应付债券项目相互抵销时，可能会出现差额。同样，债券投资方的当期利息收益与债券发行方的当期利息费用金额也可能出现差额，这一差额在理论上称为推定赎回损益。对于推定赎回损益的处理，一般采用简化的处理方式，借方差额记入“财务费用”项目，贷方差额记入“投资收益”项目，也就是相当于按照两者孰低额进行抵销。

2.内部持有对方长期股权投资的投资收益的抵销处理

内部投资收益是指母公司对子公司或子公司对母公司、子公司相互之间的长期股权投资形成的投资收益，即企业集团内部持有对方长期股权投资在合并工作底稿中按权益法调整的投资收益，实际上就是被投资方当期营业收入减去营业成本和期间费用、所得税费用等后的余额与投资方持股比例相乘的结果。

在子公司为全资子公司的情况下，应当编制的调整与抵销分录为：

借：投资收益　[子公司当年净利润]
　　未分配利润——年初　[子公司年初未分配利润]
　贷：利润分配——提取盈余公积　[子公司当年分配数中提取的盈余公积]
　　　　　　　——对所有者（或股东）的分配　[子公司当年分配数中普通股股利]
　　　未分配利润——年末　[子公司年末未分配利润]

在子公司为非全资子公司的情况下，应当编制的调整与抵销分录为：

借：投资收益　[子公司当年净利润×母公司持股比例]
　　少数股东损益　[子公司当年净利润×少数股东持股比例]
　　未分配利润——年初　[子公司年初未分配利润]
　贷：利润分配——提取盈余公积　[子公司当年分配数中提取的盈余公积]
　　　　　　　——对所有者（或股东）的分配　[子公司当年分配数中普通股股利]
　　　未分配利润——年末　[子公司年末未分配利润]

（二）合并利润表的格式

合并利润表的格式综合考虑了企业集团中一般工商企业的经营成果列报的要求。与个别利润表的格式基本相同，主要增加了以下项目：

一是在“净利润”项目下增加了“归属于母公司所有者的净利润”和“少数股东损益”两个项目，分别反映净利润中由母公司所有者所享有的份额和非全资子公司当期实现的净利润中属于少数股东所享有的份额，即不属于母公司享有的份额。

二是在属于同一控制下企业合并增加的子公司当期的合并利润表中还应在“净利润”项目之下增加“其中：被合并方在合并前实现的净利润”项目，用于反映同一控制下企业合并中取得的被合并方在合并日以前实现的净利润。但是，“被合并方在合并前实现的净利润”应当在母公司所有者和少数股东之间进行分配，如果全部不属于母公司所有者，则应同时列示在“少数股东损益”项目之中，仍然保持“合并净利润＝归属于母公司所有者的净利润+少数股东损益”的平衡关系。

三是在“综合收益总额”项目下增加了“归属于母公司所有者的综合收益总额”和“归属于少数股东的综合收益总额”两个项目，分别反映综合收益总额中由母公司所有者所享有的份额和非全资子公司当期综合收益总额中属于少数股东所享有的份额，同时，仍然保持“综合收益总额＝归属于母公司所有者的综合收益总额+归属于少数股东的综合收益总额”的平衡关系。合并利润表的一般格式如表12-10所示。

表12-10　　**合并利润表（简表）**　　会合02表

编制单位：　　年　月　　单位：元

项目	本期金额	上期金额
一、营业收入		
减：营业成本		
⋮		
二、营业利润		
⋮		
三、利润总额		
⋮		
四、净利润		
其中：同一控制下企业合并中被合并方在合并前实现的净利润		
归属于母公司所有者的净利润		
少数股东损益		
五、其他综合收益的税后净额		
⋮		
六、综合收益总额		
归属于母公司所有者的综合收益总额		
归属于少数股东的综合收益总额		
七、每股收益		
⋮		

二、所有者权益变动表

（一）编制合并所有者权益变动表时应进行抵销的项目

所有者权益变动表作为以单个企业为会计主体进行会计核算的结果，分别从母公司本身和子公司本身反映其在一定会计期间所有者权益构成及其变动情况。在以其个别所有者权益变动表为基础计算的各所有者权益构成项目的加总金额中，也必然包含重复计算的因素，因此，编制合并所有者权益变动表时，也需要将这些重复的因素予以剔除。

编制合并所有者权益变动表时需要进行抵销处理的项目主要有：（1）母公司对子公司长期股权投资与母公司在子公司所有者权益中所享有的份额相互抵销，其抵销处理参见本章第三节有关“长期股权投资与子公司所有者权益的抵销处理”的内容。（2）母公司对子公司、子公司相互之间持有对方长期股权投资的投资收益应当抵销等，其抵销处理参见本章本节之前有关“内部持有对方长期股权投资的投资收益的抵销处理”的内容。

需要说明的是，从合并财务报表前后一致性的原则出发，将母公司及其全部子公司构成的企业集团作为一个会计主体，反映企业集团外部交易的情况，企业集团内部母、子公司之间的投资收益和利润分配与其他内部交易一样应当相互抵销。同时，应当关注合并所有者权益变动表中“未分配利润”的年末余额，将其中子公司当年提取的盈余公积归属于母公司的金额进行单项附注披露。此外，子公司在“专项储备”项目中反映的按照国家相关规定提取的安全生产费等，与留存收益不同，在长期股权投资与子公司所有者权益相互抵销后，应当按归属于母公司所有者的份额予以恢复，借记“未分配利润”项目，贷记“专项储备”项目。

（二）合并所有者权益变动表的格式

合并所有者权益变动表的格式与个别所有者权益变动表的格式基本相同。所不同的是，在子公司存在少数股东的情况下，合并所有者权益变动表增加“少数股东权益”栏目，用于反映少数股东权益变动的情况。

第五节　合并现金流量表

现金流量表要求按照收付实现制反映企业经济业务所引起的现金流入和流出，其有关经营活动产生的现金流量的编制方法有直接法和间接法两种。《企业会计准则第31号——现金流量表》明确规定企业应当采用直接法列示经营活动产生的现金流量。在采用直接法的情况下，以利润表有关项目的数据为基础，调整得出本期的现金流入和现金流出。

合并现金流量表的编制可以按照现金流量表的编制原理、编制方法和编制程序，以合并利润表有关项目数据为基础，采用直接法，调整得出本期现金流入和现金流出。但是，该编制过程较为复杂，同时需要依据合并利润表和合并资产负债表的相关数据较为繁杂，因此在实务中，多数企业采用与合并资产负债表、合并利润表和合并所有者权益变动表相一致的编制原理、编制方法和编制程序。首先，编制合并工作底稿，将母公司和所有子公司的个别现金流量表各项目的数据全部过入同一合并工作底稿中；其次，根据当期母公司与子公司以及子公司相互之间发生的影响其现金流量增减变动的内部交易，编制相应的抵销分录，通过抵销分录将个别现金流量表中重复反映的现金流入量和现金流出量予以抵销；最后，在此基础上计算出合并现金流量表的各项目的合并金额，并填制合并现金流量表。

合并现金流量表是综合反映母公司及其所有子公司组成的企业集团在一定会计期间现金和现金等价物流入和流出数量以及其增减变动情况的财务报表。合并现金流量表以母公司和子公司的现金流量表为基础，在抵销母公司与子公司、子公司相互之间发生内部交易对合并现金流量表的影响后，由母公司编制。在进行抵销处理过程中，抵销分录具有以下特点：

(1) 抵销分录借、贷方项目均是现金流量表项目，不涉及其他报表项目。由于抵销分录解决的是成员企业之间现金流入和流出的抵销，因此合并现金流量表的工作底稿可以单独开设。

(2) 抵销分录中贷方抵销有关收现项目，借方抵销有关付现项目。由于现金流量表以收付实现制为基础，金额只反映收现或付现两种情况，因此结合会计要素的特点，抵销的收现项目在贷方，抵销的付现项目在借方。

(3) 对于经营活动现金流量的抵销分录中，一方经营活动现金流入往往与另一方经营活动现金流出相抵销；对于投资活动和筹资活动现金流量，一般情况下，集团内一方的投资业务往往涉及另一方的筹资业务，所以抵销分录的借、贷方分别是投资活动现金流出(或流入)、筹资活动现金流入（或流出)。

一、编制合并现金流量表时应进行抵销处理的项目

现金流量表作为以单个企业为会计主体进行会计核算的结果，分别从母公司本身和子公司本身反映其在一定会计期间的现金流入和现金流出。在以其个别现金流量表为基础计算的现金流入和流出项目的加总金额中，也必然包含有重复计算的因素，因此，编制合并现金流量表时也需要将这些重复的因素予以剔除。

编制合并现金流量表时需要进行抵销处理的项目主要有：(1) 母公司与子公司、子公司相互之间当期以现金投资或收购股权增加的投资所产生的现金流量；(2) 母公司与子公司、子公司相互之间当期取得投资收益收到的现金与分配股利、利润或偿付利息支付的现金；(3) 母公司与子公司、子公司相互之间以现金结算债权与债务所产生的现金流量；(4) 母公司与子公司、子公司相互之间当期销售商品所产生的现金流量；(5) 母公司与子公司、子公司相互之间处置固定资产、无形资产和其他长期资产收回的现金净额与购建固定资产、无形资产和其他长期资产支付的现金等。

(一) 企业集团内部当期以现金投资或收购股权增加的投资所产生的现金流量的抵销处理

母公司直接以现金对子公司进行的长期股权投资或以现金从子公司的其他所有者（即企业集团内的其他子公司）处收购股权，表现为母公司现金流出，在母公司个别现金流量表作为投资活动现金流出列示。子公司接受这一投资（或处置投资）时，表现为现金流入，在其个别现金流量表中反映为筹资活动的现金流入（或投资活动的现金流入)。从企业集团整体来看，母公司以现金对子公司进行的长期股权投资实际上相当于母公司将资本拨付下属核算单位，并不引起整个企业集团的现金流量的增减变动。因此，在编制合并现金流量表时，应当在母公司与子公司现金流量表数据简单相加的基础上，将母公司当期以现金对子公司长期股权投资所产生的现金流量予以抵销，借记“投资支付的现金”或“取得子公司及其他营业单位支付的现金净额”等项目，贷记“吸收投资收到的现金”等项目。

(二) 企业集团内部当期取得投资收益收到的现金与分配股利、利润或偿付利息支付的现金的抵销处理

母公司对子公司进行的长期股权投资和债权投资，在持有期间收到子公司分派的现金股利（利润）或债券利息，表现为现金流入，在母公司个别现金流量表中作为取得投资收

益收到的现金列示。子公司向母公司分派现金股利（利润）或支付债券利息，表现为现金流出，在其个别现金流量表中反映为分配股利、利润或偿付利息支付的现金。从整个企业集团来看，这种投资收益的现金收支，并不引起整个企业集团的现金流量的增减变动。因此，在编制合并现金流量表时，应当在母公司与子公司现金流量表数据简单相加的基础上，将母公司当期取得投资收益收到的现金与子公司分配股利、利润或偿付利息支付的现金予以抵销，借记“分配股利、利润或偿付利息支付的现金”等项目，贷记“取得投资收益收到的现金”等项目。

（三）企业集团内部以现金结算债权与债务所产生的现金流量的抵销处理

母公司与子公司、子公司相互之间当期以现金结算应收款项或应付款项等债权与债务，表现为现金流入或现金流出，在母公司个别现金流量表中作为收到其他与经营活动有关的现金或支付其他与经营活动有关的现金列示，在子公司个别现金流量表中作为支付其他与经营活动有关的现金或收到其他与经营活动有关的现金列示。从整个企业集团来看，这种现金结算债权与债务，并不引起整个企业集团的现金流量的增减变动。因此，在编制合并现金流量表时，应当在母公司与子公司现金流量表数据简单相加的基础上，将母公司当期以现金结算债权与债务所产生的现金流量予以抵销，借记“支付其他与经营活动有关的现金”等项目，贷记“收到其他与经营活动有关的现金”等项目。

（四）企业集团内部当期销售商品所产生的现金流量的抵销处理

母公司向子公司当期销售商品（或子公司向母公司销售商品或子公司相互之间销售商品，下同）所收到的现金，表现为现金流入，在母公司个别现金流量表中作为销售商品、提供劳务收到的现金列示。子公司向母公司支付购货款，表现为现金流出，在其个别现金流量表中反映为购买商品、接受劳务支付的现金。从整个企业集团来看，这种内部商品购销现金收支，并不会引起整个企业集团的现金流量的增减变动。因此，在编制合并现金流量表时，应当在母公司与子公司现金流量表数据简单相加的基础上，将母公司与子公司、子公司相互之间当期销售商品所产生的现金流量予以抵销，借记“购买商品、接受劳务支付的现金”等项目，贷记“销售商品、提供劳务收到的现金”等项目。

（五）企业集团内部处置固定资产等收回的现金净额与购建固定资产等支付的现金的抵销处理

母公司向子公司处置固定资产等长期资产，表现为现金流入，在母公司个别现金流量表中作为处置固定资产、无形资产和其他长期资产收回的现金净额列示。子公司表现为现金流出，在其个别现金流量表中反映为购建固定资产、无形资产和其他长期资产支付的现金。从整个企业集团来看，这种固定资产处置与购置的现金收支，并不会引起整个企业集团的现金流量的增减变动。因此，在编制合并现金流量表时，应当在母公司与子公司现金流量表数据简单相加的基础上，将母公司与子公司、子公司相互之间处置固定资产、无形资产和其他长期资产收回的现金净额与购建固定资产、无形资产和其他长期资产支付的现金相互抵销，借记“购建固定资产、无形资产和其他长期资产支付的现金”等项目，贷记“处置固定资产、无形资产和其他长期资产收回的现金净额”等项目。

二、合并现金流量表中有关少数股东权益项目的反映

合并现金流量表编制与个别现金流量表相比，一个特殊的问题就是在子公司为非全资

子公司的情况下，涉及子公司与其少数股东之间的现金流入和现金流出的处理问题。

对于子公司与少数股东之间发生的现金流入和现金流出，从整个企业集团来看，也影响到其整体的现金流入和现金流出数量的增减变动，必须在合并现金流量表中予以反映。子公司与少数股东之间发生的影响现金流入和现金流出的经济业务包括：少数股东对子公司增加权益性投资、少数股东依法从子公司中抽回权益性投资、子公司向其少数股东支付现金股利或利润等。为了便于企业集团合并财务报表使用者了解掌握企业集团现金流量的情况，有必要将与子公司少数股东之间的现金流入和现金流出的情况单独予以反映。

对于子公司的少数股东增加在子公司中的权益性投资，在合并现金流量表中应当在“筹资活动产生的现金流量”之下的“吸收投资收到的现金”项目下“其中：子公司吸收少数股东投资收到的现金”项目反映。对于子公司向少数股东支付现金股利或利润，在合并现金流量表中应当在“筹资活动产生的现金流量”之下的“分配股利、利润或偿还利息支付的现金”项目下“其中：子公司支付给少数股东的股利、利润”项目反映。对于子公司的少数股东依法抽回在子公司中的权益性投资，在合并现金流量表中应当在“筹资活动产生的现金流量”之下的“支付其他与筹资活动有关的现金”项目反映。

需要说明的是，在企业合并当期，母公司购买子公司及其他营业单位支付对价中以现金支付的部分与子公司及其他营业单位在购买日持有的现金和现金等价物应当相互抵销，区别两种情况分别处理：

（1）子公司及其他营业单位在购买日持有的现金和现金等价物小于母公司支付对价中以现金支付的部分，按减去子公司及其他营业单位在购买日持有的现金和现金等价物后的净额予以反映，借记“取得子公司及其他营业单位支付的现金净额”项目，贷记“年初现金及现金等价物余额”项目。

（2）子公司及其他营业单位在购买日持有的现金和现金等价物大于母公司支付对价中以现金支付的部分，按减去子公司及其他营业单位在购买日持有的现金和现金等价物后的净额予以反映，借记“取得子公司及其他营业单位支付的现金净额”和“收到其他与投资活动有关的现金”项目，贷记“年初现金及现金等价物余额”项目。

三、合并现金流量表的格式

合并现金流量表的格式综合考虑了企业集团中一般工商企业的现金流入和现金流出列报的要求，与《企业会计准则第31号——现金流量表》应用指南中的个别现金流量表的格式基本相同。

第六节 合并财务报表：若干特殊问题

小案例12-1

在日本，编制合并财务报表的一个主要问题是不易直观地确定子公司。由于母子公司之间以及子公司之间相互交叉持股的现象极其普遍，日本的企业集团形式与英、美等国的企业集团形式相比具有很大不同。英、美企业集团的股权模式是经由母公司反映直接或间接多数持股的现象，而日本企业集团则属于分散交叉持股的复杂模式（如图12-5所示），通常称这类集团为“无头合并”。这是因为，在日本确定合并范围时，法定控制权不是唯一要素，原材料及技术的供应、产品的市场销路、债务筹资的渠道以及互兼董事都非常重要。也就是说，建立在以相互信任和忠诚为基础的合作体系上的集团意识才是问题的关键所在。在实务中，许多日本公司为了在美国证券交易所上市，可能也会按照美国公认会计原则的要求编制合并财务报表，但严格地说，它们与美国企业编制的合并财务报表并不可比。

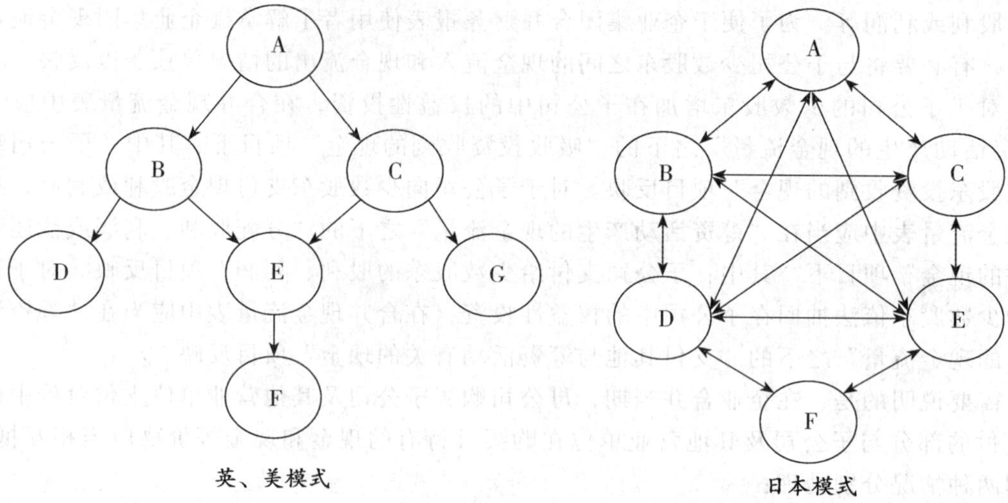

图12-5 英、美和日本企业集团股权模式比较

资料来源 王松年，等.国际会计前沿［M］.上海：上海财经大学出版社，2001.

当处于全球环境中经营的跨国公司合并国外子公司编制合并财务报表时，除了应该对企业集团内部复杂的交易事项进行调整、抵销等处理外，还面临以下一些难题：（1）跨国公司对外币财务报表折算时分别采用不同的折算方法，如时态法和现行汇率法等给编制合并财务报表带来了诸多问题；（2）以不同外币表述的国外子公司报表，经受着不同程度的通货膨胀影响，通货膨胀程度有所差异，其采用的资本保全理论、物价变动会计对财务报表重述的方法也各不相同；（3）在国际通货膨胀环境中对跨国公司财务报表进行合并，到底是采用“重述-折算”程序还是采用“折算-重述”程序，无疑对财务报表合并的结果会产生重大的影响。如何解决这些争议是值得进一步探索的问题。此外，合并财务报表信息质量问题①、合并财务报表的应用环境情况，以及合并财务报表的国际趋同及差异等都是很有意义的问题，限于篇幅，不再一一阐述。

前述章节关于合并财务报表的分析，都是假设母公司在会计期期初通过一次性股份购买（交换）获得子公司的控制权，通常也假设母公司持有子公司的股权比例一直保持不变。而事实是，企业合并是一项复杂的活动，完成合并的时间具有随机性，往往发生在会计期期中，这就涉及期中合并的会计处理问题。由于其会计处理与期末或者期初完成企业合并的会计处理，只在会计期间长短方面有所差异，这里不再详细介绍。有时候，母公司可能通过分步购入子公司股份达到对子公司的控股；母公司控股后，基于种种原因，会售出已经持有的部分子公司的股份或者进一步增持子公司的股份，从而造成控股比例发生变

① 合并财务报表在一定程度上满足了报表使用者了解企业集团整体会计信息的需要，但是合并财务报表本身就存在一定的局限性，如缺少子公司的详细资料、从事不同行业的公司的合并数据在财务报表分析时的限制等。所以，实务中往往通过合并财务报表、母公司财务报表和分部报告同时披露的方式来提高财务报表的有用性。

动；企业之间的持股方式除直接持股、间接持股外，还有相互持股的情况。本节就合并财务报表在编制过程中遇到的这些复杂情形，有重点地分析分步购入股权和相互持股的合并处理。

一、分步购入股权的合并处理

分步购入股权，是分步实现的企业合并，这种企业合并多为非同一控制下的企业合并。如果首次购入股权即取得控制权，以后继续购入子公司的股权，应该属于母公司在控制期内对子公司控股比例的调整，与母公司在控制期内减持子公司的控股比例一样，属于控股比例的变动，而不是分步实现的非同一控制下的企业合并。

企业合并时，当母公司通过分步购入子公司的股权来获取其控制权时，由于不符合一次性完成合并的条件，所以不可采用权益结合法，只能采用购买法。

（一）分步购入股权涉及的会计问题

投资公司分步购入被投资公司的股份，当长期股权投资的核算由成本法转为权益法时，需要进行追溯调整，一般根据被投资公司上期实现的净收益与投资比例确认投资收益，扣减成本法下已经确认的投资收益后，借记“长期股权投资”，贷记“期初留存收益”。当长期股权投资的核算由权益法转为成本法，并且编制合并财务报表时，按权益法进行的核算部分不必追溯调整。

另外，分步购入股权时，合并成本与所获得净资产账面价值的差额，即合并价差，是否应该分解为资产评估增值和商誉?是否要分步确认资产评估增值和商誉并且进行后续处理?这些问题有两种处理方法：①分次计算、分别摊销的方法；②一次计算、统一摊销的方法。

在实际操作中，通过多次交换交易分步实现的非同一控制下的企业合并，合并成本为每一单项交换交易成本之和。购买方在购买日应按照以下步骤进行处理：

（1）将原持有的对被购买方的投资账面价值恢复调整至最初取得成本，相应调整留存收益等所有者权益项目；

（2）比较每一单项交易的成本与交易时应享有被投资单位可辨认净资产公允价值的份额，确定每一单项交易中应予确认的商誉金额（或者应计入取得投资当期损益的金额）；

（3）购买方在购买日应确认的商誉应为每一单项交易产生的商誉之和。

下面通过举例来讲解。

（二）分步购入股权举例

相关资料：恒通公司分步购入达利公司股权时的情况如表12-11所示。

表12-11 **分步购入股权时达利公司的相关资料** 金额单位：万元

购入批次	购入日期	购入比例（%）	合并成本	子公司股本	年初子公司留存收益	当年子公司净收益	当年子公司现金股利
1	2×19年1月1日	20	350	500	300	200	50
2	2×20年1月1日	60	1 000	500	450	250	100
合计		80	1 350				

【例12-18】恒通公司分步购入达利公司股权的具体情况参见表12-11。2×19年1月1日达利公司可辨认净资产的公允价值是1 000万元，账面价值是800万元，其中，厂房公允价值比账面净额高200万元（还可以使用5年，按年限平均法计提折旧，期满无残值）；2×20年1月1日，达利公司设备的公允价值比账面净额低100万元（还可以使用5年，按年限平均法计提折旧，期满无残值），其他资产账面价值与公允价值相同。假设2×19年12月31日，经测试合并商誉未减值；2×20年12月31日，经测试合并商誉减值10%。

（1）2×19年1月1日，恒通公司购入20%股份的会计处理（本例会计分录单位为万元，下同）：

借：长期股权投资　　350

　贷：银行存款　　350

2×19年12月31日，按权益法处理对达利公司的投资收益40万元（200×20%），收到的现金股利10万元（50×20%）。

借：长期股权投资　　40

　贷：投资收益　　40

借：银行存款　　10

　贷：长期股权投资　　10

（2）2×20年1月1日，恒通公司购入60%股份的会计处理：

借：长期股权投资　　1 000

　贷：银行存款　　1 000

如果按权益法（不完全权益法）处理对达利公司的投资收益，则2×20年12月31日对达利公司的投资收益为200万元（250×（20%+60%）），收到的现金股利为80万元（100×（20%+60%））。

借：长期股权投资　　200

　贷：投资收益　　200

借：银行存款　　80

　贷：长期股权投资　　80

2×20年12月31日，恒通公司购入达利公司的股权已经超过50%，期末应编制合并财务报表，计算合并商誉。

2×19年1月1日，恒通公司购入20%股权时，商誉为150万元（350-（500+300+200）×20%），包括评估增值和商誉在内的合并价差为190万元（350-800×20%）。

2×20年1月1日，恒通公司购入60%股权时，商誉为394万元（1 000-（500+450+200-200÷5-100）×60%），包括评估增值和商誉在内的合并价差为430万元（1 000-950×60%）。

那么，分两步购入股权的合并商誉为544万元（150+394），分两步购入股权的合并价差为620万元（190+430）。

在合并工作底稿中的抵销、调整分录如下：

①抵销长期股权投资和子公司的股东权益：

借：股本　　500

　　留存收益　　450

贷：长期股权投资 760

少数股东权益 190

②调整子公司的资产为公允价值，并确认商誉：

借：固定资产——厂房 136

商誉 544

贷：固定资产——设备 60

长期股权投资 620

其中，设备60万元＝100×60%；厂房136万元＝200×20%+（200−200÷5）×60%。

需要注意的是，这一步包括对2×19年长期股权投资按权益法处理增加的长期股权投资账面金额的调整30万元（40−10），使得投资恢复至最初取得成本。习惯上，未取得控制股权时，不将被投资公司净资产账面价值调整为公允价值；在取得控制股权后，才将购买价格与被投资公司净资产公允价值的权益部分的差额确认为商誉，同时确认子公司净资产的公允价值。

③抵销净利润与股利分配：

借：投资收益 200

少数股东损益 50

贷：股利分配 100

长期股权投资 120

少数股东权益 30

④记录摊销费用和商誉减值：

借：管理费用等 16

资产减值损失 54.4

固定资产——设备 16

贷：固定资产——厂房 32

商誉 54.4

其中，设备16万元＝100÷5×80%，厂房32万元＝200÷5×20%+（200−40）÷4×60%或200÷5×80%。

合并工作底稿略。

如果按成本法处理对达利公司的投资收益，2×20年12月31日，对达利公司的投资收益为：

借：银行存款 80

贷：投资收益 80

在合并工作底稿中的抵销、调整分录与按权益法处理相比较，以下会计处理有所不同：

成本法转为权益法的调整分录：

借：长期股权投资 120

贷：投资收益 120

其他处理与按权益法处理相同。

二、相互持股的合并处理

企业集团内部的控股方式有直接持股、间接持股和相互持股三种方式。间接持股和相互持股相对于直接持股，可称为复杂控股。相互持股也称交叉持股，是一种特殊的间接持股。相互持股有母、子公司之间相互持股和子公司之间相互持股两种情况，也有人把相互持股分为三种情形：母、子公司之间相互持股，子公司之间相互持股和子公司与孙公司之间相互持股。就母公司而言，子、孙公司之间相互持股是一种特殊的子公司之间相互持股。相互持股的会计处理一般有交互分配法和库藏股法两种方法。

子公司之间相互持股的会计处理多用交互分配法。由于交互分配法计算处理比较复杂，在使用过程中存在不足，这里不作介绍。交互分配法在对净收益分摊等会计处理时特别强调经济业务的法律形式，这就和企业会计的持续经营假设产生了冲突。而对企业集团来讲，内部相互持股实质上更像库存股份，库藏股法在实践中为多数国家和组织接受。

库藏股法把企业集团内子公司持有母公司的股份视为库存股。子公司对该部分股票的投资通常采用成本法进行会计处理，并在合并资产负债表中将这些子公司作为股东权益的减项。母、子公司之间相互持股形成的股利，应该在合并工作底稿中抵销；至于子公司少数股东损益的计算有两种观点：①少数股东损益应该包括来自母公司的股利收入；②不将来自母公司的股利收入计入少数股东损益。

当该部分库存股出售时，如果售价高于子公司取得时的成本，则将高出的差额计入母公司的资本公积；如果售价低于子公司取得时的成本，则将差额冲减母公司的资本公积，母公司的资本公积不够冲减的，继续冲减留存收益。

按照我国合并财务报表准则的规定，母子公司有交互持股情形的，在编制合并财务报表时，对于母公司持有的子公司股权，与通常情况下母公司长期股权投资与子公司所有者权益的合并抵销处理相同。对于子公司持有的母公司股权，应当按照子公司取得母公司股权日所确认的长期股权投资的初始投资成本，将其转为合并财务报表中的库存股，作为所有者权益的减项，在合并资产负债表中所有者权益项目下以“减：库存股”项目列示；对于子公司持有母公司股权所确认的投资收益（如利润分配或现金股利），应当进行抵销处理。子公司相互之间持有的长期股权投资，应当比照母公司对子公司的股权投资的抵销方法，将长期股权投资与其对应的子公司所有者权益中所享有的份额相互抵销。

【例 12-19】假设达利公司是恒通公司的全资子公司，2×20 年 1 月 1 日达利公司以现金 100 000 元购入恒通公司 10% 的普通股，恒通公司 2×20 年度宣布发放现金股利 10 000 元。

1.达利公司按成本法对投资进行会计处理

（1）记录长期股权投资。

借：长期股权投资　　100 000

　贷：银行存款　　100 000

（2）记录应收股利。

借：应收股利　　1 000

　贷：投资收益　　1 000

2.财务报表合并时在合并工作底稿中的会计处理

（1）将达利公司对恒通公司的长期股权投资视为库存股。

借：库存股　　100 000

　贷：长期股权投资　　100 000

（2）抵销库存股的股利。

借：投资收益　　1 000

　贷：利润分配——对股东的分配　　1 000

（3）其余的财务报表合并抵销处理与前述合并日后财务报表合并抵销处理相同，此略。

第七节　合并财务报表附注

一、合并财务报表附注概述

附注是合并财务报表不可或缺的组成部分，是对在合并资产负债表、合并利润表、合并所有者权益变动表和合并现金流量表等报表中列示项目的文字描述或明细资料，以及对未能在这些报表中列示项目的说明等。

财务报表中的数字是经过分类与汇总后的结果，是对企业发生的经济业务的高度简化和浓缩的数字，如果没有形成这些数字所使用的会计政策、理解这些数字所必需的披露，财务报表就不可能充分发挥效用。因此，附注与报表具有同等的重要性，是财务报表的重要组成部分。报表使用者了解企业的财务状况、经营成果和现金流量，应当全面阅读附注。

附注披露应满足以下基本要求：

（1）附注披露的信息应是定量、定性信息的结合，从而能从量和质两个角度对企业经济事项完整地进行反映，满足信息使用者的决策需求。

（2）附注应当按照一定的结构进行系统合理的排列和分类，有顺序地披露信息。

（3）附注相关信息应当与合并资产负债表、合并利润表、合并现金流量表和合并所有者权益变动表等报表中列示的项目相互参照，以从整体上更好地理解财务报表。

二、附注披露的内容

企业（母公司）应当按照规定披露合并财务报表附注信息，主要包括下列内容：

（一）企业集团的基本情况

（1）企业注册地、组织形式和总部地址。

（2）企业的业务性质和主要经营活动，如企业所处的行业、所提供的主要产品或服务、客户的性质、销售策略、监管环境的性质等。

（3）母公司以及集团最终母公司的名称。

（4）财务报告的批准报出者和财务报告批准报出日。

（二）财务报表的编制基础

企业应以纳入合并范围的企业个别财务报表为编制基础，同时，还应反映会计年度、记账本位币、会计计量所运用的计量基础、现金和现金等价物等。

（三）遵循企业会计准则的声明

企业应当声明编制的财务报表符合企业会计准则的要求，真实、完整地反映了企业的财务状况、经营成果和现金流量等有关信息，以此明确企业编制财务报表所依据的制度基础。

（四）重要会计政策和会计估计

根据财务报表列报准则的规定，企业应当披露采用的重要会计政策和会计估计，不重要的会计政策和会计估计可以不披露。

（五）会计政策和会计估计变更以及差错更正的说明

企业应当按照会计政策、会计估计变更和差错更正准则及其应用指南的规定，披露会计政策和会计估计变更以及差错更正的有关情况。

（六）报表重要项目的说明

企业应当以文字和数字描述相结合、尽可能以列表形式披露报表重要项目的构成或当期增减变动的情况，并且报表重要项目明细金额合计，应当与报表项目金额相衔接。在披露顺序上，一般应当按照合并资产负债表、合并利润表、合并所有者权益变动表、合并现金流量表的顺序及其项目列示的顺序，按照相关会计准则的规定进行披露。

（七）或有事项

（1）预计负债。

（2）或有负债。

（3）或有资产形成的原因、预计产生的财务影响。

（4）在涉及未决诉讼、未决仲裁的情况下，应当披露该未决诉讼、未决仲裁的性质，以及没有披露这些信息的事实和原因。

（八）资产负债表日后事项

（1）每项重要的资产负债表日后非调整事项的性质、内容，及其对财务状况和经营成果的影响。无法作出估计的，应当说明原因。

（2）资产负债表日后，企业利润分配方案中拟分配的以及经审议批准宣告发放的股利或利润。

（九）关联方关系及其交易

（十）有助于财务报表使用者评价企业管理资本的目标、政策及程序的信息

（十一）有关终止经营事项

终止经营的收入、费用、利润总额、所得税费用（收益）和净利润；终止经营的资产或处置组确认的减值损失及其转回金额；终止经营的处置损益总额、所得税费用（收益）和处置净损益；终止经营的经营活动、投资活动和筹资活动现金流量净额；归属于母公司所有者的持续经营损益和终止经营损益。

（十二）有关股利发放和利润分配事项

在资产负债表日后、财务报告批准报出日前提议或宣布发放的股利总额和每股股利金额，或向投资者分配的利润总额。

（十三）母公司和子公司信息

（1）子公司有关的信息（见表12-12）。

表12-12　　　　　　　　　　　　**子公司有关的信息**

子公司名称	主要经营地	注册地	业务性质	注册资本	本企业合计持股比例	本企业合计享有的表决权比例
1.						
2.						
⋮						

（2）母公司拥有被投资单位表决权不足半数但能对被投资单位形成控制的原因。

（3）母公司直接或通过其他子公司间接拥有被投资单位半数以上的表决权但未能对其形成控制的原因。

（4）子公司所采用的会计政策与母公司不一致的，母公司编制合并财务报表的处理方法。

（5）子公司与母公司会计期间不一致的，母公司编制合并财务报表的处理方法。

（6）本期不再纳入合并范围的原子公司，说明原子公司的名称、注册地、业务性质、母公司的持股比例和表决权比例，本期不再成为子公司的原因。原子公司在处置日和上一会计期间资产负债表日资产、负债和所有者权益的金额以及本期期初至处置日的收入、费用和利润的金额。

（7）子公司向母公司转移资金的能力受到严格限制的情况。

（8）对纳入合并范围的结构化主体的财务支持或其他支持、向结构化主体提供支持的意图等。

（9）子公司少数股东持有的权益对企业集团具有重要性的，子公司少数股东的表决权比例、当期归属于子公司少数股东的损益以及向少数股东支付的股利、子公司在当期期末累计的少数股东权益余额、子公司主要财务信息等。

（10）使用企业集团资产和清偿企业集团债务存在重大限制的，该限制的内容、子公司少数股东享有的相应保护性权利的性质和造成的限制程度、该限制涉及的资产和负债在合并财务报表中的金额等。

（11）在子公司所有者权益份额发生变化且该变化未导致企业丧失对子公司控制权的，该变化对本企业所有者权益的影响；丧失对子公司控制权的，由于丧失控制权而产生的利得或损失以及相应的列报项目、剩余股权在丧失控制权日按照公允价值重新计量而产生的利得或损失。

（12）企业投资性主体且存在未纳入合并财务报表范围的子公司，并对该子公司权益按照公允价值计量且其变动计入当期损益的，该事实以及未纳入合并财务报表范围子公司的名称、主要经营地及注册地、企业对子公司的表决权比例等。

本章小结

控股合并方式下形成了企业集团——一种特殊的企业组织，这种通过对有表决权股份的控制而形成的组织既不是法律主体，也不是单一的会计主体。由于母公司对企业集团中的各个法律主体资产的控制权和指导使用这些资产的能力，根据经济实质重于法律形式的原则，此时，企业集团的所有经济资源和经营活动就如同被拥有一个或几个分支机构或分部的单一会计主体所拥有和支配一样，所以由母公司来把具有不同法律地位的主体结合为一个报告主体（把企业集团视为单一会计主体），对外编报合并财务报表。

合并财务报表编制过程中需要妥善解决一系列重要问题，如企业合并的会计处理方法，合并财务报表的合并范围、合并观念等，从而提高合并会计信息的相关性和可靠性。编制合并财务报表有专门的技术方法：将母公司、纳入合并范围的子公司的个别财务报表数据过入合并工作底稿，通过编制调整和抵销分录来抵销母、子公司之间相互发生的经济业务（内部投资和内部交易事项）对个别财务报表的影响，以便从整体上反映企业集团的财务状况、经营成果和现金流量等会计信息。

本章有两条线索：同一控制下的企业合并→账面金额→权益结合法→合并工作底稿→抵销内部经济事项→合并财务报表；非同一控制下的企业合并→公允价值→购买法→合并工作底稿→现代合并观念→抵销内部经济事项→合并财务报表。

主要概念和观念

企业集团　母公司　子公司　实质重于形式　合并范围　合并理论　母公司理论　实体理论　合并财务报表　合并工作底稿　调整与抵销分录　长期股权投资　成本法　权益法　不完全权益法　少数股东权益　少数股东损益　内部交易　未实现内部销售损益

基本训练

知识题

1.合并财务报表编制的理论基础有哪些?试加以比较。我国合并财务报表准则采用哪种理论?试说明理由。

2.母公司控制了某子公司50%以上有表决权的股份，该子公司是否一定要纳入企业集团合并财务报表的范围?

3.编制合并日的合并财务报表与编制合并日后的合并财务报表有什么区别?

4.抵销分录的经济实质是什么?它是怎么记账的?

5.内部存货交易予以消除的原因是什么?

6.企业集团各公司间内部交易未实现利润在什么情况下可以认为已经实现?此时对内部交易是否要继续进行抵销处理?

技能题

1.Del公司于2×19年12月31日以800 000美元取得Plex公司80%的普通股，另外发生合并费用13 600美元。购买日Plex公司的股本为100 000美元，资本公积为300 000美元，留存收益为400 000美元，且除表12-13所列项目外，其他项目的面值均等于公允价值。

表12-13　**Plex公司部分项目的面值、公允价值及使用情况**　单位：美元

项目	面值	公允价值	使用情况
存货	320 000	339 000	当年全部对外出售
厂房	984 000	1 126 000	可用10年
设备	62 000	50 000	可用2年
土地使用权	136 000	154 000	可永久使用

2×20年Plex公司实现净利润100 000美元，分配股利50 000美元。

请编制该公司2×20年合并财务报表的调整与抵销分录。

2.恒顺股份有限公司（以下简称恒顺公司）2×19年1月1日与另一投资者共同组建骏发有限责任公司（以下简称骏发公司）。恒顺公司拥有骏发公司75%的股份，从2×19年开始将骏发公司纳入合并范围编制合并财务报表。

（1）恒顺公司2×19年5月15日从骏发公司购进不需安装的设备1台，用于公司行政管理，设备价款192万元（含增值税），以银行存款支付，于6月20日投入使用。该设备系骏发公司生产，其生产成本为144万元。恒顺公司对该设备采用直线法计提折旧，预计使用年限为4年，预计净残值为零。

（2）恒顺公司2×21年8月15日变卖该设备，收到变卖价款160万元，款项已收存银行。变卖该设备时支付清理费用3万元。

要求：编制2×19、2×20和2×21年度恒顺公司该设备相关的合并抵销分录（金额以万元为单位）。

3.2×19年12月31日，P公司用1 508 000元购得S公司全部有表决权股份，合并过程中发生审计费50 000元、佣金32 000元。S公司在2×19年12月31日的股本为900 000元，资本公积为158 000元，留存收益为242 000元；合并时应收账款净额减值20 000元，存货减值3 000元，固定资产升值88 000元；S公司2×19年取得收入850 000元，共发生费用770 000元，股利分配40 000元。

要求：编制2×19年的合并抵销分录（存货在2×19年全部售出，固定资产可用10年）。

能力题

1.试述合并商誉。

2.试述少数股东权益。

3.试述实质重于形式原则在合并财务报表中的具体运用。

4.连续编制合并财务报表时，为什么要调整期初未分配利润?

5.假设技能题第3题中S公司2×19年度收入中有75 000元为内部销售（货款未收到，没有计提坏账准备），毛利率为20%，截至年底该货物没有向集团外的公司出售；2×20年S公司又以同样的条件获得收入75 000元，购货方将总的内部购货的一半向集团外的公司销售，售价为100 000元，但是并未支付货款给P公司。

要求：（1）请作出2×19年、2×20年该项业务的合并抵销处理。

（2）根据以上第1笔业务的会计处理是否可以认为“对内部购销存货业务的抵销处理，目的就是要消除内部未实现利润”?为什么?

第十三章

企业清算会计

学习目标

通过本章的学习，应该达到以下目标：在知识方面，了解企业清算会计的原因、类型、程序、特点、假设、原则；在技能方面，熟悉破产清算会计处理的步骤；在能力方面，掌握破产清算会计处理的规定并能够进行破产清算的核算。

案　例

2001年12月2日，美国安然公司正式申请破产，备受业界尊重、颇有创新能力的一家超级上市公司，在短时间内戏剧性地由顶峰坠至谷底，创下了美国历史上规模最大的企业破产记录。

安然公司通过创造性地将期货、期权等金融工具引入能源交易中，扩大交易领域，短期内迅速成长为世界上最大的能源和其他商品交易商。但是在宏观环境剧烈变化、股市出现大幅震荡的情况下，它将公司收入和业务稳定与自己的股票价格绑在一起，实行泡沫化经营，利用会计、审计制度中的缺陷隐瞒债务、人为操纵利润等手段，加上公司监管机构形同虚设等，导致其很快崩溃。

安然公司成立于1985年，由当时的休斯敦天然气公司和北联公司合并而成，主要经营北美的天然气与石油输送管道业务。20世纪80年代后期，美国政府开始放松对能源市场的管制，导致能源特别是天然气与石油价格的波动加大。安然公司抓住时机，利用市场上随之出现的希望规避与控制能源价格波动风险的需求，创造性地将金融市场中的期货、期权等概念移植到能源交易中，从提供能源产品的期货、期权等新型交易入手，广泛开拓其他大宗商品的衍生交易市场，扩大经营范围。同时依靠所研制的能源衍生证券定价与风险管理系统，加上财力上的优势，占据了新型能源交易市场的垄断地位，成为一个类似美林、高盛，但以交易能源衍生产品为主的新型交易公司。

安然公司凭借不断开拓新的市场，在1985年到2000年的15年间从一个地区性的能源供应商迅速演变为世界上最大的能源和其他商品交易商。根据安然公司年报，1986年安然公司年销售收入为76亿美元，1996年达133亿美元，2000年则升至1 008亿美元。2000年安然公司股票价格曾高达90.56美元，据此计算，安然公司资产市值达800多亿美元。

该公司在《财富》杂志的企业500强排行榜上曾列美国第7位和世界第16位，并从1996年起连续6次被该杂志评为“美国最具创新能力的公司”，居于微软、英特尔等大公司之前。

在破产前，安然公司的业务遍及全球40多个国家和地区，拥有雇员2.1万人，业务领域包括石油天然气管网，能源、原材料等产品交易，交易对象除天然气、电力、石油、煤炭、金属等外，还涉及天气预报、通信频率带宽和环保指标等。1999年该公司建立的世界上最大的在线商品交易网站交易品种达1 500种以上，日交易量为5 000宗，日交易值为30亿美元，累计交易达6 500亿美元以上。

安然公司问题的暴露，是从一些以准确了解企业经营状况而不是靠股票交易本身获得收入的机构投资公司、基金管理公司证券分析人员和媒体对安然公司的利润产生怀疑开始的。2001年3月5日《财富》杂志发表文章《安然估价是否高估》，对公司财务提出疑问。随后证券分析人员和媒体不断披露安然公司关联交易与财务方面的种种不正常做法，认为这些关联交易对安然的负债和估价会产生潜在的致命风险。2001年8月美国证券交易委员会开始调查该公司的财务问题。这些情况对市场产生影响，2001年10月安然公司的股价下跌至20美元左右。在各种压力下，安然公司不得不决定重审过去的财务报表，于2001年11月8日宣布在1997年至2000年间共虚报利润近6亿美元，并有巨额负债未列入资产负债表。11月28日，在安然公司有6亿美元的债务到期的情况下，原准备并购安然的昔日竞争对手德能公司宣布无法按照并购条件向安然公司提供20亿美元现金，造成市场对安然公司的信心陡降。同时，标准普尔公司和穆迪公司将安然公司的债信评级连降六级为“垃圾债”，安然股价立即大幅下挫，跌至每股0.2美元的最低点。股价严重下跌，又引发了由关联交易形成的高达34亿美元的债务清偿压力。由于严重资不抵债，安然于2001年12月2日正式申请破产保护。

要求分析安然公司破产的原因及启示。在学完本章后，您也许能找到答案。

第一节 企业清算会计概述

随着我国市场经济体制的不断发展与完善，企业在市场竞争中适者生存、优胜劣汰逐渐成为共识。2006年8月27日，《中华人民共和国企业破产法》修订发布，将破产法的适用范围从国有企业扩大到所有企业法人，从法律层面对破产程序进行规范，以实现公平清理债权债务，保护债权人和债务人的合法权益，维护社会主义市场经济秩序的目标。

在会计制度层面，财政部早在1997年就发布了《国有企业试行破产有关会计处理问题暂行规定》（财会字〔1997〕28号），但是该文件仅适用于破产的国有企业，并不适用于其他破产企业。2006年2月15日，财政部发布了《企业会计准则——基本准则》和38项具体准则，标志着我国企业会计准则体系初步建成。由于企业会计准则的基本假设之一是持续经营假设，并不适用于破产企业，因此关于破产企业的会计制度相对来讲比较滞后，财会字〔1997〕28号文已无法满足当前市场的需求。2016年12月20日，财政部制定并印发了《企业破产清算有关会计处理规定》，对破产清算会计的编制基础和计量属性、确认和计量、清算财务报表的列报等作出了详细的规定。

一、企业清算的原因、类型及程序

（一）企业清算的原因

企业清算是指在企业面临终止的情况下，负有清算义务的主体按照法律规定的形式、程序对企业的资产、负债、股东权益等作全面的清理和处置，使得企业与其他社会主体之间产生的权利和义务归于消灭，从而为企业的终止提供合理依据的行为。导致企业清算的原因很多，通常有以下几种：

① 企业经营期限届满，投资方无意继续经营；

② 企业合并或者分立，需要解散；

③ 投资一方或各方不履行协议、合同、章程规定的义务，致使企业无法继续经营；

④ 企业发生严重亏损，无力继续经营；

⑤ 企业因自然灾害、战争等不可抗拒因素遭受严重的损失，无法继续经营；

⑥ 企业因违反国家法律法规、危害社会公共利益，被依法撤销；

⑦ 企业宣告破产；

⑧ 股份有限公司和有限责任公司的股东决定公司解散；

⑨ 法律、企业章程所规定的其他解散事由已经出现。

无论上述哪种原因，都会使企业解体，失去法人资格；而清算是企业解体过程中最重要的业务事项。

（二）企业清算的类型

公司终止的原因很多，根据《中华人民共和国公司法》（以下简称《公司法》）的规定，公司清算的最基本分类是破产清算和非破产清算[①]。

1.破产清算

破产清算是指在企业不能清偿到期债务的情况下，依照《中华人民共和国企业破产法》（以下简称《破产法》）的规定所进行的清算。《公司法》规定："公司被依法宣告破产的，依照有关企业破产的法律实施破产清算。"

2.非破产清算

非破产清算是指在公司法人资产足以清偿债务的情况下，依照《公司法》的规定所进行的清算，包括自愿的解散清算和强制的解散清算。非破产清算情况下的财产除用以清偿公司的全部债务外，还要将剩余的财产分配给债权人和股东。

（三）企业清算的程序

无论是破产清算还是非破产清算，其清算的业务程序基本上是一致的。企业清算的一般程序如下：

1.成立清算组

企业宣布经营终止时，应当在规定的期限内成立清算组。清算组是指企业经营终止后执行清算事务并代表企业行使职权的权力组织，清算组负责企业清算期间的一切事宜。其中，有限责任公司的清算组由股东组成，股份有限公司的清算组由股东大会确定组成人员，宣告破产的企业则由人民法院组成清算组。

---

① 本章以破产清算为例阐述企业清算会计的主要内容。

2.清查债务

清算组成立后，应按有关的规定时间通知或公告债权人；债权人应在规定的时间内向清算组申报债权，并提供证明材料和有关债权说明；清算组应逐步审核、登记、编制企业债务明细表。

3.确认破产财产和破产债权

破产财产是指企业被宣告破产后用来进行财产清算和清偿的全部财产。

下列财产属于破产财产：

① 债务人在破产宣告时所有的或经营管理的全部财产；

② 债务人在破产宣告后至破产程序终结前取得的财产；

③ 应由债务人行使的其他财产权利。

下列财产不属于破产财产：

① 债务人基于仓储、保管、加工承揽、委托交易、代销、借用、寄存、租赁等法律关系占有、使用的他人财产；

② 抵押物、留置物、出质物，但权利人放弃优先受偿权的或优先偿付被担保债权剩余的部分除外；

③ 担保物灭失后产生的保险金、赔偿金等；

④ 依照法律规定存在优先权的财产，但权利人放弃优先受偿权的或优先偿付特定债权剩余的部分除外；

⑤ 尚未办理产权证或产权过户手续但已向买方交付的财产；

⑥ 所有权专属于国家且不能转让的财产；

⑦ 破产企业工会所有的财产。

下列债权属于破产债权：

① 破产宣告前发生的无财产担保的债权；

② 破产宣告前发生的虽有财产担保但债权人放弃优先受偿权的债权；

③ 破产宣告前发生的虽有财产担保但债权数额超过担保物价值部分的债权；

④ 票据出票人被宣告破产，付款人或承兑人不知其事实而向持票人付款或承兑所产生的债权；

⑤ 清算组解除合同，对方当事人依法或依照合同约定产生的对债务人可以用货币计算的债权；

⑥ 债务人的受托人在债务人破产后，为债务人的利益处理委托事务所发生的债权；

⑦ 债务人发行债券所形成的债权；

⑧ 债务人的保证人代替债务人清偿债务后依法可以向债务人追偿的债权；

⑨ 债务人在破产宣告前因侵权、违约给他人造成财产损失而产生的赔偿责任。

4.清偿债务

清算组在全面清查企业财产、债权、债务后，首先应该将清算财产用于支付清算期间为开展清算工作所支出的全部清算费用。对支付清算费用后的剩余财产，按下列顺序逐项清偿企业债务：

（1）支付应付未付的职工工资、劳动保险等；

（2）缴纳所得税税款；

（3）清偿其他各项无担保债务。

如果企业财产不足以清偿债务，要立即向法院申请宣告破产。待法院宣告破产后，清算组应将清算事务移交给法院。对宣告破产的企业，当破产财产不足以清偿同一层次债务时，则在同一层次内按比例清偿。

5.分配剩余财产

企业清偿债务后的剩余财产，应在投资者之间进行分配。有限责任公司，应按投资各方的出资比例或企业章程、协议规定的办法进行分配。股份有限公司，首先按优先股股份面值对优先股股份进行分配；优先股股东分配后的剩余部分，再按普通股股东的持股比例分配给普通股股东。如果剩余财产不足以全额偿付优先股股本，则按优先股股份面值的比例进行分配。

6.编制清算报告和办理企业注销手续

企业清算结束后，清算组应编制清算报告，清算报告经注册会计师验证后，报股东大会或企业主管机关和企业原注册登记机关，办理注销手续，同时公告企业终止。

破产清算和非破产清算两者相同之处在于企业面临终止，需要清理资产和债权债务，最终向企业登记机关办理注销手续，退出市场。两者的不同主要包括以下5个方面：

（1）清算的条件不同。

破产清算以企业法人的财产不能清偿全部债务为条件，资不抵债、缺乏现金流使企业丧失清偿能力，只有通过破产清算借助司法强制力才能使债权人公平受偿。引起非破产清算的原因是企业解散，常见的有企业经营期满、股东大会决定解散等事由，理论上资产大于负债，清偿债务后还有剩余资产分配给出资人。

（2）清算的法律依据不同。

企业破产清算依据的主要有《企业破产法》《民法典》等法律法规。非破产清算主要适用于《公司法》《全民所有制工业企业法》等法律法规。

（3）是否进入破产程序不同。

破产清算是法院受理破产申请，经审查裁定宣告破产后进行的清算，法院指定管理人履行清算职责，债权异议的审查、财产的变价和财产的分配方案，都由法院最终确定，当清算完毕后，法院裁定终结破产程序。可以说，整个破产清算工作都是在法院的主持和监督下进行的。

非破产清算则是由企业的清算义务主体组成清算组进行清算。逾期不成立清算组进行清算的，债权人可以申请人民法院指定有关人员组成清算组进行清算。

（4）财产执行程序是否终止不同。

破产清算以全体债权人公平受偿为目的，因此，法律规定破产案件受理后，禁止对个别债权人进行清偿，防止其他债权人的利益受损。为了加大对债务人财产保护的力度，保护措施溯及破产申请受理前6个月，当债务人达到破产界限时，仍对个别债权人进行清偿，经管理人申请，法院有权撤销。

在非破产清算中，虽然《公司法》规定，在申报债权期间，清算组不得对债权人进行清偿，但该规定不得对抗法院或行政机关采取的执行措施。

（5）债务人是否免责不同。

破产清算的最大优势是将破产财产公平地分配给债权人，破产程序终结后，债务人对未能清偿的债务不再清偿，即所谓的破产免责主义。

非破产清算必须保证每个债权人都得到清偿，如果减免债务除非得到债权人的同意。

二、破产清算会计的概念及特点

（一）破产清算会计的概念

破产清算会计是财务会计的一个特殊分支。它是以现有的各种会计方法为基础，以破产法律制度为依据，反映和监督企业破产清算过程中的各种会计事项，对破产财产、破产债权、破产净资产、破产损益等进行确认、计量、记录和报告的会计管理活动。

破产清算会计的对象是破产企业在清算期间的资金运动。与常规财务会计相比，其资金运动具有一次性、终极化的特性。企业在和解整顿期间，如整顿良好，则企业资金运动呈良性循环与周转；如整顿无效，则企业转入破产清算。在此过程中，清算组变现财产，偿还债务，分配剩余财产。在资金形态上，逐渐灭失固定资金、储备资金、成品资金等形态的并存与继起性，实现所有非货币资金向货币资金的转化，时间的继起性被中断，这种资金流动呈单向、一次、终极性的特点。

企业会计准则中确定的会计要素中资产、负债、所有者权益等要素，破产清算会计依然适用，因为它们是偿债和清算损益确认时必将涉及的内容，而清算的目的就是偿债。正常的收入、费用、利润则完全废弃了，取而代之的是清算收入、清算支出、清算损益三要素，这是因为企业在终止经营条件下，不需要再核算经营期的经营成果，收入、费用、利润的核算基础已失去且无必要。

资产是指破产企业所有并现实控制的能带来清偿能力且以货币计量的各种资财、债权和其他权利。负债是破产企业承担的以货币计量需以资产偿付的债务。企业资产减去负债就是所有者权益，其值小于零时意味着资不抵债，进入事实的破产状态。进入清算状态后，资产不再按流动性区分，而只区分为货币形态资产和非货币形态资产；所有债务都需清偿，也不再按流动性分类；清偿债务与交纳税收之后如有剩余财产可供分配，将是所有者权益实现最后一次分配。清算收入是从总体上反映破产企业偿债能力状况的，主要包括清算初期企业的货币资金，清算期间资产变现收入、收回债权及对外投资收入等；清算支出是从总体上反映企业的负债规模、结构和偿债顺序、数量等，主要包括清算费用、清算损失、支付职工工资和劳动保险费、交纳应交未交税金、偿债等。清算损益表现的是前二者之差，清算损益的核算是对清算收益、清算损失、清算费用及清算净收益等进行反映。

（二）破产清算会计的特点

由于破产清算会计服务于企业的终止阶段，所以，它有别于常规财务会计，具有其自身的特点。

1.破产清算会计目标有别于常规财务会计目标

在持续经营的条件下，企业从事正常的生产经营活动。服务于正常生产经营活动的常规财务会计的目标是提供企业真实的财务状况，反映企业的经营成果和资金的变动情况，预测和展示企业未来的财务能力和获利能力。

当企业进入清算状态后，正常的生产经营活动已经停止，清算业务的主要活动是财产清理变现、债务清偿和剩余财产分配等。此时，破产清算会计的主要活动是要反映清算过程中的财务状况，它所提供的信息，已不再用来说明生产经营过程中销售、成本、费用、盈利等方面的情况，而是用来说明清算过程中的财产变现、债务清偿、资金流转和清算损益等方面的情况，向人民法院和债权人会议[①]等提供企业破产清算期间的相关财务信息。

2.破产清算会计的核算基础和核算原则有所变化

常规财务会计建立在持续经营假设的基础之上，遵循历史成本计价、可比性原则等进行会计核算。在企业破产清算过程中，信息使用者最关心的是企业资产的变现能力和债务清算程度。因此，破产清算会计确认、计量和报告以非持续经营为前提，以清算净值为计量基础，遵循对等偿债等原则。

3.破产清算会计循环变为单周期核算活动

在持续经营前提下，一个企业的会计核算必须在一个会计期间内完成一系列的会计程序，并于会计期初开始，于会计期末结束，这一过程周而复始。当企业进入清算状态后，持续经营的会计前提消失了，破产清算会计循环周期不再以年为单位，而是以清算业务完成实际耗用的时间为准。

4.破产清算会计的报表体系比较独特

破产清算企业应当按照规定编制清算财务报表，向人民法院、债权人会议等报表使用者反映清算企业在清算过程中的财务状况、清算损益、现金流量变动和债务偿付状况。破产清算企业的财务报表包括清算资产负债表、清算利润表、清算现金流量表、债务清偿表及相关附注。

三、破产清算会计的假设及原则

（一）破产清算会计的假设

破产清算会计核算的基本前提与正常经营的常规业务财务会计的基本前提不同。破产清算会计假设主要包括以下4个方面：

1.特定主体假设

一旦企业被宣告破产，则其对属于破产清算的财产便失去了保管和处置的权利，一切对破产财产的保管、清理、作价、处理和分配等事宜，以及在这个过程中的民事活动和民事责任，均由破产管理人负责。因此，传统意义上的会计主体将发生“移位”，即转移为破产管理人。企业进入破产清算状态以后，尽管会计核算特定的空间范围和对象仍然是原企业，但实质上原来的会计主体已经消失。

2.终止经营假设

破产意味着企业已无法以现在的形式和目标持续地经营下去，最终终止企业的生产经营活动将成为破产企业的必然结果。因此，终止经营即成为企业清算会计的特有假设。企业在这一假设基础之上进行资产的估价、变现和债务的偿还；在这一假设基础之上，采用一系列与持续经营假设下不同的会计处理程序和方法、不同的计量基础以及不同的报告形式。

3.不确定期间假设

自企业被宣告破产之日起至破产清算程序终结之日止为清算会计期间，这一会计期间

---

① 债权人会议由申报债权的债权人组成。债权人会议主席由人民法院在有表决权的债权人中指定，必要时，人民法院可以指定多名债权人会议主席，成立债权人会议主席委员会。债权人会议的职权是：审查有关债权的证明材料；确认债权有无财产担保及金额；讨论通过和解协议草案；讨论通过破产财产的处理和分配方案。

具有不确定性，它取决于破产宣告的时日、破产程序实施期间的长短以及对破产企业的清算进度。在这个不确定的期间内，清算会计核算将是一次性的，它以整个清算过程作为一个单一的计算清算结果的会计期间。不同破产企业的会计清算期间长短不一，具有不确定性。

4.币值多元化假设

企业进入破产程序后，尽管其会计核算仍采用货币单位，但对财产、债权及债务的确认、计量、记录和报告等可能更多地采用清算价值或变现价值等，这种币值多元化是为了适应清算不同财产时计量的需要。

（二）破产清算会计的原则

破产清算会计的原则与传统会计有一定的差异。传统会计的原则包括可靠性、相关性、可理解性、可比性、实质重于形式、重要性、谨慎性、及时性等。破产清算会计作为传统财务会计的一个特殊分支，遵循传统会计的一般原则。但为了规范破产会计行为，维护债权人、债务人及投资人的合法权益，破产清算会计又有自己特有的原则。

1.合法性原则

合法性原则是指清算会计应以法律规定为准绳，严格按照《企业破产法》《公司法》《中华人民共和国民法典》等规定组织清算会计核算，对破产财产进行合法处置。企业清算及清算过程不仅是一种经济行为，更重要的是一种法律行为。清算企业的整个清算过程要在人民法院的监督之下按照规范的程序进行，因此，合法性原则是清算会计的最基本原则。

2.可变现净值原则

为了最大限度地保护债权人的利益，并兼顾债务人的利益，需要对破产企业的全部财产按可变现净值进行重新计价，而不论其破产清算前的账面价值是多少。对不具备偿债条件的财产（如待摊费用等）应一次性转化为费用，根据变现后破产财产的数额偿付债务。

3.划分破产费用和非破产费用原则

企业在破产清算过程中，也会发生各种费用，包括破产财产管理费用、变卖费用、破产案件诉讼费用、债权人申报债权费用等，这些费用的支付直接关系到债权人的切身利益。因此，应正确划分破产费用和非破产费用，凡是在破产程序中为维护债权人的共同利益而从破产财产中支付的费用，应属于破产费用①，从破产财产中支付；凡是债权人为个人利益而支付的费用，应属于非破产费用，不应以破产财产支付。

4.对等偿债原则

在破产清算会计中，应依据《公司法》《企业破产法》等法律法规的有关规定，正确区分各种不同性质的债务，如担保债务、抵销债务、优先偿付债务、破产债务等，并分别按其债务与相应资产的对等关系，依据一定的顺序进行清偿。如以担保资产偿付担保债务，以抵销资产偿付抵销债务，以破产财产优先清偿优先偿付的债务后，再偿付破产债务。这一原则能够充分维护不同债权人的合法权益。

---

① 破产费用主要包括破产财产的管理、变卖、分配所需要的费用；破产案件的受理费；债权人会议费用；催收债务所需的费用；为债权人共同利益在破产程序中支付的其他费用。

第二节 企业破产清算的会计处理

一、破产清算会计处理的程序

破产清算的特殊性决定了其核算程序与普通核算程序有所区别。破产清算会计核算的一般程序如下：

（1）接管破产企业的会计资料和其他文书档案，设置新账，并对破产企业的资产、负债按破产清算会计的要求进行再分类，结束旧账；

（2）全面清查破产企业的财产、债务，确认计量破产资产和破产债务，编制清查后的资产负债表；

（3）变现破产资产，记录变现价值和变现损益；

（4）核算破产损益，包括清算费用、清算收益、清算损失等；

（5）按法定顺序清偿破产债务，并分配剩余资产；

（6）编制破产清算会计报表，结束清算工作。

二、破产清算会计的编制基础和计量属性

（一）破产清算会计的编制基础

破产企业会计确认、计量和报告以非持续经营为前提。

按照规定，企业经法院宣告破产的，应当按照法院或债权人会议要求的时点（包括破产宣告日、债权人会议确定的编报日、破产终结申请日等，以下简称破产报表日）编制清算财务报表，并由破产管理人签章[①]。

（二）破产清算会计的计量属性

1.资产的计量属性

破产资产的计量属性是清算净值，即破产企业在破产清算期间的资产应当以破产资产清算净值计量。所谓破产资产清算净值，是指在破产清算的特定环境下和规定时限内，最可能的变现价值扣除相关的处置税费后的净额。其中，最可能的变现价值应当为公开拍卖的变现价值，但是债权人会议另有决议或国家规定不能拍卖或限制转让的资产除外；债权人会议另有决议的，最可能的变现价值应当为其决议的处置方式下的变现价值；按照国家规定不能拍卖或限制转让的，应当将按照国家规定的方式处理后的所得作为变现价值。

2.负债的计量属性

破产负债的计量属性是清偿价值，即破产企业在破产清算期间的负债应当以破产债务清偿价值计量。所谓破产债务清偿价值，是指在不考虑破产企业的实际清偿能力和折现等因素的情况下，破产企业按照相关法律规定或合同约定应当偿付的金额。

三、破产清算会计的确认和计量

（一）破产资产和破产负债的初始确认和计量

破产企业被法院宣告破产的，应当按照破产资产清算净值对破产宣告日的资产进行初

① 此时承担会计责任的主体是破产管理人而不是法人代表。

始确认计量；按照破产债务清偿价值对破产宣告日的负债进行初始确认计量；相关差额直接计入清算净值。

按照规定，破产企业因盘盈、追回等方式在破产清算期间取得的资产，应当按照取得时的破产资产清算净值进行初始确认计量，初始确认计量的账面价值与取得该资产的成本之间存在差额的，该差额应当计入清算损益。同时，破产企业在破产清算期间新承担的债务，应当按照破产债务清偿价值进行初始确认计量，并计入清算损益。

（二）破产资产和破产负债的后续计量

破产企业在破产清算期间的资产，应当按照破产资产清算净值进行后续计量，负债按照破产债务清偿价值进行后续计量。破产企业应当按照破产报表日的破产资产清算净值和破产债务清偿价值，对资产和负债的账面价值分别进行调整，差额计入清算损益。

（三）破产资产和破产负债的终止确认

破产清算期间发生资产处置的，破产企业应当终止确认相关被处置资产，并将处置所得金额与被处置资产的账面价值的差额扣除直接相关的处置费用后，计入清算损益。

破产清算期间发生债务清偿的，破产企业应当按照偿付金额，终止确认相应部分的负债。在偿付义务完全解除时，破产企业应当终止确认该负债的剩余账面价值，同时确认清算损益。

（四）清算损益的计量

破产清算期间发生各项费用、取得各项收益应当直接计入清算损益。

在破产清算期间，破产企业按照税法规定需缴纳企业所得税的，应当计算所得税费用，并将其计入清算损益。所得税费用应当仅反映破产企业当期应交的所得税。

四、破产清算会计的科目设置及账务处理

（一）破产清算会计的科目设置

1.负债类科目的设置

（1）“应付破产费用”科目。

“应付破产费用”科目核算破产企业在破产清算期间发生的破产法规定的各类破产费用。

（2）“应付共益债务”科目。

“应付共益债务”科目核算破产企业在破产清算期间发生的破产法规定的各类共益债务。

所谓共益债务，是指在人民法院受理破产申请后，为全体债权人的共同利益而管理、变卖和分配破产财产而负担的债务，主要包括因管理人或者债务人（破产企业，下同）请求对方当事人履行双方均未履行完毕的合同所产生的债务、债务人财产受无因管理所产生的债务、因债务人不当得利所产生的债务、为债务人继续营业而应当支付的劳动报酬和社会保险费用以及由此产生的其他债务、管理人或者相关人员执行职务致人损害所产生的债务以及债务人财产致人损害所产生的债务。

2.清算净值类科目的设置

“清算净值”科目核算破产企业在破产报表日结转的清算净损益科目余额。破产企业资产与负债的差额，也在本科目核算。

3.清算损益类科目的设置

（1）“资产处置净损益”科目。

“资产处置净损益”科目核算破产企业在破产清算期间处置破产资产产生的、扣除相

关处置费用后的净损益。

（2）“债务清偿净损益”科目。

“债务清偿净损益”科目核算破产企业在破产清算期间清偿债务产生的净损益。

（3）“破产资产和负债净值变动净损益”科目。

“破产资产和负债净值变动净损益”科目核算破产企业在破产清算期间按照破产资产清算净值调整资产账面价值，以及按照破产债务清偿价值调整负债账面价值产生的净损益。

（4）“其他收益”科目。

“其他收益”科目核算除资产处置、债务清偿以外，在破产清算期间发生的其他收益。

（5）“破产费用”科目。

“破产费用”科目核算破产企业破产清算期间发生的破产法规定的各项破产费用，主要包括破产案件的诉讼费用，管理、变价和分配债务人资产的费用，管理人执行职务的费用、报酬和聘用工作人员的费用。本科目应按发生的费用项目设置明细账。

（6）“共益债务支出”科目。

“共益债务支出”科目核算破产企业破产清算期间发生的破产法规定的共益债务相关的各项支出。

（7）“其他费用”科目。

“其他费用”科目核算破产企业破产清算期间发生的除破产费用和共益债务支出之外的各项其他费用。

（8）“所得税费用”科目。

“所得税费用”科目核算破产企业破产清算期间发生的企业所得税费用。

（9）“清算净损益”科目。

“清算净损益”科目核算破产企业破产清算期间结转的上述各类清算损益科目余额。

按照规定，破产企业可根据具体情况增设、减少或合并某些会计科目。破产企业的会计档案等财务资料经法院裁定由破产管理人接管的，应当在企业被法院宣告破产后，可以比照原有资产、负债类会计科目，根据实际情况设置相关科目，并增设相关负债类、清算净值类和清算损益类等会计科目。破产企业还可以根据实际需要，在一级科目下自行设置明细科目。

（二）破产清算会计的账务处理

1.破产宣告日余额结转

法院宣告企业破产时，应当根据破产企业移交的科目余额表，将部分会计科目的相关余额转入以下新科目，并编制新的科目余额表。

（1）原“应付账款”“其他应付款”等科目中属于破产法所规定的破产费用的余额，转入“应付破产费用”科目。

（2）原“应付账款”“其他应付款”等科目中属于破产法所规定的共益债务的余额，转入“应付共益债务”科目。

（3）原“商誉”“长期待摊费用”“递延所得税资产”“递延所得税负债”“递延收益”“股本”“资本公积”“盈余公积”“其他综合收益”“未分配利润”等科目的余额，转入“清算净值”科目。

2.破产宣告日余额调整

（1）关于各类资产。

破产企业应当对拥有的各类资产（包括原账面价值为零的已提足折旧的固定资产、已摊销完毕的无形资产等）登记造册，估计其破产资产清算净值，按照其破产资产清算净值对各资产科目余额进行调整，并相应调整“清算净值”科目。

（2）关于各类负债。

破产企业应当对各类负债进行核查，按照规定对各负债科目余额进行调整，并相应调整“清算净值”科目。

3.处置破产资产

（1）破产企业收回应收票据、应收款项类债权、应收款项类投资，按照收回的款项，借记“库存现金”“银行存款”等科目，按照应收款项类债权或应收款项类投资的账面价值，贷记相关资产科目，按其差额，借记或贷记“资产处置净损益”科目。

（2）破产企业出售各类投资，按照收到的款项，借记“库存现金”“银行存款”等科目，按照相关投资的账面价值，贷记相关资产科目，按其差额，借记或贷记“资产处置净损益”科目。

（3）破产企业出售存货、投资性房地产、固定资产及在建工程等实物资产，按照收到的款项，借记“库存现金”“银行存款”等科目，按照实物资产的账面价值，贷记相关资产科目，按应当缴纳的税费贷记“应交税费”科目，按上述各科目发生额的差额，借记或贷记“资产处置净损益”科目。

（4）破产企业出售无形资产，按照收到的款项，借记“库存现金”“银行存款”等科目，按照无形资产的账面价值，贷记“无形资产”科目，按应当缴纳的税费贷记“应交税费”科目，按上述各科目发生额的差额，借记或贷记“资产处置净损益”科目。

（5）破产企业的划拨土地使用权被国家收回，国家给予一定补偿的，按照收到的补偿金额，借记“库存现金”“银行存款”等科目，贷记“其他收益”科目。

（6）破产企业处置破产资产发生的各类评估、变价、拍卖等费用，按照发生的金额，借记“破产费用”科目，贷记“库存现金”“银行存款”“应付破产费用”等科目。

4.清偿债务

（1）破产企业清偿破产费用和共益债务，按照相关已确认负债的账面价值，借记“应付破产费用”“应付共益债务”等科目，按照实际支付的金额，贷记“库存现金”“银行存款”等科目，按其差额，借记或贷记“破产费用”“共益债务支出”科目。

（2）破产企业按照经批准的职工安置方案，支付的所欠职工的工资和医疗、伤残补助、抚恤费用，应当划入职工个人账户的基本养老保险、基本医疗保险费用和其他社会保险费用，以及法律、行政法规规定应当支付给职工的补偿金，按照相关账面价值借记“应付职工薪酬”等科目，按照实际支付的金额，贷记“库存现金”“银行存款”等科目，按其差额，借记或贷记“债务清偿净损益”科目。

（3）破产企业支付所欠税款，按照相关账面价值，借记“应交税费”等科目，按照实际支付的金额，贷记“库存现金”“银行存款”等科目，按其差额，借记或贷记“债务清偿净损益”科目。

（4）破产企业清偿破产债务，按照实际支付的金额，借记相关债务科目，贷记“库存现金”“银行存款”等科目。

破产企业以非货币性资产清偿债务的，按照清偿的价值借记相关负债科目，按照非货币性资产的账面价值，贷记相关资产科目，按其差额，借记或贷记“债务清偿净损益”科目。

债权人依法行使抵销权的，按照经法院确认的抵销金额，借记相关负债科目，贷记相关资产科目，按其差额，借记或贷记“债务清偿净损益”科目。

5.其他账务处理

（1）在破产清算期间通过清查、盘点等方式取得的未入账资产，应当按照取得日的破产资产清算净值，借记相关资产科目，贷记“其他收益”科目。

（2）在破产清算期间通过债权人申报发现的未入账债务，应当按照破产债务清偿价值确定计量金额，借记“其他费用”科目，贷记相关负债科目。

（3）在编制破产清算期间的财务报表时，应当对所有资产项目按其于破产报表日的破产资产清算净值重新计量，借记或贷记相关资产科目，贷记或借记“破产资产和负债净值变动净损益”科目；应当对所有负债项目按照破产债务清偿价值重新计量，借记或贷记相关负债科目，贷记或借记“破产资产和负债净值变动净损益”科目。

（4）破产企业在破产清算期间，作为买入方继续履行尚未履行完毕的合同的，按照收到的资产的破产资产清算净值，借记相关资产科目，按照相应的增值税进项税额，借记“应交税费”科目，按照应支付或已支付的款项，贷记“库存现金”、“银行存款”、“应付共益债务”或“预付款项”等科目，按照上述各科目的差额，借记“其他费用”或贷记“其他收益”科目；企业作为卖出方继续履行尚未履行完毕的合同的，按照应收或已收的金额，借记“库存现金”“银行存款”“应收账款”等科目，按照转让的资产账面价值，贷记相关资产科目，按照应缴纳的相关税费，贷记“应交税费”科目，按照上述各科目的差额，借记“其他费用”科目或贷记“其他收益”科目。

（5）破产企业发生破产法规定的相关事实，破产管理人依法追回相关破产资产的，按照追回资产的破产资产清算净值，借记相关资产科目，贷记“其他收益”科目。

（6）破产企业收到的利息、股利、租金等孳息，借记“库存现金”“银行存款”等科目，贷记“其他收益”科目。

（7）破产企业在破产清算终结日，剩余破产债务不再清偿的，按照其账面价值，借记相关负债科目，贷记“其他收益”科目。

（8）在编制破产清算期间的财务报表时，有已实现的应纳税所得额的，考虑可以抵扣的金额后，应当据此提存应交所得税，借记“所得税费用”科目，贷记“应交税费”科目。

（9）在编制破产清算期间的财务报表时，应当将“资产处置净损益”“债务清偿净损益”“破产资产和负债净值变动净损益”“其他收益”“破产费用”“共益债务支出”“其他费用”“所得税费用”科目结转至“清算净损益”科目，并将“清算净损益”科目余额转入“清算净值”科目。

【例 13-1】假定甲股份有限公司 2×09 年开业，由于经营管理不善，连年发生亏损，现有资产不能抵偿债务，经全体股东大会讨论决定申请破产，经人民法院裁定，自 2×19 年 9 月 1 日起按破产程序进行清算。在清算过程中，发生如下经济业务：

（1）支付各项清算费用 1 212 000 元，包括清算人员酬金 168 000 元，公告费用 48 000

元，咨询费用48 000元，诉讼费用60 000元，利息净支出888 000元；

（2）处理存货共获得价款8 400 000元，其中，原材料和产成品溢价出售超过账面价值720 000元，在产品和低值易耗品折价出售低于账面价值720 000元；

（3）处理固定资产收入6 840 000元，超过账面价值720 000元；

（4）在上述被处理固定资产中有一建筑物原来作价2 400 000元，用作长期借款的担保品，现在应当优先偿还有抵押的借款；

（5）收回应收票据480 000元，应收账款12 000 000元，冲销坏账准备后还有840 000元无法收回，作为坏账损失处理；

（6）经过上述处理后，剩余财产仅剩下银行存款27 960 000元。

甲股份有限公司会计处理如下：

（1）编制清算日的资产负债表，如表13-1所示。

表13-1 **资产负债表（清算前）**

编制单位：甲股份有限公司　　2×19年8月31日　　单位：元

资产	金额	负债及股东权益	金额
流动资产		流动负债	
货币资金		短期借款	2 400 000
其中：库存现金	12 000	应付票据	1 200 000
银行存款	3 840 000	应付账款	22 800 000
应收票据	480 000	应付职工薪酬	1 200 000
应收账款	13 200 000	应交税费	720 000
减：坏账准备	360 000	流动负债合计	28 320 000
应收账款净额	12 840 000	非流动负债	
存货	8 400 000	长期借款	12 000 000
流动资产合计	25 572 000	负债合计	40 320 000
		股东权益	
非流动资产		股本	
固定资产原值	9 120 000	其中：优先股	12 000 000
减：累计折旧	3 000 000	普通股	36 000 000
固定资产净值	6 120 000	资本公积	4 800 000
		盈余公积	2 400 000
		未分配利润	（63 828 000）
		股东权益合计	（8 628 000）
资产总计	31 692 000	负债及股东权益总计	31 692 000

（2）核算清算费用。

借：破产费用　　1 212 000

　　贷：库存现金　　12 000

　　　　银行存款　　1 200 000

（3）核算企业财产物资变卖损益。

① 处理存货共获得价款8 400 000元。

借：银行存款　　8 400 000

贷：存货 8 400 000

借：原材料等 720 000

贷：资产处置净损益 720 000

借：资产处置净损益 720 000

贷：生产成本等 720 000

②处理固定资产。

借：银行存款 6 840 000

累计折旧 3 000 000

贷：固定资产 9 120 000

资产处置净损益 720 000

（4）核算企业收回债权和清偿债务。

① 收回应收票据480 000元。

借：银行存款 480 000

贷：应收票据 480 000

② 收回应收账款12 000 000元，冲销坏账准备后还有840 000元无法收回，作为坏账损失处理。

借：银行存款 12 000 000

坏账准备 360 000

资产处置净损益 840 000

贷：应收账款 13 200 000

③ 支付应付职工薪酬1 200 000元，应交税费720 000元。

借：应付职工薪酬 1 200 000

应交税费 720 000

贷：银行存款 1 920 000

④ 清偿应归还债权人款项。该公司所欠债权人款项达36 000 000元，包括短期借款2 400 000元，应付票据1 200 000元，应付账款22 800 000元，长期借款9 600 000元（12 000 000−2 400 000），而现有的剩余财产只有银行存款26 040 000元（27 960 000−1 920 000）。因此，只能按72.33%（26 040 000÷36 000 000×100%）的比例部分偿还债权。

通过计算，可以归还的负债按比例计算的金额分别为：短期借款1 736 000元，应付票据868 000元，应付账款16 492 000元，长期借款6 944 000元，剩余无力归还的部分转入“其他收益”科目。

借：短期借款 2 400 000

应付票据 1 200 000

应付账款 22 800 000

长期借款 9 600 000

贷：银行存款 26 040 000

其他收益 9 960 000

（5）核算清算净损益。

借：其他收益 9 960 000

贷：破产费用　　1 212 000

　　资产处置净损益　　120 000

　　清算净损益　　8 628 000

（6）结转清算净损益。

借：清算净损益　　8 628 000

　贷：清算净值　　8 628 000

（7）由于该公司不能抵偿负债，除按比例偿还的债务外，无力支付优先股股利和股本，作清账的账务处理如下：

借：股本——优先股　　12 000 000

　　　——普通股　　36 000 000

　资本公积　　4 800 000

　盈余公积　　2 400 000

　贷：清算净值　　55 200 000

第三节　破产清算会计的信息披露

一、破产企业财务报表的构成

破产企业应当按照规定编制清算财务报表，向法院、债权人会议等报表使用者反映破产企业在破产清算过程中的财务状况、清算损益、现金流量变动和债务偿付状况。

破产企业的财务报表包括清算资产负债表、清算利润表、清算现金流量表、债务清偿表及相关附注。法院宣告企业破产的，破产企业应当以破产宣告日为破产报表日编制清算资产负债表及相关附注。法院或债权人会议等要求提供清算财务报表的，破产企业应当根据其要求提供清算财务报表的时点确定破产报表日，编制清算资产负债表、清算利润表、清算现金流量表、债务清偿表及相关附注。向法院申请裁定破产终结的，破产企业应当编制清算利润表、债务清偿表及相关附注。

二、清算资产负债表及其附注

清算资产负债表反映破产企业在破产报表日资产的破产资产清算净值，以及负债的破产债务清偿价值。资产项目和负债项目的差额在清算资产负债表中作为清算净值列示。清算资产负债表的格式如表13-2所示。

表13-2　　**清算资产负债表**　　会清01表

编制单位：　　年　月　日　　单位：元

资产	行次	期末数	负债及清算净值	行次	期末数
货币资金			负债：		
应收票据			借款		
应收账款			应付票据		
其他应收款			应付账款		
预付款项			预收款项		

续表

资产	行次	期末数	负债及清算净值	行次	期末数
存货			其他应付款		
金融资产投资			应付债券		
长期股权投资			应付破产费用		
投资性房地产			应付共益债务		
固定资产			应付职工薪酬		
在建工程			应交税费		
无形资产			⋮		
⋮					
资产总计			负债合计		
			清算净值：		
			清算净值		
			负债及清算净值总计		

本表反映破产企业在破产报表日关于资产、负债、清算净值及其相互关系的信息。

本表列示的项目不区分流动和非流动，其中，“应收账款”或“其他应收款”项目，应分别根据“应收账款”或“其他应收款”的科目余额填列，同时，“长期应收款”科目余额也在上述两项目中分析填列；“借款”项目，应根据“短期借款”和“长期借款”科目余额合计数填列；“应付账款”或“其他应付款”项目，应分别根据“应付账款”“其他应付款”的科目余额填列，同时，“长期应付款”科目余额也在该项目中分析填列；“金融资产投资”项目，应根据“以公允价值计量且其变动计入当期损益的金融资产”、“持有至到期投资”和“可供出售金融资产”的科目余额合计数填列。

本表的“清算净值”项目反映破产企业于破产报表日的清算净值。本项目应根据“清算净值”科目余额填列。

破产企业应当在破产资产负债表附注中，区分是否用作担保，分别披露破产资产明细信息。

破产企业应当在破产资产负债表附注中，披露依法追回的账外资产、取回的质物和留置物等明细信息，如追回或取回有关资产的时间、有关资产的名称、破产资产清算净值等。

破产企业应当在破产资产负债表附注中，分别披露经法院确认以及未经法院确认的债务的明细信息，如债务项目名称以及有关金额等。

破产企业应当在破产资产负债表附注中，披露应付职工薪酬的明细信息，如所欠职工的工资和医疗、伤残补助、抚恤费用，所欠的应当划入职工个人账户的基本养老保险、基本医疗保险费用，以及法律、行政法规规定应当支付给职工的补偿金。

三、清算利润表及其附注

清算利润表反映破产企业在破产清算期间发生的各项收益、费用。清算利润表至少应当单独列示反映下列信息的项目：资产处置净收益（损失）、债务清偿净收益（损失）、破产资产和负债净值变动净收益（损失）、破产费用、共益债务支出、所得税费用等。清算利润表的格式如表13-3所示。

表13-3　　清算利润表　　会清02表

编制单位：　　年　月　日至　年　月　日　　单位：元

项目	行次	本期数	累计数
一、清算收益（清算损失以“-”号表示）			
（一）资产处置净收益（净损失以“-”号表示）			
（二）债务清偿净收益（净损失以“-”号表示）			
（三）破产资产和负债净值变动净收益（净损失以“-”号表示）			
（四）其他收益			
小计			
二、清算费用			
（一）破产费用（以“-”号表示）			
（二）共益债务支出（以“-”号表示）			
（三）其他费用（以“-”号表示）			
（四）所得税费用（以“-”号表示）			
小计			
三、清算净收益（清算净损失以“-”号表示）			

本期数反映破产企业从上一破产报表日至本破产报表日期间有关项目的发生额，累计数反映破产企业从被法院宣告破产之日至本破产报表日期间有关项目的发生额。

“资产处置净收益”项目，根据“资产处置净损益”科目的发生额填列，如为净损失以“-”号表示。

“债务清偿净收益”项目，根据“债务清偿净损益”科目的发生额填列，如为净损失以“-”号表示。

“破产资产和负债净值变动净收益”项目，根据“破产资产和负债净值变动净损益”科目的发生额填列，如为净损失以“-”号表示。

“清算净收益”项目，根据“清算净损益”科目的发生额填列，如为清算净损失以“-”号表示。“清算净收益”项目金额应当为“清算收益”与“清算费用”之和。

破产企业应当在清算利润表附注中，披露资产处置损益的明细信息，包括资产性质、处置收入、处置费用及处置净收益。

破产企业应当在清算利润表附注中，披露破产费用的明细信息，包括费用性质、金额等。

破产企业应当在清算利润表附注中，披露共益债务支出的明细信息，包括具体项目、金额等。

四、清算现金流量表及其附注

清算现金流量表反映破产企业在破产清算期间货币资金余额的变动情况。清算现金流量表应当采用直接法编制，至少应当单独列示反映下列信息的项目：处置资产收到的现金净额、清偿债务支付的现金、支付破产费用的现金、支付共益债务的现金、支付所得税费用的现金等。清算现金流量表的格式如表13-4所示。

表13-4　　　　　　　　　　　　**清算现金流量表**　　　　　　　　　　　　会清03表

编制单位：　　　　　　　　　　年　月　日至　　年　月　日　　　　　　　　　　单位：元

	行次	本期数	累计数
一、期初货币资金余额			
二、清算现金流入			
（一）处置资产收到的现金净额			
（二）收到的其他现金			
清算现金流入小计			
三、清算现金流出			
（一）清偿债务支付的现金			
（二）支付破产费用的现金			
（三）支付共益债务的现金			
（四）支付所得税费用的现金			
（五）支付的其他现金			
清算现金流出小计			
四、期末货币资金余额			

本表应当根据货币资金科目的变动额分析填列。本期数反映破产企业从上一破产报表日至本破产报表日期间有关项目的发生额，累计数反映破产企业从被法院宣告破产之日至本破产报表日期间有关项目的发生额。

破产企业应当在清算现金流量表附注中，披露期末货币资金余额中已经提存用于向特定债权人分配或向国家缴纳税款的金额。

五、债务清偿表

债务清偿表反映破产企业在破产清算期间发生的债务清偿情况。债务清偿表应当根据破产法规定的债务清偿顺序，按照各项债务的明细单独列示。债务清偿表中列示的各项债务至少应当反映其确认金额、清偿比例、实际需清偿金额、已清偿金额、尚未清偿金额等信息。债务清偿表的格式如表13-5所示。

表13-5　　　　债务清偿表　　　　会清04表

编制单位：　　　　年　月　日　　　　单位：元

债务项目	行次	期末数	经法院确认的债务金额	清偿比例	实际需清偿金额	已清偿金额	尚未清偿金额
		①	②	③	④=②×③	⑤	⑥=④-⑤
有担保的债务：							
××银行							
×企业							
⋮							
小计							
普通债务：							
第一顺序：劳动债务							
其中：应付职工薪酬							
⋮							
第二顺序：国家税款债务							
其中：应交税费							
⋮							
第三顺序：普通债务							
其中：借款							
——××银行							
——××企业							
应付债务工具							
——××银行							
——××企业							
应付票据							
应付款项							
——××银行							
——××企业							
小计							
合计							

本表反映破产企业债务清偿情况。

本表应按有担保的债务和普通债务分类设项。

期末数为负债按照破产债务清偿价值确定的金额。

经法院确认的债务金额为经债权人申报并由法院确认的金额；未经确认的债务，无须填写该金额。

清偿比例为根据破产法的规定，当破产资产不足以清偿同一顺序的清偿要求时，按比例进行分配时所采用的比例。

六、财务报表相关附注

破产企业应当在清算财务报表附注中披露下列信息：

① 破产资产明细信息；

② 破产管理人依法追回的账外资产明细信息；

③ 破产管理人依法取回的质物和留置物的明细信息；

④ 未经法院确认的债务的明细信息；

⑤ 应付职工薪酬的明细信息；

⑥ 期末货币资金余额中已经提存用于向特定债权人分配或向国家缴纳税款的金额；

⑦ 资产处置损益的明细信息，包括资产性质、处置收入、处置费用及处置净收益；

⑧ 破产费用的明细信息，包括费用性质、金额等；

⑨ 共益债务支出的明细信息，包括具体项目、金额等。

本章小结

破产清算会计是以现有的各种会计方法为基础，以破产法律制度为依据，反映和监督企业破产清算过程中的各种会计事项，对破产财产、破产债权、破产净资产、破产损益等进行确认、计量、记录和报告的会计管理活动。本章在介绍企业清算的原因、类型、程序的基础上，比较系统地阐述了破产清算会计的概念及特点、假设及原则、编制基础及计量属性、科目设置及账务处理以及相关的信息披露。

主要概念和观念

企业清算　破产清算　非破产清算　破产资产　破产负债　破产费用　清算损益　破产清算会计　清算组　破产管理人　债权人会议　清算净值　清偿价值　清算资产负债表　清算利润表　清算现金流量表　债务清偿表　共益债务

基本训练

知识题

1.企业清算的原因有哪些？

2.简述企业清算的类型和程序。

3.破产清算会计有哪些特点？

4.破产清算会计有哪些假设？

5.破产清算会计应遵循哪些原则？

6.简述破产清算会计处理的程序。

7.破产管理人与清算组有区别吗？区别是什么？

8.破产清算会计应该设置哪些科目？

9.清算净损益如何计算？

10.所有的债权都能成为破产债权吗？为什么？

11.破产财产的含义是什么？包括哪些内容？

12.什么是破产费用？它包括哪些内容？破产费用与债权人利益有什么关系？

13. 什么是共益债务？它包括哪些内容？

14. 简述清算资产负债表的结构。

15. 简述清算利润表的结构。

16. 简述清算现金流量表的结构。

17. 简述债务清偿表的结构。

技能题

1. 企业清算时有应收账款30万元，收回25万元，有5万元已不能收回。有办公设备，账面价值为3万元，作价1万元卖掉。按2%支付应交的增值税。另支付所欠的员工工资3 000元。

要求：进行该企业破产清算的会计处理。

2. 沙河制板股份公司由A、B、C、D 4家企业等额投资联合经营。现因联营期满决定终止经营，进行清算。2×19年8月31日实施清算前的资产负债表见表13-6。清算过程中发生的业务见表13-7。

表13-6 **资产负债表**

编制单位：沙河制板股份公司　　2×19年8月31日　　单位：万元

资产	期末余额	负债和所有者权益	期末余额
货币资金	200	短期借款	1 200
应收账款	300	应付账款	210
库存商品	1 500	应交税费	-170
固定资产原值	3 700	其他应付款	60
累计折旧	2 500	长期借款	800
		股本	700
		资本公积	100
		盈余公积	180
		利润分配	120
资产总计	3 200	负债和所有者权益总计	3 200

表13-7 **清算期间发生的业务**

顺序号	业务内容
1	收回应收账款250万元，核销无法收回的50万元
2	将库存商品等存货按1 600万元的价格全部变现，增值税税率为16%
3	将固定资产按1 300万元的价格变现，相关税费略
4	用现金偿还全部债务
5	支付清算费用20万元
6	归还股东权益

要求：根据上述资料，计算沙河制板股份公司歇业清算的清算收益、清算损失、清算费用、清算损益及各投资方分回资金金额。

3. 某企业为股份有限公司，于2×19年10月1日被法院宣告破产，实行清算。9月30

日的资产负债表如表13-8所示。

表13-8　　资产负债表

编制单位：××股份有限公司　　2×19年9月30日　　单位：万元

资产	金额	负债及股东权益	金额
货币资金	360	短期借款	80
应收账款	576	应付账款	100
存货	720	长期借款	108
预付款项	24	负债合计	288
长期股权投资	200		
固定资产原值	1 800	实收资本	1 800
减：累计折旧	552	资本公积	800
固定资产净值	1 248	未分配利润	280
无形资产	40	所有者权益合计	2 880
资产总计	3 168	负债及股东权益总计	3 168

在清算过程中，首先对该企业的资产和负债进行全面清查，然后处理这些资产和负债，假定该企业清算情况如下：

（1）应收账款收回货币资金5 400 000元，发生360 000元坏账损失。

（2）存货盘亏500 000元，其余变卖收到货币资金6 000 000元。

（3）预付款项240 000元予以转销。

（4）长期股权投资收到转让所得4 000 000元。

（5）固定资产全部变现，收到货币资金14 000 000元。

（6）无形资产转让所得600 000元。

（7）负债2 880 000元全部予以偿还（不计利息）。

（8）清算过程中发生费用1 000 000元。

要求：根据上述资料计算清算净损益。

能力题

1.2016年12月20日财政部发布的《企业破产清算有关会计处理规定》的内容和主要变化有哪些？

2.东星航空有限公司（简称“东星航空”）由中国东星集团有限公司下属湖北东星国际旅行社有限公司、湖北东盛房地产有限公司、湖北美景旅游投资有限公司于2005年5月共同投资组建，注册资本为8 000万元，是继奥凯、鹰联、春秋航空公司之后，我国第4家投入运营的民营航空公司。东星航空先后从美国一家公司租赁10架全新的空中客车飞机，建立了武汉、广州、郑州三大航空运营基地。自2008年下半年以来，向武汉市政府部门请求协助追讨东星航空欠款的海内外企业及金融机构已达6家，欠款总额超过4亿元。中航重组东星航空几乎没有可能进行下去，据财务部门清理，目前东星航空已到账和可收回的资金仅302万元，而当前急需的开支多达1 160万元，其中20日以后的航班退票费约510万元，拖欠员工工资476万元，资金缺口858万余元。有关部门讨论的主要是破产问题，以确定“哪一种破产方式最适合”。东星航空面临与债权人和解、破产重整和破产清算三种解决方式。最终的结果可能有三种：一是债权人和债务人达成和解，债务企业由此免于破产；二是对债务企业进行破产重整；三是宣告企业破产清算，即制订财产处置方案，提交债权人会议表决。

实际情况是：东星航空最大的债权人——GE旗下的GECAS向法院起诉东星航空欠缴飞机租金时，已向法院提出申请，要求东星航空破产。东星航空实际控制人董事长兰某对国航母公司中航集团收购东星航空的重组谈判持抵制态度。

要求：根据上述资料，分析东星航空三种破产方案的可能性。

主要参考文献

[1] 财政部．企业会计准则，2014—2019年制定或修订．

[2] 财政部，国家税务总局．营业税改征增值税试点实施办法，2016年3月．

[3] 财政部．增值税会计处理规定，2016年12月．

[4] 财政部，国家税务总局，海关总署．关于深化增值税改革有关政策的公告，2019年3月．

[5] 财政部．一般企业财务报表格式（适用于已执行新金融准则、新收入准则和新租赁准则的企业），2019年4月．

[6] 财政部会计司编写组．《企业会计准则第14号——收入》应用指南（2018）[M]．北京：中国财政经济出版社，2018.

[7] 财政部会计司编写组．《企业会计准则第22号——金融工具确认与计量》应用指南（2018）[M]．北京：中国财政经济出版社，2018.

[8] 财政部会计司编写组．《企业会计准则第37号——金融工具列报》应用指南（2018）[M]．北京：中国财政经济出版社，2018.

[9] 中国注册会计师协会．会计（2019年注册会计师全国统一考试辅导教材）[M]．北京：中国财政经济出版社，2019.

[10] 财政部会计资格评价中心．中级会计实务（2019）[M]．北京：经济科学出版社，2019.

[11] 财政部会计资格评价中心．初级会计实务（2019）[M]．北京：经济科学出版社，2018.

[12] 徐经长．会计学 [M]．北京：中国人民大学出版社，2018.

[13] 刘永泽，陈立军．中级财务会计 [M]．6版．大连：东北财经大学出版社，2018.

[14] 戴德明，林钢，赵西卜．财务会计学 [M]．10版．北京：中国人民大学出版社，2018.

[15] 中国注册会计师协会．会计（2020年注册会计师全国统一考试辅导教材）[M]．北京：中国财政经济出版社，2020.

[16] 财政部会计资格评价中心．中级会计实务（2020）[M]．北京：经济科学出版社，2020.

[17] 郭建华，中华会计网校．会计（2020年注册会计师全国统一考试应试指南，上、下册）[M]．北京：人民出版社，2020.